웹디자인기능사

필기 절대족보

윤미선, 김윤호, 영진정보연구소 공저

1권 · 핵심이론

놀랍게 가득한 적중률

2024년 수험서

독학 최적화
기적의 합격 강의

실전 학습
기출문제 15회

전문가 답변
이기적 스터디 카페

베스트셀러 **1위**
산출근거 후면표기

동영상 강의 무료 제공

수험서 19,000원

13000
9 788931 468441
ISBN 978-89-314-6844-1

작지만 강력한 단기완성 핵심족보

YoungJin.com Y.
영진닷컴

기적의 합격 강의

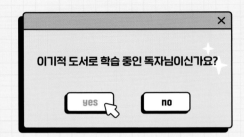

이기적 도서로 학습 중인 독자님이신가요?

yes　　no

이기적 홈페이지 ／ 이기적 유튜브 채널 ✕

https://license.youngjin.com

① 로그인 후 [무료 동영상]을 클릭하고 구입한 도서의 해당 메뉴를 선택해 주세요.
② 강좌를 클릭 후 구매 도서 인증창이 나타나면 **ISBN 입력+단어 인증**을 진행하세요.

이기적 홈페이지 ／ **이기적 유튜브 채널** ✕

https://youtube.com/@ydot0789

① 채널에서 **수강하고자 하는 강좌**를 검색해 보세요.
  ⑩ 컴활, 워드, ITQ, 정보처리, 전산회계 등
② 과목별로 재생목록이 정리되어 있어 **도서별 전체 강의**를 찾을 때 도움받을 수 있어요.

자세히 알아보기

 Y. 영진닷컴
이기적 홈페이지 🔍

 YouTube
이기적 유튜브 채널 🔍

* 제공되는 동영상 시청은 1판 1쇄 기준 2년간 유효하며 과목별 및 필기/실기에 따라 제공되는 동영상 자료는 상이합니다.

365 이벤트

❶ 기출문제 복원 이벤트

이기적 수험서로 열심히 공부하고
시험에 응시하신 독자님들,
기억나는 문제를 공유해 주세요.

응시일로부터
7일 이내의
복원 제보만
인정됩니다

세부 내용

참여 혜택

📖 영진닷컴 도서(최대 30,000원 상당)
🎁 이벤트 선물(영진닷컴 쇼핑몰 포인트, N페이
포인트 등 다양한 혜택 제공)

❷ 리뷰 참여 이벤트

온라인 서점 또는 개인 SNS에
도서리뷰와 합격 후기를 작성해 주세요.

YES 24
인터파크 도서   알라딘
교보문고

세부 내용   당첨자 확인

세부 내용

❸ 정오표 이벤트

⚠️ 이기적 수험서의 오타 및 오류를 영진닷컴에
제보해 주세요.

book2@youngjin.com으로 [도서명], [페이지],
[수정사항], [이름], [연락처]를 보내주세요.

이기적 스터디 카페

회원가입 시 전부 제공! BIG3!

1:1 질문답변

집에서도, 카페에서도, 도서관에서도!
전문가 선생님의 1대1 맞춤 과외!

온라인 스터디

서로 당겨주고, 밀어주고, 합격을 함께 할
스터디 파트너를 구해 보세요!

구매자 한정 혜택

시험장까지 함께 가는
핵심요약

최신 기출문제

구매자 한정 혜택

FINAL 모의고사

마인드맵

벼락치기 노트

용어&명령어 100선 등

오직 스터디 카페에서만
제공하는 추가 자료를 받아 보세요!

* 제공되는 혜택은 도서별로 상이합니다. 각 도서의 혜택을 확인해 주세요.

NAVER 이기적 스터디 카페

나만의 합격 키트

캘린더 & 스터디 플래너 & 오답노트

PDF 다운로드 후
태블릿 PC에서
사용 가능합니다.

캘린더

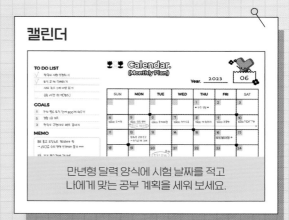

만년형 달력 양식에 시험 날짜를 적고
나에게 맞는 공부 계획을 세워 보세요.

스터디 플래너

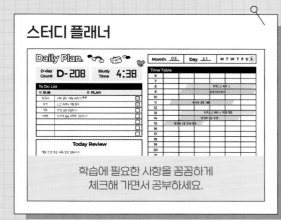

학습에 필요한 사항을 꼼꼼하게
체크해 가면서 공부하세요.

오답노트

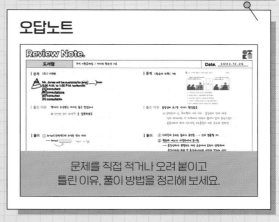

문제를 직접 적거나 오려 붙이고
틀린 이유, 풀이 방법을 정리해 보세요.

다꾸 스티커 패키지

추가 증정
이벤트

스티커 1

스티커 2

스티커 3

명품 강사진

누적 조회수 3400만이 시청한
명품 강의로 한 번에 합격!

정보처리기사	컴퓨터활용능력	컴퓨터그래픽스운용기능사	한식조리기능사
고소현	박윤정	이향아	최경선

정보처리기사	컴퓨터활용능력	한국사능력검정	전산회계	지게차/굴착기
한진만	홍태성	김민석	정창화	김주승

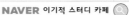

이렇게
기막힌
적중률

웹디자인기능사
필기 절대족보

1권 · 핵심이론

구매자 혜택 BIG 6

이기적 독자에게 모두 드리는 자료!

CBT 온라인 문제집

인터넷만 가능하다면, 온라인으로 언제 어디서나 시험에 응시할 수 있습니다. 스마트폰, 태블릿, PC 모두 이용 가능합니다. 자투리 시간마다 꾸준히 랜덤 모의고사에 응시해보세요! 실전 대비 감각이 키워집니다.

합격 강의 무료

추가 설명이 필요한 독학러를 위해 핵심이론의 포인트를 정리한 동영상 강의를 준비했습니다. 도서 구매자라면 100% 무료로 강의를 시청해보세요.

* 강의 시청은 1판 1쇄 기준 2년까지 유효합니다.

이기적 스터디 카페

독학이 외롭고 힘들다면, 이기적 스터디 카페에서 시험을 함께 공부하세요. 스터디 모집 외에도 다양한 시험 정보와 이벤트가 준비되어 있습니다.

* 이기적 스터디 카페 : cafe.naver.com/yjbooks

1:1 질문답변 서비스

공부하다 이해가 가지 않는 문제나 선생님께 여쭤보고 싶은 내용이 있다면 질문해보세요! 전문 선생님께서 1:1로 맞춤 질문답변을 해드립니다.

추가 모의고사 PDF

수록된 기출문제 외에도 더 공부하고 싶은 수험생을 위해 추가 모의고사를 PDF로 제공합니다. 시험지를 다운받아 풀어보세요.

* 암호 : webgogo2024#

정오표

이미 출간된 도서에는 반영되지 못한 사항이 있을 수 있습니다. 최신 업데이트 사항을 확인하세요. 오타/오류는 정오표 이벤트에 참여할 수 있습니다.

* 도서의 오류는 교환/환불 사유에 해당하지 않습니다.

이기적 200% 활용 가이드

완벽 합격을 위한 사용 설명서

STEP 1

손에 잡히는 핵심이론

다년간 분석한 데이터를 바탕으로 시험에서 중요한 이론을 28가지 포인트로 정리했습니다.

①
요약된 핵심이론이 어렵다면 이론 강의를 들어보세요.

② ◆ 단답형 문제
이론 포인트를 단답형 문제로 바로 체크할 수 있도록 준비했습니다.

③ ◆ 객관식 문제
개념을 이해할 수 있도록 준비된 객관식 문제입니다.

STEP 2

자주 출제되는 기출문제 195선

시험에서 자주 출제되고 있는 기출문제만 195가지를 엄선하였습니다.

①
해당 부분의 강의를 바로 시청할 수 있는 접속 QR입니다.

② 🎯 기적의 Tip
문제를 풀 때 어떤 키워드를 알고 넘어가야 하는지 정리하였습니다.

해설과 함께 보는 기출문제

| 01회 | 해설과 함께 보는
2022년 기출문제 |

과목 01 디자인 일반

01 시각적 균형과 가장 거리가 먼 것은?
① 명암에 의한 균형 ② 경험에 의한 균형
③ 질감에 의한 균형 ④ 위치에 의한 균형

02 유사조화에 대한 설명으로 옳지 않은 것은?
① 온화함을 얻을 수 있다.
② 때때로 단조로워질 수 있으므로 반복에 의한 리듬감을 이끌어 낸다.
③ 동일하지 않더라도 서로 닮은 형태의 모양, 종류, 의미, 기능끼리 연합하여 한 조가 되는 것을 만들 수 있다.
④ 수평과 수직, 직선과 곡선 등 대립적 모양이나 종류에서 나타난다.

03 미적 대상을 구상하는 부분과 부분의 사이에 질적으로나 양적으로 모순되는 일 없이 질서가 잡혀 어울리는 것은?
① 균형 ② 조화
③ 변화 ④ 리듬

04 오스트발트(Ostwald) 색상환은 무채색 축을 중심으로 몇 색상이 배열되어 있는가?
① 9 ② 10
③ 11 ④ 24

05 NCS 표색계에 대한 설명으로 옳은 것은?
① 색상환은 노랑(Y), 빨강(R), 파랑(B), 초록(G)으로 구성된다.
② 기본 6색 중 흰색과 검정은 포함되지 않는다.
③ 20% 흰색도와 30%의 유채색도를 표시하고 90%는 노랑색도를 지닌 변색이다.
④ 색지각 양의 합은 100이며, 이것은 명도, 채도, 색상의 합이다.

06 디자인의 조건 중 심미성에 대한 설명으로 가장 옳은 것은?
① 디자인된 결과물은 단지 개인의 소유물이 아니라 사회적 존재로서의 의미를 지닌다.
② 인간의 생활을 보다 풍부 높게 유지하려는 조건의 하나로서 미의 문제가 고려된다.
③ 디자이너의 창의적인 디자인 감각에 의해 새로운 가치를 가진다.
④ 가장 합리적으로 효율적이며 경제적인 효과를 얻도록 디자인한다.

해설과 따로 보는 기출문제 + 정답

| 01회 | 해설과 따로 보는
2023년 기출문제 |

과목 01 컴퓨터 일반

01 빛의 스펙트럼에서 인간의 눈에 색상 기호로 인지되는 파장 범위는?
① 180nm~780nm ② 180nm~1080nm
③ 380nm~780nm ④ 380nm~1080nm

02 다음 중 빛의 혼합에 대한 결과로 맞는 것은?
① Green + Cyan = Black
② Green + Blue = Magenta
③ Red + Green = Yellow
④ Red + Blue = Cyan

05 색의 활용 효과에 대한 설명으로 틀린 것은?
① 밝은 바탕에 어두운 색 글자보다 어두운 바탕에 밝은 색 글자가 더 굵고 커 보인다.
② 같은 크기의 노란색 공과 파란색 공을 비교하면 노란색 공이 더 가볍게 느껴진다.
③ 천장을 좀 더 높게 보이게 하려면 벽면과 동일계열의 고명도 색을 천장에 칠한다.
④ 살색을 회색보다 더 어두운 색상으로 하면 키가 더 커 보인다.

06 다음 (   ) 안에 들어갈 알맞은 용어는?

자연적 또는 인공적 모양 중에서 (A)는 의자와 같이 나뉘는 것을 나타내고 (B)은 흙 더미 같이 요인의 일반적인 (A)의 모양을 나타내며, 높으로 확대한 대상물의 기본적 특성을 제시함

정답 및 해설

2023년 기출문제 01회				
01 ②	02 ③	03 ②	04 ②	05 ④
06 ④	07 ①	08 ④	09 ②	10 ④
11 ④	12 ③	13 ④	14 ④	15 ④
16 ②	17 ①	18 ①	19 ①	20 ①
21 ④	22 ①	23 ②	24 ③	25 ③
26 ②	27 ④	28 ②	29 ①	30 ④
31 ①	32 ④	33 ①	34 ③	35 ④
36 ②	37 ②	38 ②	39 ④	40 ①
41 ④	42 ①	43 ④	44 ④	45 ①
46 ④	47 ④	48 ④	49 ④	50 ①
51 ②	52 ②	53 ④	54 ④	55 ②
56 ②	57 ②	58 ④	59 ②	60 ①

2021~2022년 기출문제를 풀어보고 해설을 바로 문제 하단에서 확인할 수 있습니다.

① **|정답|**
정답만 바로 확인할 수 있도록 하단에 정답이 표기되어 있습니다.

② **오답 피하기**
옳지 않은 보기는 왜 정답이 아닌지 정리하였습니다.

실전처럼 2023년 기출문제를 풀어보며 최종 학습하는 단계입니다.

① **2-96p**
문제는 어느 페이지에 있는지 바로 확인할 수 있습니다.

② **오답 피하기**
옳지 않은 보기는 왜 정답이 아닌지 정리하였습니다.

차례

이렇게 기막힌 적중률 절대족보

시험의 모든 것

이렇게 기막힌 적중률 절대족보

01 응시 자격 조건

남녀노소 누구나 응시 가능

02 원서 접수하기

- 큐넷 q-net.or.kr에서 접수
- 정기 시험 1년에 4회 시행

03 시험 응시

- 신분증과 수험표 지참
- 60문항 60분 시행
- 시험은 컴퓨터로만 진행되는 CBT(Computer Based Test) 형식으로 진행됨

04 합격자 발표

- 100점 만점에 60점 이상 득점자
- 응시 후 바로 합격자 발표

CBT 시험 가이드

CBT 시험 체험하기

CBT란 Computer Based Test의 약자로, 종이 시험 대신 컴퓨터로 문제를 푸는 시험 방식을 말합니다. 직접 체험을 원하는 수험생은 한국산업인력공단 홈 페이지 큐넷(Q-net)을 방문하거나, 본 도서의 QR코 드를 통해 자격검정 CBT 웹 체험 프로그램을 이용하 실 수 있습니다.

* CBT 온라인 문제집 체험(cbt.youngjin.com)

01 좌석 번호 확인

수험자 접속 대기 화면에서 본인의 좌석 번호를 확인합 니다.

02 수험자 정보 확인

시험 감독관이 수험자의 신분을 확인하는 단계입니다. 신분 확인이 끝나면 시험이 시작됩니다.

03 안내사항

시험 안내사항을 확인하고, 다음을 클릭합니다.

04 유의사항

시험과 관련된 유의사항을 확인합니다.

05 문제풀이 메뉴 설명

시험을 볼 때 필요한 메뉴에 대한 설명입니다.

06 좌석 번호 확인

시험 보기 전, 연습을 해 보는 단계입니다.

07 시험 준비 완료

문제풀이 연습을 모두 마친 후 [시험 준비 완료] 버튼을 클릭하면 시험 감독관의 지시에 따라 시험이 시작됩니다.

08 시험 시작

시험이 시작되었습니다. 수험자분들은 제한 시간에 맞추어 문제풀이를 시작합니다.

09 답안 제출

시험을 완료하면 [답안제출] 버튼을 클릭합니다. 시험화면으로 돌아가고 싶으면 [아니오] 버튼을 클릭합니다.

10 답안 제출 최종 확인

완벽히 시험 문제 풀이가 끝났다면 [예] 버튼을 클릭하여 최종 제출합니다.

11 합격 발표

CBT 시험이 모두 종료되면, 바로 합격/불합격 여부를 확인할 수 있습니다.

시험 출제 경향

시험은 이렇게 출제된다!

최소 평균 60점만 맞으면 합격입니다. 백날 천날 공부해도 이해 안 되는 어려운 과목은 과감하게 과락을 면제받을 정도로만 공부하고 자신 있는 과목에 집중하세요. 그게 합격의 지름길입니다. 마무리 체크를 원하는 수험생, 시간이 없어서 중요한 것만 공부하고 싶은 수험생은 자주 출제되는 기출 태그만이라도 꼭 짚고 넘어가세요.

1과목 | **디자인 일반** 웹 디자인의 기초 사항이므로 정확히 이해할 수 있도록 하자! ● 20문항

디자인의 의미와 조건 등을 파악하고, 디자인의 분류에 대해 암기해두세요. 또한, 디자인 요소들의 결합에 의한 디자인의 원리, 색에 대한 원리는 반드시 이해해야 할 내용입니다.

빈출 태그

항목	비율	빈출 태그
1. 디자인의 개요	17%	디자인의 의미, 디자인의 유래, 굿 디자인, 디자인의 과정
2. 디자인의 분류 및 특징	15%	디자인의 분류, 시각 디자인, 공업 디자인, 환경 디자인, CIP
3. 디자인의 요소	4%	디자인의 개념 요소, 선, 면, 시각적 요소, 상관 요소, 실제 요소
4. 디자인의 원리	16%	균형, 비례, 율동, 동세, 통일과 변화, 강조와 대조, 조화
5. 형태의 분류 및 특징	14%	이념적 형태, 현실적 형태, 형태의 심리, 게슈탈트 법칙, 착시
6. 색의 원리	5%	색의 정의, 물체의 색, 색 지각
7. 색의 3속성과 색의 혼합	12%	색상, 명도, 채도, 색상환, 표색계, 색명법, 가산혼합, 감산혼합, 중간혼합
8. 색의 대비 및 상징과 연상	12%	색의 대비, 동시대비, 계시대비, 색의 지각적 효과, 색의 감정적 효과, 색의 연상과 상징
9. 색채조화와 배색	5%	유사조화, 대비조화, 배색, 색채조화의 공통 원리

2과목 **인터넷 일반** 인터넷 및 네트워크와 관련한 내용을 용어 위주로 암기하자! ● 20문항

TCP/IP, OSI 7계층, 전자우편, 인터넷 서비스, IP 주소 등 관련 용어를 정확히 암기해야 하며, 웹 브라우저의 기능과 종류, 검색 연산자, HTML과 자바스크립트에 대한 특징을 알아야 합니다.

빈출 태그

1. 인터넷의 개념	4%	인터넷의 개념과 역사, 특징, 인터넷 주소, IPv4, IPv6, 도메인
2. 인터넷 서비스	8%	인터넷 서비스, 웹, 웹 서비스 관련 기술, 전자우편, URL, 인터넷 관련 조직
3. 컴퓨터 네트워크	21%	정보통신 기술, 네트워크, OSI, TCP/IP, 네트워크 분류, 네트워크 위상, 통신망
4. 웹 브라우저	16%	웹 브라우저, 웹 브라우저의 기능, 오류 메시지, 플러그인
5. 웹 페이지 검색 및 특징	16%	검색, 검색엔진, 연산자
6. HTML	17%	HTML, HTML 태그, CSS
7. 자바스크립트	15%	자바스크립트 프로그래밍, 변수, 자바 애플리케이션, 자바 애플릿, 객체
8. 웹 페이지 저작 기법 및 특징	3%	저작 기법, DHTML, XML, 저작 도구, CGI, 웹 서버, 데이터베이스

시험 출제 경향

3과목 **웹 그래픽 디자인** 컴퓨터 그래픽의 역사와 원리를 암기하자! ● 20문항

컴퓨터 그래픽의 개념과 원리 그리고 역사에 대해 학습하고 실제 웹 디자인의 의미와 프로세스를 각 과정에서 이루어지는 작업 단위별로 암기해야 합니다.

빈출 태그

항목	비율	빈출 태그
1. 컴퓨터 그래픽스 역사	21%	CRT 모니터, 컴퓨터 그래픽스 발달 과정, 집적회로, 에니악
2. 컴퓨터 그래픽스의 개념	7%	정의, 응용 분야, 사용자 인터페이스, 하드웨어, 소프트웨어
3. 컴퓨터 그래픽스의 원리	22%	정보 단위, 비트맵, 벡터, 색상 체계, 해상도
4. 웹 디자인 프로세스	23%	웹 디자인, 소프트웨어, 웹 디자인 프로세스, 레이아웃, 내비게이션, 고려 사항
5. 파일 포맷(형식)	17%	파일 포맷, GIF, JPG, PNG
6. 웹 그래픽 제작 기법	5%	2D, 3D, 모델링, 렌더링, 안티-앨리어싱
7. 애니메이션	5%	방식, 제작 과정, 종류

자주 질문하는 Q&A

이렇게 기막힌 적중률 절대족보

Q 필기시험에 합격한 이후 언제까지 필기시험이 면제되나요?

국가기술자격법 시행령 제 21조 제 1항의 근거에 의거 필기시험 면제 기간은 당회 필기시험 합격자 발표일로부터 2년간입니다. 2년 안에 합격할 때까지 횟수에 제한 없이 실기시험에 응시할 수 있습니다.

Q 과목별 과락이 있나요?

과락이 없습니다. 100점 만점에 60점 이상이면 합격입니다.

Q 원서 접수 시 유의해야 할 사항이 있나요?

• 원서 접수는 온라인(인터넷)에서만 가능하며, 스마트폰이나 태블릿 PC 사용자는 모바일 앱 프로그램을 설치한 후 접수 및 취소 · 환불 서비스를 이용할 수 있습니다.
• 수험표 출력은 접수 당일부터 시험 시행일까지 출력 가능(이외 기간은 조회 불가)합니다. 출력 장애 등을 대비하여 사전에 출력 후 보관하시기 바랍니다.
• 수험 일시와 장소는 접수 즉시 통보됩니다. 본인이 신청한 수험 장소와 종목이 수험표의 기재 사항과 일치하는지 확인하시기 바랍니다.

Q 기능사 필기 시험은 CBT 방식으로 진행된다고 하는데 CBT란 무엇인가요?

• CBT 시험이란 인쇄물 기반 시험과 달리 컴퓨터 화면에 시험문제가 표시되어 응시자가 마우스를 통해 문제를 풀어나가는 컴퓨터 기반의 시험을 말합니다. 전산으로 진행하여, 최종 답안 제출 시 바로 점수 확인 후 퇴실할 수 있습니다.
• 큐넷 홈페이지에서 CBT 방식을 미리 체험해 볼 수 있으며, 시험 시작 전 CBT 시험 방식이 안내됩니다.

Q 수험자가 직접 시험장을 선택할 수 있나요?

수험자가 직접 시험 볼 지역과 시험장을 선택할 수 있습니다.

Q 필기시험 당일 준비물은 무엇입니까?

신분증과 수험표를 준비하시면 됩니다.

Q 신분증으로 인정되는 것은 무엇이 있나요?

• 시험에 응시할 때는 신분증이 필요합니다. 신분증으로는 주민등록증, 운전면허증, 공무원증, 장애인등록증, 국가유공자증 등이 가능합니다.
• 초 · 중 · 고 및 만 18세 이하인 자는 학생증, 신분확인증명서, 청소년증, 국가자격증 등이 신분증으로 인정됩니다.

Q 필기시험 공부를 어떻게 하면 잘할 수 있나요?

웹디자인기능사는 기존에 출제되었던 기출문제에서 반복 또는 약간 변형되어서 나오는 문제은행식이므로, 자주 출제되는 부분을 집중적으로 공부하시면 많은 도움이 됩니다. 출제의 난이도에 따라 고득점을 얻기 쉬운 과목을 우선적으로 학습해 보세요.

※ 시험의 일반 사항에 관한 내용은 언제든지 변경될 수 있으니 한국산업인력공단(www.q-net.or.kr)에서 최종 확인하시기 바랍니다.

이렇게 기막힌 적중률 [절대족보]

손에 잡히는

핵심이론

POINT 01 디자인 개념과 조건

01 디자인의 개념

◆ 디자인(Design)의 정의

- 디자인이란 수립한 계획을 목적에 맞게 설계하고 발전시켜 나가는 것 또는 그 과정이다.
- 미적인 것과 실용적인 것을 통합하여 가시적으로 표현하는 것이다.
- 라틴어 데시그나레(Designare), 프랑스어 데생(Dessin)과 같은 어원에서 비롯되었다.
- De(이탈)+Sign(형상)의 합성어로 기존의 형상에서 이탈하여 새로운 재화를 창출한다는 의미를 포함한다.
- 도안, 계획, 설계, 구상, 밑그림, 소묘 등의 의미를 포함한다.

◆ 국내 디자인 용어의 사용

- 1950년대 : 도안, 의장
- 1960년대 : 산업 미술, 응용 미술, 디자인이라는 용어 사용
- 1970년대 : 시각 디자인, 환경 디자인, 공업 디자인, 패션 디자인, 공예 등으로 세분화
- 1980년대 : 디자인 매니지먼트, 디자인 비즈니스라는 용어 사용

02 디자인의 목적과 조건

◆ 디자인의 목적과 기능

- 디자인은 인간의 행복을 위해 환경을 개선하고 창조하는 데 그 목적이 있다.
- 빅터 파파넥은 형태와 기능을 분리하여 생각하던 전통적 사고에서 탈피하여 디자인의 기능을 복합 기능이라고 정의하였다. ┌ 형태와 기능의 통합
- 빅터 파파넥의 복합 기능 : 방법(Method), 용도(Use), 필요성(Need), 목적지향성(Telesis), 연상(Association), 미학(Aesthetics)

◆ 디자인의 조건

- 이성적, 합리적, 객관적 미적 의식 : 합목적성, 경제성
- 감성적, 비합리적, 주관적 미적 의식 : 심미성, 독창성

합목적성	• 합목적성=목표성. 디자인의 가장 중요한 조건 • 디자인이 대상과 용도, 목적에 맞게 이루어져 있는 것 • 기능성과 실용성이 모두 갖추어진 것
경제성	• 최소 비용으로 최대 효과를 얻어 경제 원리에 맞는 가격 • 사용 대상과 목적에 부합되는 합리적인 가격
심미성	• 형태와 색채가 조화를 이루어 '아름다움'의 성질을 만들어내는 것 • 대중의 조형성이라고도 말하며, 시대적인 미의 기준, 사회적인 개성에 따라 변화됨
독창성	• 다른 제품과 차별화된 창조적이고 주목할 만한 디자인 • 독창성이 더해져야 디자인으로서의 생명력이 있음
질서성	• 합목적성, 경제성, 심미성, 독창성을 조화롭게 갖추는 것

◆ 리디자인과 굿디자인

- 리디자인(Re-Design) : 디자인을 현대적 감각에 맞게 수정하거나, 더욱 기능적인 디자인으로 개선하는 것
- 굿 디자인(Good Design) : 합목적성, 경제성, 심미성, 독창성, 질서성을 만족시켜 외적인 독창성과 편리함을 갖춘 디자인. 한국디자인진흥원(KIDP)에서 분야별로 선정

◈ 단순화(Simple) 디자인의 조건

- 사용자가 보는 즉시 기능을 최대한 사용할 수 있는 접근 용이성
- 쉽게 기억되고 이해되는 인식성
- 최소의 집중력으로 즉시 인식되는 즉시성
- 제품의 사용성

03 디자인 과정 및 문제 해결 과정

◈ 디자인의 과정

- 디자인 발상 단계 : 모방 → 수정 → 적응 → 혁신
- 디자인의 전개 : 발의 → 확인 → 조사 → 분석 → 종합 → 평가 → 개발 → 전달
- 디자인 과정 : 욕구 과정 → 조형 과정 → 재료 과정 → 기술 과정
- 디자인 문제 해결 과정 : 계획 → 조사 → 분석 → 종합 → 평가

● 단답형 문제

21.4, 15.5, 10.3, 11.4/10, 09.3
1 디자인의 가장 중요한 조건으로, 기능성과 실용성을 갖춘 것을 의미하는 것은?

● 객관식 문제

17.3, 14.7, 10.3
2 디자인(Design)의 의미를 설명한 것으로 <u>틀린</u> 것은?
① 디자인이란 프랑스어의 '데생'에서 유래되었다.
② 도안, 밑그림, 그림, 소묘, 계획, 설계, 목적이란 의미를 기술하고 있다.
③ 디자인은 De(이탈)와 Sign(형상)의 합성어로 기존 것을 파괴하고 새로운 재화를 창출한다는 의미가 포함된다.
④ 디자인은 기존의 것을 유지하며 실용적 가치보다는 예술적 가치의 기준이다.

15.7, 07.9
3 디자인의 조건 중 의자를 디자인할 경우, 사용자의 신체치수와 생김새, 체중이나 감촉에 대한 재료와 구조의 상태가 적합한지 등을 고려하는 것은?
① 심미성　　　　② 독창성
③ 합목적성　　　④ 경제성

21.4, 15.5, 10.3
4 일반적인 디자인의 조건을 나열한 것으로 옳은 것은?
① 합목적성, 유행성, 질서성, 독창성
② 합목적성, 심미성, 독창성, 경제성
③ 합목적성, 심미성, 경제성, 국제성
④ 합목적성, 창조성, 심미성, 질서성

21.4, 13.1/4
5 굿 디자인(Good Design)을 위한 디자인의 조건에 포함되지 <u>않는</u> 것은?
① 합목적성　　　② 독창성
③ 심미성　　　　④ 모방성

|정답| **1** 합목적성 **2** ④ **3** ③ **4** ② **5** ④

디자인의 분류 및 특징

01 디자인의 분류

◈ 디자인의 분야

구분	시각(시각전달) 디자인	공업(제품) 디자인	환경 디자인
2차원 평면 디자인	• 광고와 선전 • 편집 디자인 • 아이덴티티 • 타이포그래피 • 레터링 디자인 • 일러스트레이션 • 웹 디자인	• 텍스타일 디자인 • 벽지 디자인 • 패션 디자인	
3차원 입체 디자인	• POP 디자인 • 패키지 디자인	• 용기 디자인 • 가구/가전/완구 디자인 • 액세서리 디자인 • 기타	• 도시 디자인 • 조경 디자인 • 인테리어(실내) 디자인
4차원 공간 디자인	• TV/CF • 영상 • 애니메이션/가상현실		• 무대 디자인

• 공예, 패션 디자인의 경우, 산업디자인(시각/공업/환경)과 함께 디자인 분야 중 하나로 구분하여 '기타 디자인'으로 분류되어, 3차원 입체 디자인에 속한다.

02 시각 디자인

◈ 시각 디자인의 의미

• 시각 디자인은 시각전달 디자인, 커뮤니케이션 디자인을 의미한다.
• 시각적으로 신속하고 정확하게 의미 전달을 하기 위한 디자인 분야이다.
• 시각 디자인 4대 매체 : 포스터 디자인, 신문 광고, 잡지 광고, TV 광고 디자인

◈ 아이덴티티(Identity)

• 기업이나 기관에 대한 인식을 높이기 위한 프로그램으로 디자인을 통해 기업의 이미지와 이념을 새롭게 정립하는 작업이다.
• 기업을 위한 이미지 통합전략을 CIP라고 한다.
    └─ Corporate Identity Program
• CIP의 분류

베이직 시스템	심벌마크, 로고타입, 엠블럼과 캐릭터, 전용색채, 전용서체 등
어플리케이션 시스템	서식류(명함, 봉투), 유니폼 등

◈ 타이포그래피(Typography)

• 활판 인쇄술을 포함한 문자와 활자를 활용하는 디자인 분야이다.
• 서체를 활용하고 새롭게 구성하여 작품을 디자인한다.
• 타이포그래피 구성 요소

베이스라인	문자가 놓이는 기본선
높이	글자의 크기
세리프	글자의 끝 부분의 돌기 ⑩ 로만체, 명조체
산세리프	글자의 끝 부분에 돌기가 없는 것 ⑩ 고딕체, 굴림체

• 키네틱 타이포그래피(Kinetic Typography) : 움직임과 시간성을 가진 동적인 타이포그래피, 글자에 시청각적 이미지를 담고, 소리를 추가하는 등 동적 요소를 부여하여 정보 전달 효과를 높인다.

◈ 레터링 디자인(Lettering Design)

• 문자의 형태, 크기, 배치, 색채 등을 고안하여 문자를 만드는 행위를 말한다.
• 타이포그래피는 활자체처럼 기계적 방법을 주로 사용하여 문자를 이미지화하지만 레터링은 문자의 레이아웃과 서체 자체를 개발한다는 점에서 구분된다.

◈ POP 디자인

- POP은 'Point Of Purchase advertising'의 약어로 구매 (판매)시점 광고라고 한다.
- 커피숍 테이블 위에 놓는 소형 포스터 프레임, 사람 모양 의 판넬 등이 있다.

03 공업(제품) 디자인

◈ 공업 디자인의 의미

- 공업 디자인은 제품 디자인이라고도 한다.
- 생활에 필요한 도구를 만드는 것으로 과학, 기술, 인간, 환경 등이 공존하는 분야이다.
- 공업 디자인 과정 : 계획 수립 → 디자인 콘셉트 수립 → 아이디어 스케치 → 렌더링(완성예상도) → 목업(모형제 작) → 도면화 → 모델링 → 결정 → 상품화

04 환경 디자인

◈ 환경 디자인의 의미

- 도시의 환경과 관련하여 경관과 조경 등을 디자인하는 분야이다.
- 그린 디자인(Green Design) : 환경 친화적인 디자인이다.
- 슈퍼 그래픽(Super Graphic) : 환경 디자인의 한 분야로 미술관, 화랑뿐만 아니라 규모가 큰 공간의 벽면을 디자 인하는 등 주변 환경과 도시의 경관을 아름답게 하는 것 이다.

● 단답형 문제

14.7, 13.1, 11.2
1 다음 설명은 무엇에 대한 활용인가?

> 시각 디자인 영역의 한 영역이며 글자체, 글자 크기, 행간, 여백, 간격, 단락, 그리드 등을 통해 전달된다.

● 객관식 문제

18.7, 11.2, 09.9
2 CIP(Corporate Identity Program)의 베이직 시스템에 속하는 것은?
① 심벌마크, 로고타입, 전용서체
② 로고타입, 전용색상, 서식류
③ 서식류, 제품포장, 캐릭터
④ 유니폼, 간판(표지), 시그니처

17.6, 11.4
3 다음 중 시각 디자인에 속하지 <u>않는</u> 것은?
① 텍스타일 디자인   ② 패키지 디자인
③ POP 디자인   ④ 타이포그래피

17.1, 14.4, 11.1, 12.7, 09.9
4 커뮤니케이션 디자인에 대한 설명으로 <u>틀린</u> 것은?
① 라틴어 'Communicate'를 어원으로 한다.
② 두 개 이상의 개체가 기호를 매개로 무언 가를 공유하는 것이다.
③ 운동과 시선을 중시하는 디자인이다.
④ 사람과 사람 사이에 기호에 의해서 의미를 전달하는 과정이다.

15.10, 12.7
5 다음 중 나머지 세 가지와 성격이 <u>다른</u> 디자 인 분야는?
① 인테리어 디자인
② 광고 디자인
③ 편집 디자인
④ 시각 디자인

디자인 요소

01 디자인의 요소

◈ 개념 요소

• 눈으로 볼 수 없고 실재하지 않지만 지각되는 요소이다.

점	• 형태의 최소 단위 • 위치만 가지고 있으며 길이, 깊이, 무게가 없음
선	• 수많은 점들의 집합, 점이 이동한 자취로 생성 • 움직임의 성격, 속도감, 강약, 방향을 가짐
면	• 수많은 선들의 집합, 선이 이동한 자취로 생성 • 2차원 공간, 원근감, 질감, 공간감 등이 표현됨
입체	• 면의 집합, 면이 이동한 자취로 생성 • 평면 조형에서도 착시에 의해 입체감이 느껴짐 • 3차원 공간, 형태와 깊이가 표현됨 • **순수 입체** : 구, 원기둥, 육면체 등 • **소극적 입체** : 시각을 통해 지각되는 것으로 물체가 점유하는 공간

• 선의 종류와 느낌

수평선	안정감, 평온, 너비감, 정지감
수직선	높이감, 상승, 엄숙함
사선	운동감, 속도감, 불안정함
곡선	부드러움, 우아함, 섬세함
유기적인 선	자연적인 선
무기적인 선	기계적으로 생성된 기하학적인 선

• 면의 종류와 느낌

평면	신뢰감과 안정감의 느낌
곡면	부드러움, 동적인 느낌
불규칙한 면	자유로움, 흥미, 불확실함, 무질서한 느낌
유기적인 면	물체 외면에서 나타나는 자연적인 면
무기적인 면	기계적으로 생성된 기하학적인 면

◈ 시각 요소

• 형태를 눈으로 지각할 수 있는 실제적 요소이다.

형	• 단순히 우리 눈에 보이는 모양 ──── 윤곽 • 대상물의 윤곽을 따라 지각되는 2차원적인 모습
형태	• 형보다는 조금 더 넓은 의미의 일반적인 형과 모양을 의미 • 눈으로 파악한 대상물의 기본적인 특성을 제시 • 일정한 크기, 색채, 원근감 등이 포함된 조형물 전체의 3차원적인 모습 • 자연 형태, 인공 형태, 추상 형태 등
크기	• 기준 척도에 의해 측량되는 개념 • 크기, 길이, 폭, 깊이, 높이 등
색채	• 빛이 물체에 닿게 될 때 반사, 투과되어 보이는 물체의 색 • **색의 3속성** : 색상, 명도, 채도
질감	• 물체의 표면적인 느낌(광택, 매끄러움, 거침, 울퉁불퉁함 등) • **시각적 질감** : 눈에 보이는 질감, 장식적 질감, 자연적 질감, 기계적 질감 • **촉각적 질감** : 눈으로도 볼 수 있고 손으로 만져서도 느낄 수 있는 질감
빛	• 비추는 형태에 따라 직사광(직광)과 분산된 분광으로 나뉨 • 가시광선, 자외선, 적외선, 감마선, X선 등 • 빛은 조명원에 따라서 고유한 색을 가짐
명암	• 빛의 밝고 어두운 것을 의미 • 명암에 의해 실제감(입체감, 양감 등)을 표현할 수 있음

◈ 상관 요소

- 디자인 요소들이 결합되었을 경우 연관되어 느껴지는 요소이다.
- 위치, 방향, 공간, 중량감 등이 있다.

위치	한정된 공간 안에서 형태, 다른 요소, 보는 사람 등과 관련된 요소
방향	한정된 공간에서 나타나는 시각적 동세 **예** 선이 주는 수평 방향, 수직 방향, 사선 방향 등
공간	원근감과 관련된 요소 **예** 요소의 결합에 의해 평면에서 느껴지는 공간적인 부피
중량감	무게감과 관련된 요소 **예** 요소의 크기에 따라 느껴지는 무겁거나 가벼운 느낌

◈ 실제 요소

- 형태가 가진 내면의 의미로, 디자인의 목적이 충족되었을 때 나타나는 요소이다.
- 표현하려는 주제에 맞는 소재, 목적에 맞는 기능성 등이다.

● 단답형 문제

13.1

1 조형 디자인에서 점, 선, 면 등이 연장, 발전되고 밀접한 관계에서 이루어지는 조형 디자인 요소는?

● 객관식 문제

16.10, 14.7, 12.2, 08.7

2 촉각적 질감에 대한 설명으로 <u>틀린</u> 것은?
 ① 촉각적 질감에는 장식적 질감, 자연적 질감, 기계적 질감이 있다.
 ② 촉각적 질감은 눈으로 볼 수 있을 뿐 아니라 손으로 만져서 느낄 수 있는 질감이다.
 ③ 촉각적 질감은 2차원 디자인의 표면과 함께 3차원의 양각(Relief)으로 확대하는 것이다.
 ④ 촉각적 질감의 연출 방법에는 자연 재료 사용, 재료 변형, 재료 복합 등이 있다.

12.2

3 입체 디자인의 상관 요소에 해당하지 <u>않는</u> 것은?
 ① 위치(Position) ② 형태(Shape)
 ③ 방향(Direction) ④ 공간(Space)

17.3, 15.10, 08.3

4 선(Line)의 종류에 따른 느낌으로 <u>잘못</u> 설명한 것은?
 ① 사선 : 동적인 상태, 불안함
 ② 수평선 : 정지 상태, 안정감
 ③ 수직선 : 유연, 풍부한 감정
 ④ 곡선 : 우아, 섬세

16.7, 13.4, 11.7, 07.9

5 디자인의 기본 요소 중 형과 형태에 관한 설명으로 옳지 <u>않은</u> 것은?
 ① 기본 형태에는 점, 선, 면, 입체가 있다.
 ② 형태는 일정한 크기, 색채, 질감을 가진다.
 ③ 형에는 현실적 형과 이념적 형이 있다.
 ④ 이념적 형은 그 자체만으로 조형이 될 수 있다.

형태의 분류와 심리

01 형태의 분류와 심리

◈ **형태의 분류**

이념적(네거티브) 형태	• 실제적 감각으로 지각할 수는 없지만 느껴지는 순수 형태 • 점, 선, 면, 입체 등 추상적, 기하학적 형태 • **기하학적 형태** : 수학적 법칙과 함께 생기며, 가장 뚜렷한 질서를 가지는 것으로 세잔(Cezanne)이 사용함
현실적(포지티브) 형태	• 실제적으로 지각되는 구상적 형태 • **자연적 형태** : 자연의 법칙에 의해 생성된 것으로 유기적인 형태 • **인위적 형태** : 인간의 필요에 의해 만들어진 기능적인 형태

◈ **형태의 심리**

• 형태는 심리적인 원리에 의해 지각된다.
• 게슈탈트 법칙에 의하면 형태는 근접, 유사, 폐쇄, 연속된 속성을 가진 형태들이 심리적으로 보기 좋다.

◈ **게슈탈트 법칙(군화의 법칙)**

근접 원리	가까이 있는 것끼리는 한데 무리지어 보이는 원리
유사 원리	유사한 형태, 색채, 질감을 가진 것끼리 무리지어 보이는 원리
연속 원리	비슷한 것끼리 연속되어 있을 때 무리지어 보이는 원리
폐쇄 원리	닫혀있지 않은 도형이 심리적으로 닫혀 보이거나 무리지어 보이는 원리

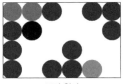

근접 원리

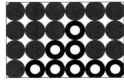

유사 원리

연속 원리

폐쇄 원리

02 시지각의 항상성과 착시

◈ **시지각의 항상성**

• 항상성은 형태에 대한 자극의 모습이 바뀌어도 같은 자극으로 지각되는 것을 의미한다.
• 크기, 형태, 밝기, 색상, 위치 등이 바뀌어도 원래대로 보이는 것이다.

크기 항상성	크기가 변해도 항상 같은 크기로 인지하는 것
형태 항상성	형태가 변해도 본래의 형태로 인지하는 것
위치 항상성	위치가 변해도 본래의 위치로 인지하는 것
색채 항상성	조명이나 빛에 의해서 색채가 변해도 원래의 색으로 인지하는 것

◈ 착시

- 사물의 형태나 색채 등이 원래와 다르게 지각되는 시각적인 착오를 의미한다.
- 과거의 경험, 연상, 심리적인 배경 등에 의해 사물을 볼 때 착각을 일으키게 되는 것이다.

길이의 착시	화살표의 방향에 따라 길이가 달라 보이는 착시 (뮐러 리어 도형)
대비의 착시	주변의 환경의 대비로 인해 크기나 면적이 다르게 보이는 착시
분할의 착시	분할된 선이나 면이 분할되지 않은 것보다 더 길게 보이는 착시
각도와 방향의 착시	사선에 의해 평행선이 기울어져 보이거나, 분리된 사선이 각도가 어긋나 보이는 착시
수평–수직의 착시	수직으로 놓은 선이 수평으로 놓은 선보다 더 길게 보이는 착시
상방거리 과대 착시	상하로 겹쳐 있는 같은 크기의 도형 중에 위쪽 도형이 더 크게 보이는 착시

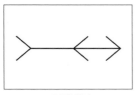

길이의 착시

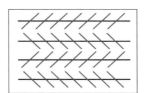

크기 대비의 착시

분할의 착시

각도와 방향의 착시

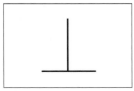

수평–수직의 착시

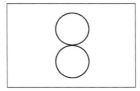

상방거리 과대 착시

● 단답형 문제

14.7, 13.10, 09.3

1 다음이 설명하고 있는 형태는?

- 반드시 수학적 법칙과 함께 생기며, 가장 뚜렷한 질서를 가진다.
- 18세기 중반에 시작된 산업혁명과 더불어 선구적인 디자이너들은 기계화에 의한 대량생산을 목적으로 합리적이고 실용적인 형태로 디자인하게 되었다.
- 세잔(Cezanne)이 이 형태를 주장하였다.

● 객관식 문제

18.1, 12.10, 10.7, 10.3

2 다음 그림에서 나타나는 착시현상은?

① 방향의 착시 ② 대비의 착시
③ 분할의 착시 ④ 길이의 착시

19.6, 12.2

3 착시에 대한 설명으로 옳은 것은?

① 눈에 의한 생리적 작용에 따라 형태나 색채 등이 실제와 다르게 지각되는 것을 말한다.
② 각 부분 사이에 강한 힘과 약한 힘이 규칙적으로 연속될 때 생기는 것을 말한다.
③ 시각상 힘의 안정을 주면 보는 사람에게 안정감을 주고 명쾌한 감정을 느끼게 하는 것을 말한다.
④ 부분과 전체 사이에 디자인 요소들이 잘 어울려서 균형을 유지하는 상태를 느끼게 하는 것을 말한다.

17.1, 14.1, 12.4

4 형태에 관한 시각의 기본 법칙을 내포한 게슈탈트(Gustalt) 심리적 원리가 옳은 것은?

① 연속성, 근접성, 유사성, 폐쇄성
② 유사성, 연속성, 개방성, 폐쇄성
③ 근접성, 개방성, 전경과 배경의 법칙
④ 유사성, 이성적, 개방성, 접근성(근접성)

|정답| 1 기하학적 형태 2 ④ 3 ① 4 ①

디자인의 원리

합격 강의

01 균형과 조화

◈ 균형

- 부피, 중량 등 물리적인 구조와 색채에서 시각적인 안정감을 이룬 것이다.
- 보통 전체와 부분, 부분과 부분 사이에서 대칭에 의해 이루어진다.
- 시각적인 균형의 요소는 색상, 명암, 크기, 질감, 위치 등이 있다.

대칭	• 수직 또는 수평적인 축에 의해 같은 중량감으로 배분된 것 • 질서, 안정적, 통일감 • 선 대칭, 방사 대칭, 이동 대칭, 확대 대칭
비대칭	• 대칭이 아닌 상태지만 비중이 안정된 것 • 자유로움, 개성적, 활동감

비례	• 전체와 부분, 부분과 부분 사이의 상호관계에 대한 일정한 비율
	• **등차수열 비례** : 같은 간격의 비례
	  예 1 : 3 : 5 : 7 : 9
	• **등비수열 비례** : 같은 비율의 비례
	  예 2 : 4 : 8 : 16
	• **황금 비례** : 가로, 세로의 비율이 1 : 1.6184인 이상적인 비례
	• **정수 비례** : 비의 값이 정수인 비례

주도와 종속	• 공간을 지배하는 주도적인 부분과 상관적인 부분의 힘이 조화를 이루는 것 • **주도** : 시각상의 통합하고 지배하는 힘 • **종속** : 주도적인 것을 끌어당기는 상대적인 힘

◈ 조화

- 디자인 요소들이 상호 관계를 가지고 균형감을 잃지 않은 상태로 이루어진 것이다.
- 통일과 변화, 균형감이 안정적으로 결합된 상태

유사 조화	• 같은 성질을 조화시킴 • 친근감과 부드러움을 주지만 단조로울 수 있음 • 파도나 잎사귀, 잔디 등 비슷한 모양이나 종류에서 나타남
대비 조화	• 전혀 다른 성질을 조화시킴 • 대립에 의한 극적 효과와 긴장감을 줌 • 수평과 수직, 직선과 곡선 등 대립된 모양이나 종류에서 나타남

02 율동

◈ 반복과 교차

- 반복과 교차는 형태나 색채를 주기적, 규칙적으로 배열하는 것이다.
- 교차는 두 개 이상의 요소를 교체시키며 배열하는 것이다.
- 규칙적인 특징을 반복 · 교차시키는 데서 율동이 나타난다.

◈ 점이와 방사

점이(점층)	• '반복'의 크기, 색채 등에 점진적인 변화를 주어 동적인 효과를 주는 것 • 반복보다 더욱 복잡하며 강한 운동감을 줌 • 색채의 점이는 점층(그라데이션, Gradation)이라고 함
방사	• 중심축으로부터 바깥쪽을 향해 전개되는 방법 • 수면 위에 생기는 동심원에서 방사를 볼 수 있음

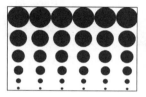

점이(점층)

방사

03　통일과 변화

◈ 통일

- 하나의 규칙으로 단일화시키는 것이다.
- 통일성 있는 디자인은 질서가 느껴진다.
- 통일이 지나치면 지루해진다.

◈ 변화

- 통일의 일부에 변화를 주는 것이다.
- 지루해질 수 있는 통일성에 자극을 주며 흥미를 부여한다.
- 변화가 지나치면 무질서해진다.

04　강조와 대조

◈ 강조

- 단조로움을 피하기 위해 일부 요소를 다르게 표현하는 것이다.
- 비대칭적 균형에서 나타나며 채도, 색채, 배치 등에 의해 표현된다.
   - **예** 자연 속의 강조 : 녹색 잎들 속에 파묻힌 빨간 꽃 한 송이

◈ 대조

- 서로 다른 영역이 대립되는 것이다.
- 음영이나 색상 등에 대비를 주면 강렬한 디자인을 제작할 수 있다.

● 단답형 문제

19.10, 13.7, 09.7

1 서로 다른 요소가 잘 어울려 결합하는 상태는?

● 객관식 문제

17.6, 06.4

2 두 개 이상의 요소 사이에서 부분과 부분 또는 전체 사이에 시각상 힘의 안정을 주면 안정감과 명쾌한 감정을 느끼게 하는 디자인의 원리는?
① 균형　　　　② 조화
③ 비례　　　　④ 율동

17.8, 08.7

3 각 부분 사이에 시각적인 강한 힘과 약한 힘이 규칙적으로 연속될 때에 생기는 디자인의 원리는?
① 조화　　　　② 율동
③ 균형　　　　④ 강조

17.3, 14.4/10, 12.7, 11.7

4 디자인 원리 중 율동의 요소와 거리가 먼 것은?
① 대칭　　　　② 점증
③ 반복　　　　④ 변칙

14.4, 12.4, 11.2

5 다음은 민들레꽃의 홀씨에 대한 그림이다. 이 그림에서 느낄 수 있는 디자인 원리는?

① 율동
② 착시
③ 조화
④ 균형

21.4, 17.6, 12.10

6 다음이 설명하고 있는 디자인 원리는?

- 조형의 모든 부분에 나타나는 시각상의 힘
- 주도적인 것을 끌어당기는 상대적인 힘

① 주도와 종속　　② 비례와 균형
③ 리듬과 율동　　④ 유사와 대비

색의 원리

01 색의 정의

◆ 색과 색채

- 색은 눈의 망막이 빛의 자극을 받아 생기는 물리적인 지각 현상이다.
- 색채는 눈을 통해 지각된 색에 대해 심리적인 지각 현상이 더해진 것이다.
- 유채색 : 유색 광각의 색을 느끼는 경우이다.
- 무채색 : 색채를 느낄 수 없는 경우이다.

◆ 빛

- 파장과 주파수에 따라 가시광선과 비가시광선으로 나뉘며 각 빛마다 특유의 성질이 있다.

가시광선	• 눈에 보이는 범위인 380nm~780nm 파장에 속하는 빛 • 백색광이 프리즘을 통해 나타나는 색띠 • 전자기파 스펙트럼이라고도 함
적외선	780nm 이상의 긴 파장
자외선	380nm 이하의 짧은 파장

◆ 스펙트럼

- 프리즘을 통과한 빛이 파장에 따라 굴절되어 연속광으로 나타난 것이다.
- 뉴턴은 색채를 과학적으로 정리하여 스펙트럼을 7색으로 분리하였다.

02 물체의 색과 색의 종류

◆ 물체의 색

- 그 물체가 가지고 있는 것처럼 보이는 색으로, 빛이 물체에 닿을 때 어떤 색상의 파장을 반사하는가에 따라 다르게 나타난다.
- 만일 어떤 물체가 빨간색 파장을 가장 많이 반사하면 빨간색 물체로 보인다.

◆ 색의 종류

표면색	• 불투명한 물체가 빛을 반사시킴으로써 나타나는 물체의 색을 의미 • 물체는 자신과 다른 색은 흡수하고, 같은 색은 반사(녹색 물체는 녹색만 반사)
투과색	• 투명한 물체가 투과시킨 빛의 색 • 녹색 유리는 녹색 빛만 투과시키기 때문에 녹색 유리를 통해 흰 종이를 보면 녹색으로 보임
광원색	• 광원에서 나오는 빛을 눈으로 볼 때 느껴지는 빛 자체의 색 • 광원을 이루는 색 파장의 비율에 따라 다르게 나타남

03 색의 지각과 효과

◆ 색의 지각

- 색을 지각하기 위해서는 빛(광원), 물체, 시각(눈), 색을 보기 위한 노출(노출의 시간)이 필요하다.
- 색채 지각의 3요소 : 빛, 물체, 시각

◆ 색 지각설

3원색설	• 영과 헬름홀츠의 가설 • 색상 세포와 시신경 섬유가 R(빨강), G(초록), B(파랑)를 3원색으로 하여 색을 지각
반대색설	• 헤링의 가설 • R(빨강), G(초록), Y(노랑), B(파랑)의 4원색으로 색을 지각

◈ 색의 지각 효과

항상성 (항색성)	빛의 강도나 조건이 변해도 색이 본래의 색을 유지하려는 특성
연색성	광원에 따라 물체의 색상이 다르게 보이는 현상
색순응	• 색을 오래 볼 때 나타남 • 색에 순응되어 다른 환경에서 색의 지각이 약해지는 것 　⑩ 선글라스를 쓰고 있는 동안 선글라스의 색상이 느껴지지 않는 것
명암순응	• 밝은 곳에서 어두운 곳 또는 반대 상황에서 처음엔 잘 보이지 않다가 점차 보이게 되는 현상 • 명순응 : 어두운 곳에서 밝은 곳으로 가는 경우. 암소시 → 명소시(명암, 형태, 색상까지 식별) • 암순응 : 밝은 곳에서 어두운 곳으로 가는 경우. 명소시 → 암소시(명암, 형태 식별)
조건등색 (메타메리즘)	두 가지 다른 색이 특정 광원에서 하나의 색으로 보이는 것
푸르킨예 현상	• 암순응될 때 파랑과 빨강의 명도 차이가 생기는 현상 • 빛이 강할 때는 장파장의 빛, 빛이 약할 때는 단파장의 빛이 감도가 좋아짐 　⑩ 어두운 곳에서는 빨강보다 파랑이 밝게 보임(비상표시등이 초록색인 이유)
박명시	• 눈으로 들어가는 빛의 강도가 낮을 때 기능 • 명소시와 암소시의 중간 무렵. 추상체와 간상체가 동시에 활동해 물체의 상이 흐리게 나타나는 시각 상태 • 최대 시감도가 507nm~555nm 사이가 되는 때 • 박명시 때 푸르킨예 현상(박명 현상)이 일어남

● 단답형 문제

20.2, 09.3
1 다음 설명에 해당하는 것은?

> 선글라스를 끼고 있는 동안에는 선글라스의 색이 느껴지지 않고, 선글라스를 벗으면 다시 원래 사물의 색으로 느껴지는 것

● 객관식 문제

04.10
2 물건 구매 시 매장의 조명 등에 의해 색상 판별이 어려워 색상이 달라져 보이는 것은 무엇 때문인가?
① 연색성　　　　　② 조건등색
③ 표면색　　　　　④ 메타메리즘

18.7, 15.4. 06.4
3 해질 무렵 정원을 바라보면 어두워짐에 따라 꽃의 빨간색은 거무스레해지고, 그것에 비해 나뭇잎의 녹색은 점차 뚜렷해짐을 볼 수 있다. 이것과 관련된 현상을 무엇이라고 하는가?
① 지각 향상성
② 푸르킨예 현상
③ 착시 현상
④ 게슈탈트의 시지각 원리

17.1, 09.9. 07.9
4 망막에서 일어나는 변화에 관계없이 그 사물에 대해 지속적이고 고정적인 인식을 하고 있는 현상을 무엇이라고 하는가?
① 운동시　　　　　② 형태시
③ 항상성　　　　　④ 가시광선

16.10, 15.4, 14.10, 08.3
5 빛의 스펙트럼에서 인간의 눈에 색상 기호로 인지되는 파장의 범위는?
① 180nm~780nm　② 180nm~1080nm
③ 380nm~780nm　④ 380nm~1080nm

13.1, 09.7
6 어둠이 시작될 때 물체의 상이 흐리게 나타나는 현상과 가장 관계가 깊은 것은?
① 색순응　　　　　② 푸르킨예 현상
③ 박명시　　　　　④ 조건등색

|정답| 1 색순응 2 ① 3 ② 4 ③ 5 ③ 6 ③

합격 강의

01 색의 속성

◈ 색의 3속성

색상	• 색상환에 배열된 색을 의미 • 우리나라의 색 표시 : 먼셀의 표준 20색상 환 사용
명도	• 색의 밝고 어두운 정도, 단계(그레이스케일)를 의미 • 유채색, 무채색은 모두 명도가 있음 • 명도는 밝기에 따라 고명도, 중명도, 저명도로 구분
채도	• 색의 선명도를 의미 • 순도, 색의 포화상태, 색채의 강약을 의미 • 다른 색상과 무채색을 혼합하면 채도는 낮아짐

◈ 채도의 구분

순색	채도가 가장 높은 색
청색	• 순색에 흰색 또는 검정을 혼합한 색으로 맑게 보임 • 명도가 높은 명청색과 명도가 낮은 암청색으로 구분 • 명청색 = 순색 + 흰색 • 암청색 = 순색 + 검정
탁색	순색이나 청색에 회색을 혼합한 색으로 탁하게 보임

02 색명법과 색의 혼합

◈ 색명법

• 색명법이란 색에 이름을 붙여 색을 표현하기 쉽도록 규정하는 것이다.

기본색명	표색계에 의해 규정하는 방법
일반색명	• 감성적으로 느껴진 느낌을 수식어로 덧붙여 사용하는 방법 • '빨강, Red, R'처럼 표색계를 사용해 기호나 이름으로 표현 • '어두운 파랑', '연보라'와 같이 명도, 채도에 대한 수식어를 붙여 표현 • 일반색명을 이용하면 색을 정확히 표현할 수 있음 • 계통색명이라고도 함 • 색상, 명도, 채도 표현
관용색명	• 관습적이거나 연상적인 느낌으로 이름을 붙이는 방법 ——식물에 의한 관용색명 • '귤색, 밤색, 무지개색, 코발트 블루'와 같이 고유한 이름을 이용해 표현 • 인명, 지명, 원료, 자연, 식물 등에 따라 이름이 붙여짐 • 시대나 유행에 따라서 변하기도 하므로 정확성이 떨어짐 • 무수히 많은 색 이름과 그 어원을 가지고 있어 한번에 습득이 어려움

◈ 색의 혼합

가산혼합	• RGB 색광혼합, 플러스혼합, 가법혼합 • 컬러TV, 조명 등에 활용 • 혼합할수록 밝아짐 • 빨강(Red) + 녹색(Green) + 파랑(Blue) 　= 흰색(White) • 빨강(Red) + 녹색(Green) = 노랑(Yellow) • 빨강(Red) + 파랑(Blue) = 마젠타(Magenta) • 파랑(Blue) + 녹색(Green) = 시안(Cyan)
감산혼합	• CMY 색료혼합 • 혼합할수록 어두워짐 • 시안(Cyan) + 마젠타(Magenta) + 노랑(Yellow) 　= 검정(Black) • 마젠타(Magenta) + 노랑(Yellow) = 빨강(Red) • 마젠타(Magenta) + 시안(Cyan) = 파랑(Blue) • 노랑(Yellow) + 시안(Cyan) = 녹색(Green)
중간혼합	• 두 가지 색 이상을 병치시킬 때 혼합된 것처럼 보이는 것 • 혼합된 후 평균 명도로 나타남 • 회전혼합 : 하나의 면에 있는 두 개 이상의 색이 빠르게 회전되면서 하나의 색으로 인식되는 현상 (색팽이 혼합) • 병치혼합 : 선이나 점이 조밀하게 교차·나열되었을 때 마치 인접한 색과 혼합된 것처럼 보이는 현상

● 단답형 문제

20.2, 12.10, 08.3
1 다음이 설명하고 있는 색의 혼합은?

> 혼합된 색의 명도가 혼합 이전의 평균 명도보다 더 높아지는 경우를 말하며, 플러스(Plus) 혼합이라고도 한다.

● 객관식 문제

15.1, 14.7, 11.7
2 다음 중 색의 3속성이 아닌 것은?
　① 색상　　　　　② 명도
　③ 채도　　　　　④ 대비

15.1, 11.7
3 색광혼합의 결과가 잘못된 것은?
　① Red+Green=Yellow
　② Green+Blue=Cyan
　③ Red+Green+Blue=Black
　④ Red+Blue=Magenta

12.7
4 색료혼합의 3원색인 자주(M), 노랑(Y), 청록(C)의 색료 혼합 결과가 틀린 것은?
　① 자주(M)+노랑(Y)=빨강(R)
　② 노랑(Y)+청록(C)=초록(G)
　③ 자주(M)+청록(C)=파랑(B)
　④ 자주(M)+노랑(Y)+청록(C)=흰색(W)

18.3, 11.2, 09.3, 08.7
5 관용색명의 특징으로 볼 수 없는 것은?
　① 시대나 유행에 따라서 다소 변하기도 하므로 정확한 색의 전달이 어렵다.
　② 무수히 많은 색 이름과 그 어원을 가지고 있어서 한꺼번에 습득하기가 어렵다.
　③ 어느 특정한 색을 여러가지 언어로 표현하고 있기 때문에 복잡하고 혼동하기 쉽다.
　④ 몇 가지의 기본적인 색 이름에 수식어, 색상의 형용사를 덧붙여서 부른다.

01 표색계

◈ 표준 색상환

- 색상환이란 색채를 구별하기 위해 비슷한 색상을 규칙적으로 배열해 놓은 것이다.
- 색상환에서의 색상은 배열 상태에 따라 유사색(인접색)과 보색, 근접 보색으로 나뉜다.
- 우리나라에서는 먼셀(Munsell)의 표준 20색상환을 따르고 있다.

유사색 (인접색, 근접색)	• 색상환에서 가까이에 이웃한 색상 • 빨간색의 경우 유사색은 주황색이나 노란색이 됨
보색 (반대색)	• 색상환에서 가장 먼 거리에 있는 색상(정반대 쪽) • 보색 관계에 있는 두 색은 색상의 차이가 가장 많이 남 ⑩ 보색 관계 : 빨강과 청록, 노랑과 남색, 연두와 보라 • 색상환에서 마주보는 보색을 혼합하면 검정에 가까운 무채색이 됨

◈ 표색계(Color System)

- 물체색을 표시하는 색상 체계를 의미한다.
- 물리적이고 수치적인 방법과 시감각적으로 색을 측정하여 표시 방법을 결정한다.
- 구성 방식에 따라 현색계와 혼색계로 분류된다.

현색계	• 물체색을 표시하기 위해 색의 3속성에 따라 표준색표를 정해 표시하는 방법 • 시감각적으로 색을 측정한 후 물체의 색에 기호나 번호를 붙여 색표로 정함 • 대표적인 현색계 : 먼셀 표색계와 오스트발트 표색계
혼색계	• 물리적이고 심리적인 실험을 통해 빛의 혼합을 기초로 색을 규정하는 방법 • 물리적이고 수치적인 빛의 혼합에 기초를 두어 색표를 정하는 방법 • 대표적인 혼색계 : CIE(국제조명위원회) 표색계

02 먼셀, 오스트발트, CIE 표색계

◈ 먼셀 표색계(Munsell Color System)

- 미국의 화가이자 색채 연구가인 먼셀이 구성하였다.
- 색상(Hue), 명도(Value), 채도(Chroma)의 3속성을 사용하여 색상을 표기하며, 이를 HV/C로 축약해서 표시한다.
- 우리나라에서는 교육부에서 규정한 먼셀(Munsell)의 표준 20색상환을 따르고 있다.

먼셀 색입체	• 색상, 명도, 채도를 알아보기 쉽도록 3차원 형태로 구성한 입체 모형 • CIE의 색표와 연관성이 용이 • 모든 물체색이 포함되어 있음 • 색상이 색입체를 둘러싸고 있으며 색입체의 가장 바깥쪽에 순색이 위치 • 수직 단면은 보색이 되는 두 가지의 색을 채도별로 한 눈에 볼 수 있음 • 수평 단면은 명도가 같은 여러 색들을 한 눈에 볼 수 있음 • 중심축은 명도를 나타냄 – 명도의 단계는 11단계로 구분하며, 명도의 단계에 따라 고, 중, 저명도로 구분 – 위로 갈수록 명도가 높아지고 아래로 갈수록 낮아짐 • 채도는 /0, /2 ·· /14와 같이 보통 2단계씩 구분되며, 바깥쪽으로 갈수록 채도가 높아짐 • 모든 색상의 채도 위치가 달라 배색 체계의 어려움이 있음 • 주요 색상 : 빨강, 노랑, 녹색, 파랑, 보라

먼셀의 색입체   색입체 구성   색입체 종단면

◈ 오스트발트 표색계(Ostwald Color System)

- 독일의 물리화학자 오스트발트가 구성하였다.
- 한 색상에 포함되는 색은 'B(검정 비율)+W(흰색 비율)+C(순색량)=100%'가 되는 혼합비로 규정하였다.
- 오스트발트 표색계의 세 가지 요소

B(Black)	빛을 완전히 흡수하는 검정
W(White)	빛을 완전히 반사하는 흰색
C(Full Color)	특정 파장의 빛만 완전히 반사하고 나머지는 흡수하는 순색
오스트발트 색입체	• 헤링의 4원색설을 기본으로 함 • 노랑–파랑, 빨강–초록을 보색대비로 정한 다음, 사이에 색을 추가하여 24색상으로 구성 • 명도의 단계를 8단계로 구분 • 색상환의 가장 바깥쪽 끝 색상은 순색이 됨

오스트발트 색입체   오스트발트 색입체 구성   색입체 종단면

◈ CIE 표색계(CIE Color System)

- 1931년 국제조명위원회에서 고안한 국제적 기준이다.
- 가산혼합의 원리를 이용하였으며, 빛의 측색을 표시하였다.
- CIE 표색계에서 스펙트럼 가시광선은 380nm~780nm의 파장 범위를 가진다.

● 단답형 문제

14.1, 09.3

1 색의 3속성을 3차원의 공간 속에 계통적으로 배열한 것을 무엇이라 하는가?

● 객관식 문제

20.2, 10.7, 08.10, 08.3

2 색입체를 단순화한 각 부분의 명칭이 맞는 것은? (단, A는 입체의 상하, B는 입체의 가로방향, C는 입체의 둘레를 의미함)
- ① A–색상, B–채도, C–명도
- ② A–채도, B–명도, C–색상
- ③ A–명도, B–색상, C–채도
- ④ A–명도, B–채도, C–색상

16.10, 16.1, 13.1

3 먼셀의 표색계에서 색상을 표시하는 기호로 맞는 것은?
- ① C/HV
- ② HC/V
- ③ HV/C
- ④ CV/G

17.3, 12.4, 11.7

4 다음이 설명하고 있는 표색계는?

> – 헤링의 4원색설을 기본으로 한다.
> – 색상 분할을 원주의 4등분이 서로 보색이 되도록 하였다.
> – 8가지 기본색을 다시 각각 3색상으로 나누어 24색상환으로 완성하였다.

- ① CIE 표색계
- ② NCS 표색계
- ③ 오스트발트 표색계
- ④ DIN 표색계

13.10

5 CIE(국제조명위원회) 표색계에 대한 설명으로 틀린 것은?
- ① 완전한 흰색, 완전한 검정색을 만들 수 없으므로 0.5~9.5까지의 기호로 나타낸다.
- ② 1~14까지의 채도를 사용하며, 일반적으로 짝수만을 기준으로 하고 있다.
- ③ 헤링의 4원색 이론을 기본으로 하며, 기본색은 보라, 노랑, 빨강, 검정이다.
- ④ 채도가 낮은 부분을 색표집에 의해서 활용할 때는 짝수의 기본에 1, 3을 추가하고 있다.

정답 1 색입체 2 ④ 3 ③ 4 ③ 5 ③

색의 대비와 효과

01 색의 대비

◆ 동시대비

> 배치된 색이 서로 영향을 받아 본래색 이상의 차이를 가져오는 것

- 인접되어 있거나 다른 색 안에 놓여 있는 두 가지 색을 동시에 볼 때 일어난다.
- 인접되어 있는 색의 차이가 크면 클수록 효과가 커진다.

색상대비	• 명도와 채도가 비슷한 두 가지 이상의 색이 인접해 있을 때 서로 영향을 받아 색상의 차이가 커 보이는 현상 • 반대색이거나 보색일 경우에 더욱 크게 나타남 • 색상이 가깝게 인접했을수록 대비 현상이 잘 나타남
명도대비	• 명도가 다른 두 색이 서로 영향을 받아 명도가 다르게 느껴지는 현상 • 두 색의 명도차가 클수록 대비 효과가 커짐 • 명도대비는 유채색과 무채색에서 모두 일어남
채도대비	• 명도는 비슷하지만 채도가 다른 두 색이 서로 영향을 받아 채도에 차이가 나는 현상 • 무채색 속의 유채색은 채도가 더욱 높아 보임
보색대비	• 색상환에서 정반대에 위치한 두 색상이 인접해있을 때 서로 영향을 받아 채도가 높고 선명해 보이는 현상 • 보색대비에서는 주목성(시각적 주목)과 명시성(가시성, 시인성)이 나타남 • 예 빨간색 장미가 초록색 바탕에서 더욱 선명하게 보임
연변대비	• 경계선 부분에서 색상대비, 명도대비, 채도대비가 더 강하게 일어나는 것(경계대비) • 유채색끼리의 색상별 나열이나 무채색끼리의 명도별 나열에서 잘 나타남 • 검은색 바탕에 있는 흰색 선의 교차 지점에서 명도대비와 함께 강하게 나타남

◆ 계시대비

- 색상을 보고 일정한 시간 후에 느껴지는 대비 효과로 계속대비라고도 한다.
- 계시대비는 일종의 소극적 잔상 효과이다.
- 녹색 배경에 있는 회색 사각형을 계속 응시하다가 흰색 배경을 바라보면 붉은 바탕 안의 녹색 사각형으로 보이게 된다.

◆ 한난대비

- 차가운 색과 따뜻한 색을 배열할 경우 차가운 색은 더 차갑게 느껴지고, 따뜻한 색은 더욱 따뜻하게 느껴지는 대비 효과를 의미한다.
- 중성색은 차가운 색에 둘러싸여 있으면 더 차갑게 느껴지고, 따뜻한 색에 둘러싸여 있으면 더 따뜻하게 느껴진다.

◆ 면적대비

- 면적 크기에 따라 색이 다르게 느껴지는 현상이다.
- 면적이 큰 도형은 면적이 작은 도형보다 명도와 채도가 더 높게 느껴지고, 면적이 작은 도형은 실제보다 명도와 채도가 더 낮게 느껴진다.

02 색의 감정적 효과

온도감	• 색을 통해서 느낄 수 있는 따뜻함, 차가움, 중간의 온도 등 예 난색, 한색, 중성색
중량감	• 색에서 느껴지는 무겁거나 가벼운 느낌 • 중량감은 명도의 영향을 많이 받음 • 명도가 높은 색은 가볍게 느껴지고 명도가 낮은 색은 무겁게 느껴짐
강약감	• 색에서 느껴지는 강하거나 약한 느낌 • 강약감은 채도의 영향을 많이 받음 • 원색이나 채도가 높은 색은 강하게 느껴짐
흥분감/ 진정감	• 난색 계열과 명도와 채도가 높은 색은 흥분감을 일으키고 화려하게 느껴짐 • 한색 계열과 명도와 채도가 낮은 색은 진정감(차분한 느낌)을 주고 소박하게 느껴짐

03 색의 지각적 효과

동화현상	• 대비와는 달리 오히려 주변 색상에 가깝게 느껴지는 현상 • 다른 색의 영향을 받아 인접되어 있거나 둘러싸여 있는 색상과 비슷하게 보이는 것으로 자극이 지속되는 잔상 효과
잔상효과	• 망막이 느낀 자극이 계속 남아 있어서 지속적으로 형상이 남는 것 • 긍정적(양성, 정의) 잔상 : 명도와 색상에 대한 자극이 그대로 지속됨 • 소극적(음성, 부의) 잔상 : 색상, 명도, 채도가 반대로 느껴짐
주목성	• 색 자체가 명도나 채도가 높아서 시각적으로 빨리 눈에 띄는 성질 • 따뜻한 색, 명도와 채도가 높은 색일수록 주목성이 높음 • 배열에 있어서는 보색 배열, 자극이 강한 빨강과 흰색의 배열, 노랑과 검정의 배열에서 주목성이 높아짐 • 표지판, 표시와 기호 등에 사용
명시성	• 가시성, 시인성이라고도 하며 먼 거리에서도 잘 보이는 성질 • 주로 두 가지 색 이상을 배열했을 때 나타나는 성질 • 색상, 명도, 채도의 차이가 클수록 명시성이 높아짐 • 검정과 노랑의 배색은 명시성이 높은 배색으로 교통 표지판에 많이 활용
진출색/ 후퇴색	• 진출색은 앞으로 전진하는 것처럼 느껴지는 색 • 따뜻한 색, 명도, 채도가 높은 색은 진출하는 것처럼 느껴짐 • 후퇴색은 진출색과는 반대로 뒤로 물러나는 것처럼 느껴지는 색 • 차가운 색, 명도, 채도가 낮은 색, 무채색은 후퇴하는 것처럼 느껴짐
팽창색/ 수축색	• 팽창색은 더욱 크고, 확산되어 보이는 색 • 따뜻한 색과 명도와 채도가 높은 색은 팽창되어 보임 • 수축색은 더욱 작고, 축소되어 보이는 색 • 차가운 색과 명도와 채도가 낮은 색은 수축되어 보임

● 단답형 문제

17.10, 12.10, 10.3
1 다음에서 설명하고 있는 것은 무엇인가?

> 주위색의 영향으로 오히려 인접색에 가깝게 느껴지는 현상

● 객관식 문제

18.6, 12.10, 11.7, 09.7
2 다음 중 주목성에 대한 설명으로 잘못된 것은?
① 명시성이 높은 색은 어느 정도 주목성이 높다.
② 따뜻한 난색은 차가운 한색보다 주목성이 높다.
③ 초록색이 빨강보다 주목성이 더 높다.
④ 주목성은 색의 3속성과 관계가 있다.

18.3, 08.4
3 색의 3속성 중, 우리 눈이 가장 예민하고 강하게 반응하는 대비는?
① 명도대비   ② 색상대비
③ 보색대비   ④ 채도대비

12.2
4 다음이 설명하고 있는 색의 대비로 옳은 것은?

> • 인접한 경계면이 다른 부분보다 더 강한 색상, 명도, 채도 대비를 나타내는 것을 말한다.
> • 맞닿아 있는 면은 물론이고, 떨어져 있는 면들에서도 상호 영향을 미치는 대비효과를 나타낸다.

① 채도대비   ② 명도대비
③ 연변대비   ④ 반복대비

16.10, 12.10, 11.7, 10.3, 09.7, 07.4
5 주위색의 영향으로 인접색에 가깝게 느껴지는 경우를 무엇이라고 하는가?
① 등색잔상   ② 색의 명시도
③ 연변대비   ④ 동화현상

|정답| **1** 동화현상 **2** ③ **3** ① **4** ③ **5** ④

색의 상징과 효과
POINT 10

01 색의 연상과 상징

◈ 색의 연상과 상징

- 색의 연상이란 색을 볼 때 어떤 구체적인 형상이나 의미, 관념이 떠오르는 것을 말한다.
- 색의 상징이란 연상으로 나타난 반응을 사회, 문화적인 상징으로 사용하는 것이다.
- 파란색은 바다를 연상시키며, 선풍기에는 파란색, 온풍기에는 빨간색을 사용하는 것처럼 색의 상징과 연상은 일반적으로 공통되게 나타난다.
- 색은 상징이나 연상과 달리 국가, 민족, 환경, 연령에 따라 다른 선호도를 보인다.

빨강	태양, 불, 카네이션, 단풍잎, 일출, 열, 더위, 성숙, 정열, 유혹, 호화, 활력, 위험, 혁명, 자극, 분노, 적극, 순교, 애정, 정지, 힘
주황	석양, 감, 가을, 풍부, 원기, 온화, 만족, 건강, 위험 표시, 저조, 즐거움, 기쁨, 질투, 초조
노랑	개나리, 바나나, 광명, 명랑, 활동, 희망, 환희, 금지선, 주의 표시, 상상력, 팽창, 신맛, 달콤함, 신경질, 염증
연두	잔디, 새싹, 자연, 이른 봄, 위안, 생명, 친애, 청순, 순진, 안전, 신선, 관대함
녹색	숲, 에메랄드, 보리밭, 엽록소, 여름, 평화, 안전, 휴식, 신념, 젊음, 희망, 지성, 상쾌, 소박, 학구적, 싱크한 맛, 쓴맛
청록	하늘, 바다, 여름, 찬바람, 인애, 심미, 청결, 이성, 냉담, 냉정, 서늘함
파랑	바다, 물, 사파이어, 여름, 시원함, 상쾌, 성실, 냉정, 차가움, 추위, 생동감, 명상, 젊음, 우울, 쓴맛
남색	깊은 밤, 신중, 점잖음, 영원, 무한, 침울, 냉철, 직관, 훈련, 유니폼
보라	포도, 제비꽃, 예술, 창조, 그리움, 우아, 화려함, 고귀, 장중함, 신비, 감수성, 위엄, 실망, 신경질, 고독, 상한 음식
자주	자두, 자수정, 사랑, 연모, 애정, 화려함, 아름다움, 예술적 기질, 발정, 슬픔, 흥분
흰색	눈(Snow), 겨울, 순결, 순수, 청결, 위생, 살균, 신성, 완벽, 죄를 사함, 소박, 정돈, 명확, 깨끗함, 치료
회색	공장, 도시적, 미래적, 테크노, 겸손, 음울, 온화, 중립, 수수, 평범
검정	주검, 밤, 탄 것, 엄숙미, 무게감, 위험, 슬픔, 침묵, 부정, 죄, 죽음, 암흑, 불안, 비애, 공포, 절망, 허무

◈ 색의 사회적 상징

- 색에는 각 사회의 특징이나 상징, 풍습이 나타난다.
- 군대에서의 계급, 왕족의 예복, 신분 표시, 방위 표시, 지역 구분 등에 사용된다.
- 국가나 기업에는 고유의 특색을 나타내는 상징색이 있으며, 특히 국기에는 색을 통해 그 나라의 이념이 나타나기도 한다.

대한민국	• 흰색 : 백의민족의 순결과 단결 • 빨강 : 하늘을 상징 • 파랑 : 땅을 상징
캐나다	• 중앙 빨강 : 단풍잎(캐나다 상징) • 양쪽 빨강 : 태평양과 대서양
독일	• 검정 : 힘, 인권 억압에 대한 비참함과 분노 • 빨강 : 자유의 동경 • 노랑 : 진리
가봉	• 녹색 : 밀림 • 노랑 : 태양 • 파랑 : 바다

02 색의 치료 효과

◆ 색의 긍정적, 부정적 효과와 치료

빨강	식욕 자극, 빈혈, 무활력 치료, 분노의 유발
주황	자긍심과 원기 회복, 무기력, 생리불순, 빈혈, 감기의 치료, 과다 노출은 불안감 야기
노랑	식욕을 돕는 기능, 피로 회복, 빈혈의 치료, 초조감, 신경질 야기
연두	위안의 기능, 피로 회복, 강장 역할
녹색	불면증, 불안감 해소, 눈의 피로 회복, 안전 및 구급, 구호의 역할, 식욕 저하
청록	조용함과 안도감, 두통 감소, 염증과 발열 진정
파랑	맥박 저하, 자신감, 창의력 향상, 식욕 저하, 피로 회복, 불안감, 불면증 감소
남색	훈련과 창조력 향상, 정신적인 피로, 침체 야기
보라	감수성 자극, 신앙심 유도, 식욕 저하, 불안감 유발
자주	노이로제 야기
흰색	조화의 효과, 다른 색과 함께 쓰이면 시선 집중의 효과
회색	우울한 분위기 야기
검정	심신의 피로 야기, 위험과 슬픔, 우울증 야기

● 단답형 문제

11.4
1 주의를 의미하며 주의표시, 돌출부위 계단의 위험요소를 나타내는 색으로 적당한 것은?

● 객관식 문제

16.7, 12.10
2 다음 중 쓴맛을 나타내는 색은?
① 검정　　　　② 주황
③ 회색　　　　④ 파랑

18.10, 11.4
3 다음 중 식욕을 돋궈주는 색은?
① 검정　　　　② 주황
③ 회색　　　　④ 파랑

17.3, 13.1
4 색채의 연상과 상징이 맞게 연결된 것은?
① 빨강 : 열, 위험, 자극적, 고요함
② 노랑 : 금발, 경쾌, 떠들썩함, 바다
③ 녹색 : 평화, 안전, 휴식
④ 보라 : 외로움, 고귀함, 허무, 장례식

11.2
5 건강 이미지의 웹 사이트를 구성하려고 한다. 가장 적합한 컬러는?
① 빨강색　　　② 노랑색
③ 검정색　　　④ 녹색

색채조화와 배색

01 색채조화와 배색

◈ 색채조화

• 여러 색채를 조합시켰을 때 잘 어울리는 것으로, 배색을 어떻게 했는가에 따라 달라진다.

• 색채를 선택하여 배열하면 하나의 색으로 나타낼 수 없는 느낌을 나타낼 수 있다.

유사조화	• 색상이 서로 잘 어울리는 조화로, 색상이나 성격이 비슷한 색의 배색에서 얻어짐 • 보통 색상환에서 이웃해 있는 근접색상을 사용하면 유사조화를 얻을 수 있음
대비조화	• 서로 다른 성격이나 반대색, 보색 색상을 배색할 때 잘 어울리는 것 • 보색대비의 주변에 있는 색을 이용해 배색하는 것을 근접 보색대비라고 함

• 유사조화 : 친근감과 부드러움을 주지만 단조롭다.

• 대비조화 : 개성적이며 극적효과와 긴장감을 준다.

◈ 색채배색

• 배색이란 목적에 맞는 색을 표현하기 위해 주변의 색을 고려하여 배치하는 것이다.

• 배색은 문 · 스펜서의 조견표를 이용하여 동등, 유사, 반대(대비), 유채색, 무채색 배색 등으로 구분한다.

◈ 색채배색에서 고려할 점

• 배색 목적과 사용 목적을 고려한다.

• 색상 수를 적게 하고 대비를 고려해 색을 선택한다.

• 주조색을 먼저 정한 후 나머지 색을 배색한다.

• 색상, 명도, 채도를 생각해 배색한다.

• 색의 감정적, 지각적 효과를 고려한다.

• 면적의 비례와 대비 효과 등을 고려한다.

◈ 색상에 의한 배색

• 색상을 중심으로 배색하는 것이다.

• 같은 색상을 중심으로 배색하면 통일성과 질서를 느끼게 된다.

• 색상차가 크고 작음에 따라 조화의 느낌이 달라진다.

동일 색상	명도 또는 채도에 차이를 둔 배색 : 단조로움, 편함
유사 색상	• 따뜻한 색의 배색 : 온화하면서 활발함 • 차가운 색의 배색 : 시원하고 침착함
반대 색상	• 보색 관계의 배색 : 다이나믹하고 대조적 • 따뜻한 색과 차가운 색의 배색 : 강렬함, 다채로움

◈ 명도에 의한 배색

유사 명도	• 고명도의 배색 : 경쾌, 깨끗, 맑음 • 중명도의 배색 : 침착, 불분명 • 저명도의 배색 : 무거움, 어두움, 침울
반대 명도	• 무채색과 유채색의 배색 : 명시성, 가시성 뛰어남 • 유채색과 유채색의 배색 : 강함, 명도차가 클수록 또렷함 • 무채색과 무채색의 배색 : 신뢰, 대조적

◈ 채도에 의한 배색

유사 채도	• 고채도의 배색 : 화려함, 자극적, 강함 • 저채도의 배색 : 소박함, 부드러움, 차분함, 탁함
반대 채도	채도차가 큰 배색 : 활기, 강함, 활발함

02 색채조화의 역사와 원리

◈ 색채조화의 역사

- 색채조화에 대한 연구는 빛에 대한 연구에서 시작되었다.
- 색채 연구에 대한 과학적인 이론은 뉴턴의 실험으로 정립되었다.

뉴턴	프리즘 실험을 통한 스펙트럼 발견
슈브뢸(셰브럴)	현대 색채조화론의 기초 확립
맥스웰	3가지 원색을 사용한 회전판 실험으로 가색혼합설 발표
헬름홀츠	R,G,B 원색을 인식하는 수용체가 있다는 '영-헬름홀츠 이론' 펼침
베졸트	양탄자의 날실, 씨실 중 하나의 색을 바꾸면 전체의 배색이 변화되는 것을 발견
헤링	4원색설 주장, 빛에 의한 망막에서의 반대색 합성 연구
먼셀	색을 색상, 명도, 채도에 따라 계통적으로 배치
오스트발트	백색량과 흑색량을 순색을 기준으로 한 오스트발트 표색계를 발표
비렌	심리학적 색채 이론을 정립, 색상을 따뜻한 색과 차가운 색으로 구분
문·스펜서	먼셀 공간과 대응되는 오메가 공간의 배색을 설명
저드	색채조화에 질서, 유사 동류, 명료성의 원리를 사용

◈ 저드(D. Judd)의 색채조화 원리

질서의 원리	색채를 규칙과 원칙을 가지고 선택해 배색할 때 조화를 이룬다는 원리
유사(친숙)의 원리	공통점이 있는 색들을 배색한 경우 조화를 이룬다는 원리
동류(친근)의 원리	가장 가까운 색채끼리의 배색은 친근감과 조화를 이룬다는 원리
명료성(비모호성)의 원리	색의 속성의 차이와 면적 등에서 모호함이 없이 배색된 것이 조화를 이룬다는 원리
대비의 원리	모호함이 없이 반대 관계에 있거나 보색 관계에 있는 색도 조화를 이룬다는 원리

● 단답형 문제

12.4
1 색채를 과학적으로 정리하여 스펙트럼을 7색으로 분리한 사람은?

● 객관식 문제

14.1, 13.1
2 빨간색이 가장 선명하고 뚜렷해 보일 수 있는 배경색으로 적합한 것은?
① 주황 ② 노랑 ③ 회색 ④ 보라

17.3, 16.1, 14.10, 07.9
3 저드(D.B.Judd)의 '색채 조화론'에 해당하지 않는 것은?
① 질서의 원리 ② 모호성의 원리 ③ 친근성의 원리 ④ 유사성의 원리

18.7, 16.7, 14.4, 10.10
4 서로 반대되는 색상을 배색하였을 때 나타나는 느낌으로 옳은 것은?
① 강렬한 느낌 ② 정적인 느낌 ③ 간결한 느낌 ④ 차분한 느낌

11.4
5 다음 중 동일 색상의 배색과 관계가 없는 것은?
① 정적인 질서를 느낄 수 있다.
② 차분한 느낌을 느낄 수 있다.
③ 통일된 감정을 느낄 수 있다.
④ 즐거운 느낌을 느낄 수 있다.

|정답| 1 뉴턴 2 ③ 3 ② 4 ① 5 ④

POINT 12 인터넷의 개념

01 인터넷의 개념과 역사

◈ 인터넷의 개념

- 인터넷(Internet)이란 세계 최대의 네트워크 연동 망에서 비롯된 고유 명사이다.
- TCP/IP라는 프로토콜을 채택하여 사용하는 세계 최대의 컴퓨터 통신망이다.
- TCP/IP는 인터넷에 접속하기 위해 필요한 기본적인 프로토콜로서 TCP/IP가 설치된 컴퓨터 간에는 클라이언트/서버 모델을 사용하여 통신한다.
- 인터넷은 운영체제의 종류에 제한이 없다.
- 인터넷에 연결된 컴퓨터들은 IP 주소를 가지고 있어야 한다.

◈ 세계 인터넷의 역사

1969	인터넷의 시초인 ARPANET 시작
1972	인터넷 서비스 Telnet과 FTP가 표준으로 제정, Email 탄생
1979	USENET 서비스 시작
1982	TCP/IP를 인터넷 표준 프로토콜로 채택, 인터넷 개념 정립
1989	팀 버너스-리 WWW(웹) 개발
1990	Archie 시작
1991	인터넷 서비스 Gopher, WAIS 시작
1992	인터넷 서비스 WWW(World Wide Web) 시작
1993	최초 GUI 웹 브라우저 모자이크(Mosaic) 개발
1994	W3C(World Wide Web Consortium) 발족 및 웹 브라우저 넷스케이프 등장
1999	사물인터넷(IoT) 용어 탄생
2000	세계 무선인터넷 이용자 수 4억 명 돌파
2004	페이스북 서비스 시작
2006	트위터 서비스 시작
2011	전 세계 인터넷 이용자 수 20억 명 돌파

◈ 국내 인터넷의 역사

1982	서울대와 KIET 사이에 국내 최초 인터넷인 SDN 구축
1983	국가기간전산망 사업 시작
1988	국가기간전산망 교육망(KREN)과 연구전산망(KREONET) 구축
1992	교육망(KREN)과 하나망 연동
1994	인터넷 상용망 서비스 시작
1999	한국인터넷정보센터(KRNIC) 설립 승인
2004	한국 인터넷 이용자 수 3천만명 돌파
2008	국내 무선인터넷 이용률 50% 돌파
2010	한국 IPv6 주소 확보율 OECD 32개국 중 8위
2013	IPv6 주소 상용화 기반 마련

02 인터넷 서비스

◈ 주요 인터넷 서비스

전자우편 (E-mail)	• 인터넷을 통한 서신 교환 서비스 • 전자우편 서비스 헤더 : To(수신자), From(송신자), Cc(참조자), Bcc(숨은 참조자)
텔넷(Telnet)	멀리 떨어져 있는 컴퓨터에 접속하도록 하는 서비스
파일전송 (FTP)	인터넷을 통하여 파일 전송(송수신)을 지원받을 수 있는 서비스
익명 파일전송 (anonymous FTP)	익명으로 파일 전송(수신)을 지원받을 수 있는 서비스(계정 : anonymous)
아치(Archie)	익명 FTP 서버를 대상으로 검색을 지원하는 서비스

고퍼(Gopher)	메뉴만 따라가면 원하는 정보를 찾게 해주는 계층적 정보검색 서비스
소셜 네트워크 서비스(SNS)	인적 네트워크 형성을 위한 온라인 인맥 구축 서비스 예 트위터, 페이스북, 싸이월드 등

◆ 인터넷 관련 프로토콜

HTTP	인터넷 프로토콜
SMTP	전자우편 송신 프로토콜
POP, IMAP	전자우편 수신 프로토콜
NNTP	뉴스 서비스에서 기사를 전달하기 위한 프로토콜

◆ 인터넷 관련 조직

NIC	각국의 도메인 이름을 등록하고 관리
W3C	WWW 서비스의 표준안 제안 및 개발. HTML, XML 표준화 진행
KRNIC	• 국내의 인터넷 주소 관리 • 한국인터넷진흥원(KISA) 산하 기관

● 단답형 문제

20.6, 18.10, 13.7
1 신뢰성 있는 패킷전송을 제공하며 인터넷 서비스의 기반이 되는 통신 프로토콜은?

● 객관식 문제

11.2, 09.7
2 다음 인터넷의 역사 중 가장 나중에 일어난 것은?
① 웹 브라우저인 넷스케이프가 등장하였다.
② Gopher, WAIS 서비스를 시작하였다.
③ TCP/IP 프로토콜 표준으로 채택되었다.
④ USENET 서비스가 시작되었다.

16.10, 15.10, 10.1
3 인터넷의 발전을 시대 순으로 올바르게 나열한 것은?
① ARPANET → NSFNET → TCP/IP 표준 → WWW
② ARPANET → TCP/IP 표준 → NSFNET → WWW
③ TCP/IP 표준 → ARPANET → NSFNET → WWW
④ TCP/IP 표준 → NSFNET → ARPANET → WWW
1986년 미국과학재단(NSF)에서 슈퍼컴퓨터센터 간의 통신을 위해 NSFNET을 구축

17.6, 15.10, 11.4
4 인터넷 서비스의 종류에 해당하지 <u>않는</u> 것은?
① 텔넷(Telnet)
② 전자우편(E-mail)
③ 채팅(Chatting)
④ 허브(Hub)

12.2
5 "Mosaic"가 등장한 이후의 인터넷 서비스의 변화에 해당하는 것은?
① ARPANet 시작　② Archie 시작
③ 전자상거래 시작　④ Gopher

인터넷 주소와 도메인

01 인터넷 주소

◈ 인터넷 주소 체계

┌─ 컴퓨터 네트워크의 전화번호와 같은 개념

• 인터넷은 IP 주소 체계를 이용한다.
• IP 주소란 인터넷에 연결된 각 컴퓨터에게 할당된 고유번호를 의미한다.
• IP 주소는 현재 32bit 주소체계인 IPv4를 사용하고 있다.
• 차세대 IP 주소 체계는 IPv6로서 128bit의 주소를 사용한다.

◈ IPv4 주소

• IPv4 주소 형태는 8bit씩 4개의 단위로 구성된다.
  📧 203.246.40.6
• 각 8bit 자리의 값은 보통 10진수 정수로 표현하며, 0~255의 값이 사용된다.
• IPv4 주소의 등급은 A, B, C, D, E 클래스로 나뉜다.

클래스	첫 8bit 값(10진수)	첫 8bit 값(2진수)
A 클래스	1~126	00000001~01111110
B 클래스	128~191	10000000~10111111
C 클래스	192~223	11000000~11011111

◈ IPv6 주소

• IPv4 주소 공간의 고갈과 IP 보안 문제 등을 해결하기 위한 대안으로 제시되었다.
• IPv6 주소는 16bit씩 8개로 구성된 총 128bit의 체계이며, 주소의 총 개수는 거의 무한대이다.
• 멀티미디어 데이터시간으로 처리하도록 광대역 폭을 제공하며, 보안 기능이 강화되었다.

◈ IPv4 주소와 IPv6 주소 비교

구분	IPv4	IPv6
주소 체계	32Bit	128bit
모바일 IP	어려움	쉬움
QoS(Quality of Service) 서비스 품질 제어	어려움	쉬움
IPSec 보안 지원	별도 설치	기본 제공

◈ IP 주소 할당 체계

• IP 주소는 해당 주소 공간의 사용권한을 부여받는 것이며, 소유하는 것이 아니다.
• IP 주소의 관리와 책임은 계층적인 구조에 의해 분배된다.
• NIC은 국가별 인터넷 레지스트리 기관으로 각 국의 도메인 이름을 등록하고 관리한다.
• 우리나라는 KISA(한국인터넷진흥원)에서 KRNIC을 담당하고 있다.

02 호스트 이름과 도메인

◈ 호스트(Host Name)

• 호스트 이름은 숫자 중심의 IP 주소를 사람들이 이해하기 쉬운 문자(영어 알파벳)로 바꾸어 사용하는 것으로 시스템의 고유한 이름이다.
• 도메인은 네트워크를 관리하기 위한 영역으로 호스트 이름에 사용된 주소 영역을 말한다.

◈ 도메인 이름 서비스(DNS, Domain Name Service)

• DNS는 문자로 구성된 호스트 이름과 숫자로 구성된 IP 주소를 일대일 대응시켜 주는 서비스를 말한다.
• 도메인 이름을 서비스하는 시스템(Domain Name System) 또는 서버(Domain Name Server)를 지칭하기도 한다.

◆ 최상위 도메인(TLD, Top Level Domain)

TLD 이름	용도	TLD 이름	용도
.com	영리 목적의 기업과 기관	.biz	사업기관 또는 회사
.net	네트워크 관리 기관	.edu	4년제 대학 교육 기관
.org	비영리단체	.info	정보서비스 기관
.gov	미국 연방정부 기관	.mil	미국 연방군사 기관
.museum	박물관		

◆ 차상위 도메인(SLD, Second Level Domain)

SLD 이름	용도	동일한 성격의 TLD 도메인
.co	영리목적의 단체나 기업체	.com
.go	정부기관이나 공공기관	.gov
.ac	교육기관/대학(원)	.edu
.or	비영리기관	.org

◆ URL(Uniform Resource Locator)

• 인터넷 서비스와 파일 등 자원(정보)의 위치를 기술하는 표준 주소 형식을 의미한다.

• URL의 구성

> 인터넷 서비스(프로토콜) + 호스트 이름(또는 IP 주소) + 접속 포트번호 + 추가 경로

• URL의 기능과 해석

> http://www.youngjin.com:8080
>
> • http : 웹 서비스 이름
> • www : 호스트(컴퓨터) 이름
> • youngjin : 회사 이름
> • com : 기업
> • 8080 : 접속 포트번호

● **단답형 문제**

1 19.10, 09.3
인터넷에서 접근 가능한 여러 가지 자원들을 획득하기 위해 이들의 위치를 표시하는 주소 형식을 무엇이라 하는가?

● **객관식 문제**

2 21.4, 09.7
인터넷 프로토콜(IP)에 대한 설명으로 옳지 않은 것은?
① IP는 연결형 서비스를 제공하므로 신뢰성 있는 서비스를 제공한다.
② IP는 TCP, UDP, ICMP, IGMP 데이터를 전송하는 중요한 역할을 수행한다.
③ IP 데이터그램은 목적지 호스트의 인터넷 주소를 포함한다.
④ IP 동작 중 IP 데이터그램의 상실, IP 데이터그램의 중복과 같은 오류를 발생하기도 한다.

3 20.10, 13.7, 11.7
IPv4 주소에서 각 클래스별 첫 8bit의 값이 옳은 것은?
① A: 0000 0000~0111 1110
   B: 1000 0001~1011 1111
② A: 0000 0000~0111 1111
   B: 1000 0000~1011 1111
③ A: 0000 0001~0111 1110
   B: 1000 0000~1011 1111
④ A: 0000 0001~0111 1111
   B: 1000 0001~1011 1111

4 16.7, 11.7
도메인 네임으로 사용할 수 없는 것은?
① saving4u-.com
② 1588-6624.co.kr
③ flower-order.org
④ 6288delivery.net

5 17.8, 14.10, 12.7
다음 중 URL 형식에서 :// 앞에 오는 것은?
① 프로토콜   ② IP 주소
③ 접속 포트번호   ④ 디렉터리명

|정답| 1 URL 2 ① 3 ③ 4 ① 5 ①

01 웹 서비스

◈ 웹(Web)의 개념

- 월드 와이드 웹(World Wide Web)의 줄임말로 Web 또는 WWW로 표기한다.
- 문자, 음성, 동영상 등의 멀티미디어 환경을 갖춘 인터넷의 정보 서비스이다.

◈ 웹 서비스의 구성

웹 서비스 지원	웹 서버
웹 문서의 형식	하이퍼텍스트 방식으로 문서를 작성
웹 문서 표준 언어	SGML, HTML, XML
정보 연결	링크
웹 검색도구	웹 브라우저

◈ 웹 서비스 관련 기술

하이퍼텍스트 (HyperText)	연결 정보가 체계적으로 나타나 있는 텍스트
홈페이지 (Homepage)	웹 브라우저를 이용하여 인터넷상의 하이퍼텍스트 문서를 접할 때, 맨 처음 접하는 화면
하이퍼링크 (Hyperlink)	하이퍼텍스트에 포함된 연결 정보로서 클릭할 때 연결된 다른 요소(정보)로 이동하게 함
웹 브라우저 (Web Browser)	웹 서비스를 이용하기 위한 프로그램으로 인터넷에 연결된 컴퓨터의 정보를 보기 위한 프로그램(정보 검색)
웹 서버 (Web Server)	웹 서비스를 제공하는 컴퓨터 또는 서버 프로그램으로서 클라이언트/서버 모델을 기반으로 동작 예 아파치 웹 서버, 윈도우 웹 서버
플러그인 (Plug-In)	웹 브라우저가 직접 처리하지 못하는 데이터를 처리함으로써 웹 브라우저의 기능을 확장시키는 프로그램 예 플러그인이 필요한 파일 : MOV, PDF, SWF, VRML 등

데이터베이스 (Database)	자료들을 논리적으로 구조화하여 조합해 놓은 데이터 집합 예 회원정보 데이터베이스
CGI (Common Gateway Interface)	• 클라이언트(사용자) 요청에 대해 웹 서버가 응답할 수 있도록 하는 인터페이스 • 방명록이나 게시판 등을 제작할 때 사용 • CGI 기반의 스크립트 언어(서버에서 실행) : ASP, JSP, PHP 등
자바스크립트 (Java Script)	• HTML 문서 내에 소스코드를 직접 삽입하여 사용하는 스크립트 언어 • 클라이언트의 웹 브라우저에서 해석됨
자바 애플릿 (Java Applet)	• 자바(JAVA) 언어로 작성, 컴파일된 파일이 서버상에서 실행됨 • HTML 문서 내에 포함되어 수행되는 작은 프로그램
자바(JAVA)	• 분산 환경을 위한 객체 지향 프로그래밍 언어 • 다양한 플랫폼에서 프로그래밍 가능

02 정보 검색과 검색엔진

◈ 정보 검색

- 인터넷을 이용하여 필요한 정보를 취득하는 일련의 작업이다.
- '정보의 내용 파악–검색을 위한 키워드 추출–검색엔진에서 검색–검색 결과 분석–재검색'의 과정으로 이루어진다.

시소러스 (Thesaurus)	정보 검색에서 사용되는 주요 키워드 간의 관계를 조직화한 것
리키지(Leakage)	검색되어야 하는 정보 중에서 빠진 정보
가비지(Garbage)	불필요하게 검색된 쓸모없는 정보
불용어(Stop(Noise) Word)	검색 용어로 사용되지 않는 단어나 문자열
푸시(Push)	사용자의 검색 작업 없이 서버가 자동으로 새로운 정보를 전달해 주는 기술

클리핑(Clipping)	웹 페이지 내에서 필요한 정보만 추출하는 기술
미러사이트 (Mirror Site)	특정 사이트의 정보를 복사해 놓은 사이트
로봇 에이전트	인터넷상의 정보를 자발적으로 수집하여 검색엔진의 데이터베이스에 저장하는 프로그램 ⑩ 로봇(Robot), 스파이더(Spider), 크롤러 (Crawler) 등
통합 검색	검색된 내용을 카페, 블로그, 이미지, 동영상, 사전, 뉴스, 음악 등 섹션별로 분류한 형태로 제공(포털 사이트의 검색 방식)

◈ 검색엔진

• 전 세계의 인터넷 서버를 대상으로 정보 검색을 수행하는 시스템이다.

단어별(키워드, 주제어) 검색엔진	• 일반적인 키워드형 검색 • 찾고자 하는 검색 키워드를 입력하여 검색
주제별(디렉터리) 검색엔진	• 초보들이 사용하기에 용이 • 대분류, 중분류, 소분류의 계층 형태를 찾아들어가는 검색
메타 검색엔진	• 자체 데이터베이스 없이 여러 개의 검색엔진에서 검색 • 중복으로 검색된 정보는 하나로 통일해 보여줌

◈ 검색 연산자

• 검색엔진에서 정보를 효율적으로 찾기 위해 사용되는 기호나 용어를 의미한다.
• 참, 거짓으로 논리값을 계산하는 논리연산자(불연산자)의 우선순위는 AND → NOT → OR의 순서로 이루어진다.

AND(&)	연산자 좌우의 두 키워드가 모두 포함되어 있는 정보를 검색
OR(|)	두 개의 키워드 중에서 어느 하나만 포함되어 있어도 해당 정보를 검색
NOT(!)	키워드 정보를 제외하고 검색
NEAR, ADJ	일정한 간격 이내의 정보를 검색
" "	" " 안의 구문을 포함하는 정보를 검색(구문검색)
*	단어의 일부 문자를 이용하여 검색(절단 검색) ⑩ inter* → intern, internet, international

19.10, 09.9

1 관련성 있는 페이지 사이를 자유롭게 이동할 수 있는 구조를 가진 컴퓨터상의 문서는?

12.10, 10.1

2 상호작용을 지원하는 웹 페이지 제작을 위한 CGI의 설명으로 틀린 것은?
  ① 웹 브라우저와 웹 서버, 응용 프로그램 간의 일종의 인터페이스이다.
  ② 방명록이나 카운터, 게시판 등에 사용된다.
  ③ 사용자에게 일방적인 정보 제공을 하기 위해 사용된다.
  ④ HTML의 〈FORM〉 태그를 이용하여 CGI 프로그램으로 데이터를 전달한다.

13.7

3 정보의 검색 결과에서 불필요하게 검색된 쓸모없는 쓰레기정보를 지칭하는 용어는?
  ① 리키지(Leakage)
  ② 시소러스(Thesaurus)
  ③ 불용어(Noise Word)
  ④ 가비지(Garbage)

16.10, 15.7, 11.7

4 정보 검색 연산자의 설명으로 옳은 것은?
  ① OR : 연산자 좌우 검색어 중 하나라도 들어 있는 자료를 찾는다.
  ② 구절 검색 : 연산자 앞 쪽의 검색어는 포함하고, 뒤 쪽 검색어는 포함하지 않은 자료를 찾는다.
  ③ AND : 두 개 이상의 단어가 순서대로 연속해서 나오는 것을 찾는다.
  ④ NOT : 연산자 좌우의 검색어를 모두 만족시키는 자료를 찾는다.

20.4, 18.1, 12.10

5 주제별 검색엔진으로 카테고리에 의한 체계적인 링크 정보를 제공하는 검색엔진은?
  ① 메타 검색엔진
  ② 디렉터리형 검색엔진
  ③ 하이브리드형 검색엔진
  ④ 에이전트 검색엔진

|정답| 1 하이퍼텍스트 **2** ③ **3** ④ **4** ① **5** ②

POINT 15 웹 브라우저

01 웹 브라우저의 기능

◆ 웹 브라우저의 종류

모자이크(Mosaic)	최초의 GUI(Graphic User Interface) 기반 웹 브라우저
넷스케이프 내비게이터 (Netscape Navigator)	넷스케이프 커뮤니케이션(社) 개발
인터넷 익스플로러 (Internet Explorer)	마이크로소프트(社) 개발
핫자바(Hot Java)	선 마이크로시스템즈(社) 개발, 자바 언어 기반
오페라(Opera)	오페라 소프트웨어(社) 개발
사파리(Safari)	애플(社) 개발
파이어폭스(Firefox)	모질라 재단 개발, 오픈 소스 기반
구글 크롬(Chrome)	구글(社) 개발, 오픈 소스 기반
마이크로소프트 엣지 (Microsoft Edge)	마이크로소프트(社)에서 인터넷 익스플로러(기술지원 종료)를 대체하기 위해 개발

◆ 웹 브라우저의 기능

- 웹 페이지 열기/저장/인쇄
- HTML 소스 보기
- 최근 방문한 URL 주소 목록 제공
- 텍스트, 이미지 및 멀티미디어 지원 기능
- 개인정보 설정 및 쿠키 차단/삭제
- 웹 사이트 인터넷 내용 제한
- 웹 사이트 보안 수준 설정
- 전자우편 및 뉴스그룹 이용
- 관련 프로그램을 호출하고 연결

◆ 웹 브라우저 주요 기능 설정

[파일] 메뉴		• 웹 페이지 저장 및 인쇄 • HTML 편집 • 페이지 설정
[보기] 메뉴		• HTML 소스 보기 • 새로 고침
[즐겨찾기] 메뉴		• 즐겨찾기(자주 방문하는 URL 저장) • 즐겨찾기 관리
웹 브라우저 주요 기능	[일반] 기능	• 검색 기록(쿠키/양식/임시 인터넷 파일) 삭제 • 언어 추가 • 글꼴 선택
	[보안] 기능	• 보안 설정 • 보안 수준 설정(높음/약간 높음/보통)
	[내용] 기능	• 인터넷 내용(콘텐츠) 관리 (폭력, 음란 사이트 등) • 인증서/게시자/자동 완성
	[개인 정보] 기능	• 쿠키 차단 설정 • 팝업 차단 설정

◆ 웹 브라우저의 오류 메시지

403 오류	• 403 Forbidden(403 액세스 거부) • 접근이 금지된 파일을 요청해서 허가해 줄 수 없는 경우 발생
404 오류	• 404 Not Found(404 개체를 찾을 수 없음) • 존재하지 않는 파일을 요청한 경우 발생 • URL을 잘못 입력한 경우 발생
500 오류	• 500 Internal Server Error(500 내부 서버 오류) • URL의 잘못된 명시로 인해 발생
503 오류	• 503 Service Unavailable(503 서비스를 사용할 수 없음) • 동시 접속자 수가 많아서 서비스 요청에 응답할 수 없어서 발생

02 한글 코드와 인코딩(Encoding)

└─ 보통의 문장을 암호화하는 것

◈ 한글 코드

한글(KS) 완성형 코드	• 우리나라 국가 표준 한글 코드 • 한글 2,350자 표시, 특별한 형태의 한글은 표시하지 못함
유니코드(Unicode)	• 세계 각국의 언어를 통일된 방법으로 표현하는 코드 규약 • 유니코드 인코딩 방식 : UTF-8, UTF-16

◈ 웹 페이지 한글 깨짐 현상

• 인코딩 : 해당 국가의 웹 문서를 읽을 때 문자가 제대로 보이지 않거나 깨져서 보일 경우 해당 국가의 언어를 선택하여 제대로 보이도록 설정하는 기능
• 한글이 깨지는 경우 : 웹 브라우저의 인코딩 선택 옵션에서 [한국어] 또는 [자동 선택]을 선택
• 완성형 한글 파일명이 포함된 URL 문제 : 한글 파일명으로 저장된 웹페이지나 그림이 정상적으로 표시되지 않는 경우로서 'URL을 항상 UTF-8로 보냄(UTF-8 URL 보내기)' 항목을 해제하여 비활성화시킴
• 특정 사이트에서만 글꼴이 깨지는 경우 : [글꼴]에서 대체할 글꼴을 선택

◈ 방화벽(Firewall)과 프록시(Proxy)

방화벽	• 인터넷을 통해 조직의 내부 네트워크로 액세스할 수 없도록 하여 내부 네트워크를 보호 • 모든 신호를 판독하여 특정 패킷만을 통과시키거나 차단
프록시	• LAN과 외부 네트워크 사이에서 방화벽 및 캐시 역할을 수행 • 한 번 읽은 내용은 중간에 경유한 프록시 서버가 받아두었던 내용을 읽어들임으로써 시간을 단축

12.7, 10.3

1 다음에서 설명하고 있는 것은 무엇인가?

> 최초의 GUI 환경의 웹 브라우저

10.1

2 웹 브라우저에서 그림 이미지와 문서를 저장하는 방법으로 틀린 것은?
① 문서는 ASCII 형태로 저장할 수 있다.
② 이미지 파일은 문서와 따로 저장할 수 있다.
③ HTML 소스가 공개되지 않으므로 HTML 소스 형태로 저장할 수 없다.
④ 웹 브라우저 화면 그대로 캡쳐할 수 있다.

21.4, 16.10, 13.7, 06.10

3 외부 네트워크로부터 내부 네트워크를 보호하기 위해 이들 사이에서 전달되는 모든 신호를 판독하여 특정 패킷만을 통과시키거나 차단시키며, 내부의 IP 주소가 외부로 유출되는 것을 방지하는 역할을 하는 것은?
① 프록시(Proxy)
② 방화벽(Firewall)
③ 도메인네임서버(DNS)
④ 허브(Hub)

15.4, 12.2

4 다음 설명에 해당하는 서버로 옳은 것은?

> 인터넷을 통해 주고 받는 내용을 캐시에 저장해 놓았다가 동일한 자료의 송수신이 발생하는 경우 이를 되풀이하지 않게 함으로써 속도를 향상시킬 수 있다.

① HTTP 서버　　② Proxy 서버
③ DNS 서버　　④ Gateway 서버

20.10, 13.10, 10.7, 08.7

5 동시 접속자 수가 많아서 서비스 요청에 응답할 수 없는 경우에 발생하는 웹 브라우저 오류 메시지는?
① HTTP 403 Forbidden
② HTTP 404 Not Found
③ HTTP 500 Internal Server Error
④ HTTP 503 Service Unavailable

|정답| **1** 모자이크 **2** ③ **3** ② **4** ② **5** ④

POINT 16 **네트워크와 프로토콜**

01 프로토콜

◈ 프로토콜(Protocol)의 개념

- 네트워크에서 데이터 전송을 오류 없이 효율적으로 구현하기 위한 약속과 규범을 의미한다.
- 송수신 컴퓨터 사이에 주고받는 정보에 대한 일정한 형식과 절차 등을 규정해 놓은 것이다.

◈ OSI 7계층 모델 ㄱLayer

- ISO가 제정한 표준안으로 네트워크를 위한 참조 모델이다.

응용 계층	네트워크 관련 응용 프로그램 수행 예 HTTP, SMTP, FTP, TELNET 등
표현 계층	데이터 표현 기법의 차이 해결, 압축, 인코딩, 암호화 담당
세션 계층	응용 프로그램 간의 연결 확립
전송 계층	컴퓨터 간 연결 확립, 데이터 흐름제어, 에러제어
네트워크 계층	논리적인 링크 구성, 전송 경로 설정
데이터 링크 계층	오류 없는 데이터 전송 담당
물리 계층	실제 물리적인 전송 매체 사이의 연결

◈ TCP/IP

- 인터넷을 위한 기본 통신 프로토콜이다.
- 서로 다른 종류의 시스템끼리 원활한 데이터 전송을 지원한다.

응용 계층	응용 프로그램 수행, 하위계층으로 메시지 전달 예 HTTP, FTP, SMTP
전송 계층	데이터 전송 제어(TCP, UDP)
인터넷 계층	주소 관리, 전송 경로 설정
네트워크 인터페이스 계층	전송 매체 사이의 연결

- TCP/IP에서 사용되는 프로토콜

TCP	신뢰성 있는 데이터 전송(연결형) 예 TELNET, FTP, NNTP, SMTP, POP3
UDP	재전송·흐름제어가 없는 빠른 데이터 전송(비연결형) 예 SNMP, DHCP
IP	데이터(패킷)가 수신지에 도착하도록 지원(비연결형)
ICMP	데이터 전송 오류를 송신측에 보고하고, 기능 확인
ARP	IP 주소를 실제 물리적 주소로 변환
RARP	물리적 주소를 IP 주소로 변환

- OSI 7계층 모델과 TCP/IP 계층 비교

7계층 응용	응용 계층 (HTTP, SMTP, FTP, TELNET 등)
6계층 표현	
5계층 세션	
4계층 전송	전송 계층 (TCP, UDP)
3계층 네트워크	인터넷 계층 (IP, ARP, RARP, ICMP)
2계층 데이터 링크	네트워크 인터페이스 계층 (이더넷, 토큰링 등)
1계층 물리	

〈OSI 7계층 참조모델〉　〈TCP/IP〉

02 네트워크

◈ 영역에 따른 네트워크 분류

LAN	근거리 지역(보통 1km에서 수 km 내외)
MAN	LAN보다 넓은 대도시 지역(LAN들을 연결)
WAN	MAN보다 넓은 광대역 지역
VAN	부가가치 통신망

◈ 네트워크 위상(토폴로지)

> 물리적인 배선 모양이나
> 네트워크 연결 형태

네트워크를 이루는 통신선과 장치들의 배열에 따른 네트워크 형태를 의미한다.

스타형(Star, 성형) 	• 모든 단말기들이 중앙에 1:1로 연결 • **장점** : 중앙 제어 가능. 새로운 단말기 추가 용이 • **단점** : 중앙 단말기가 고장나면 전체 네트워크 중단
링형(Ring)	• 단말기들이 하나의 링을 형성 • **장점** : 단말기 수가 많아져도 네트워크 성능에는 문제 없음 • **단점** : 단말기 하나의 고장이 전체 네트워크의 작동을 중단시킴
버스형(Bus)	• 전체 단말기들이 한 개의 전송 선로(버스)에 연결된 형태 • **장점** : 비용 절감. 일부 단말기의 고장이 전체 네트워크에 영향을 주지 않음 • **단점** : 새로운 단말기의 추가가 전체 네트워크 성능을 저하시킴
트리형(Tree)	• 허브를 사용하여 여러 대의 단말기들을 연결 • **장점** : 확장성. 하위 단말기의 고장이 전체 네트워크에 영향을 주지 않음 • **단점** : 허브에서 병목 현상 발생. 허브 고장이 네트워크의 고장을 야기

◈ 통신망의 종류

통신망(정보통신망)은 통신에 필요한 여러 장비들이 집합된 형태를 말하며, 통신은 여러 종류의 통신망을 통해 이루어진다.

ISDN	• 종합 정보 통신망 • 하나의 회선으로 전화, 화상, 데이터 통신 등을 통합해 제공
ADSL	• 비대칭 디지털 가입자 회선 • ATM 초고속망에 연결하여 고속의 서비스 제공
VDSL	• 초고속 디지털 가입자 회선 • 짧은 구간에서 ADSL보다 빠른 속도를 제공 • VOD, 멀티미디어, 원격교육 등의 대용량 데이터 처리에 적합

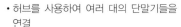

● **단답형 문제**

18.7, 12.7

1 다음에서 설명하고 있는 네트워크 위상은 무엇인가?

> 데이터 통신에서 결선 방식(토폴로지)을 분류할 때 하나의 전송 채널을 사용하며, 분산제어 처리 방식을 적용하며, 구조적으로 Point-To-Point 방식으로 T자형 네트워크를 구성하는 것

● **객관식 문제**

08.7

2 고속통신망으로서 전화교환기를 거치지 않고 ATM 초고속망에 연결하여 고속의 서비스를 제공하는 방식의 인터넷 서비스는?
① ISDN　② Backbone
③ ADSL　④ WAN

20.4, 18.1, 07.9

3 다음이 설명하고 있는 네트워크 통신망은?

> 일반 사업장에서 가장 많이 사용되고 다수의 사용자 컴퓨터가 지리적으로 좁은 지역에 분포되며, 대개 한 건물 내에서 연결되는 근거리 통신망이다.

① LAN　② MAN
③ WAN　④ VAN

21.4, 19.10, 11.4

4 OSI-7 layer에서 다음 설명과 관련 있는 계층은?

> 정보의 표현 방식 관리, 암호화, 정보압축 등의 기능을 수행

① 전송 계층　② 표현 계층
③ 세션 계층　④ 응용 계층

17.3, 12.7

5 데이터 통신에서 결선 방식(토폴로지)을 분류할 때 하나의 전송 채널을 사용하며, 분산 제어 처리 방식을 적용하며, 구조적으로 Point-To-Point 방식으로 T자형 네트워크를 구성하는 것은?
① 성형(Star) 방식　② 링형(Ring) 방식
③ 버스형(Bus) 방식　④ 나무형(Tree) 방식

|**정답**| **1** 버스형 **2** ③ **3** ① **4** ② **5** ③

POINT 17 HTML과 태그

01 HTML(HyperText Markup Language)

◆ HTML의 개념

- 웹 문서를 기술하기 위해 사용하는 국제 표준 언어이다.
- 마크업(Markup) 언어로서 태그(Tag)를 사용하여 데이터의 구조를 표현한다.
- HTML 문서는 ASCII 코드로 구성된 일반적인 텍스트 형태이다.
- HTML 문서는 일반 에디터(메모장), 워드프로세서, 홈페이지 제작 도구를 통해 작성한다.
- HTML 문서의 확장명은 .htm 또는 .html이다.

◆ HTML 문서의 구조

HTML 문서의 구조는 〈HTML〉 태그로 시작해서 〈/HTML〉 태그로 종료한다.

```
〈HTML〉              – HTML 문서 시작
〈HEAD〉                 – 머리(헤드) 시작
   〈TITLE〉문서의 제목〈/TITLE〉   – 문서 제목 시작/끝
〈/HEAD〉                – 머리(헤드) 끝
〈BODY〉                 – 몸체(본문) 시작
   문서의 내용
〈/BODY〉                – 몸체(본문) 끝
〈/HTML〉             – HTML 문서 끝
```

02 HTML 태그

◆ 태그의 사용

- 태그는 시작 태그와 종료 태그가 한 쌍을 이루어 사용된다.
- 종료 태그가 없는 태그도 있다.
- 태그 이름은 대소문자를 구분하지 않는다.
  - **예** 〈HTML〉=〈html〉
- 줄바꿈이나 빈칸을 인식하지 못하기 때문에 줄바꿈과 빈칸을 위해 지정된 태그를 사용하여 표현한다.

◆ HEAD 부분 관련 태그

〈HEAD〉 〈/HEAD〉	문서 자체에 대한 설명
〈TITLE〉 〈/TITLE〉	웹 브라우저 제목 표시줄에 문서의 제목을 나타냄
〈META〉	HTML 문서의 일반 정보 **예** 문서의 작성자, 검색 키워드, 문서 파기 일자 등

◆ 문단 관련 태그

〈BODY〉 〈/BODY〉	본문(몸체)의 시작과 끝 지정
〈HR〉	• 수평선 • 속성 : size, width, align 등
〈BR〉	줄 바꿈
〈P〉〈/P〉	문단 바꿈
〈CENTER〉 〈/CENTER〉	가운데 정렬
〈DIV〉〈/DIV〉	• 문서를 구분하여 문단별로 정렬 • 문서의 특정 영역이나 섹션 정의

• 〈BODY〉 태그 속성

```
                          태그
예 〈BODY bgcolor="#FFFFFF" background="bg1.jpg"
   text="#000000")                    속성
```
- **bgcolor** : 문서 배경색
- **background** : 문서 배경 이미지
- **text** : 문서 기본 글자색

◆ 목록 관련 태그

⟨UL⟩⟨/UL⟩	순서가 없는 기호 목록 작성
⟨OL⟩⟨/OL⟩	순서가 있는 숫자 목록 작성
⟨LI⟩	목록 각각의 내용 정의
⟨DL⟩⟨/DL⟩	용어에 대한 정의 목록
⟨DT⟩⟨/DT⟩	용어의 제목
⟨DD⟩⟨/DD⟩	용어의 내용

◆ 글자 관련 태그

⟨Hn⟩⟨/Hn⟩	제목 글자를 표현, n값은 1~6까지이며 작을수록 큰 글자로 나타냄
⟨FONT⟩ ⟨/FONT⟩	글자의 크기와 모양을 지정
⟨!- - - -⟩	주석문 처리 예 ⟨!- - 여기는 주석문입니다.- -⟩
⟨I⟩⟨/I⟩	글자를 이탤릭체로 처리
⟨B⟩⟨/B⟩	글자를 굵은 글씨체로 처리
⟨U⟩⟨/U⟩	글자에 밑줄을 나타냄
⟨SUP⟩⟨/SUP⟩	글자를 위첨자로 나타냄
⟨SUB⟩⟨/SUB⟩	글자를 아래첨자로 나타냄
⟨STRIKE⟩ ⟨/STRIKE⟩	글자에 취소선을 나타냄
⟨CITE⟩ ⟨/CITE⟩	글자를 인용문으로 표현
⟨CODE⟩ ⟨/CODE⟩	프로그램 소스 코드를 나타낼 때 사용

● 단답형 문제

11.10, 09.7

1 HTML 태그 중 문서를 구분하여 문단별로 정렬하는 태그는?

● 객관식 문제

11.7

2 HTML 태그 중에서 단락 구분을 정의하는 태그는?
① ⟨LINK⟩　　　　② ⟨P⟩
③ ⟨HR⟩　　　　④ ⟨FONT⟩

12.10

3 웹 페이지 제작 시 배경 색상 설정이 흰색으로 지정되지 않는 것은?
① ⟨BODY bgcolor="#ffffff"⟩
② ⟨BODY bgcolor="white"⟩
③ ⟨BODY bgcolor="ffffff"⟩
④ ⟨BODY bgcolor="#000000"⟩

20.2, 12.10

4 HTML 태그의 설명으로 틀린 것은?
① ⟨I⟩⟨/I⟩ : 이탤릭체를 보여준다.
② ⟨OL⟩⟨/OL⟩ : 순서를 매기지 않은 목록을 작성할 때 사용한다.
③ ⟨CENTER⟩⟨/CENTER⟩ : 태그 사이에 있는 문단을 가운데로 정렬한다.
④ ⟨BR⟩ : 줄을 바꿀 때에 사용한다.

18.3, 13.4

5 HTML의 특징으로 옳지 않은 것은?
① HTML은 Markup 언어이다.
② HTML 문서는 ASCII 코드로 구성된 일반적인 텍스트 파일이다.
③ HTML 문서는 사용자가 정의한 태그(tag)를 이용해 작성될 수 있다.
④ HTML은 컴퓨터 시스템이나 운영체제에 독립적이다.

|정답| **1** ⟨DIV⟩ 태그 **2** ② **3** ④ **4** ② **5** ③

멀티미디어 및 양식 태그

01 멀티미디어 관련 태그

◈ 멀티미디어 삽입 관련 태그

〈A〉/〈A〉	문서, 이미지 등을 하이퍼링크로 연결
〈EMBED〉 〈/EMBED〉	멀티미디어 개체 삽입 예 mp3, wma, swf 등
〈OBJECT〉 〈/OBJECT〉	• 멀티미디어 개체 삽입(플레이어를 지정) • HTML 4.0 이상에서 활용 예 ActiveX, Quick Time 등
〈IMG〉	이미지 삽입
〈MAP〉 〈/MAP〉	이미지맵 작성
〈AREA〉	이미지맵 안에서 영역 분할 예 circle(원), poly(다각형), rect(사각형)
〈APPLET〉 〈/APPLET〉	자바 애플릿 삽입

• 〈A〉 태그 href 속성

예 〈A href="mailto:admin@youngjin.com"〉
- href : 링크할 문서명이나 URL 명시
- mailto : 전자메일 링크를 설정

• 〈A〉 태그 target 속성

예 〈A href="http://www.youngjin.com" target="_blank"〉
- _blank : 새로운 창에 링크가 나타남
- _self : 현재 창에 링크가 나타남
- _parent : 현재 창 이전의 상위 프레임에 링크가 나타남
- _top : 현재 창의 최상위 창에 링크가 나타남

02 표, 프레임 태그

◈ 표 관련 태그

〈TABLE〉 〈/TABLE〉	표의 시작과 끝을 의미하는 태그
〈TR〉〈/TR〉	표에서 행을 만듦(가로 분할)
〈TD〉〈/TD〉	표에서 열을 만듦(세로 분할)
〈TH〉〈/TH〉	〈TD〉와 동일하나, 제목과 관련된 내용일 때 사용
〈CAPTION〉 〈/CAPTION〉	표 제목(캡션) 표시

• 〈TABLE〉 태그 속성

예 〈TABLE width="400", border="1" cellpadding="0" cellspacing="0"〉
- width : 표 너비
- border : 표 테두리 두께
- cellpadding : 셀 경계선과 셀 내용 사이의 간격
- cellspacing : 셀과 셀 사이의 간격(내부의 선 두께)

◈ 프레임 관련 태그
홈페이지 페이지 화면 단위

〈FRAMESET〉 〈/FRAMESET〉	문서를 프레임으로 분할
〈FRAME〉	각 분할된 프레임창에 속성을 지정
〈IFRAME〉 〈/IFRAME〉	HTML 문서 내의 일부분만 프레임으로 분할

• 〈FRAMESET〉 태그 속성

예 〈FRAMESET rows="100, *" border="0"〉
 〈FRAMESET cols="20%, 80%"〉
- rows : 프레임을 행으로 나눔
- cols : 프레임을 열로 나눔
- border : 프레임 경계선 크기 지정(0이면 안보임)
- 분할 정도 값 : 픽셀 수, 백분율(%), 상대 비율(*)

・〈FRAME〉 태그 속성

> 예 〈FRAME src="left.htm" name="left" scrolling="no" noresize〉
> ・src : 해당 프레임에 표시된 문서의 경로
> ・name : 프레임 이름 지정
> ・scrolling : 창의 스크롤바 표시 여부 지정
> ・noresize : 프레임 크기 변경 금지

03 문서 양식 태그

◈ 문서 양식 제작 태그

〈FORM〉 〈/FORM〉	입력 양식 만듦(CGI 프로그램으로 데이터 전달)
〈INPUT〉	선택 양식 지정 예 라디오 버튼, 체크 박스
〈SELECT〉 〈/SELECT〉	선택 리스트를 만듦
〈TEXTAREA〉 〈/TEXTAREA〉	2줄 이상의 Text를 넣을 수 있는 입력상자를 만듦

● 단답형 문제

12.10, 08.10, 08.3
1 웹 문서에 mp3 사운드 파일을 삽입하여 재생되도록 하고자 할 때 사용되는 태그는?

● 객관식 문제

15.1, 11.2
2 HTML의 테이블과 관련이 <u>없는</u> 태그는?
① 〈TR〉　　　　② 〈TH〉
③ 〈DT〉　　　　④ 〈CAPTION〉

17.1, 15.7, 12.2
3 HTML의 〈table〉 태그 중 테이블의 테두리 두께를 지정하는 속성은?
① border　　　② celpadding
③ width　　　　④ spacing

13.1
4 HTML 작성 시 프레임(Frame)의 크기를 설정하기 위한 방법이 <u>아닌</u> 것은?
① 백분율로 구분하는 방법
② 픽셀 수로 설정하는 방법
③ 파일 크기로 설정하는 방법
④ 상대 비율로 설정하는 방법

15.10, 12.4
5 HTML 문서에서 하이퍼링크 설정 시 새로운 창을 열어 문서를 연결하는 속성을 지정하고자 한다. ㉠에 들어갈 옵션으로 옳은 것은?

> 〈A HREF="http://hrdkorea.or.kr" target="㉠"〉

① _self　　　　② _parent
③ _top　　　　④ _blank

DHTML, CSS, XML

01 DHTML과 CSS

◆ DHTML(Dynamic HTML) — 동적HTML

- 웹 문서를 기술하기 위한 국제 표준 언어이다.
- HTML의 단점을 개선한 것으로 동적 웹 페이지를 제작하기 위한 기술이다.
- HTML, 스타일 시트(CSS), 자바스크립트(Java Script)를 조합하여 대화형 웹 페이지를 제작한다.
- 사용자 측 웹 브라우저에서 실행되기 때문에 서버에 부담이 적다.

◆ CSS(Cascading Style Sheet) — 스타일 시트

- HTML 문서 형태를 위한 언어로 스타일 시트라고도 한다.
- 텍스트 스타일, 여백 형식, 페이지 요소들의 배치 등 웹 페이지 스타일과 관련된 제반 속성들을 지정한 것이다.
- 각기 다른 브라우저 환경에서 동일한 문서 형태를 제공한다.
- HTML 4.0에서는 콘텐츠 배치, 레이아웃 등을 자유롭게 조절할 수 있도록 기능이 강화되었다.
- 외부 스타일 시트 문서의 확장자는 .css이다.
- 스타일시트는 HTML 본문 안에 사용하는 내부(Internal) 스타일시트와 HTML 본문과는 별도로 작성하여 문서로 저장하는 외부(External) 스타일 시트가 있다.
- 따라서 내부(Internal) 스타일시트는 스타일 정보가 웹 페이지 자체 내에 있고, 외부(External) 스타일시트는 스타일 정보가 웹 페이지와 연결된 외부 파일에 있다.
- 내부 스타일시트와 외부 스타일시트가 충돌할 경우, 충돌하지 않는 외부 스타일시트는 그대로 상속되어 적용된다.

• 스타일 시트 관련 태그

〈STYLE〉〈/STYLE〉	스타일 시트를 정의하여 〈HEAD〉와 〈/HEAD〉 태그 안에 사용
〈LINK〉	외부 스타일 시트를 삽입
〈DIV〉, 〈SPAN〉	특정 범위에 스타일 시트를 적용

• 〈STYLE〉 태그를 이용한 스타일 시트 정의

```
〈style type="text/css"〉          /* 스타일시트 정의 */
A:link {text-decoration:none; color:#FF0000}
A:visited {text-decoration:none; color:#00FF00}
A:active {text-decoration:none; color:#00FF00}
A:hover {text-decoration:none; color:#0000FF}
/* text-decoration : 링크에 밑줄 표시 여부, none 밑줄 표시하지 않음 */
〈/style〉                          /* 스타일시트 정의 끝 */
```

• 스타일 시트와 〈BODY〉 태그 속성

A:link {color:#FF0000}	• 방문하지 않은 링크 모양 • 〈BODY link="#FF0000"〉와 같은 기능
A:visited {color:#00FF00}	• 방문한 링크 모양 • 〈BODY vlink="#00FF00"〉와 같은 기능
A:active {color:#0000FF}	• 링크를 클릭하는 순간의 모양 • 〈BODY alink="#0000FF"〉와 같은 기능
A:hover {color:#00FFFF}	• 링크 위에 마우스를 올려놓을 때의 모양 • 〈BODY〉 태그로 지정할 수 없음

02 XML과 XHTML

◆ XML(eXtensible Markup Language)

- 웹 문서를 기술하기 위한 국제 표준 언어이다.
- XML은 HTML처럼 태그 형태로 되어 있는 마크업 언어이다.
- HTML과 달리 사용자가 태그를 지정할 수 있어서 태그 확장이 가능하다.
- 태그 정의와 XML 문서의 제반 사항을 정의한 부분을 DTD(Document Type Definition)라고 한다.

◈ XHTML(eXtensible HyperText Markup Language)

- 웹 문서를 기술하기 위한 국제 표준 언어이다.
- XML 규칙을 따르면서 HTML과도 호환되도록 새롭게 만든 마크업 언어이다.
- HTML에 비해 엄격한 문법을 가진다.
- XHTML에서는 종료 태그가 없는 태그에도 />를 붙여서 달아야 한다.
  예 〈BR /〉

---

03 웹 프로그래밍 언어의 수행 방식

◈ 클라이언트 측 수행 방식

클라이언트의 요청 사항이 클라이언트 측 웹 브라우저에서 바로 실행되어 나타난다.
예 HTML, DHTML, CSS, XML, XHTML

◈ 서버 측 수행 방식

클라이언트의 요청 사항이 서버 측에서 먼저 실행된 후, 그 결과만 클라이언트 측 웹 브라우저에 반환되어 나타난다.
예 ASP, JSP, PHP

◈ 웹프로그래밍 언어 사용

- ASP(Active Server Page)는 동적인 웹 문서를 제작하는 기술로써 기존의 CGI 기술의 단점(서버에 지나친 부담, 실행 시간의 소요)을 극복하는 대안으로서 제시되었다.
- ASP는 윈도우 웹 서버인 IIS(Internet Information Server) 기반에서 지원된다.
- JSP(Java Server Page)는 웹 서버 쪽에서 실행되는 것으로서 자바로 작성된 스크립트 프로그램이다(ASP와 유사).
- ASP가 IIS에서 지원되는 반면 JSP는 다양한 웹 서버에서 지원된다.

● 단답형 문제

17.8, 11.10
1 다음에서 설명하고 있는 것은 무엇인가?

> 웹 페이지의 외형을 제어하기 위한 언어로 글꼴, 색상, 크기, 정렬 방식 등을 미리 지정하여 필요한 곳에 적용할 수 있다.

● 객관식 문제

20.6, 15.10, 09.4
2 다음 설명에 해당하는 것은?

> - W3C에서 1996년 HTML을 대체할 목적으로 제안한 것으로 웹상에서 구조화된 문서를 전송 가능하도록 설계된 언어이다.
> - 사용자가 새로운 태그를 정의할 수 있는 기능을 제공한다.

① CSS
② DHTML
③ SOAP
④ XML

20.6, 13.7, 11.4, 09.9
3 별도의 Plug-In 프로그램이 없어도 웹 브라우저에서 재생 가능한 것은?
① MOV 파일
② PDF 문서
③ VRML 파일
④ XML 문서

18.1, 13.7, 11.2
4 다음이 설명하고 있는 것은?

> 기본 HTML의 단점을 개선해 동적인 웹 페이지를 만들 수 있도록 하기 위한 것으로 브라우저에서 실행되어 서버의 부담이 적고, 이벤트에 대한 즉각적 반응이 가능하다.

① SGML
② VML
③ DHTML
④ WML

|정답| 1 CSS(Cascading Style Sheet) 2 ④ 3 ④ 4 ③

자바스크립트

합격강의

01 자바스크립트(JavaScript)

◈ 자바스크립트의 개념

- 넷스케이프 커뮤니케이션스(社)와 선 마이크로시스템즈(社)가 공동 개발한 스크립트 언어(컴파일을 하지 않고 바로 실행시킬 수 있는 언어)이다.
- 객체 지향적 언어로서 내장되어 있는 객체를 사용한다.
- 인터렉티브(상호작용) 웹 페이지 제작을 위해 사용한다.
- 소스 코드를 HTML 문서에 포함하여 작성한다.
- 서버가 아닌 사용자 측 웹 브라우저에서 직접 번역되어 수행된다.
- 인터프리터에 의해 실행되고 컴파일 과정이 없다.
- 모든 운영체제, 하드웨어에서 사용할 수 있어 플랫폼에 독립적이며 이식성이 높다.
- 문법이 간단해 비교적 손쉽게 프로그램을 만들 수 있다.

◈ 자바스크립트의 사용

- 자바스크립트는 〈SCRIPT〉 태그 안에 기술한다.
- 자바스크립트 소스 코드를 별도의 파일로 작성하여 사용할 수 있다.
- 별도의 파일로 작성할 경우 확장자는 .js이다.

```
〈SCRIPT language="JavaScript" src="자바스크립트 파일명"〉
〈/SCRIPT〉
```

02 변수, 연산자, 제어문

◈ 변수명

- 영문 대소문자, 숫자, 밑줄(_)을 사용하여 만든다.
- 특수기호나 공백 문자를 사용할 수 없다.
- 변수명의 첫 글자는 반드시 영문자나 밑줄(_)로 시작해야 한다.
- 예약어는 변수명으로 사용할 수 없다.
- 대소문자를 구분한다.

◈ 변수의 종류

전역 변수	• 함수 밖에서 선언 • 프로그램 전체에서 사용됨 • 변수 선언을 하지 않고 사용할 경우 전역 변수가 됨
지역 변수	• 'var'를 이용해 선언 • 변수가 정의된 함수 내에서만 사용됨 • 선언된 중괄호 { } 안에서만 사용됨

◈ 연산자 우선순위

우선순위	종류	기능
1	( ), [ ]	최우선 연산자
2	+ +, - -	증감 연산자
3	*, /, %, +, -	산술 연산자
4	》》, 《《, 》》》	시프트 연산자
5	〉, 〈, 〉=, 〈=, ==, !=	비교 연산자
6	&, ^, |	비트 연산자
7	&&, ||	논리 연산자
8	=, +=, -=	대입 연산자

• 연산자의 활용

예) x % y = z
- x=7, y=3, z=0인 경우, x % y의 결과는 z=1이 됨

◆ 제어문

if-else	if의 조건을 검사하고 만족되면 실행문을 처리하고, 만족되지 않으면 else를 처리
switch-case	switch에 입력된 값에 따라 case 구문으로 이동하여 처리
while	자바스크립트 반복문 조건이 만족되면 계속 실행, 조건이 만족되지 않을 때까지 실행
for	while과 비슷하지만, for문은 초기값을 주고, 그 초기 값이 조건을 만족시키는 동안에만 반복 실행
do-while	실행문이 최초에 한 번 처리된 후, 조건을 검사하고 그 조건이 만족되지 않으면 계속 반복

● **단답형 문제**

12.7
1 다음에서 설명하고 있는 자바스크립트 제어문은 무엇인가?

> 주어진 조건이 만족하는 동안 문장을 반복하는데 실행문을 먼저 처리하고 조건들을 검사한다. 즉, 최소한 한번은 실행문이 처리된다.

● **객관식 문제**

14.1, 07.9
2 다음 중 자바스크립트의 변수로 사용할 수 없는 것은?
① _java   ② return
③ Hello2   ④ BasiC

19.6, 12.2
3 자바스크립트에 관한 설명으로 틀린 것은?
① 웹 서버에 주는 부담이 적다.
② 소스코드를 감출 수 없다.
③ 컴파일 방식의 언어이다.
④ 운영체제의 제약을 받지 않는다.

21.4, 11.10
4 자바스크립트의 장점으로 볼 수 없는 것은?
① 컴파일 과정을 거치지 않기 때문에 신속한 개발을 할 수 있다.
② 웹상에서 인터렉티브한 웹 페이지를 만드는데 많이 사용된다.
③ 어떤 운영체제와 하드웨어에서도 작동하는 이식성이 높은 언어이다.
④ 자바스크립트를 이용한 응용 프로그램은 브라우저가 제한하는 기능적 한계를 벗어날 수 있다.

17.6, 11.10
5 다음 중 자바스크립트의 변수에 대한 설명으로 틀린 것은?
① 데이터의 형을 구분하여 선언하여야 한다.
② 변수명의 첫 문자는 영문자 또는 _로 시작한다.
③ 변수명은 영문자의 대문자와 소문자를 구분한다.
④ 예약어는 변수명으로 사용할 수 없다.

|정답| 1 do-while 2 ② 3 ③ 4 ④ 5 ①

자바스크립트 내장함수와 내장객체

01 자바스크립트 내장함수

◈ 내장함수

- 함수(Function)는 특정한 작업을 독립적으로 수행하는 단위를 말한다.
- 함수는 어떤 값을 매개변수를 통해 입력 받을 수 있으며, 결과 값을 반환한다.
- 객체에 속한 함수를 메소드라고 한다.
- 내장함수는 이미 시스템에 정의되어 있는 함수로서 사용자가 함수의 정의 없이 사용할 수 있는 것이다.

- 내장함수의 종류

alert()	메시지 창을 생성
eval()	문자열로 입력된 수식을 계산
parseInt()	문자열을 정수로 변환
parseFloat()	문자열을 실수(부동소수점)로 변환
confirm()	[확인]이나 [취소] 버튼이 나타나는 메시지 창을 생성
escape()	문자의 ASCII 값을 변환
setTimeout()	일정 시간이 지난 후 지정된 명령을 호출
setInterval()	일정 시간마다 지정된 명령을 반복 호출

- 내장함수의 사용

```
예 〈script language="javascript"〉
    〈!--
        alert("Welcome"); - Welcome이라는 문구가
    --〉                        있는 메시지 창을 띄움
    〈/script〉
```

02 자바스크립트 내장객체

◈ 객체와 메소드 — Method

- 객체는 데이터의 조합으로서 속성(프로퍼티)과 메소드(함수)를 함께 가리키는 단위이다. └ Property
- 속성(프로퍼티)은 객체가 가진 성질 또는 상태를 나타낸다.
- 메소드는 객체에 속한 함수로서 객체의 동작을 나타낸다.
- 객체는 객체의 상태 변화를 유발한 이벤트를 가질 수 있다.

```
예 document.bgColor="green";  - 객체.속성
예 document.write("내용")      - 객체.메소드
```

◈ 내장객체

- 내장객체는 모든 자바스크립트 환경에서 이용이 가능한 핵심적인 객체로 자바스크립트에서 자체적으로 지원하는 것이다.
- Array, Date, String, Math 객체 등이 있다.

- 내장객체의 종류

Array 객체	비슷한 종류의 데이터를 하나의 배열로 생성
Date 객체	날짜와 시간을 처리
String 객체	문자열을 처리
Math 객체	수학 계산
Number 객체	문자로 되어 있는 숫자를 일반 숫자로 변경
Screen 객체	컴퓨터 화면 해상도, 화면 크기, 색상 정보 등을 알아낼 때 사용

• Array 객체의 메소드

join( )	배열 요소들을 하나의 문자열로 반환
concat(A)	현재 배열에 'A'배열을 합해 새로운 배열 반환
reverse( )	배열의 값을 역순으로 반환
slice(a,e)	배열 중에서 a부터 e까지의 요소로 새로운 배열 생성
sort(조건)	배열 요소들을 '조건' 대로 정렬(조건이 없는 경우 오름차순 정렬)

• String 객체의 메소드

split(분리자)	'분리자'를 이용하여 문자열을 분리함으로써 두 개 이상의 문자열로 반환
replace( )	특정 문자열을 지정한 문자열로 변경
match( )	일치하는 문자열 반환
toLowerCase( )	소문자 형태로 반환
toUpperCase( )	대문자 형태로 반환

● 단답형 문제

1 12.7
다음에서 설명하고 있는 자바스크립트 함수는?

> 인수로 들어온 문자열을 정수로 변환하는 내장 함수

● 객관식 문제

2 12.10, 10.1
자바스크립트의 내장함수에 해당되지 않는 것은?
① fun define( )　　② eval( )
③ parseInt( )　　④ escape( )

3 18.10, 11.4, 09.7
자바스크립트 내에서 사용되는 배열(Array) 객체에 대한 설명으로 옳지 않은 것은?
① concat( ) – 두 개 이상의 배열을 결합하여 하나의 배열 객체를 생성하여 반환한다.
② join( ) – 배열 객체의 각 원소들을 하나의 문자열로 만들어 반환한다.
③ sort( ) – 배열의 각 원소들을 내림차순으로 정렬하여 반환한다.
④ slice( ) – 배열의 원소들 가운데 일부를 새로운 배열로 만들어 반환한다.

4 10.1, 08.7
Java 스크립트 언어의 배열 객체에서 두 개이상의 배열을 결합하여 하나의 배열 객체를 생성하여 반환하는 메소드(Method)는?
① concat( )　　② join( )
③ reverse( )　　④ slice( )

5 15.10, 12.2
자바스크립트 내에서 사용되는 String 객체에 대한 설명으로 틀린 것은?
① replace( ) – 임의의 문자열에서 지정한 문자를 다른 문자로 변경한다.
② match( ) – 임의의 문자열에서 지정한 문자가 나타나는 첫 번째 위치 값을 반환한다.
③ split( ) – 임의의 문자열을 지정한 문자열이 나타나는 위치들을 나누어 두 개 이상의 문자열 배열로 만들어 반환한다.
④ toUpperCase( ) – 문자열에 존재하는 대문자를 모두 소문자로 변환하여 반환한다.

|정답| 1 parseInt( ) **2** ① **3** ③ **4** ① **5** ④

자바스크립트 브라우저 내장객체

01 브라우저 내장객체

◈ 브라우저 내장객체의 개념

- 익스플로러와 같은 웹 브라우저 관련 객체를 말한다.
- 브라우저에 있는 창, 문서, 도구 모음, 상태표시줄 등에 해당하는 객체들의 정보를 제어한다.
- 계층 구조로 되어 있으며 상위 객체와 하위 객체가 있다.
- Window, Document, Frame, History, Location 객체 등이 있다.

Window 객체	• 웹 브라우저 창을 위한 속성과 메소드를 제공 • 하위 객체 : Document, Frame, History, Location 객체
Document 객체	• 웹 브라우저에서 실행되는 HTML 문서의 본문(BODY) 정보를 관리 • 하위 객체 : Anchor, Area, Form, Image, Layer, Link 객체
Frame 객체	HTML 문서의 프레임 정보를 제공
History 객체	웹 브라우저의 히스토리 정보를 이용하여 이동
Location 객체	웹 브라우저 주소표시줄의 URL 주소 정보를 제공

• Window 객체의 속성

self/window	자기 자신의 창
top	현재 프레임의 최상위 프레임(자기 자신의 창을 가리킬 수 있음)
opener	현재 창을 열게 한(생성한) 부모 창 참조
closed	창이 닫혀 있는 상태 식별
history/location	현재 창의 history 객체/location(주소입력) 객체

• Window 객체의 메소드

alert( )	경고창을 보여줌
open( )	새 창 열기
close( )	창 닫기
confirm( )	[확인] 대화상자
eval( )	문자열을 숫자로 변환
focus( )	특정 객체에 포커스 설정
blur( )	포커스 삭제
print( )	화면 내용 프린트
setInterval( )	일정 시간마다 지정된 처리를 반복 호출
setTimeout( )	일정 시간 후 지정된 처리를 호출

- 예 window.setinterval( ) – 일정한 간격을 두고 브라우저 상태 파악, 지정된 동작 수행
- 예 window.open( ) – 새 윈도(창)를 열어줌
- 예 window.close( ), self.close( ) – 자기 자신의 윈도(창)를 닫음
- 예 document.bgColor="green" – HTML 문서 본문의 배경색(녹색)을 지정
- 예 opener.close( ) – 현재 창을 열게 한(생성한) 부모 창을 닫음

02 이벤트 핸들러(Event Handler)

◈ 이벤트 핸들러(Event Handler)의 개념

- 이벤트(하나의 행위) 발생 시 그 이벤트에 따른 반응을 하도록 하는 것이다.
- 이벤트 핸들러의 종류

onLoad( )	html 문서를 읽는 경우
onUnload( )	html 문서가 사라질 경우
onClick( )	마우스로 클릭하는 경우
onKeyDown( )	키보드의 키를 눌렀을 때
onKeyUp( )	키보드의 키를 놓을 때
onMouseDown( )	마우스 버튼을 누를 때
onMouseUp( )	마우스 버튼을 누른 상태에서 손을 뗄 때
onMouseMove( )	마우스가 대상 영역 위에서 이동할 때
onMouseOut( )	마우스가 대상에서 벗어날 때
onChange( )	대상 값을 선택 혹은 변경하는 경우
onSelect( )	문자열을 드래그 등으로 선택하는 경우
onFocus( )	대상에 포커스가 들어왔을 때
onBlur( )	대상이 포커스를 잃어버렸을 때

● 단답형 문제

12.4
1 HTML 문서의 본문에 대한 정보를 제공하는 자바스크립트 객체는?

● 객관식 문제

12.7
2 자바스크립트로 배경색을 초록색으로 지정하려면 다음 중 어떤 문장을 사용해야 하는가?
① window.bgColor="green";
② window.background="green";
③ document.bgColor="green";
④ document.background="green";

12.10
3 HTML 문서의 입력 양식 필드에서 값이 바뀌었을 때 처리해주는 자바스크립트의 이벤트 함수는?
① onChange( ) ② onClick( )
③ onLoad( ) ④ onSelect( )

16.10, 15.1, 14.10, 11.7
4 자바스크립트에서 일정한 시간마다 브라우저 상태를 파악하거나 동작을 수행하는 데 사용되는 함수는?
① window.setInterval( )
② window.setTimer( )
③ window.timer( )
④ window.setTime( )

16.7, 14.1, 13.10, 10.3
5 자바스크립트에서 현재 활성화된 창을 닫는 명령어가 아닌 것은?
① self.close( )
② this.close( )
③ window.close( )
④ opener.close( )

|정답| **1** document 객체 **2** ③ **3** ① **4** ① **5** ④

컴퓨터 그래픽스 개념과 역사

합격 강의

01 컴퓨터 그래픽스 개념

◈ 컴퓨터 그래픽스의 개념

- 컴퓨터 하드웨어와 소프트웨어를 이용하여 도형, 그림, 화상 등의 시각적 이미지를 가공하고 디지털화하는 일련의 작업과 기술이다.
- 2D 그래픽스와 3D 그래픽스로 나눌 수 있다.
- 순수 컴퓨터 아트, 편집 디자인, 가상현실(VR), 영화, 영상물 제작 등 멀티미디어 분야에서 활용된다.

◈ 컴퓨터 그래픽스의 장단점

장점	• 수작업보다 소요 인원이 적음 • 한 번 작업한 다음 재사용 가능 • 알고리즘으로 정확하게 작업하므로 작업주기 단축 • 컴퓨터를 사용해 의사결정을 쉽게 할 수 있음 • 시간과 경비를 절감하고 정확한 색상을 활용 • 다양한 예술적 표현이 가능
단점	• 컴퓨터 그래픽스 자체가 창조성이나 아이디어를 제공할 수 없음 • 자연적인 표현이나 기교의 순수함이 없고 획일적 • 모니터, 출력 장치, 인쇄물의 컬러 방식이 동일하지 않아 보정 작업이 필요함

◈ 컴퓨터 그래픽스 하드웨어

입력 장치	데이터를 입력받기 위한 장치 예) 키보드, 마우스, 디지타이저, 태블릿, 스캐너, 터치스크린 등
처리 장치	입력받은 값을 처리하는 장치 예) CPU, 비디오 칩
주기억 장치	현재 작업 중인 내용을 기록하는 장치 예) RAM(휘발성), ROM(비휘발성)
출력 장치	작업 결과를 출력하는 장치 예) 모니터, 프린터, 프로젝터, 플로터
보조기억 장치	대용량 저장 장치 예) 하드 디스크, CD/DVD–ROM, USB 플래시 드라이브, 자기 테이프 등

02 컴퓨터 그래픽스 시스템

◈ 컴퓨터 그래픽스 소프트웨어

- 위지윅(WYSIWYG) 방식 : 작업의 결과를 눈으로 바로 확인할 수 있으며, 화면에 나타나는 형상이 최종 인쇄물과 같은 프로그램 방식

그래픽 편집	도안 제작, 이미지 리터칭 작업 예) 포토샵, 일러스트레이터, 코렐 드로, 페인트 샵 프로 등
인쇄물 편집 디자인	출판물이나 인쇄물의 편집과 디자인 예) 쿽 익스프레스, 페이지메이커 등
3D 영상	3차원 이미지, 건축, 인테리어의 영상 등 예) 3D MAX, Auto CAD, MAYA 등
동영상 및 멀티미디어	TV, 비디오 영상 편집, 멀티미디어 제작 예) 프리미어, 디렉터, 애프터 이펙트 등
웹 이미지 및 배너	웹용 움직이는 이미지, 애니메이션 제작 예) 플래시, 스위시
웹 에디터	웹 페이지 편집 제작 예) 나모 웹 에디터, 드림위버, 프론트페이지 등

◈ 그래픽스 편집 관련 용어

Flip Horizontal	이미지를 수평으로 뒤집음
Flip Vertical	이미지를 수직으로 뒤집음
Rotate	• 이미지를 회전 • CW : 시계방향으로 회전 • CCW : 시계반대방향으로 회전
Transform	이미지의 크기, 각도 등을 자유롭게 변형
썸네일 (Thumbnail)	큰 이미지를 작은 이미지로 표현한 것

◈ 컴퓨터 그래픽스 정보 용량 단위

비트(Bit)	0과 1 조합으로 된 최소 연산 단위
바이트(Byte)	8개의 비트가 묶어진 것(8bits)
워드(Word)	실제적으로 정보가 처리되는 단위(32bit 또는 64bit)
킬로바이트(KB)	$1KB = 2^{10}Bytes = 1,024Bytes$
메가바이트(MB)	$1MB = 2^{20}Bytes = 1,024KB$
기가바이트(GB)	$1GB = 2^{30}Bytes = 1,024MB$
테라바이트(TB)	$1TB = 2^{40}Bytes = 1,024GB$

03 컴퓨터 그래픽스 역사

◈ 컴퓨터 그래픽스 발달 과정

1세대 : 진공관 (1946년~1950년대 말)	• 에니악 발명 • X–Y 플로터 시대
2세대 : 트랜지스터 (1950년대 말~ 1960년대 중반)	• 컴퓨터 그래픽스 기반 구축 • 리프레시형 CRT(음극선관, 브라운관) 시대 • Sketch Pad 개발 • Whirlwind 군사용 시뮬레이션 컴퓨터 개발 • CRT를 이용하여 보잉737 설계 • CAD 기반 구축
3세대 : 집적회로 (1960년대 말~ 1970년대 초)	• 스토리지형 CRT 시대 • 벡터 스캔형 CRT 보급 • CRT 3차원 표시 • 와이어 프레임의 입체 표현 가능 • 만델브로가 프랙탈 기술 첫 발표
4세대 : 고밀도 집적회로 (1970년대~ 1980년대 말)	• 래스터 스캔형 CRT 시대 • 색, 면으로 입체물 표현 • 전자출판 개막 • 컴퓨터 그래픽스 전성기 • 그래픽 아트의 발전
5세대 : 초고밀도 집적회로 (1980년대 말~1990년대, 그리고 현재까지)	• 3D 그래픽스 발전 • 멀티미디어(Multimedia) 발전 • 소형 TFT–LCD • 플라즈마 디스플레이 패널(PDP) 상용화 시대 • GUI 사용자 중심 환경 • 전자출판(DTP) 시대 • 인공지능 시대

● **단답형 문제**

14.1, 13.7, 11.4, 09.7, 08.3

1 다음에서 설명하고 있는 것은 무엇인가?

> 웹 페이지 제작 시 작업환경에서 보이는 그대로 결과물을 도출해 내는 방식

● **객관식 문제**

12.2

2 컴퓨터그래픽스의 역사 중 1960년대에 등장한 출력 장치는?
① 래스터 스캔형 CRT
② 리프레시형 CRT
③ X–Y 플로터
④ 스토레이지형 CRT

19.6, 13.4

3 다음 설명은 컴퓨터 그래픽스의 역사 중 몇 세대를 의미하는가?

> • TV와 영화에 컴퓨터 그래픽스가 이용되면서 사실적 생동감 있는 표현을 중요하게 생각했다.
> • 제조업분야에 CAD와 CAM을 도입하였다.
> • 만델브로(B. B.Mandelbrot)가 프랙탈 이론 (Fractal Theory)을 발표했다.
> • 마이크로소프트(Microsoft)가 설립되었다.

① 제2세대
② 제3세대
③ 제4세대
④ 제5세대

14.1, 11.2

4 컴퓨터 그래픽스 시스템에 사용되는 입력 장치로 적합하지 <u>않은</u> 것은?
① 마우스
② 플로터
③ 스캐너
④ 터치스크린

POINT 24 컴퓨터 그래픽스의 원리와 저작

01 컴퓨터 그래픽스 이미지 표현

◈ 픽셀(Pixel)

- Picture와 Element의 합성어로 이미지의 최소 단위이다.
- 한 픽셀의 위치정보는 직교 좌표계의 x, y 좌표 값으로 표시한다.
- 픽셀 비트 심도와 색상 수 ── 픽셀이 색상을 표현하기 위한 bit 수

비트 심도	표현 가능한 색상 수
1bit(2^1)	2색(검정 또는 흰색)
2bit(2^2)	4색
8bit(2^8)	256색
16bit(2^{16})	65,536색
24bit(2^{24})	16,777,216색
32bit(2^{32})	24bit + 8bit(256단계) (8bit : 투명도를 가진 알파채널)

◈ 해상도

- 이미지 해상도란 비트맵 이미지가 몇 개의 픽셀로 구성되어 있는가를 의미한다.
- 이미지 해상도는 기본 단위 당 들어가는 픽셀의 개수로 표현한다.
- 이미지 해상도는 이미지의 품질을 좌우하는 요소 중 하나이다.
- PPI(Pixel Per Inch) : 1인치 당 픽셀의 개수, 이미지, 모니터 해상도
- DPI(Dot Per Inch) : 1인치 당 점의 개수, 프린터 또는 스캐너 해상도
- LPI(Line Per Inch) : 1인치 당 선의 개수, 출력 해상도

◈ 이미지 표현 단계

이미지 구상 → 도구(툴) 선택 및 드로잉 → 색상 선택 → 이미지 표현

◈ 이미지 표현 방식

비트맵	• 이미지가 픽셀로 표현되는 방식 • 픽셀은 래스터라고도 함 • 과하게 확대/축소하거나, 계속해서 압축 저장하면 이미지의 품질이 떨어짐 • 이미지의 보정, 합성 작업에 활용 예 포토샵, 페인터 예 BMP, JPG, GIF, PCX 파일 포맷
벡터	• 수학적인 계산을 이용하여 이미지를 표현하는 방식(베지어(Bezier) 곡선 형성) • 도형을 확대, 축소, 회전, 이동 등의 경우에도 이미지의 품질을 그대로 유지 • 심벌 디자인, 도안 작업 등에 활용 예 일러스트레이터, 코렐 드로, 플래시 등 예 AI, EPS 파일 포맷

◈ 안티 앨리어싱(Anti-aliasing)과 디더링(Dithering)

- 안티 앨리어싱 : 비트맵 이미지에서 곡선 부분의 층계 현상을 부드럽게 처리한다.
- 디더링 : 제한된 컬러로 다양한 컬러를 표현한다

◈ 이미지 색상 체계

RGB	• 모니터, 빔 프로젝터의 방식 • Red, Green, Blue(가산혼합) • R,G,B 값이 모두 0이면 모니터에서 Black으로 나타남 • R,G,B 값이 모두 255이면 모니터에서 White으로 나타남
CMYK	• 인쇄 결과물을 위한 프린터의 방식 • Cyan, Magenta, Yellow, Black(감산혼합) • 4개의 색을 각각 분해하여 네거티브 필름을 만듦(색분해)
HSB 컬러	• Hue(색상), Saturation(채도), Brightness(명도)로 구성 • H(색상) : 표준 색상환 0°~360° 사이의 값 • B(밝기) : 0%(검정색)~100%(흰색)까지의 값

1-62 손에 잡히는 핵심이론

Lab 컬러	국제조명협회가 국제 표준으로 제안
Grayscale	회색 음영으로 구성
Index 컬러	256가지의 색상을 선별

02 컴퓨터 그래픽스 파일 포맷

◆ 이미지 파일 포맷

- 웹에 사용되는 이미지 포맷 : JPG, GIF, PNG
- 무손실 압축 알고리즘 LZW을 이용하는 파일 포맷 : GIF, TIFF, PDF

JPEG(*.JPG)	• 연합 사진 영상 전문가 그룹에서 개발 • 24비트의 1600만여 가지의 색을 표현 • 웹용 이미지로 사용 • 손실 압축
GIF(*.GIF)	• 컬러 수가 최대 256색으로 제한 • 빠른 전송 속도 때문에 웹용 이미지로 사용 • 투명한 이미지, 애니메이션 표현 가능 • 제한된 색상 수를 극복하고자 디더링 기법 활용

◆ 기타 파일 포맷

- 음악, 사운드 관련 포맷 : WAV, MP3, WMA, MIDI
- 동영상 파일 포맷 : MPG, AVI, MOV, SWF, FLV

◆ 웹 페이지 저작 기법

- 웹 페이지 저작이란 HTML을 이용하여 웹 페이지를 제작하고, 웹 페이지에 들어가는 그래픽, 영상 요소 등을 콘텐츠로 제작하여 웹 페이지에 통합시키는 과정이다.
- 웹 페이지 저작을 위한 소프트웨어

웹 에디터	나모 웹 에디터, 드림위버
2D 이미지 편집	포토샵(비트맵 방식), 일러스트레이터(벡터 방식)
3D 애니메이션 및 영상 편집	3DS MAX, 마야(MAYA), 프리미어, 애프터 이펙트

● 단답형 문제

1 13.7
다음에서 설명하고 색상은 무엇인가?

> RGB 컬러에서 R=0, G=0, B=0로 설정할 때 모니터에 나타나는 색상

● 객관식 문제

2 15.1, 14.10
곡선(곡면)이나 사선(사면)을 표현할 때 바탕과 이미지 사이의 경계를 부드럽게 처리해 주는 것은?
① 매핑
② 앨리어싱
③ 안티앨리어싱
④ 디더링

3 17.1, 15.7, 12.4, 10.1
해상도(Resolution)에 관한 설명 중 옳은 것은?
① 이미지를 표현하는데 몇 개의 픽셀(Pixel) 또는 도트(Dot)로 나타내었는지 그 정도를 의미한다.
② 작은 화소 단위를 말한다.
③ 해상도가 높을수록 이미지의 질은 떨어진다.
④ 해상도는 bps로 나타낸다.

4 17.3, 12.10, 08.3
다음이 설명하고 있는 그래픽 파일 포맷은?

> • 연합 사진 영상 전문가 그룹에서 개발한 파일 포맷이다.
> • 24bit의 1600만여 가지의 색상을 표현할 수 있다.
> • 주로 멀티미디어 분야 및 인터넷상에서 사진 등을 압축할 때 사용한다.

① GIF
② PNG
③ JPEG
④ BMP

|정답| **1** 검정색(Black) **2** ③ **3** ① **4** ③

웹 디자인 프로세스

01 웹 디자인 프로세스

◈ 웹 디자인의 개념

- 웹 디자인(Web Design)이란 웹 사이트를 설계하고 디자인하는 것이다.
- 정확한 정보 전달을 목표로 한다.
- 그래픽 요소를 더해 보다 효율적으로 웹 페이지를 제작한다.
- 웹 디자인의 일관성을 유지해야 한다.

◈ 웹 디자인 프로세스

> 컴퓨터 내에서 실행 중인 프로그램을 의미하기도 하지만, 여기서는 '과정'을 의미

- 웹 디자인에 필요한 전반적인 과정을 순서대로 진행시켜나가는 것이다.
- 웹 디자인 프로세스는 인력 분배의 효율성을 증가시킨다.
- 웹 디자인 프로세스 도입으로 단계별 진행 시간의 예측이 가능해진다.
- 피드백을 통해 실행 착오를 최소화한다.
- 디자인 팀, 프로그램 팀 등, 각 팀의 의사소통이 원활해진다.
- 웹 디자인 프로세스 순서

> 주제 선정 → 자료 수집 → 아이디어 도출 및 콘셉트 정의 → 스토리보드 제작 → 레이아웃 구성 → 그래픽 작업 및 기술적 요소 구현 → 결과물 수정 보완 → 서버에 업로드 → 검색엔진 등록 → 유지보수(테스트/디버깅)

- 웹 디자인 프로세스 3단계

사전 제작 단계 (Pre-Production)	• 사전에 디자인 계획을 수립하기 위한 기획 단계 • 콘셉트 구상, 디자인 구체화 등
제작 단계 (Production)	• 실제 제작 단계 • 콘텐츠 제작, 사이트 구축, 서버 구성
후반 제작 단계 (Post-Production)	• 기본 사항이 완료된 후 작업 • 사이트 홍보, 홍보 콘텐츠 제작

◈ 아이디어 발상법

브레인스토밍 (Brain Storming)	자유분방하게 많은 양의 아이디어를 도출
연상결합법 (Image Association)	관련 없는 사건이나 요소로부터 주관적으로 떠오른 정보(연상)에서 유사점이나 차이점을 결합시킴으로써 아이디어를 도출
입출력법 (Input/Output System)	주어진 문제(Input)에 대해 강제로 도달해야 하는 지점(Output)을 연결시키는 방법
고든법 (Gordon Method)	미국 고든이 고안한 것으로 짧은 키워드만 제시하고 아이디어를 자유롭게 펼쳐나가는 방법
시네틱스법 (Synetics)	관련이 없는 요소들을 결합하여 유추를 통해 아이디어를 얻는 방법
체크리스트법 (Checklist)	여러 항목을 질문 형태의 체크리스트로 만들어 여러 사항을 검토하고 분석하여 아이디어를 얻는 방법

◈ 스토리보드(Storyboard)

- 작업 지침서이자 설계도이다.
- 사용자 경험을 예측하는 시나리오를 토대로 작성된다.
- 웹 사이트의 전체 구조, 화면 구성, 콘텐츠 등을 시각화하여 작성한다.
- 삽입될 구성 요소와 구체적 내용을 화면 단위로 작성한다.
- 스토리보드를 작성하면 디자인 작업 시 쉽게 콘텐츠를 배치시킬 수 있으며, 웹 사이트의 전체적인 내비게이션을 확인할 수 있다.
- 잘 작성된 스토리보드는 작업 중의 시행착오를 줄일 수 있도록 해주며, 구축하는 개발자들 간의 의사소통의 도구가 된다.

◆ **사용자 인터페이스(User Interface)** ┌─── 어떤 것에 잘 접속하게해주는 규격

• 사용자가 얼마나 컴퓨터에 쉽게 접근할 수 있는지를 연구하여 인간의 편리에 맞도록 개발하는 것을 의미한다.
• 사용자 인터페이스에서 고려할 사항

목적성	웹 사이트의 목적에 맞게 인터페이스 구성
직관성	사용 방법을 직관적으로 바로 알 수 있도록 함
편리성	사용자가 쉽게 사용할 수 있도록 함
일관성	전체 레이아웃, 내비게이션 방법, 그래픽 요소의 일관성을 유지
심미성	시각적인 커뮤니케이션을 통해 사용자의 작업 수행을 도움

◆ **메타포(Metaphor)**

• 사용자가 쉽게 연상할 수 있는 요소를 홈페이지에 이용함으로써 사용자의 이해도를 높이고 직관적으로 그 기능과 사용 방법을 알 수 있도록 하는 것이다.
  예 휴지통 모양의 아이콘은 불필요한 파일이 옮겨지는 장소라고 인식됨
• 메타포를 이용하여 사용자에게 친숙한 환경으로 디자인할 수 있다.

02 웹 디자인에서 고려해야 할 사항

◆ **웹 디자인 기획에서 고려해야 할 사항**

• 사이트의 목적과 필요성을 충분히 인식하도록 한다.
• 경쟁 사이트의 디자인 분석을 통해 벤치마킹을 하도록 한다.
• 색상, 글자 모양, 레이아웃 등에 대한 원칙을 수립하도록 한다.

◆ **웹 디자인 과정에서 고려해야 할 사항**

• 사용자 인터페이스(UI)를 고려해 편리한 구조로 디자인한다.
• 사이트 맵을 통해 구조를 파악할 수 있도록 한다.
• 로딩 시간을 줄이기 위해서 이미지를 최적화한다.
• 이미지에 사용되는 색상은 웹 안전 색상을 고려하여 제작한다.
• 이미지나 동영상이 남용되지 않도록 한다.
• 바탕색과 문자 색상을 구별하여 문자가 잘 보일 수 있도록 한다.

● **단답형 문제**

16.1, 12.2, 08.3
1 다음은 무엇에 관한 설명인가?

• 웹 사이트의 전체 구조, 화면 구성, 콘텐츠 정보 등을 작성해 보는 것이다.
• 화면 단위로 삽입될 구성 요소 및 구체적 내용을 정리해 놓는다.

● **객관식 문제**

16.1, 12.2
2 다음 웹 디자인 과정을 올바르게 나열한 것은?

ⓐ 그림, 동영상, 소리파일 제작
ⓑ 주제 결정
ⓒ 웹 사이트에 업로드
ⓓ 웹 에디터로 작성
ⓔ 스토리보드 제작

① ⓑ-ⓐ-ⓓ-ⓔ-ⓒ
② ⓑ-ⓓ-ⓐ-ⓔ-ⓒ
③ ⓑ-ⓔ-ⓐ-ⓓ-ⓒ
④ ⓑ-ⓐ-ⓓ-ⓒ-ⓔ

21.4, 14.7, 12.4
3 사용자 인터페이스(UI) 디자인 시 일반적으로 고려해야 할 사항으로 <u>부적절한</u> 것은?
① 사용 편리성 : 배우기 쉽고, 기억하기 쉬워야 한다.
② 심미적 구성 : 시각적인 커뮤니케이션을 통해 사용자의 정보 흡수와 작업 수행을 도와야 한다.
③ 개인성 : 사용자의 경험이나 개인 선호도, 능력의 차이를 두고 개인의 특성에 맞도록 한다.
④ 일관성 : 전체 구조 및 그래픽 요소를 일관성 있게 디자인해야 한다.

17.6, 12.10
4 웹 디자인 프로세스 Pre-Production 중 단계에 해당되지 <u>않는</u> 것은?
① 디자인 계획 수립
② 동영상 제작
③ 콘셉트 구상
④ 디자인 구체화

|정답| **1** 스토리보드(Storyboard) **2** ③ **3** ③ **4** ②

POINT **26** # 레이아웃과 내비게이션

▲ 합격 강의

01 레이아웃 디자인

◆ **레이아웃(Layout)** — '설계'와 '배치'를 의미

• 콘텐츠를 적절하게 배치시킨 구조 또는 형태이다.
• 단순하고 간결하며, 사용자가 쉽게 콘텐츠를 찾을 수 있도록 구성한다.
• 콘텐츠의 연결과 배치가 일관성 있고 논리적이어야 한다.
• 중요한 콘텐츠를 먼저 배치한 후 세부 사항을 결정한다.
• 웹 페이지는 시선이 상단에서 하단으로 흐르므로 중요도가 높은 콘텐츠를 상단에 배치한다.
• 텍스트와 그래픽 요소를 적절히 조화시킨다.
• 화면 사이즈는 많은 사용자가 사용하는 해상도를 기준으로 한다.
• **웹 사이트 초기화면 레이아웃 유형**

단순형	• 영상이나 모션 이미지 등으로 이루어진 인트로 화면 방식 • 시각적 요소를 통하여 주목성을 강조하는 유형 예 자동차 홍보 인트로가 있는 웹 사이트
일반형	• 기본적인 인덱스 방식 • 초기화면에 대표 이미지, 뉴스, 공지사항, 바로가기, 광고 배너 등을 배치하여 쉽게 접근할 수 있도록 한 유형 예 기업 사이트
복합형	• 많은 정보를 배치하는 포털 방식 • 초기화면에 뉴스, 쇼핑, 전문 정보, 검색 서비스 등 방대한 정보와 서비스를 제공하는 유형 예 포털 사이트

◆ **템플릿(Template)** — '형판'을 의미

• 빈번히 사용될 것을 대비하여 홈페이지 레이아웃의 형판을 만드는 것이다.
• 개략적인 디자인을 만든 후, 세부적인 디자인 요소를 별도로 만든다.

◆ **그리드 시스템(Grid System)** — '작도법'을 의미

• 웹 페이지를 적절한 구획으로 나누어 구성 요소들을 비례에 맞게 배열하는 것이다.
• 타이포그래피나 편집 디자인에서 주로 사용하며 문자와 사진 또는 그림을 비례에 맞게 배열함으로써 유기적인 구조를 이루게 된다.

02 내비게이션(Navigation)

• 사용자가 웹 페이지를 쉽게 이동하고 탐색할 수 있도록 콘텐츠를 체계적으로 분류하여 연결시킨 구조 또는 인터페이스 디자인을 말한다.
• 내비게이션이 잘 되어 있으면 어떤 페이지로 이동하든지 사용자가 현재의 위치를 파악할 수 있으며, 원하는 페이지로 쉽게 이동할 수 있다.
• **내비게이션 요소**

메뉴(단추)	계층 구조를 표현하는 기본 요소로 주요 페이지로 이동
사이트 맵	웹 사이트의 전체 구조를 한 눈에 알아볼 수 있도록 트리 구조 형태로 만든 것(지도와 같은 역할)
내비게이션 바	메뉴를 한곳에 모아 놓은 그래픽이나 문자열 모음
라인 맵	이동 경로를 한번에 보여주는 방식
디렉터리	주제나 항목을 카테고리별로 계층적으로 표현하는 방식

- 내비게이션 구조

순차(Sequence) 구조 	• 정보를 순서에 따라 보여주고, 앞·뒤로만 이동이 가능한 선형 구조 • 중요 정보를 쉽게 나타낼 수 있고, 대등한 정보를 순차적으로 보여줌 • 강의노트, 연대기, 회원 가입 절차 등 순서를 지켜야 하는 사이트에 적합
그리드(Grid) 구조	• 순차 구조를 여러 개 합해 놓은 형태 • 많은 양의 데이터가 정형화 되어 있을 경우에만 적합 • 많은 양의 데이터를 카테고리로 나누어 분류할 때 사용
계층(Hierarchy) 구조	• 가장 일반적으로 사용 • 정보가 계층적으로 연결되어 있음 • 정보의 양이 많고 정보의 우선순위에 따라 제작할 때 유용함
네트워크(Network) 구조	• 웹 페이지의 정보를 순서 없이 나열한 형태 • 초보 사용자에게는 혼동을 야기할 수 있음 • 엔터테인먼트나 체험 사이트 등 사용자 스스로 학습할 수 있는 사이트에 적합

◈ 웹 내비게이션 디자인의 원칙

- 일관성을 유지한다.
- 빠르게 피드백한다.
- 명확한 링크를 사용한다.
- 사이트 내에서 이동이 쉬워야 한다.
- 현재 위치를 알 수 있도록 한다.
- 적절한 안내 문구를 사용한다.
- 사용자 환경을 고려한 내비게이션 대안을 마련한다.

● 단답형 문제

14.4, 13.1, 11.2, 09.8
1 다음 괄호 안에 들어갈 단어는 무엇인가?

> (   )은/는 형판, 보기판이라는 뜻을 가진 단어로, (   )디자인이란 웹 사이트 레이아웃의 형을 만드는 것을 말한다. 개략적인 디자인을 만들고, 그 이후에 세부적인 디자인 요소를 별도로 만드는 방법이다.

● 객관식 문제

14.10, 12.4, 11.4, 09.3
2 웹 페이지 작성 시 레이아웃을 디자인할 때 적합하지 않은 것은?
① 단순하고 간결하며, 사용자가 쉽게 콘텐츠를 찾을 수 있도록 구성한다.
② 콘텐츠의 연결이 일관성 있고 논리적이어야 한다.
③ 세부 콘텐츠를 먼저 배치한 후에 중요한 콘텐츠를 배치한다.
④ 텍스트와 그래픽 요소를 적절히 조화시킨다.

18.7, 13.4, 08.7
3 페이지 수가 많고, 담고 있는 정보가 복잡한 웹 페이지일수록 그 구성과 형태를 얼마나 잘 체계화하고, 적절한 장소에 위치시키느냐에 따라 쉬운 정보검색을 할 수 있다. 이를 가능하게 하는 디자인 작업은?
① 스토리보드   ② 시나리오
③ 내비게이션 디자인   ④ 스토리텔링

20.6, 16.1, 13.7
4 다음과 같은 내비게이션 구조는?

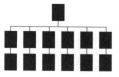

① 순차 구조   ② 프로토콜 구조
③ 계층 구조   ④ 네트워크 구조

|정답| **1** 템플릿(Template) **2** ③ **3** ③ **4** ③

웹 그래픽 제작

01 웹 그래픽 제작

◈ 2D 평면 디자인 과정

이미지 구상(아이디어 스케치) → 툴 선택(드로잉 작업) → 색상 선택 및 페인팅 작업 → 수정 보완 → 최종 이미지 표현

◈ 모델링(Modeling)

- 오브젝트를 윤곽선에 따라 디자인하는 것으로, 3차원 좌표계를 사용하여 형상 모양을 표현하는 과정이다.
- 3차원 모델링의 종류

와이어프레임 (Wireframe) 모델	오브젝트의 골격만을 선(Line)으로 표현
솔리드(Solid) 모델	내부까지 채워진 입체를 이용한 모델링
서페이스(Surface) 모델	오브젝트 표면의 모든 면에 데이터를 입력
파라메트릭 (Parametric) 모델	곡면 모델. 수학적 방정식으로 구축
프랙탈(Fractal) 모델	단순한 모양에서 시작해 복잡한 기하학적 형상을 구축
파티클(Particle) 모델	입자를 이용해 표현하는 모델링

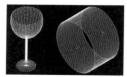

와이어프레임 모델

솔리드 모델

서페이스 모델

파라메트릭 모델

◈ 렌더링(Rendering)

- 모델링된 오브젝트의 표면을 처리하는 것으로, 컴퓨터 그래픽에 그림자나 색채의 변화와 같은 3차원적 질감을 더하여 현실감을 추가하는 과정이다.
- 렌더링 과정

투영 (Projection)	3차원 오브젝트를 2차원 스크린 좌표계에 비추는 작업
클리핑 (Clipping)	윈도(디스플레이) 밖에서 오브젝트의 보이지 않는 부분을 처리
은면처리 (Hidden Surface)	오브젝트의 보이는 부분과 보이지 않는 부분 처리
쉐이딩 (Shading)	음영. 빛의 비춤. 반사. 투명 처리
매핑 (Mapping)	오브젝트의 표면 질감과 풍경 처리

- 쉐이딩의 종류

플랫(Flat)	음영색만으로 면 전체를 칠하는 방법으로 가장 단순함
고러드 (Gouraud)	꼭지점(Vertex)에서의 조명을 계산하여 면을 채우는 방식으로, 색상이 단계적으로 부드럽게 표현되어 플랫 쉐이딩보다 사실적임
퐁(Phong)	하이라이트나 반사광을 표현할 수 있으며, 고러드 쉐이딩보다 정확하며 사실적임

• 매핑의 종류

텍스쳐 매핑 (이미지 매핑)	오브젝트에 2차원 비트맵 이미지나 패턴 등을 입히는 것
범프 매핑	오브젝트에 요철이나 엠보싱 효과를 표현하는 것으로, 흰색 부분은 돌출되어 보이고 검은색에 가까울수록 들어가 보임
오패시티 매핑 (불투명 매핑)	유리처럼 투명한 부분과 불투명한 부분을 표현
솔리드 텍스쳐 매핑	대리석이나 나무와 같이 겉표면이나 내부의 무늬가 비슷한 오브젝트에 사용
리플렉션 매핑 (반사 매핑)	금속이나 거울 등 반사하는 오브젝트를 표현

◈ 광원과 조명

직접조명	광원에서 직접 비추어지는 높은 조도의 조명
확산조명	직접조명과 달리 직접 비추지 않고 간접적으로 확산되는 조명
간접조명	• 빛을 천장이나 벽쪽으로 비추어 반사광을 이용 • 조도가 균일하여 부드러운 빛을 낼 수 있음 • 부드러운 침실이나 병실 등 휴식공간에 사용
반간접조명	• 하향으로도 빛이 비추어지게 하는 것 • 간접조명의 효율성을 보완하며 그림자를 적게 하는 부드러운 조명
전반확산조명	• 간접조명과 직접조명의 중간으로 전체에 균일한 조도로 밝게 확산 • 직접광과 확산광이 있어 입체감이 있음

● 단답형 문제

18.6, 14.10, 10.10, 09.3
1 다음 설명에 해당하는 3차원 모델링 방법은?

> • 선(Line)만으로 입체를 생성한다.
> • 처리속도가 빠르지만 무게감, 부피, 실제감을 느낄 수 없다.

● 객관식 문제

12.2
2 다음 설명에 적합한 3D 형상 모델링은?

> • 물체를 구성하는 모든 면에 대한 정점과 연결선의 좌표로 입체를 표현하는 방법
> • 면의 구분이 가능하고 은폐선과 은폐면의 제거를 하여 물체의 사실감을 높이거나 자유곡면을 표현하는 데 적합
> • 모든 면에 데이터를 입력하기 때문에 용량이 커짐

① 와이어프레임 모델링(Wireframe Modeling)
② 표면 모델링(Surface Modeling)
③ 솔리드 모델링(Solid Modeling)
④ 매개변수 모델링(Parametric Modeling)

18.1, 11.7, 10.7, 07.4
3 다음이 설명하고 있는 기법은?

> • 단순한 모양에서 점차적으로 복잡한 형상을 구축해 나가는 기법
> • 바다 물결, 소용돌이, 담배연기, 산, 강 등을 표현하는 기법

① 프랙탈   ② 고체
③ 표면   ④ 와이어프레임

12.10, 11.1, 10.1
4 눈이 부시지 않고 조도가 균일하며, 그림자가 없는 부드러운 빛을 내어 침실이나 병실 등 휴식 공간에 사용되는 조명 방법은?
① 전반확산조명   ② 간접조명
③ 직접조명   ④ 반간접조명

|정답| 1 와이어프레임(Wireframe) **2** ② **3** ① **4** ②

애니메이션

01 애니메이션 제작

◈ 애니메이션

- 라틴어 아니마투스(Animatus, 생명을 불어 넣다)에서 유래된 것으로 움직임을 표현하는 기술이다.
- 정해진 시간에 여러 개의 정지된 화면을 연속적으로 보여주는 기법이다.
- 애니메이션에서 스프라이트(Sprite)는 배경과 독립되어 움직이는 개체를 의미하는 것으로, 장면 안에서 보여지는 독립된 애니메이션 개체를 의미한다.
- 정지된 화면 하나 하나를 프레임(Frame)이라고 한다.
- 컴퓨터 애니메이션의 방식

프레임 방식	• 정해진 시간에 정지된 프레임을 보여주는 방법 • 정지화면을 일정한 시간 안에 연속적으로 보여줌
키프레임 방식	• 키프레임은 중요한 장면이 들어가는 프레임을 의미 • 시작과 끝만 지정하면 중간 단계는 자동으로 생성하는 트위닝 기법 사용 • 중간 단계는 보간법(Interpolation)에 의해 자동 생성됨

◈ 애니메이션 제작 과정

기획 → 시나리오 → 스토리보드 → 레이아웃 → 원화 → 스캐닝 → 디지털 드로잉 → 디지털 채색 → 편집 → 녹음 (음향 합성, 레코딩)

◈ 애니메이션의 종류

셀 애니메이션 (Cells Animation)	배경은 그대로 두고 캐릭터만 움직이는 초창기 애니메이션 기법
스톱모션 애니메이션 (Stop-Motion Animation)	한 프레임씩 따로 촬영한 후, 각 프레임을 연결하는 기법 • 점토 이용 : 클레이메이션(Claymation) • 종이 이용 : 페이퍼 애니메이션(Paper Animation) • 역광을 통해 보이는 그림자 이용 : 실루엣 애니메이션(Silhouette Animation)
고우모션 애니메이션 (Go-Motion Animation)	기계 장치가 된 인형이나 제작물을 움직이게 하여 촬영하는 기법
컷 아웃 애니메이션 (Cut-Out Animation)	특정한 형태를 그린 종이를 잘라낸 후, 각 종이들을 화면에 붙이거나 떼면서 일정한 모양을 만들어가며 조금씩 촬영
로토스코핑 (Rotoscoping)	실사 영상과 애니메이션을 합성하는 기법
투광 애니메이션 (Back-Light Animation)	라이트 테이블(Light Table) 위에 검은 종이나 점토 등의 절단 부분이나 틈에서 나오는 빛을 콤마 촬영
플립북 (Flip-book Animation)	책이나 종이 묶음에 변해가는 동작을 페이지마다 그리는 기법
모핑 (Morphing)	서로 다른 이미지나 3차원 모델 사이의 변화하는 과정을 서서히 나타내는 기법(보간법 사용)
순수 컴퓨터 애니메이션	2D, 3D 애니메이션 제작에 사용

◈ 기타 그래픽스 기술

크로마키 (Chroma-Key)	• 서로 다른 화면을 합성하기 위한 그래픽스 기술 • 블루(Ultramarine Blue) 또는 녹색(Green) 배경에서 오브젝트만 따로 촬영한 후, 실제 배경이 되는 화면에 합성시킴
모션 캡처 (Motion Capture)	• 실제 생명체(사람, 동물)의 움직임을 추적해 얻은 데이터를 모델링된 캐릭터에 적용하는 기술 • 자연스러운 움직임과 표정 변화를 효율적으로 부여 • 영화 속 컴퓨터 그래픽스 작업에 많이 활용됨

스톱모션 애니메이션

플립북

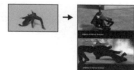

크로마키 기법

모션 캡처 기법

● 단답형 문제

15.10, 10.10

1 3차원 캐릭터에서의 자연스러운 동작을 구현하는 애니메이션 기법으로 실제 생명체의 움직임을 추적하여 얻은 데이터를 모델링된 캐릭터에 적용하는 것은?

● 객관식 문제

20.6, 15.7, 12.7

2 다음 중 애니메이션에 대한 설명으로 <u>틀린</u> 것은?
① 움직임이 없는 그림이나 사진 등에 생명이 있는 움직임을 부여하는 기술이다.
② 라틴어의 아니마투스(Animatus)에서 유래되었다.
③ 연속된 그림을 통하여 계속 이어지게 보이는 2차원만의 영역을 의미한다.
④ 애니메이션에서 사용되는 프레임은 낱개의 정지된 이미지를 말한다.

19.6, 14.1, 11.4, 10.1, 08.7

3 중요한 장면이 들어가는 프레임이란 의미로, 트위닝을 삽입할 수 있는 것은?
① 플립북　　　　② 키프레임
③ 레이어　　　　④ 셀

17.3, 14.7, 13.1, 10.1

4 다음 설명과 같은 애니메이션 기법은?

> • 배경은 그대로 두고 캐릭터만 움직이는 기법
> • 1915년 허드(Earl Hurd)가 고안
> • 종이에 그린 그림을 셀룰로이드에 옮긴 뒤, 그 뒷면에 채색을 한 다음 배경 위에 놓고 촬영하는 기법

① 셀 애니메이션　　② 그림 애니메이션
③ 모델 애니메이션　④ 컴퓨터 애니메이션

21.4, 14.1, 12.10, 10.7

5 오려낸 그림을 2차원 평면상에서 한 프레임씩 움직이면서 촬영하는 스톱 애니메이션을 말한다. 클레이 애니메이션이나 인형 애니메이션과 비슷하지만 3차원이 아닌 2차원이라는 점에서 구분되는 애니메이션은?
① 셀 애니메이션　　② 종이 애니메이션
③ 모래 애니메이션　④ 컷 아웃 애니메이션

| 정답 | **1** 모션 캡처　**2** ③　**3** ②　**4** ①　**5** ④

이렇게 기막힌 적중률 **[절대족보]**

자주 출제되는

기출문제 195선

기출문제 195선

과목 01 디자인 일반

001 디자인의 의미와 개념 POINT 01 참조

- 디자인(Design)의 사전적 의미는 '의장(意匠)', '도안', '계획', '설계'
- 디자인은 미적인 것과 기능적(실용적)인 것을 통합하여 가시적으로 표현하는 것
- 디자인이란 말은 라틴어의 데시그나레(Designare), 프랑스어 데생(Dessin)에서 유래
- 디자인이라는 용어는 1920~1930년대 근대 디자인 운동 이후부터 사용됨

17.3, 14.7, 10.3
01 디자인(Design)의 의미를 설명한 것으로 <u>틀린</u> 것은?

① 디자인이란 프랑스어로 '데생'에서 유래되었다.
② 도안, 밑그림, 그림, 소묘, 계획, 설계, 목적이란 의미를 기술하고 있다.
③ 디자인은 De(이탈)와 Sign(형상)의 합성어로 기존 것을 파괴하고 새로운 재화를 창출한다는 의미가 포함된다.
④ 디자인은 기존의 것을 유지하며 실용적 가치보다는 예술적 가치의 기준을 말한다.

18.6, 17.10, 10.10
02 다음 중 디자인의 의미로 합당하지 <u>않는</u> 것은?

① 디자인이라는 말은 라틴어인 데시그나레(Designare)에서 유래되었다.
② 디자인이란 하나의 그림 또는 모형으로서 그것을 전개시키는 계획 및 설계이다.
③ 오늘날과 근접한 디자인의 의미는 미술공예운동을 통해서이다.
④ 프랑스어 데생(Dessin)과도 어원을 같이 한다.

18.6, 17.10
03 다음 중 디자인의 의미에 관한 설명으로 <u>틀린</u> 것은?

① 디자인이란 일반적으로 하나의 그림 또는 모형으로써 그것을 전개시키는 계획 및 설계라고 할 수 있다.
② 디자인 행위란 인간이 좀 더 사용하기 쉽고, 아름답고 쾌적한 생활환경을 창조하는 조형 행위를 말한다.
③ 프랑스어의 데생(Dessin)과 같은 어원으로 르네상스시대 이후 오랫동안 데생과 같이 가벼운 의미로 사용되었다.
④ 1940년대 당시 근대 사상에 입각하여 바우하우스에서 디자인 이념을 세우고 디자인(Design)이라는 용어를 처음 사용하였다.

🎯 **기적의 Tip**

디자인의 의미와 개념이 자주 출제됩니다. 디자인이 미적인 것과 실용적인 것을 통합하는 것이라는 것을 기억해두세요.

002 디자인의 조건 POINT 01 참조

- 미적인 것과 기능적인 것을 통합해 가시적으로 표현하는 것
- **디자인의 4대 조건** : 합목적성, 경제성, 심미성, 독창성
- **디자인의 5대 조건** : 합목적성, 경제성, 심미성, 독창성 + 질서성

합목적성	목표성. 디자인이 대상과 용도, 목적에 맞게 이루어져 있는 것
경제성	최소 비용으로 최대 효과를 얻는 경제 원리에 맞는 가격
심미성	형태와 색채가 조화를 이루어 아름다움의 성질을 만들어 내는 것
독창성	다른 제품과 차별화된 창조적이고 주목할만한 디자인
질서성	합목적성, 심미성, 독창성, 경제성을 조화롭게 갖춘 것

- **기타 조건** : 민족성, 사상, 시대적인 유행, 기후
- **굿 디자인** : 합목적성, 경제성, 심미성, 독창성, 질서성을 만족시킴으로서 외적인 독창성과 편리함을 갖춘 디자인

04 일반적으로 디자인이 갖추어야 할 조건으로 가장 중요한 것은?

① 장식적인 요소를 만들어 주는 것
② 실용적인 기능과 조형적인 아름다움을 추구하는 것
③ 상징적인 형태로 단순화시키는 것
④ 타제품과 차별화시키는 것

15.7, 06.4

05 디자인의 조건 중에서 합목적성에 대한 설명으로 가장 올바른 것은?

① 화려한 집이 살기에 편리하다.
② 주로 장식이 많은 의자가 앉기에 편리하다.
③ 의자를 디자인할 때는 앉을 사람의 몸의 치수, 체중을 고려해야 한다.
④ 아름다운 구두가 신기에 편하다.

> **기적의 Tip**
> 디자인의 의미와 조건에 대해 알아두세요. 특히 디자인의 조건 중 합목적성에 대해 자주 출제됩니다.

---

003 시각 디자인 POINT 02 참조

- 시각 커뮤니케이션 디자인, 그래픽 디자인이라고도 하며 신속하고 정확한 의미 전달이 중요
- 광고와 선전, 편집, 아이덴티티, 패키지(포장), 타이포그래피, 레터링(문자) 디자인, POP 디자인, 웹 디자인 등이 있음
- **4대 매체** : 포스터, 신문광고, 잡지광고, TV광고
- **웹 디자인** : 인터넷상에서 이루어지는 시각 디자인의 한 분야로, 웹 사이트에서 제공하는 콘텐츠를 사용자의 편의성을 고려해 디자인하는 것

16.7, 09.1, 05.10

06 시각 커뮤니케이션의 4대 매체가 아닌 것은?

① 포스터 디자인
② 신문 광고
③ 잡지 광고
④ 패키지 디자인

09.3

07 다음 중 시각 디자인의 분류가 아닌 것은?

① 광고 디자인
② 포스터 디자인
③ 실내 디자인
④ 잡지 디자인

> **기적의 Tip**
> 시각 디자인의 의미에 대해 잘 알아두어야 합니다. 특히 시각 디자인이 시각 커뮤니케이션 디자인과 같은 의미라는 것도 알아두세요.

---

004 공업(제품) 디자인 POINT 02 참조

- 공업 디자인, 프로덕트 디자인이라고도 하며 생활에서 사용되는 여러 제품을 디자인하는 것
- 텍스타일, 벽지, 용기, 가구, 전자/가전제품, 문구/완구 디자인 등이 있음

12.4, 05.10

08 다음 중 프로덕트 디자인 분야가 아닌 것은?

① 영상 디자인
② 완구 디자인
③ 가전 디자인
④ 주방용품 디자인

12.2

09 주전자, 냉장고, 자동차를 디자인 하는 디자인 영역은?

① 패션 디자인
② 시각 디자인
③ 환경 디자인
④ 제품 디자인

> **오답 피하기**
> **환경 디자인** : 도시 환경과 관련해 경관과 조경 등을 디자인하는 것으로 기능적이면서도 환경에 조화로운 디자인을 하는 것

> **기적의 Tip**
> 디자인 분류는 크게 시각, 공업, 환경 디자인과 기타 디자인으로 나누어집니다. 각 디자인 분류의 특징을 이해하고 해당 분류에 속하는 디자인 종류에 대해서도 알아두세요.

- 시각 디자인의 한 분야인 아이덴티티(Identity) 중 기업을 위한 통합 전략으로 디자인을 통해 기업의 이미지와 이념을 새롭게 정립하는 작업
- **베이직 시스템** : 이미지 통합의 기초 작업
  - 4가지 필수 요소 : 심벌마크, 로고 타입, 엠블럼과 캐릭터, 전용 색채
  - 선택적 요소 : 심벌마크와 로고 타입을 결합한 시그니처, 기업 전용 서체, 슬로건(기업의 슬로건) 등
- **어플리케이션 시스템** : 여러 매체에 적용시킬 디자인을 정의
  - **예** 서식 관련 부분(명함, 봉투), 유니폼, 사인류(간판, 배너 등)

18.7, 11.2, 09.9

10 다음 중 CIP(Corporate Identity Program)의 기본 구성 요소가 **아닌** 것은?

① 심벌마크 　　　　② 표지
③ 시그니처 　　　　④ 전용서체

04.10

11 다음 중 디자인의 모든 분야에서 사용 가능한 상징적인 요소는 어느 것인가?

① 일러스트레이션 　　② 심벌마크
③ 포장 디자인 　　　④ 광고 디자인

12.2, 06.10

12 사인(Sign)이나 심벌마크(Symbol Mark)가 속한 디자인 영역으로 사람과 사람 사이를 연결해 주는 하나의 매개체가 되는 디자인 분야는?

① 시각 디자인 　　　② 제품 디자인
③ 환경 디자인 　　　④ 영상 디자인

오답 피하기

- 심벌마크(Symbol Mark) : 디자인 전 분야에서 사용되는 상징적 요소
- 시각 디자인 분야는 시각적으로 신속하고 정확하게 의미를 전달하도록 하는 디자인 분야이며, 사인이나 심벌마크는 시각 디자인 분야의 아이덴티티(CIP)에 해당

기적의 Tip

CIP는 홈페이지에 사용될 서체, 색상 등 여러 요소와 연관 됩니다. CIP의 의미와 CIP를 이루는 심벌마크, 전용 색채 등 여러 시스템에 대해 알아두세요.

물리적인 구조와 색채에서 시각적인 안정감을 이룬 것

대칭	수직 또는 수평적인 축에 의해 같은 중량감으로 배분된 것. 질서, 안정감, 통일감
비대칭	대칭이 아닌 상태지만 비중이 안정된 것
비례	전체와 부분. 부분과 부분 사이의 상호관계에 대한 일정한 비율
주도와 종속	공간을 지배하는 주도적인 부분과 강조하는 상관적인 부분의 힘이 조화를 이루는 것

13.1, 10.1, 07.4

13 디자인 원리와 관련된 용어 설명 중 **틀린** 것은?

① 조화 : 둘 이상의 요소가 서로 밀접한 관계를 갖고 어울렸을 때를 말하는 것
② 통일 : 정돈과 안정된 느낌을 주는 것
③ 변화 : 크기나 형태 및 색채 등이 같지 않은 것
④ 균형 : 형이나 색 등이 반복되어 느껴지는 아름다운 운동감

09.9, 08.7

14 다음과 같은 형상이 나타내는 디자인 원리는?

① 조화
② 강조
③ 율동
④ 비대칭

기적의 Tip

균형, 비례, 율동, 동세, 통일, 변화, 강조, 대조, 조화 등 디자인의 원리에 대해 알아두세요. 특히 균형에 대해서 자주 출제됩니다.

007 디자인 원리 [조화] POINT 05 참조

- 요소들이 상호 관계를 가지고 균형감이 안정적으로 이루어진 상태
- **유사 조화** : 같은 성질을 조화시키는 것
- **대비 조화** : 전혀 다른 성질을 조화시키는 것

10.7, 10.1, 06.2

15 부분과 부분 또는 부분과 전체 사이에 안정된 관련성을 지니며 서로 함께 속해 있는 것처럼 보이는 디자인의 원리는?

① 비례　　　　　② 조화
③ 균형　　　　　④ 강조

19.10, 13.7, 09.7

16 서로 다른 요소가 잘 어울려 결합하는 상태는?

① 상징　　　　　② 조화
③ 원근　　　　　④ 강조

> **기적의 Tip**
>
> 균형과 조화에 대해 서로 다른 점을 정확히 알아두세요. 조화는 요소들의 상호관계를 가진 상태에서 균형감이 있는 것입니다. 조화에 대해서도 자주 출제되므로 꼭 알아두세요.

008 디자인 원리 [율동] POINT 05 참조

- 규칙적인 특징을 반복하거나 교차시키는 데서 비롯되는 움직임의 느낌
- 반복과 교차, 점이(점층), 방사로 분류됨
- 반복에 의해 패턴이 나타나게 됨

09.7

17 시각적인 강한 힘과 약한 힘이 규칙적으로 연속될 때에 생기는 율동의 요소와 거리가 먼 것은?

① 점증　　　　　② 반복
③ 변칙　　　　　④ 대칭

10.10, 06.10

18 연속적인 패턴의 느낌과 관련이 있는 시각 원리는?

① 동세　　　　　② 균형
③ 반복　　　　　④ 변화

09.3, 04.10

19 다음 중 디자인과 관계된 용어 해설이 <u>잘못된</u> 것은?

① 방향(Direction) : 한정된 공간 안에서 형태들의 위치나 정렬에 의해 나타나는 시각적 동세
② 율동(Rhythm) : 한 개나 또는 그 이상의 요소가 서로 상반되게 배치됨으로써 나타나는 상황
③ 반복(Repetition) : 시각적 형식 안에서 하나 또는 그 이상의 요소가 계속적으로 되풀이 되는 것
④ 비대칭(Asymmetry) : 상대적으로 양쪽이 서로 같지 않은 상태나 정렬

> **기적의 Tip**
>
> 율동의 특징에 대해 알아두세요. 율동은 크기, 색상, 단계 등의 반복에서 나타나는 움직임이며 반복으로 인해 패턴이 나타나게 됩니다. 율동에 대해서 자주 출제되므로 꼭 기억해두세요.

009 디자인 원리 [강조] POINT 05 참조

단조로움을 피하기 위해 일부 요소를 다르게 표현하는 것

10.7, 06.4

20 다음 그림과 가장 관계있는 디자인의 원리는?

① 조화　　　　　② 통일
③ 율동　　　　　④ 강조

21 의도적으로 불규칙한 질서나 변칙적인 변화를 주는 것을 강조라고 한다. 다음 중 이러한 효과가 가장 잘 나타나는 것은?

① 직물의 무늬
② 홈페이지의 배너 광고
③ 파르테논 신전
④ 88 서울 올림픽 3태극 마크

> **기적의 Tip**
>
> 강조에 대해 정확히 알아두세요. 강조는 채도, 색채, 배치 등에서 일부 요소를 다르게 표현하는 것입니다.

---

010 비례   POINT 05 참조

- **등차수열 비례(1:3:5:7:9)** : 같은 간격의 비례
- **등비수열 비례(1:2:4:8:16)** : 같은 비율의 비례
- **상가수열 비례(1:2:3:5:8)** : 앞 두 항의 합이 다음 항과 같은 비례
- **황금 비례(1:1.6184)** : 작은 부분과 큰 부분의 비가, 큰 부분과 전체의 비와 같아지는 비례
- **정수비(3:4:5)** : 비의 값이 정수로 나오는 비례
- **루트 직사각형** : 짧은 변을 1로 했을 때 긴 변과의 비가 $\sqrt{2}$, $\sqrt{3}$, $\sqrt{5}$로 되는 사각형

22 1, 2, 4, 8...과 같이 이웃하는 두 항의 비가 일정한 수열에 의한 비례는?

① 등차 수열
② 등비 수열
③ 피보나치 수열
④ 정수비

23 다음이 설명하고 있는 것은?

> - 주어진 길이를 가장 이상적으로 나누는 비를 말한다.
> - 근사 값이 약 1.618인 무리수이다.

① 비례
② 황금비율
③ 루트 직사각형
④ 프로포션

24 비례의 종류로 맞게 짝지어진 것은?

① 상가 수열비와 황금비, 정수비, 등비수열비
② 황금비 직사각형, 등가수열비, 등수수열비
③ 황금비, 등차수열비, 피타고라스 정수비
④ 루트직사각형, 피타고라스 정수비, 등가수열비

> **기적의 Tip**
>
> 비례는 웹 디자인에서 요소를 배치할 때 중요한 기준이 됩니다. 특히 황금 비율은 예술 분야, 특히 건축, 미술 등에서 응용되는 비율로 자주 출제되므로 꼭 알아두세요.

---

011 선   POINT 03 참조

선	점이 모여 생성됨. 움직임의 성격을 가짐(속도감, 강약, 방향)
직선	단순, 경직 딱딱함, 강함의 느낌 • 수평선 : 평온, 평화, 안정감, 너비감, 안정감의 느낌 • 수직선 : 높이감, 상승, 엄숙함, 긴장감의 느낌 • 사선 : 운동감, 활동감, 속도감, 불안정한 느낌
곡선	부드러움의 느낌이나, 때로는 힘있는 느낌
가는 선	우아하고 섬세함
굵은 선	힘있는 느낌, 중후함

25 다음 중 선에 대한 설명으로 거리가 <u>먼</u> 것은?

① 선은 하나의 점이 이동하면서 이루는 자취이다.
② 가는 직선은 예리하고 가볍게 느껴진다.
③ 사선은 동적이고 불안정한 느낌을 주나 사용에 따라 강한 표현에 효과적이다.
④ 곡선은 우아, 매력, 모호, 유연, 섬세함과 정적인 표정을 나타낸다.

26 선(Line)의 종류에 따른 느낌으로 <u>잘못</u> 설명한 것은?

① 사선 : 동적인 상태, 불안정
② 수평선 : 정지상태, 안정감
③ 수직선 : 유연, 풍부한 감정
④ 곡선 : 우아, 섬세

27 고딕성당의 위엄과 권위를 나타내기 위해 많이 사용하는 선(Line)은?

① 수평선
② 곡선
③ 절선
④ 수직선

기적의 Tip

디자인의 개념 요소 중 선의 종류와 특성에 대해 알아두세요. 선이 주는 느낌에 대해서 자주 출제됩니다.

---

012 면 POINT 03 참조

- 선이 모여 선의 이동에 따라 움직인 자취로 생성 (=2차원 공간 표현)
- **입체** : 면이 이동한 자취나 면의 집합으로 생성되며, 3차원 공간으로 표현됨. 형태와 깊이가 있음

08.3/10

28 다음 중 디자인 요소에 대한 설명으로 **틀린** 것은?

① 점 : 선의 한계 또는 교차
② 선 : 점이 이동한 것
③ 면 : 1차원적인 요소
④ 입체 : 면이 이동한 것

05.10

29 면이 이동한 자취로 길이, 폭, 깊이, 형태와 공간, 표면, 방위, 위치 등의 특징을 나타내는 것은?

① 입체
② 평면
③ 면
④ 선

기적의 Tip

디자인의 개념 요소 중 면의 특성에 대해 알아두세요. 선, 면, 입체의 관계에 대해 숙지하도록 합니다.

---

013 형태 POINT 03 참조

- **형(Shape)** : 어떤 형체의 평면적인 모양으로 우리 눈에 보이는 모양
- **형태(Form)** : 형체의 입체적인 모양으로 3차원적인 모습(자연 형태, 인공 형태, 추상 형태 등)
- **이념적 형태** : 실제적 감각으로 지각할 수는 없지만 느껴지는 형태
- **현실적 형태** : 실제적으로 지각되는 구상적 형태

08.7

30 점, 선, 면 등이 연장되거나 발전, 변화되는 밀접한 관계에서 이루어지는 조형 디자인 요소는?

① 형태
② 색채
③ 크기
④ 질감

11.2, 09.3

31 다음 ( ) 안에 들어갈 알맞은 용어는?

> 자연적 또는 인공적 모양 중에서 (A)은/는 외관으로 나타나는 윤곽을 나타내지만, (B)은/는 좀 더 넓은 의미의 일반적인 (A)와/과 모양을 나타내며, 눈으로 파악한 대상물의 기본적 특성을 제시한다.

① A:점, B:형
② A:선, B:형태
③ A:형, B:면
④ A:형, B:형태

06.10

32 형태의 분류 중 이념적 형태에 대한 설명으로 옳은 것은?

① 자연 형태, 인위적 형태로 분류할 수 있다.
② 눈으로 볼 수 있고 손으로 만질 수 있는 모든 형태를 말한다.
③ 점, 선, 면의 이동 형태에 따라 입체를 형성하기 때문에 추상 형태라고 한다.
④ 현실적으로 존재하는 형태를 말한다.

기적의 Tip

형과 형태에 대해 알아두세요. 이념적 형태와 현실적 형태의 차이에 대해 숙지하도록 합니다.

014 질감

- 물체의 표면적인 느낌으로 광택, 매끄러움, 거침, 울퉁 불퉁함 등의 촉감, 재질을 의미
- 촉각에 의한 질감과 시각에 의한 질감으로 구분
- **시각적인 질감** : 장식적 질감, 자연적 질감, 기계적 질 감

10.1, 05.10

33 시각적으로나 촉각적으로 느껴지는 물체 표면의 느낌은?

① 공간　　　② 점이　　　③ 질감　　　④ 시간

16.10, 14.7, 12.2, 08.7, 05.4

34 촉각적 질감에 대한 설명으로 틀린 것은?

① 촉각적 질감에는 장식적 질감, 자연적 질감, 기계적 질감이 있다.
② 촉각적 질감은 눈으로 볼 수 있을 뿐 아니라 손으로 만져서 느낄 수 있는 질감이다.
③ 촉각적 질감은 2차원 디자인의 표면과 함께 3차원 의 양각(Relief)으로 확대하는 것이다.
④ 촉각적 질감의 연출 방법에는 자연재료 사용, 재료 변형, 재료복합 등이 있다.

11.2, 09.9, 07.4

35 기계적 질감에 해당하지 않는 것은?

① 사진의 망점　　　② 인쇄상의 스크린톤
③ 나뭇잎　　　　　④ 텔레비전 주사선

기적의 Tip

기계적 질감과 시각적 질감에 대해 알아두세요. 질감을 구별하는 문제 가 자주 출제됩니다.

015 게슈탈트 법칙

- 사물을 볼 때 무리로 묶어서 보려는 지각 심리에 의해 관련 있는 요소끼리 통합된 것으로 지각되는 것
- 관련 있는 요소끼리 통합된 것으로 지각된다는 점에 서 '군화의 법칙'이라고도 함

근접성	비슷한 모양이 서로 가까이 놓여 있을 때 그 모양들이 무 리지어 보이는 것
유사성	유사한 형태, 색채, 질감을 가진 것끼리 동등하게 보이는 것
폐쇄성	닫혀있지 않은 도형이 심리적으로 닫혀 보이거나 무리지 어 보이는 것
연속성	배열과 진행 방향이 비슷한 것끼리 하나로 보이게 되는 것
대칭성	수직 또는 수평적인 축에 의해 같은 중량감으로 배분된 것으로 안정적이고 통일감이 있는 것

17.1, 14.1, 12.4

36 형태에 관한 시각의 기본 법칙을 내포한 게슈탈트 심리적 원리가 옳은 것은?

① 연속성, 근접성, 유사성, 폐쇄성
② 유사성, 연속성, 개방성, 폐쇄성
③ 근접성, 개방성, 전경과 배경의 법칙
④ 유사성, 이성적, 개방성, 접근성(근접성)

12.7, 10.1, 06.4

37 다음 그림과 같이 일부분이 끊어진 상태인데도 불 구하고 문자로 인식되는 것은 어떤 원리 때문인가?

① 대칭성　　　　　② 유사성
③ 폐쇄성　　　　　④ 연속성

기적의 Tip

게슈탈트 법칙의 각 원리에 대해 꼭 알아두세요. 그림을 보고 해당하는 원리를 찾을 수 있도록 각 원리와 관련된 그림을 보며 이해하는 것이 좋습니다.

016 착시

POINT 04 참조

- 사물을 원래와 다르게 지각하는 시각적인 착오
- **각도와 방향의 착시(쵤너 도형)** : 원래의 선이 다른 선에 의해 기울어져 보이는 착시
- **면적과 크기 대비의 착시(에빙하우스 도형)** : 주변 환경에 의한 대비로 인해 크기가 다르게 보이는 착시
- **길이의 착시(뮐러리어 도형)** : 화살표 방향에 따라 길이가 달라 보이는 착시

20.10, 10.3, 08.7, 04.10

38 아래의 그림에 나타나는 착시 현상으로 맞는 것은?

① 방향의 착시　　② 대비의 착시
③ 분할의 착시　　④ 길이의 착시

20.10, 19.6, 14.7, 09.9

39 다음 두 개의 꽃 모양 중심에 있는 원의 실제 크기는 동일하다. 그런데 왼쪽의 원이 오른쪽보다 커 보이는 현상은?

① 주변과의 대비에 의한 착시현상
② 반복원리에 의한 착시현상
③ 폐쇄원리에 의한 착시현상
④ 연속원리에 의한 착시현상

> **기적의 Tip**
> 여러 가지 착시에 대해 숙지해두세요. 착시 그림을 보고 어떤 착시인지 알 수 있어야 합니다.

017 스펙트럼

POINT 06 참조

- 뉴턴이 프리즘을 통과한 빛이 파장에 따라 굴절하는 각도가 다른 성질을 이용해 순수 가시광선을 얻었는데 이 색을 연속광 또는 스펙트럼이라고 함
- **가시광선** : 스펙트럼에서 눈에 보이는 파장 범위. 380 nm~780nm
- **적외선** : 가시광선의 바깥 780nm 이상의 긴 파장
  🔘 라디오나 텔레비전, 휴대폰의 파장 범위
- **자외선** : 가시광선의 바깥 380nm 이하의 짧은 파장
  🔘 X선, 감마선(γ) 등

10.10

40 빛의 파장에 따른 굴절 각도를 이용하여 프리즘에 의한 가시 스펙트럼 색을 얻을 수 있었는데, 이것은 빛이 단색이 아니라 여러 가지 색의 혼합색이라는 것을 말한다고 정의한 사람은?

① 헤링
② 헬름홀츠
③ 돈더스
④ 뉴턴

10.10

41 가시광선에 대한 설명으로 <u>틀린</u> 것은?

① 빛의 파장 중 380nm에서 780nm 사이의 범위로 눈으로 지각되는 영역을 말한다.
② 백색광이 프리즘을 통해 나타나는 색띠를 말한다.
③ 라디오나 텔레비전, 휴대폰의 파장 범위를 포함한다.
④ 전자기파 스펙트럼이라고도 한다.

> **오답 피하기**
> - **헤링** : 반대색설 주장
> - **헬름홀츠** : R,G,B 원색을 인식하는 수용체가 있다는 '영-헬름홀츠 이론'펼침
> - **돈더스** : 색지각설 중 원색이 망막층에서, 다른색은 대뇌 피질층에서 지각된다는 단계설을 구성

> **기적의 Tip**
> 스펙트럼과 가시광선에 대해 알아두세요. 특히 가시광선의 파장 범위에 대해 기억해두도록 합니다.

- 명소시와 암소시의 중간 무렵 추상체와 간상체가 동시에 활동하여 물체의 상이 흐리게 나타나는 시각 상태
- 최대 시감도가 507nm~555nm 사이가 되어 이 상태를 박명시라고 함
- 박명시 때 푸르킨예 현상(박명 현상)이 일어남

13.1, 09.7

42 어둠이 시작될 때 물체의 상이 흐리게 나타나는 현상과 가장 관계가 깊은 것은?

① 색순응
② 푸른킨예 현상
③ 박명시
④ 조건등색

10.1

43 다음이 설정하고 있는 현상으로 옳은 것은?

- 망막에 상이 흐리게 맺혀 윤곽이 선명하게 보이지 않는다.
- 날이 저물기 직전의 약간 어두움이 깔리기 시작할 무렵에 작용한다.
- 추상체와 간상체가 동시에 활동한다.
- 색의 판단을 신뢰할 수 없다.

① 백주시   ② 명소시
③ 박명시   ④ 야간시

오답 피하기

색순응 : 색을 오래 볼 때 나타나는 것으로 색에 순응되어 다른 환경에서 색의 지각이 약해지는 현상

기적의 Tip

푸르킨예 현상은 빛이 강할 때는 장파장의 빛(빨강), 빛이 약할 때는 단파장의 빛(파랑)의 감도가 좋아지는 현상이며, 박명시는 푸르킨예가 일어나게 되는 시각 상태(그러한 때)를 의미합니다. 푸르킨예와 박명시를 비교해서 알아두세요.

- 눈이 암순응(명소시에서 암소시로 옮겨감) 됨에 따라 파랑과 빨강의 명도 차이가 변하는 현상
- 추상체에서 간상체로 이동 시 생기는 현상으로 어두운 곳에서 장파장의 빨강은 어두워보이고 단파장의 파랑이 밝게 보임

08.7, 06.4

44 해질 무렵 정원을 바라보면 어두워짐에 따라 꽃의 빨간색은 거무스레해지고, 그것에 비해 나뭇잎의 녹색은 점차 뚜렷해짐을 볼 수 있다. 이것과 관련된 현상을 무엇이라고 하는가?

① 지각 항상성
② 푸르킨예 현상
③ 착시 현상
④ 게슈탈트의 시지각 원리

04.10

45 건물 내 비상구 표시나 계단의 비상표시 등을 어두운 곳에서도 볼 수 있게 초록으로 하는 것은 무슨 현상을 응용한 것인가?

① 푸르킨예 현상
② 명도대비 현상
③ 동화효과 현상
④ 확대 현상

기적의 Tip

색 지각 관련 효과와 관련해 푸르킨예, 박명시, 색순응 등이 출제됩니다. 푸르킨예 현상을 박명시와 비교해서 알아두세요.

020 먼셀 표색계
POINT 08 참조

- 색상, 명도, 채도를 알아보기 쉽도록 3차원 형태로 배열한 것
  - 색입체 안쪽에서 바깥쪽 방향 : 채도 배열, 가장 바깥쪽이 순색
  - 색입체 모형의 중심축 : 수직으로 명도의 단계가 나열됨
  - 색입체의 둘레 : 색상이 둘러싸고 있으며 수평 단면을 보면 명도가 같은 여러 색들을 한 눈에 볼 수 있음
- 색상(Hue), 명도(Value), 채도(Chroma)의 3속성을 사용해 색상을 표기, HV/C로 축약해서 표시
  - 10색상환 : 빨강(R), 노랑(Y), 녹색(G) 파랑(B), 보라(P)를 기본으로 하여, 중간색인 YR(주황), GY(연두), BG(청록), PB(군청), RP(자주)를 추가한 것
  - 명도 단계 : 검정을 0, 흰색을 10으로 하여 11단계로 구분
  - 채도 단계 : /0, /2…/14와 같이 보통 2단계씩 구분
  - '5R 5/10'로 표시한 경우 5R(빨강) 색상의 명도 5, 채도 10인 색상을 의미

10.1, 05.4

46 먼셀 표색계에 관한 설명으로 틀린 것은?

① 먼셀의 색채체계는 색상, 명도, 채도의 3속성을 근거로 하여 작성되었다.
② 채도 단계는 무채색을 0으로 하고, 그 최고가 14단계이다.
③ 명도 단계는 검정색을 10으로 하고, 흰색을 0으로 하여 모두 11단계이다.
④ 색상은 5주요 색상인 빨강, 노랑, 녹색, 파랑, 보라이다.

10.7, 08.3

47 색입체를 단순화한 각 부분의 명칭이 맞는 것은? (단, A는 입체의 상하, B는 입체의 가로방향, C는 입체의 둘레를 의미한다.)

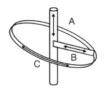

① A - 색상, B - 채도, C - 명도
② A - 채도, B - 명도, C - 색상
③ A - 명도, B - 색상, C - 채도
④ A - 명도, B - 채도, C - 색상

기적의 Tip

먼셀 표색계는 먼셀이 창안한 표색계로 가장 대표적인 표색계이며, 우리나라의 공업 규격이기도 합니다. 먼셀 표색계에 대해서는 자주 출제되므로 표색계의 내용과 색입체 구성에 대해 정확히 알아두세요.

---

021 오스트발트 표색계
POINT 08 참조

- 한 색상에 포함되는 색을 B(검정비율) + W(흰색비율) + C(순색량) = 100%가 되는 혼합비로 규정하여 구성한 것
  - B(Black) : 빛을 완전히 흡수하는 검정색
  - W(White) : 빛을 완전히 반사하는 흰색
  - C(Full Color) : 특정 파장의 빛만 완전히 반사하고 나머지는 흡수하는 순색
- 오스트발트 색상환은 무채색 축을 중심으로 24색상으로 배열
- 노랑-파랑, 빨강-초록색을 보색 대비로 정해 사이의 색을 추가하여 24색상을 만듦
- 명도의 단계는 8단계로 구분, 가장 바깥쪽 끝 색상은 순색

48 다음 중 오스트발트 표색계의 설명이 <u>아닌</u> 것은?

① W + B + C = 100%
② 색상을 Hue로, 명도를 Value로, 채도를 Chroma로 표시하고 있다.
③ 유채색은 색상기호, 백색량, 흑색량 순서로 표시한다.
④ 헤링의 4원색설을 기본으로 하였다.

49 아래의 ( ) 안에 알맞은 단어를 순서대로 나열한 것은?

오스트발트는 모든 빛을 완전하게 흡수하는 이상적인 ( )색, 모든 빛을 완전하게 반사하는 이상적인 ( )색 그리고 특정 영역의 빛만을 완전하게 반사하고 나머지 파장 영역을 완전하게 흡수하는 이상적인 ( )색을 가정하고 이를 3색 혼합에 의하여 물체색을 체계화 하였다.

① 청 – 적 – 황
② 흑 – 백 – 순
③ 적 – 황 – 청
④ 백 – 흑 – 순

50 오스트발트(Ostwald) 색상환은 무채색 축을 중심으로 몇 색상이 배열되어 있는가?

① 9   ② 10
③ 11   ④ 24

> **기적의 Tip**
>
> 오스트발트 표색계는 결점이 있어 먼셀 표색계보다 잘 사용되지는 않지만 서로 마주 보는 반대색이 완전히 보색이 되는 24색상환을 배열하였으며 서로 조화를 이루는 색을 선택하는 데 도움이 되는 표색계입니다. 오스트발트 표색계를 이루는 B(검정비율) + W(흰색비율) + C(순색량) = 100% 표시법을 잘 알아두세요.

022	색명	POINT 07 참조

기본색명	표색계에 의해 규정하는 방법
일반색명	감성적으로 느껴진 느낌을 수식어로 덧붙여 사용하는 방법으로 '어두운 파랑', '연보라'와 같이 명도, 채도에 대한 수식어를 붙여 표현. 계통색명이라고도 함
관용색명	관습적이거나 연상적인 느낌으로 이름을 붙이는 방법으로 인명, 지명, 원료, 자연 등에 따라 이름이 붙여짐

51 관용색명의 특징으로 볼 수 <u>없는</u> 것은?

① 시대나 유행에 따라서 다소 변하기도 하므로 정확한 색의 전달이 어렵다.
② 무수히 많은 색 이름과 그 어원을 가지고 있어서 한꺼번에 습득하기가 어렵다.
③ 어느 특정한 색을 여러 가지 언어로 표현하고 있기 때문에 복잡하고 혼동하기 쉽다.
④ 몇 가지의 기본적인 색 이름에 수식어, 색상의 형용사를 덧붙여서 부른다.

52 계통색명이라고도 하며 색상, 명도, 채도를 표시하는 색명은?

① 특정색명
② 관용색명
③ 일반색명
④ 근대색명

> **기적의 Tip**
>
> 일반색명과 관용색명의 차이점에 대해 묻는 문제가 출제됩니다. 일반색명과 관용색명의 특징을 기억해두세요.

023 감산혼합　　POINT 07 참조

- 혼합할수록 어두워지는 Cyan, Magenta, Yellow 색료의 혼합(=감색혼합)
- 시안(Cyan) + 마젠타(Magenta) = 파랑(Blue)
- 노랑(Yellow) + 시안(Cyan) = 녹색(Green)
- 마젠타(Magenta) + 노랑(Yellow) = 빨강(Red)
- 마젠타(Magenta) + 노랑(Yellow) + 시안(Cyan) = 검정색(Black)

10.7

53 감산혼합에 사용되는 Cyan, Magenta, Yellow의 3원색으로 만들 수 없는 색은?

① Blue　　　　　② White
③ Red　　　　　④ Green

20.6, 10.10, 07.9

54 혼합하는 색의 수가 많을수록 채도가 낮아지는 혼합은?

① 병치혼합　　　② 가법혼합
③ 회전혼합　　　④ 감산혼합

오답 피하기
- **병치혼합** : 선이나 점이 조밀하게 교차·나열되었을 때 인접한 색과 마치 혼합된 것처럼 보이는 현상
- **가법혼합** : 혼합의 색이 많을수록 밝아지는 혼합
- **회전혼합** : 두 색 이상이 빠르게 회전하면서 하나의 색으로 인식되는 현상

기적의 Tip

감산혼합은 프린터와 관련이 있습니다. 모니터에서 작업한 결과물을 프린트하게 되면 감산혼합에 의해 색상이 표현됩니다. 감산혼합이 색료의 혼합인 것과 색료를 혼합할 때 어떤 색상이 나타나게 되는지 꼭 기억해두세요.

024 가산혼합　　POINT 07 참조

- RGB(Red, Green, Blue)의 혼합으로, 혼합할수록 명도가 높아지는 색광의 혼합(=가색혼합)
- 파랑(Blue) + 녹색(Green) = 시안(Cyan)
- 파랑(Blue) + 빨강(Red) = 마젠타(Magenta)
- 녹색(Green) + 빨강(Red) = 노랑(Yellow)
- 파랑(Blue) + 녹색(Green) + 빨강(Red) = 흰색(White)

10.10

55 가산혼색에서 혼색의 결과로 맞는 것은?

① 파랑(Blue) + 녹색(Green) = 마젠타(Magenta)
② 파랑(Blue) + 빨강(Red) = 시안(Cyan)
③ 녹색(Green) + 빨강(Red) = 노랑(Yellow)
④ 파랑(Blue) + 녹색(Green) = 검정(Black)

10.7

56 다음 색광혼합의 2차 혼합 색으로(A)에 알맞은 색상은?

① 흰색(White)　　　　② 시안(Cyan)
③ 노랑(Yellow)　　　④ 마젠타(Magenta)

10.3, 05.10

57 색광 혼합에 관한 설명으로 맞는 것은?

① 적, 녹, 청이 원색이다.
② 색료를 혼합할수록 명도와 채도가 낮아진다.
③ 자주, 노랑, 청록, 검정이 기본색이다.
④ 여러 가지 빛을 혼합하면 혼합 이전의 상태보다 색의 명도가 내려가 어두워진다.

기적의 Tip

웹에서 색상을 표현하는 방법은 모니터의 색광을 나타내는 가산혼합 방식을 따릅니다. 따라서 HTML에서 배경색을 나타낼 때도 RGB 16진수 값을 이용해 나타냅니다. 가산혼합의 특징과 색광을 혼합할 때 어떤 색상이 나타나게 되는지 꼭 기억해두세요.

025 동시대비
POINT 09 참조

- 인접되어 있거나 다른 색 안에 놓여 있는 두 가지 색을 동시에 볼 때 일어남
- 속성 따라 색상대비, 명도대비, 채도대비, 보색대비, 연변대비로 분류

색상대비	명도와 채도가 비슷한 두 가지 이상의 색이 인접해 있을 때 서로 영향을 받아 색상의 차이가 커 보이는 현상
명도대비	명도가 다른 두 색이 함께 배치되어 있을 때 서로 영향을 받아 명도가 다르게 느껴지는 현상
채도대비	명도는 비슷하고 채도가 다른 두 가지 이상의 색이 서로 영향을 받아 채도의 차이가 커 보이는 현상. 무채색 속의 유채색은 더욱 채도가 높아 보여 채도대비가 생김
보색대비	보색이 되는 색상이 인접한 경우 서로 영향을 받아 채도가 높고 선명해 보이는 현상
연변대비	경계선 부분에서 색상대비, 명도대비, 채도대비가 더 강하게 일어나는 현상

10.7

58 색의 동시대비 중 색상대비에 대한 설명으로 틀린 것은?

① 명도와 채도가 비슷한 두 가지 이상의 색이 인접해 있을 때 색상의 차이가 커 보이는 현상이다.
② 색상대비는 보색일 경우에 더욱 크게 나타난다.
③ 자극이 약한 색상은 자극이 강한 색상에 영향을 받게 된다.
④ 색상이 가깝게 인접해 있을수록 대비현상이 약하게 나타나고, 서로 멀리 떨어지면 강하게 나타난다.

06.10

59 다음 중 채도대비에 대한 설명으로 바른 것은?

① 채도가 높은 선명한 색 위에 채도가 낮은 탁한 색을 놓으면 탁한 색은 더욱 탁하게 보이게 된다.
② 색상환에서 서로 반대쪽에 위치하는 색의 대비이다.
③ 사람의 감각은 색의 3속성 중 채도대비에 가장 민감하다.
④ 무채색은 채도가 없으므로 무채색과 유채색 사이에서는 채도대비가 생기지 않는다.

08.7, 06.4

60 인접하는 두 색의 경계 부분에 색상, 명도, 채도의 대비가 더욱 강하게 일어나는 현상을 무엇이라고 하는가?

① 면적대비
② 보색대비
③ 한난대비
④ 연변대비

오답 피하기

- 면적대비 : 면적의 크기에 따라 색상이 다르게 느껴지는 현상
- 한난대비 : 차가운 색과 따뜻한 색을 배열한 경우 차가운 색은 더 차갑게, 따뜻한 색은 더 따뜻하게 느껴지는 현상

기적의 Tip

동시대비는 색상, 채도 등에 따라 대비가 일어납니다. 동시대비에 속하는 색상, 명도, 채도, 보색, 연변대비의 특징에 대해 꼭 알아두세요.

026 계시대비
POINT 09 참조

- 색상을 보고 난 후에 일정한 시간 후에 느껴지는 대비 효과
  - 예 녹색 배경에 있는 회색 사각형을 계속 응시하다가 흰색 배경을 바라보면 붉은 바탕에 녹색 사각형이 있는 것처럼 보임
- 색상, 명도, 채도가 반대로 느껴지는 일종의 소극적 잔상임

06.10

61 먼저 본 색의 영향으로 나중에 보는 색이 다르게 보이는 현상은?

① 동시대비
② 면적대비
③ 연변대비
④ 계시대비

10.7

62 유채색에서 볼 수 있는 대비로 연속대비라고도 하며, 잔상 효과와 가장 밀접한 관련이 있는 것은?

① 동시대비
② 계시대비
③ 채도대비
④ 명도대비

기적의 Tip

계시대비는 동시대비와 달리 색상을 보고 난 후 일정한 시간이 지난 후에 느껴지는 대비효과로 잔상과 관련이 있습니다. 계시대비의 특징을 알아두세요.

027 동화현상

POINT 09 참조

- 어떤 색이 다른 색의 영향을 받아 인접되어 있거나 둘러싸여 있는 색상과 비슷하게 보이는 것으로 자극이 지속되는 잔상 효과
- 명도의 동화, 채도의 동화, 색상의 동화가 있음
  📖 면적이 작은 줄무늬는 바탕색과 비슷하게 보임

16.10, 12.10, 11.7

63 주위색의 영향으로 인접색에 가깝게 느껴지는 경우는?

① 동화현상
② 명시현상
③ 색의 수축성
④ 중량현상

09.1

64 동화현상에 대한 설명으로 틀린 것은?

① 색들끼리 서로 영향을 주어서 인접 색에 가까운 것으로 느껴지는 현상을 말한다.
② 어떤 색에 대한 경험이 나중에도 기억으로 남아 있는 것을 말한다.
③ 동화현상에는 명도의 동화, 채도의 동화, 색상의 동화가 있다.
④ 동화현상은 눈의 양성적 또는 긍정적 잔상과의 관련으로서 설명된다.

오답 피하기

- **명시현상** : 현상이라기보다 색에서 느껴지는 성질. 배색했을 때 나타나는 뚜렷이 잘 보이는 성질
- **수축성** : 차가운 색, 명도, 채도가 낮은 색이 수축되어 보이는 것
- **중량현상** : 현상이라기보다 색에서 느껴지는 감각적 느낌

기적의 Tip

동화현상은 색상이 다른 색과 동화되는 것을 말합니다. 동화현상이 일어나게 되는 이유를 잘 기억해두세요.

028 잔상

POINT 09 참조

- 망막이 느낀 자극이 계속 남아있어 지속적으로 형상이 남는 것
- **긍정적(양성적) 잔상** : 정의 잔상. 명도와 색상에 대한 자극이 그대로 지속됨
- **소극적(음성적) 잔상** : 부의 잔상. 색상, 명도, 채도가 반대로 느껴짐 📖 보색 잔상
- 소극적 잔상은 계시대비에서 나타나며, 유채색 쪽을 응시한 후 흰 바탕을 보면 보색으로 잔상이 남음

08.3

65 다음이 설명하고 있는 현상은?

> 책을 열심히 보다가 시선을 돌리면 검정색 활자가 흰색 활자로 나타난다.

① 부의잔상
② 정의잔상
③ 동화현상
④ 매스효과

09.9

66 흰색의 바탕 위에서 빨강색을 20초 정도 보고난 후, 빨강색을 치우면 앞에서 본 빨강색과 동일한 크기의 청록색이 나타나 보이는 현상은?

① 보색잔상
② 망막의 피로
③ 계시대비
④ 동시대비

기적의 Tip

명도와 색상에 대한 자극이 그대로 지속되는 긍정적(정의) 잔상과 색상, 명도, 채도가 반대로 느껴지는 소극적(부의) 잔상을 구분할 수 있어야 합니다. 각 잔상에 대해 잘 기억해두세요.

029 명시성과 주목성
POINT 09 참조

- **명시성** : 먼 거리에서도 잘 보이는 성질(= 가시성, 시인성)
- 색상, 명도, 채도의 차이가 클수록 명시성이 높아짐
- **주목성** : 색 자체가 명도나 채도가 높아서 시각적으로 빨리 눈에 띄는 성질
- 따뜻한 색과 명도와 채도가 높은 색일수록 주목성이 높아짐
- 명시도가 높은 색은 주목성도 높음

06.10

67 다음 중 명시성(가시성)이 가장 높은 색의 조합은?

① 백색 바탕에 적색 글씨
② 백색 바탕에 검정 글씨
③ 청색 바탕에 백색 글씨
④ 노랑 바탕에 검정 글씨

09.9

68 색의 주목성에 관한 설명으로 틀린 것은?

① 명시성이 높은 색은 주목성도 높아지게 된다.
② 주목성은 색이 우리의 시선을 끄는 힘을 말한다.
③ 차가운 한색은 따뜻한 난색보다 주목성이 높다.
④ 명도와 채도가 높은 색은 주목성이 높다.

10.3

69 색의 주목성에 대한 설명으로 틀린 것은?

① 색의 진출, 후퇴, 팽창, 수축과 관련된 현상으로 사람들의 시선을 끄는 힘을 말한다.
② 거리의 표지판, 도로 구획선, 심벌마크 등 짧은 시간에 눈에 띄어야 하는 경우에 사용된다.
③ 명시도가 높으면 상대적으로 주목성이 낮다.
④ 명도, 채도가 높은 색이 주목성이 높다.

> **기적의 Tip**
>
> 명시성, 주목성이 높은 색상을 사용해 디자인하는 경우 해당 요소를 눈에 빨리 띄게 할 수 있습니다. 색의 명시성과 주목성이 높다는 의미가 무엇인지 정확히 알아두세요.

030 색의 배색
POINT 11 참조

- 색을 목적에 맞게 표현하기 위해 주변의 색을 고려하여 배치하는 것
- 배색에 따라 조화의 느낌이 달라지므로 배색의 목적과 사용 목적을 고려하여 배색
- **같은 색상을 중심으로 한 배색** : 통일성과 질서
- **같은 색상을 중심으로 명도 또는 채도에 차이를 둔 배색** : 단조로움, 편안함
- **따뜻한 색의 배색** : 온화하면서 활발함
- **차가운 색의 배색** : 시원하고 침착한 느낌
- **무채색과 유채색의 배색** : 명시성, 가시성이 뛰어남

11.10, 09.9

70 배색에 대한 설명으로 틀린 것은?

① 사물의 성능이나 기능에 부합되는 배색을 하여 주변과 어울릴 수 있도록 한다.
② 사용자 성별, 연령을 고려하여 편안한 느낌을 가질 수 있도록 한다.
③ 색의 이미지를 통해서 전달하려는 목적이나 기능을 기준으로 배색한다.
④ 목적에 관계없이 아름다움을 우선으로 하고 타 제품에 비해 눈에 띄는 색으로 배색하여야 한다.

10.1, 08.7, 05.4

71 지루함을 잊게 해 줄 대기실이나 병원 실내의 벽에 대한 배색으로 가장 적당한 것은?

① 난색
② 한색
③ 중성색
④ 무채색

> **기적의 Tip**
>
> 배색은 웹 사이트의 내용과 목적에 맞게 디자인하기 위한 중요한 요소 중 하나입니다. 배색과 관련하여 색상, 명도, 채도에 따라 조화의 느낌이 어떻게 달라지는지 잘 숙지해두세요.

031 색의 연상과 치료
POINT 10 참조

색의 연상 : 색을 볼 때 어떤 구체적인 형상이나, 의미, 관념이 떠오르는 것

엄숙미, 무게감, 슬픔	검정
무활력 치료	빨강
안전 및 구급	녹색
자신감, 창의력 향상	파랑
불안감 해소	파랑, 청록
식욕을 돋우는 색상	주로 따뜻한 색(난색), 빨강, 주황, 노랑
식욕을 저하시키는 색상	주로 차가운 색(한색), 녹색, 파랑

12.2, 06.10
72 다음 중에서 제과점 홈페이지를 만들 때, 식욕을 돋우는 색채 계획과 가장 거리가 <u>먼</u> 것은?

① 녹색
② 주황
③ 노랑
④ 빨강

10.10
73 색을 보고 맛과 냄새, 음과 촉감 등을 느낄 수 있어 톡 쏘는 듯 한 냄새가 연상되는 색은?

① 녹색
② 자색
③ 오렌지색
④ 라일락색

> 🏅 **기적의 Tip**
>
> 파랑은 바다를 연상시키는 것처럼 색의 상징과 연상은 일반적으로 공통되게 나타납니다. 색이 상징하는 것, 색이 주는 연상 그리고 색의 긍정적이거나 부정적인 효과에 대해 알아두세요.

032 색의 진출
POINT 09 참조

- 따뜻한 색, 명도, 채도가 높은 색은 진출하는 것처럼 느껴짐
- 차가운 색, 명도, 채도가 낮은 색, 무채색은 후퇴하는 것처럼 느껴짐
- 유채색이 무채색보다 더욱 진출하는 것처럼 느껴짐 (무채색은 유채색보다 더 후퇴하는 느낌)

06.10
74 색의 진출에 대한 설명으로 틀린 것은?

① 따뜻한 색이 차가운 색보다 더 진출하는 느낌을 준다.
② 밝은 색이 어두운 색보다 더 진출하는 느낌을 준다.
③ 무채색이 유채색보다 더 진출하는 느낌을 준다.
④ 팽창색이 수축색보다 더 진출하는 느낌을 준다.

10.1, 07.9
75 검정 종이 위에 노랑과 파랑을 나열하여 일정한 거리에서 보았을 때 나타나는 현상에 관한 설명으로 옳은 것은?

① 노랑이 파랑보다 가깝게 보인다.
② 파랑이 노랑보다 가깝게 보인다.
③ 노랑을 후퇴색이라 한다.
④ 파랑을 진출색이라 한다.

> 🏅 **기적의 Tip**
>
> 색의 진출과 후퇴에 대해 알아두세요. 어떻게 배색할 때 더욱 진출해 보이고 후퇴해 보일 수 있는지 숙지하도록 합니다.

033 색채 조화론
POINT 11 참조

- **레오나르도 다빈치** : 최초로 반대색 조화를 주장
- **셰브럴(슈브뢸)** : 현대 색채 조화론의 기초를 확립
- **베졸트** : 양탄자의 날실이나 씨실 중 하나의 색을 바꾸거나 더하면 전체 직물의 배색이 변화되는 것을 발견(베졸트 효과)
- **비렌** : 셰브럴(슈브뢸)의 조화 이론을 확장. 색상을 따뜻한 색과 차가운 색으로 구분
- **문 · 스펜서** : 오메가 공간의 배색 설명. 조화의 종류를 동일성, 유사성, 반대(대비)의 조화로 나눔
- **저드** : 색채 조화론. 색채 조화에 질서, 유사(친숙), 동류(친근), 명료성(비모호성)의 원리를 사용

질서	색채를 규칙과 원칙을 가지고 선택해 배색할 때 조화를 이룬다는 원리. 유채색과 무채색의 조화에서 많이 나타남
유사(친숙)	공통점이 있는 색을 배색한 경우 조화를 이루는 것. 즉, 색상, 명도, 채도의 차이가 적은 색상의 배색이 조화가 높게 나타나는 원리
동류(친근)	가장 가까운 색채끼리의 배색이 친근감과 조화를 이룬다는 원리
명료성 (비모호성)	속성의 차이와 면적 등에서 모호함 없이 배색된 것이 조화를 이룬다는 원리

05.10

76 양탄자 디자인의 예를 들어 하나의 색만을 변화시키거나 더함으로써 전체의 배색을 변화시킬 수 있다는 사실을 발견한 사람은?

① 애브니
② 피사로
③ 세브뢸
④ 베졸트

12.7, 09.9

77 색채 조화의 공통 원리에 관한 설명으로 <u>틀린</u> 것은?

① 질서의 원리 : 색채 조화는 의식할 수 있으며 효과적인 반응을 일으키는 질서있는 계획에 따라 선택된 색채들에서 생긴다.
② 비모호성의 원리 : 색채 조화는 두 색 이상의 배색에 있어서 모호함이 없는 명료한 배색에서만 얻어진다.
③ 동류의 원리 : 가장 가까운 색채끼리의 배색은 보는 사람에게 친근감을 주며 조화를 느끼게 한다.
④ 대비의 원리 : 배색된 색채들이 서로 공통되는 상태와 속성을 가질 때 그 색채는 조화 된다.

> **기적의 Tip**
>
> 색채 조화는 일반적으로 저드의 '질서, 유사, 동류, 명료성' 원리가 적용됩니다. 출제된 문제를 중심으로 여러 색채 조화론과 저드의 색채 조화론에 대해 정확히 알아두세요.

034 인터넷의 역사   POINT 12 참조

세계 인터넷 역사 개요

① 1969년 : ARPANET 시작(미국 국방성이 군사 목적으로 UCLA, 스탠포드 대학 등의 컴퓨터를 네트워크로 연결)
② 1972년 : Telnet과 FTP 표준 제정, Email 탄생
③ 1979년 : USENET 서비스 시작
④ 1982년 : TCP/IP 프로토콜 표준 채택
⑤ 1991년 : Gopher, WAIS 시작
⑥ 1992년 : WWW(World Wide Web) 시작
⑦ 1994년 : 웹 브라우저 넷스케이프 등장, W3C(World Wide Web Consortium) 발족

06.4

78 다음이 설명하고 있는 것은?

> 인터넷 역사에서 최초의 네트워크로 미 국방성이 군사 목적으로 UCLA, 스탠포드 대학 등이 보유한 컴퓨터를 네트워크로 연결한 것

① USENET
② FTP
③ WAIS
④ ARPANET

11.2, 09.7

79 다음 인터넷의 역사 중 가장 나중에 일어난 것은?

① 웹 브라우저인 넷스케이프가 등장하였다.
② Gopher, WAIS서비스를 시작하였다.
③ TCP/IP 프로토콜이 표준으로 채택되었다.
④ USENET 서비스가 시작되었다.

10.1

80 인터넷의 발전을 시대 순으로 옳게 나열한 것은?

① ARPANET → NSFNET → TCP/IP 표준 → WWW
② ARPANET → TCP/IP 표준 → NSFNET → WWW
③ TCP/IP 표준 → ARPANET → NSFNET → WWW
④ TCP/IP 표준 → NSFNET → ARPANET → WWW

> **기적의 Tip**
>
> 세계 인터넷 역사에 대해 알아두세요. 인터넷의 시조인 ARPANET과 TCP/IP, WWW, FTP 등 주요한 인터넷 서비스의 시작 시기를 정확히 알아둔다면 인터넷 역사를 시대순으로 파악하는 것이 용이해집니다.

035 전자우편
POINT 12 참조

SMTP	Small Mail Transfer Protocol, 전자우편의 송신 담당
IMAP	Internet Message Access Protocol, 전자우편의 수신 담당
POP3	Post Office Protocol 3, 전자우편의 수신 담당

21.4, 16.6, 14.1

81 전자우편을 송신할 때 사용되는 프로토콜은?

① TCP/IP
② SMTP
③ POP
④ IMAP

11.7, 09.3

82 전자우편(E-mail)에 대한 설명으로 틀린 것은?

① 컴퓨터 통신망을 통해 다른 사람에게 서신을 교환하는 것을 의미한다.
② 컴퓨터로 작성된 서신은 매우 빠르게 여러 사람에게 동시에 전송할 수 있다.
③ 작성된 서신과 함께 각종 디지털 정보를 함께 보낼 수 있다.
④ 메일을 보낼 때 사용하는 일반적인 프로토콜은 FTP이고, 받을 때 사용되는 프로토콜은 POP1이 가장 많이 사용된다.

12.4, 10.3, 07.9

83 전자메일 서비스에 연관된 프로토콜이 아닌 것은?

① IMAP
② NNTP
③ POP3
④ SMTP

> **기적의 Tip**
>
> 전자메일와 관련된 프로토콜에 대해 알아두세요. 메일을 송신할 때와 수신할 때 사용되는 프로토콜에 대해 숙지해야 합니다.

036 TCP/IP
POINT 16 참조

• 인터넷에 접속하기 위해 필요한 기본적인 프로토콜
• TCP/IP가 설치된 컴퓨터 간에는 클라이언트/서버 모델을 사용하여 통신
• **TCP/IP에서 사용되는 프로토콜**
  - TCP : 데이터 전송이 정확하게 이루어지도록 전송 오류 감지와 복구를 지원(데이터 신뢰성 보장)
  - UDP : 전송 확인 과정이 없는 비연결형 프로토콜. 신뢰성보다는 빠른 전송이 요구되는 상황에서 사용(신뢰성 없음)
  - IP : 송신지로부터의 출발한 데이터 패킷이 수신지에 도착하도록 지원. IP 주소를 사용해 주소를 지정 전송. 전송 확인 과정이 없는 비연결형 프로토콜(신뢰성 없음)

20.4, 19.10, 18.6, 10.7

84 TCP/IP 프로토콜에 대한 설명으로 옳은 것은?

① IP는 에러를 검사하여 에러가 있을 때 송신측으로 재전송을 요구한다.
② TCP는 통신 경로를 담당한다.
③ TCP/IP 프로토콜이 설치된 컴퓨터에서 인터넷을 이용할 수 있다.
④ TCP/IP는 파일전송 프로토콜로써 재전송 기능이 없다.

19.6, 18.6, 09.7

85 인터넷 프로토콜(IP)에 대한 설명으로 옳지 않은 것은?

① IP는 연결형 서비스를 제공하므로 신뢰성 있는 서비스를 제공한다.
② IP는 TCP, UDP, ICMP, IGMP 데이터를 전송하는 중요한 역할을 수행한다.
③ IP 데이터그램은 목적지 호스트의 인터넷 주소를 포함한다.
④ IP 동작 중 IP 데이터그램의 상실, IP 데이터그램의 중복과 같은 오류를 발생하기도 한다.

86 인터넷 프로토콜인 TCP와 UDP에 대한 설명으로 틀린 것은?

① TCP는 연결형 프로토콜이다.
② UDP는 비연결형 프로토콜이다.
③ TCP는 주로 안정성 있는 전송 매체를 사용하여 데이터를 빠르게 전송해야 하는 환경에서 사용된다.
④ UDP는 전송 데이터에 대한 전송 확인이나 신뢰성에 대한 고려가 없다.

> **기적의 Tip**
> TCP/IP에 대한 문제는 자주 출제됩니다. TCP/IP에서 사용되는 프로토콜 중 TCP, UDP, IP에 대해 꼭 알아두세요.

037 TCP/IP 계층 　　POINT 16 참조

링크 계층	이더넷과 FDDI, 토큰링 등의 네트워크에 접속, 데이터 전송 순서를 기술
인터넷 계층	데이터 주소, 전송, 패킷의 분할과 복구, IP 정보를 패킷에 전달. IP, ARP, ICMP 등
전송 계층	TCP나 다른 프로토콜이 데이터 패킷에 전송 데이터를 전달. 컴퓨터와 컴퓨터 간의 연결을 확립하고 유지. TCP, UDP 등
응용 계층	사용자의 응용 프로그램이 네트워크 환경에 접근하도록 창구 역할. SMTP, FTP, Telnet, HTTP 등

87 다음과 관련 있는 TCP/IP 프로토콜 계층으로 옳은 것은?

> SMTP, FTP, Telnet, HTTP

① 물리 계층
② 네트워크 계층
③ 전송 계층
④ 응용 계층

88 TCP/IP 프로토콜의 전송 계층에 해당하는 TCP에 대한 설명으로 틀린 것은?

① 프레임 단위로 데이터를 전송한다.
② 데이터 전송에 대한 신뢰성이 있다.
③ 에러 검출 방법이 존재한다.
④ 연결 지향형 프로토콜이다.

> **기적의 Tip**
> TCP/IP 프로토콜의 4계층에 대해 알아두어야 합니다. 또한 각 계층의 특징에 대해서도 알아두세요.

038 OSI 7계층 　　POINT 16 참조

OSI 참조 모델의 계층 순서

물리	데이터 비트들을 전송매체를 통해 전기적 신호 체계로 전송
데이터링크	물리 계층을 통과한 데이터 비트들을 데이터 블록으로 형성/전송
네트워크	송신측과 수신측 사이에 논리적인 링크를 구성
전송	사용자와 사용자 혹은 컴퓨터와 컴퓨터 간의 연결을 확립하고 유지
세션	세션을 확립, 데이터 전송 방향 결정 기능 제공
표현	상이한 데이터 표현 방식을 갖는 컴퓨터 시스템끼리의 인터페이스 지원, 데이터 압축과 암호화 수행
응용	사용자의 응용 프로그램이 네트워크 환경에 접근하도록 창구 역할

89 광대역 서비스 중 인터페이스 간의 연결을 제공하고, 데이터 전송만을 담당하는 베어러 서비스와 관련이 적은 계층은?

① 물리 계층　　② 데이터링크 계층
③ 네트워크 계층　　④ 전송 계층

90 OSI 7-layer에서 다음 설명과 관련 있는 계층은?

> 정보의 표현 방식 관리, 암호화, 정보압축 등의 기능을 수행

① 전송 계층　　② 표현 계층
③ 세션 계층　　④ 응용 계층

15.10, 13.4, 07.4, 10.1

91 OSI 7계층 구조를 낮은 계층에서 높은 계층으로 순서대로 나열한 것은?

① 물리 계층-데이터링크 계층-세션 계층-네트워크 계층-전송 계층-응용 계층-표현 계층
② 물리 계층-데이터링크 계층-네트워크 계층-전송 계층-세션 계층-응용 계층-표현 계층
③ 물리 계층-데이터링크 계층-네트워크 계층-전송 계층-세션 계층-표현 계층-응용 계층
④ 전송 계층-물리 계층-데이터링크 계층-네트워크 계층-세션 계층-표현 계층-응용 계층

오답 피하기

베어러 서비스(Bearer Services) : 데이터를 전달하는 서비스로, OSI 7계층 중 하위 3계층(1계층-물리, 2계층-데이터링크, 3계층-네트워크)에 해당

기적의 Tip

OSI 7계층 구조에서 각 계층에 대해 꼭 알아두세요. OSI 7계층 순서와 각 계층의 역할에 대해 자주 출제됩니다.

---

039 최상위 도메인
POINT 13 참조

- **최상위 도메인** : 1단계 도메인. 도메인 부분의 가장 마지막 부분
  예 .com, .gov, .kr 등
- **차상위 도메인** : 2단계 도메인. 최상위 다음 부분으로 기관의 성격을 나타냄
  예 .co, .go, .or, .ac 등

09.1, 04.10

92 최상위 도메인 gov와 동일 성격을 갖는 서브 도메인의 이름은?

① ac
② go
③ or
④ re

기적의 Tip

일반 최상위 도메인과 국가 코드 최상위 도메인, 차상위 도메인을 구분할 수 있어야 합니다. 또한 각 영역에 해당하는 도메인 이름을 정리하고 넘어가세요.

---

040 IPv4
POINT 13 참조

- 인터넷은 IP 주소(IP address) 체계를 사용하며, 현재 32bit 주소 체계인 IPv4를 사용
- **IPv4** : 8bit씩 4개의 옥텟으로 구성된 32bit 체계의 주소
- **IPv4 주소의 등급** : A, B, C, D, E 클래스

A 클래스	IP 주소 처음 8bit 값이 10진수 1~126(2진수 0000 0001~0111 1110)에 해당
B 클래스	IP 주소 처음 8bit 값이 10진수로 128~191(2진수 1000 0000~1011 1111)에 해당
C 클래스	IP 주소 처음 8bit 값이 10진수로 192~223에 해당

20.10, 13.7, 09.1, 04.10

93 IPv4 주소에서 각 클래스 별 첫 8bit의 값이 옳은 것은?

① A : 0000 0000 ~ 0111 1110
   B : 1000 0001 ~ 1011 1111
② A : 0000 0000 ~ 0111 1111
   B : 1000 0000 ~ 1011 1111
③ A : 0000 0001 ~ 0111 1110
   B : 1000 0000 ~ 1011 1111
④ A : 0000 0001 ~ 0111 1111
   B : 1000 0001 ~ 1011 1111

기적의 Tip

IPv4 주소의 클래스에 대해서 알아두세요. 또한 십진수 주소를 이진수로 표현하는 방법도 함께 알아두세요.

---

041 IPv6
POINT 13 참조

- IPv4 주소 공간의 고갈, IP 수준에서의 보안 능력 등을 해결하기 위한 대안으로 제시된 새로운 주소 체계
- 8개의 16bit로 구성된 총 128bit 체계의 주소
- 멀티미디어 데이터를 실시간으로 처리하도록 광대역 폭을 제공
- 보안 기능이 강화됨
- 고속의 라우팅을 지원, 개선된 QoS 지원

94 IPv6은 몇 비트 주소 체계인가?

① 48비트   ② 64비트
③ 96비트   ④ 128비트

07.9

95 IPv6 주소 체계에 대한 설명으로 가장 거리가 <u>먼</u> 것은?

① 64bit의 확장된 주소 공간을 제공한다.
② 라우터의 라우팅 테이블에 오버플로우 현상을 제거하여 라우팅 능력을 개선한다.
③ IPSEC을 통하여 보안의 취약점을 찾아낼 수 있다.
④ QoS(Quality of Service) 제어기능을 지원한다.

> **기적의 Tip**
>
> IPv4와 비교하여 IPv6의 주소 체계와 특징, IPv6 장점에 대해 출제되므로 구분해서 알아두세요.

---

042 **URL**   POINT 13 참조

- 인터넷상의 자원들에 대해 주소를 표기하는 표준방법
- '프로토콜(인터넷 서비스)://호스트 주소(또는 IP 주소) [:포트 번호]/파일 경로/파일명'으로 구성됨

20.4, 18.6, 10.1

96 URL을 표기하는 일반적인 형식으로 옳은 것은?

① 프로토콜://파일경로/파일명
② 프로토콜://호스트주소[:포트번호]/파일경로/파일명
③ 포트번호://프로토콜/파일경로/파일명
④ 포트번호://프로토콜/호스트주소/파일경로/파일명

05.10

97 URL에 표현이 <u>불가능한</u> 것은?

① Protocol   ② HTML
③ IP address   ④ Domain name

> **기적의 Tip**
>
> URL의 구성과 표기 방법에 대해 출제되므로 꼭 기억해두세요.

---

043 **ADSL, VDSL**   POINT 16 참조

- **DSL** : 일반 전화선을 사용하며 고속 데이터 전송을 지원하는 기술
- **ADSL** : 고속통신망으로서 전화 교환기를 거치지 않고 ATM 초고속망에 연결해 고속의 서비스를 제공
- **VDSL** : 초고속 디지털 가입자 회선으로 ADSL처럼 전화선을 이용해 전송이 가능. ADSL과 달리 VOD, 멀티미디어, 원격교육 등의 대용량 데이터 처리에 적합

09.9

98 비대칭 디지털 가입자 회선인 ADSL에 대한 설명으로 <u>틀린</u> 것은?

① Asymmetric Digital Subscriber Line의 약자로 미국 발코어 사에서 개발한 기술이다.
② 고속 데이터 통신과 일반 전화를 동시에 이용할 수 있지만 데이터통신 속도가 절반으로 떨어지게 된다.
③ ADSL은 가입자와 전화국간의 데이터 교환 속도가 서로 다르다.
④ 하나의 회선으로 데이터 통신과 일반 전화의 이용이 가능하다.

17.6, 08.3

99 일반 전화선을 이용하고 전송거리가 짧은 구간에서 ADSL 보다 빠른 전송 속도를 제공하며 대용량의 멀티미디어 콘텐츠를 처리할 수 있는 전송 기술은?

① HADSL
② RDSL
③ SDSL
④ VDSL

> **기적의 Tip**
>
> 일반 전화선을 사용하고, 고속 데이터 전송을 지원하는 기술인 ADSL에 대해 알아두세요. 또한 VDSL과도 비교하고 넘어가세요.

044 LAN, WAN, MAN

POINT 16 참조

- **LAN** : 근거리 통신망. 가까운 지역(보통 1Km에서 수 Km 내외) 내에서 다양한 통신기기들의 상호 연결을 가능하게 해주는 통신 네트워크
- **WAN** : 원거리(광역) 통신망, 지역 간 또는 국가 간 연결
- **MAN** : 대도시 통신망
- **VAN** : 부가가치 통신망

20.4, 18.1, 07.9

100 다음이 설명하고 있는 네트워크 통신망은?

> 일반 사업장에서 가장 많이 사용되며, 다수의 사용자 컴퓨터가 지리적으로 좁은 지역에 분포되며 대개 한 건물 내에서 연결되는 근거리 통신망이다.

① LAN
② MAN
③ WAN
④ VAN

10.7

101 지역 간 또는 국가 간과 같이 지리적으로 완전하게 떨어진 곳을 연결한 통신망은?

① VAN
② WAN
③ MAN
④ LAN

🏅 기적의 Tip

근거리 통신망인 LAN와 WAN, MAN을 비교해서 알아두세요.

045 인터넷 서비스

POINT 12 참조

- **로그인** : 원격지 컴퓨터에 계정과 암호를 가지고 접속하는 것
- **텔넷(Telnet)** : 멀리 떨어져 있는 컴퓨터에 인터넷을 통해 로그인하여 원격 접속할 수 있도록 해주는 서비스
- **고퍼(Gopher)** : 주제별 또는 종류별로 구분된 메뉴만 따라가면 쉽게 원하는 정보를 찾을 수 있게 해주는 데이터베이스 서비스
- **FTP** : 인터넷을 통해 파일을 보내거나 받을 때 사용하는 서비스
- **WHOIS** : 인터넷을 운영하는 각

06.10

102 인터넷상의 서버에 자신의 계정이 있어서, 서버에 접속하기 위해 사용자명과 패스워드를 입력하는 행위를 지칭하는 용어는?

① 로그아웃(logout)
② 로그인(login)
③ 링크(Link)
④ 서핑(Surfing)

08.3

103 정보의 내용을 주제별 또는 종류별로 구분하여 메뉴를 구성함으로써, 제공되는 메뉴만 따라가면 쉽게 원하는 정보를 찾을 수 있게 해주는 계층적 문자 위주의 데이터베이스 서비스는?

① 텔넷
② 고퍼
③ 백본
④ 서브넷 마스크

오답 피하기

- **백본(Backbone)** : 인터넷의 기간망으로 랜(LAN)에서 광역통신망(WAN)으로 연결하기 위한 하나의 회선 또는 여러 회선의 모음
- **서브넷 마스크(Subnet Mask)** : 하나의 네트워크를 서브넷으로 나누기 위한 것으로 네트워크 크기와 호스트 크기를 조절하는 숫자

🏅 기적의 Tip

인터넷의 여러 서비스에 대해 알아두세요. 특히 Telnet, FTP, 고퍼(Gopher)에 대해서 자주 출제됩니다.

POINT 15 참조

외부에서 인터넷을 통해 조직의 내부 네트워크로 접근할 수 없도록 하여 내부 네트워크를 보호

21.4, 16.10, 13.7, 06.10

104 외부 네트워크로부터 내부 네트워크를 보호하기 위해 이들 사이에서 전달되는 모든 신호를 판독하여 특정 패킷만을 통과시키거나 차단시키며, 내부의 IP 주소가 외부로 유출되는 것을 방지하는 역할을 하는 것은?

① 프록시(Proxy)
② 방화벽(Firewall)
③ 도메인네임서버(DNS)
④ 허브(Hub)

20.4, 11.7, 08.3, 06.4

105 인터넷 방화벽(firewall)에 대한 설명으로 올바른 것은?

① 컴퓨터 프로그램에 잠입하여 컴퓨터로 하여금 본래 목적 이외의 처리를 하도록 하는 프로그램이다.
② 접근을 허가 받지 않은 정보 시스템에 불법으로 침투하거나 허가되지 않은 권한을 불법으로 갖는 경우를 말함
③ 사용자에게 소프트웨어를 합법적으로 사용할 수 있는 권한을 부여하는 것을 말한다.
④ 내부 네트워크에 대한 접근을 제어하고, 집중화된 보안성을 향상시킬 수 있다.

오답 피하기
• 프록시(Proxy) : LAN과 외부 네트워크 사이에서 방화벽 및 캐시 역할을 수행하는 것
• 허브(Hub) : 컴퓨터를 LAN에 접속시키는 장치로 주로 가까운 거리에 있는 컴퓨터, 프린터들을 네트워크에 연결시켜줌

기적의 Tip
인터넷 방화벽의 역할에 대해 숙지하도록 합니다. 특히 혼동할 수 있는 프록시(Proxy) 등의 용어와 비교하여 알아두세요.

POINT 13 참조

• 영문 또는 영문과 숫자 혼합으로 구성된 인터넷 도메인 이름을 숫자로 구성된 IP 주소, 혹은 그 반대로 일대일 대응시켜 바꾸어 주는 시스템
• **DNS 서버** : DNS 기능을 담당하는 서버

07.9

106 인터넷 이용 시 접속하고자 하는 URL을 정확히 입력하였지만 찾을 수 없다는 메시지와 함께 접속이 되지 않았다. 그러나 IP 주소를 입력하면 접속이 되는 경우 클라이언트 측에서 찾을 수 있는 원인은?

① IP 주소를 할당받지 못한 경우
② Proxy 서버를 설정하지 않는 경우
③ FTP 서버를 설정하지 않은 경우
④ DNS 서버를 설정하지 않은 경우

06.4

107 인터넷 도메인 이름들의 위치를 알아내기 위한 IP 주소로 바꾸어주는 것은?

① Web Server
② Domain Name Server
③ DB Server
④ Back-Up Server

기적의 Tip
영문의 도메인을 숫자 IP로, 숫자 IP를 영문으로 일대일 대응시켜주는 DNS 서비스에 대해서 알아두세요. DNS 서버 설정을 하지 않거나 DNS 서비스가 잘못되는 경우 어떻게 되는지에 대해서도 기억해두세요.

048 인터넷 관련 기관

POINT 12 참조

- **NIC** : 국가별 인터넷 레지스트리에 해당하는 기관으로 각 국의 도메인 이름을 등록하고 관리하는 기관
  - KRNIC : 우리나라
  - APNIC : 아시아 태평양
  - RIPE-NCC : 유럽, 중동, 중앙아시아, 적도 부근의 아프리카
  - InterNIC : 미국의 인터넷 레지스트리 기관
- **한국인터넷정보센터(KRNIC)** : 국내 인터넷의 기능 유지와 이용 활성화를 위해 IP 주소 및 도메인 등록 서비스를 수행하고 주요 정보 서비스를 제공(현재 한국인터넷진흥원(KISA)의 산하기관임

04.10

108 국내 인터넷 주소를 관리하는 기관은?

① 한국인터넷정보센터(KRNIC)
② 한국소프트웨어진흥원(KIPA)
③ 한국전산원(NCA)
④ 한국디자인진흥원(KIDP)

20.10, 17.10, 06.4

109 인터넷 관리 기관 중 국내 IP 주소 할당, 도메인 등록 및 네트워크 정보 관리 등의 업무를 담당하여 처리하는 기관으로 옳은 것은?

① RIPE-NCC   ② KRNIC
③ InterNIC   ④ APNIC

> **기적의 Tip**
> 인터넷 관련 기관 중 각 국의 도메인 이름을 등록하고 관리하는 NIC에 대해 알아두세요. 우리나라 인터넷 주소를 관리하는 KRNIC에 대해 출제됩니다.

049 검색엔진

POINT 14 참조

- **웹 인덱스 검색** : 키워드 검색 방식. 가장 일반적이며 검색 키워드를 포함한 웹 문서들을 보여주는 검색
- **주제별 검색** : 각 분야별로 분류가 되어있는 것으로서 대분류, 중분류, 소분류 식으로 디렉터리 형태로 찾아 들어가는 검색
- **메타 검색** : 자체 데이터베이스가 없이 여러 개의 검색엔진에서 검색하고 중복으로 검색된 정보는 하나로 통일해 보여주는 검색
- **통합 검색** : 다른 검색엔진과 연계되어 검색하고 검색된 자료를 섹션별로 분류해 보여 주는 검색
- **포털의 검색 방식** : 통합 검색을 사용하며, 키워드에 대해 블로그, 이미지, 동영상, 사전, 뉴스 등 관련된 모든 내용들을 섹션별로 분류한 형태로 제공

10.3

110 카테고리에 의한 체계적인 링크 정보를 제공하며, 최종적인 정보 검색을 위해 대분류에서 시작하여 중분류, 소분류 등의 중간 과정을 방문해야 하는 검색엔진은?

① 메타 검색엔진
② 로봇에이전트형 검색엔진
③ 디렉터리형 검색엔진
④ 단어별 검색엔진

09.9

111 웹 페이지 검색 방식에 대한 설명으로 틀린 것은?

① 주제별 검색 방식은 웹 페이지를 주제별로 정리하여 디렉토리 형태로 제공한다.
② 포털(Portal) 검색 방식은 웹 페이지를 방문하여 읽어 온 모든 내용을 인덱스 형태로 제공한다.
③ 키워드(Keyword) 검색은 사용자가 찾고자 하는 정보의 단어를 입력하여 찾는 방식이다.
④ 메타(Meta) 검색은 여러 검색엔진에서 정보를 찾고난후, 결과를 통합하는 방식이다.

> **기적의 Tip**
> 검색엔진 유형에 대해 이해하고 있어야 합니다. 검색엔진의 검색 방식과 특징에 대해 알아두세요.

050 로봇 에이전트 검색엔진

POINT 14 참조

- 검색엔진이 인터넷상에서 정보를 수집하는 부분에 있어서 활용하는 전문 정보 수집 프로그램. 자발적으로 정보를 수집
- 로봇(Robot), 스파이더(Spider), 크롤러(Crawler) 등

10.1, 04.10

112 정기적이고 자발적으로 인터넷을 여행하며 정보를 수집하고 수집한 정보를 검색엔진의 데이터베이스에 저장하는 프로그램을 의미하는 것이 **아닌** 것은?

① bug
② crawler
③ robot
④ worm

기적의 Tip

자발적으로 정보를 수집하는 로봇 프로그램을 사용하는 검색엔진을 로봇 검색엔진이라고 합니다. 로봇 검색엔진의 종류에 대해 알아두세요.

051 검색 연산자

POINT 14 참조

OR	두 개의 검색어 중 어느 하나라도 포함하고 있는 데이터를 모두 검색
AND	연산자 좌우의 검색어를 모두 포함하는 데이터를 검색
NOT	검색어를 포함하고 있는 정보는 제외하고 검색
NEAR	두 개의 검색어가 놓여 있는 위치가 서로에게서 얼마나 떨어져 있는가를 측정해 일정한 간격 이내에 있는 것을 검색

08.7, 04.10

113 검색엔진(Search Engine)에서 검색 연산자를 지정할 때 지정한 2개의 검색어 중 어느 하나라도 포함하고 있는 자료를 모두 찾는 기능을 가진 연산자는?

① AND   ② OR   ③ NOT   ④ NEAR

기적의 Tip

검색엔진에서 사용되는 검색 연산자의 종류와, 검색 연산자를 사용한 검색 결과에 대해 알아두세요.

052 웹 브라우저

POINT 15 참조

- 웹 페이지 정보를 검색하기 위해 사용
- **웹 브라우저 종류** : 모자이크, 넷스케이프 내비게이터, 인터넷 익스플로러, 핫자바, 오페라, 사파리 등
- **웹 브라우저 기능** : 웹 페이지의 저장 및 인쇄, 소스 파일 보기, 최근 방문한 URL의 목록 제공 등
- **캐시(Cache)** : 웹 브라우저는 하드디스크의 일부를 캐시로 사용해 웹의 데이터를 저장하고, 다음에 같은 데이터를 읽어올 때는 캐시에 먼저 접근함으로써 데이터를 더 빨리 읽어올 수 있게 함

06.10

114 웹 브라우저의 기능으로 적절치 **않은** 것은?

① 최근 방문한 URL의 목록 제공
② 웹 페이지의 저장 및 인쇄
③ 웹 페이지 열기
④ 웹 프로그램 코딩 및 편집

19.6, 18.2, 10.10, 09.7

115 일반적으로 웹 브라우저에는 화면에 나타나는 데이터를 하드디스크의 일정한 공간에 자동으로 저장하여, 나중에 사용자가 해당 사이트에 다시 접속할 때 저장된 내용을 자동으로 불러와 사이트 접속과 데이터 전송에 소요되는 시간을 절약하게 하는 기능이 있다. 이를 무엇이라 하는가?

① Messenger
② Cache
③ Driver
④ Reload

09.9

116 다음 중 웹 브라우저의 종류가 **아닌** 것은?

① 넷스케이프
② 익스플로러
③ 모자이크
④ 드림위버

기적의 Tip

웹 페이지의 정보를 보기 위해서는 웹 브라우저가 필요합니다. 웹 브라우저의 기능과, 종류에 대해 알아두세요.

053 웹 브라우저 오류 메시지 POINT 15 참조

- HTTP 503 Service Unavailable : 서비스 불능
- HTTP 403 Forbidden : 접근이 금지된 파일을 요청해서 허가해 줄 수 없는 경우 발생
- HTTP 404 Not Found : 존재하지 않는 파일을 요청한 경우 발생
- HTTP 500 Internal Server Error : URL의 잘못된 명시로 인해 발생

20.10, 13.10, 10.7, 08.7

117 동시 접속자 수가 많아서 서비스 요청에 응답할 수 없는 경우에 발생하는 웹 브라우저 오류 메시지는?

① HTTP 403 Forbidden
② HTTP 404 Not Found
③ HTTP 500 Internal Server Error
④ HTTP 503 Service Unavailable

기적의 Tip

웹 페이지에 정상적으로 접근이 되지 않을 경우에는 웹 브라우저에 오류 메시지가 나타납니다. 웹 브라우저의 오류 메시지에 대해 알아두세요.

054 플러그인 POINT 14 참조

- 웹 브라우저가 직접 처리하지 못하는 데이터를 처리하는 보조 프로그램
- 헬퍼 프로그램과 개념은 유사하나 독립적으로 실행되는 헬퍼 프로그램과 달리 플러그인은 웹 브라우저의 창 안에서 실행
- 플러그인은 웹 브라우저와 별도로 설치되지만, 웹 브라우저의 일부처럼 사용됨

09.9

118 미디어 데이터를 처리하고 재생함으로써 웹 브라우저의 기능을 확장시켜 주는 것은?

① 쿠키
② 플러그인
③ 책갈피
④ 다이어그램

11.4, 09.9

119 별도의 Plug-In 프로그램이 없어도 웹 브라우저에서 재생 가능한 것은?

① MOV 파일
② PDF 문서
③ VRML 파일
④ XML 문서

기적의 Tip

플래시를 이용한 웹 페이지는 플러그인 프로그램이 필요합니다. 플러그인의 정의와 플러그인 프로그램이 필요한 파일과 그렇지 않은 파일에 대해 알아두세요.

055 HTML 태그 POINT 17 참조

- HTML 문서는 태그(TAG)라 불리는 코드들로 구성
- 태그 이름은 대소문자를 구별하지 않음
- 보통 시작태그와 종료태그가 있으나 〈BR〉, 〈IMG〉, 〈HR〉는 종료태그가 없음
- **태그의 속성 표기** : 〈태그명 속성1=... 속성2=...〉. 속성을 이용하여 더 자세한 내용을 기술
- **링크 관련 태그**
  - 〈A〉 : 문서를 연결하는 태그. 이미지, 문서, 사운드 등 여러 객체를 문서 내에 연결
- **목록 관련 태그**
  - 〈UL〉 : 순서가 없는 목록
  - 〈OL〉 : 순서가 있는 목록
- **표 관련 태그**
  - 〈TABLE〉 : 표의 시작을 의미
  - 〈TR〉 : 표에서 행 만듦(가로 분할)
  - 〈TD〉 : 표에서 열 만듦(세로 분할)
- **글자 모양 관련 태그**
  - 〈B〉...〈/B〉 : 강조된 굵은 글자 모양으로 표시
  - 〈SUP〉...〈/SUP〉 : 위 첨자 글자 모양으로 표시
  - 〈SUB〉...〈/SUB〉 : 아래 첨자 글자 모양으로 표시
  - 〈CODE〉...〈/CODE〉 : 프로그램 코드 글자 모양으로 표시

08.3

120 다음 중 태그에 대한 설명이 잘못된 것은?

① 〈UL〉 : 순서가 없는 목록
② 〈OL〉 : 순서가 있는 목록
③ 〈TR〉 : 표에서 행
④ 〈TD〉 : 표에서 셀 제목

121 HTML 태그의 특징에 대해 올바르게 설명한 것은?

① 여는 태그는 있으나 닫는 태그는 없다.
② 대소문자 구별을 명확히 해야 한다.
③ 들여쓰기가 가능하며 웹 브라우저에 들여쓰기가 적용된다.
④ 태그 안에 속성을 정의할 수 있다.

> **기적의 Tip**
> HTML의 주요 태그의 사용법에 대해 알아두어야 합니다. 특히 〈A〉 태그의 href, target 속성과 같이 자주 사용하는 속성에 대해서도 알아두세요.

---

056 웹 페이지 제작 방법   POINT 23 참조

• 메모장과 같은 일반적인 에디터를 사용하여 직접 코딩
• 워드프로세서를 사용하여 작성 후 HTML 문서로 변환
• 전문 홈페이지 제작 도구인 웹에디터로 작성
• 웹에디터는 WYSIWYG 방식으로 되어 있음
• **WYSIWYG** : 소스 코드의 내용을 가리고 전체적으로 나타나는 모습을 작업 중에 미리 보여주는 기능

122 웹 페이지 제작 시 작업환경에서 보이는 그대로 결과물을 도출해 내는 방식은?

① GUI
② HCI
③ MCP
④ WYSIWYG

123 HTML을 이용한 웹 페이지 제작에 대한 설명으로 틀린 것은?

① Markup 태그를 이용하여 제작한다.
② 다양한 멀티미디어 포맷의 파일을 연결시킬 수 있다.
③ 하나의 그림에는 하나의 문서나 사이트만 연결할 수 있다.
④ 위지윅(WYSIWYG) 방식은 직접 코드를 입력하지 않아도 웹 페이지 구성이 가능하다.

> **기적의 Tip**
> 웹 페이지를 제작하는 방법에 대해 알아두세요. 웹 페이지를 웹에디터로 작성하게 되면 코드를 직접 입력하지 않아도 결과를 미리 보여주는 WYSIWYG 방식이기 때문에 편리합니다.

---

057 스타일 시트(CSS)   POINT 19 참조

• 텍스트의 색상과 여백 형식, 페이지의 요소 정렬, 폰트 스타일과 크기 등을 일관적으로 사용하기 위해 웹 페이지의 문서 스타일을 미리 정의하여 저장해 두는 것
• 웹 페이지 제작에서 효율성과 일관성을 제공
• HTML 문서의 포맷용 언어로서 브라우저나 플랫폼의 종류에 많은 제한을 받지 않음
• 홈페이지를 동적으로 구성할 수 있게 해주지만 스타일 시트만으로 동적인 DHTML을 작성하는 것은 불가능
• 〈STYLE〉과 〈/STYLE〉 태그를 사용하여 〈HEAD〉와 〈/HEAD〉 태그 사이에 정의

124 스타일 시트에 대한 설명으로 틀린 것은?

① HTML 문서 내에 글자의 글꼴 종류, 크기, 색, 여백 등을 지정한다.
② 스타일 시트만으로 동적인 DHTML을 작성하는 것이 가능하다.
③ OS나 프로그램에 관계없이 누구나 동일한 문서 내용을 볼 수 있도록 하기 위해 만들어졌다.
④ 글자의 정렬 방식을 결정하거나 그림자를 지정하는 등 다양한 효과를 줄 수 있다.

125 스타일 시트에 대한 설명으로 옳지 않은 것은?

① 하나의 문서만 수정해도 한꺼번에 여러 페이지의 외형과 형식을 수정할 수 있다.
② 스타일 시트에서 글꼴, 색상, 크기, 정렬 방식 등을 미리 지정하여 필요한 곳에 적용할 수 있다.
③ 같은 스타일 시트를 사용하는 문서에는 문서들의 일관성을 쉽게 유지할 수 있다.
④ 웹 페이지의 레이아웃 편집을 강화하여 브라우저나 플랫폼의 종류에 많은 제한이 따른다.

> **기적의 Tip**
> 스타일 시트는 레이아웃을 만들어 내는 탁월한 방법으로 콘텐츠와 레이아웃을 분리해 관리하며 홈페이지에 일관적인 형식을 적용시킬 수 있습니다. 스타일 시트의 특징과 사용에 대해 잘 알아두세요. DHTML과 관련되어 자주 출제됩니다.

058 DHTML

POINT 19 참조

- Dynamic HTML의 약자로 이미지와 텍스트를 이용한 애니메이션을 구현하는 등 다이나믹한 웹 페이지를 제작하기 위한 것
- 단순한 HTML 문법으로는 불가능하거나 제한되었던 동적인 화면 디스플레이 개선
- HTML, CSS, JavaScript를 조합해 대화형 웹 사이트를 제작

10.7, 09.3, 06.4

126 다음은 무엇에 관한 설명인가?

- 기존 HTML의 단점을 개선하여 동적인 웹 페이지를 만들 수 있도록 하기 위한 기술
- 문서의 각 요소를 하나의 객체로서 위치와 스타일을 지정할 수 있고, 또한 사용자와의 상호작용을 첨가하거나 움직임이 가능함
- 자바스크립트를 기반으로 함

① CGI
② JAVA
③ DHTML
④ CSS

10.7

127 DHTML의 구성 요소를 옳게 나열한 것은?

① HTML, CSS, JavaScript
② HTML, JSS, JavaScript
③ HTML, CSS, JSS, JavaScript
④ HTML, CSS, JSS, JavaScript, VBScript

오답 피하기

- CGI : 서버 측에서 다른 컴퓨터 프로그램을 별도로 수행하여 그 결과를 홈페이지 상에서 받아보고자 할 때 사용하는 공용 인터페이스
- XML : SGML 언어의 축약된 형식으로 HTML처럼 태그 형태로 되어 있지만 HTML과 달리 사용자가 태그들을 확장시킬 수 있는 언어

기적의 Tip

DHTML은 기존의 HTML에 자유로운 디스플레이와 역동적인 기능을 추가한 것입니다. HTML과 DHTML을 비교해 알아두세요.

059 자바스크립트 사용

POINT 20 참조

- **자바스크립트** : 소스 코드가 HTML 문서 중에 포함되어 사용자의 브라우저에서 직접 번역되어 수행되는 언어
- 프로그램 소스 코드는 따로 구현하지 않고, HTML 문서 사이에 직접 기술
- 자바 애플리케이션이나 자바 애플릿과 다르게 소스 코드가 HTML 문서 중에 포함되어 사용자의 브라우저에서 직접 번역되어 수행
- HTML 문서 내에 〈SCRIPT〉라는 태그를 이용해 삽입
- 웹에 3차원적인 가상현실을 구현하는 언어인 VRML과도 상호 연동
- **자바** : 인터넷 분산 환경에서 사용되도록 설계된 객체지향 프로그래밍 언어
- **자바 애플리케이션** : 자바로 제작된 독립적인 응용 프로그램
- **자바 애플릿** : 별도의 웹 브라우저를 통해 실행이 가능한 작은 의미의 자바 응용 프로그램
- **자바 빈즈** : 소프트웨어 개체를 만들 수 있는 컴포넌트 기술

11.10, 10.1, 08.3

128 소스 코드가 HTML 문서 내에 포함되어 사용자의 브라우저에서 직접 번역되어 수행되는 것은?

① 자바 애플리케이션
② 자바스크립트
③ 자바 시크립트
④ 자바 빈즈

20.10, 09.9

129 자바스크립트 언어에 대한 설명으로 틀린 것은?

① 자바스크립트 언어에서 변수명은 숫자 및 특수 문자로 시작할 수 없다.
② 자바스크립트 언어는 HTML과 웹 브라우저와는 상호작용할 수 있지만, VRML과 같은 인터넷 자원과는 상호작용할 수 없다.
③ 자바스크립트 언어는 대 · 소문자를 구분한다.
④ 함수 eval( )는 자바스크립트의 내장함수이다.

기적의 Tip

자바스크립트의 특징과 사용 방법에 대해 자주 출제됩니다. 자바, 자바 애플릿, 자바스크립트의 용어를 비교하여 알아두세요.

060 자바스크립트 변수명

POINT 20 참조

- 자바스크립트에서 변수의 이름은 영문 대소문자, 숫자, 밑줄(_)을 사용해 작성
- 변수 이름의 첫 글자는 반드시 영문자나 밑줄로 시작 (즉 첫 글자가 숫자로 시작되면 안됨)
- 특별한 의미로 사용하는 예약어는 변수나 함수 이름으로 사용할 수 없음

17.6, 11.4, 09.3

130 자바스크립트 변수의 정의에 대한 설명으로 **틀린** 것은?

① 대 · 소문자를 구분한다.
② 특수 기호 사용이 가능하다.
③ 예약어는 변수로 사용할 수 없다.
④ 반드시 영문자나 언더바(_)로 시작한다.

09.7, 04.10

131 다음 중 자바스크립트 변수명으로 사용될 수 없는 것은?

① menu_7
② total
③ 2cond_name
④ _reg_number

🏆 기적의 Tip

자바스크립트에서 사용하는 변수를 정의하는 방법에 대해 알아두세요. 변수 이름이 올바르게 정의된 것인지 구별할 수 있어야 합니다.

061 자바스크립트 객체와 메소드

POINT 21, 22 참조

- **객체(Object)** : 상태(속성)와 행동(메소드)을 함께 가리키는 단위
  - 속성 : 객체가 가지는 성질
  - 메소드 : 객체가 할 수 있는 일
  - 📋 윈도(창)는 객체인데 높이, 넓이의 상태(속성)를 가지고 있고, 새 창을 열거나, 크기를 변화시키는 행동(메소드)을 가질 수 있음
- **Array(배열) 객체** : 비슷한 종류의 데이터를 하나의 배열로 생성
- **배열 객체의 메소드**
  - concat( ) : 두 개의 배열을 하나로 만듦
  - join( ) : 배열을 하나의 문자열로 만듦
  - reverse( ) : 배열을 역순으로 바꿈
  - slice(a,b) : a와 b 범위 사이의 값으로 새로운 배열을 만듦
  - sort( ) : 배열 요소를 조건대로 정렬, 조건이 없는 경우 오름차순 정렬
- **String 객체** : 문자열을 처리하는 객체
- **String 객체의 메소드**
  - concat(string) : 문자열에 string 문자열을 연결
  - replace( ) : 임의의 문자열에서 지정한 문자를 다른 문자로 변경
  - match( ) : 임의의 문자열에서 지정한 문자가 나타나는 첫 번째 위치 값을 반환
  - split( ) : 임의의 문자열을 지정한 문자열이 나타나는 위치들을 나누어 두 개 이상의 문자열 배열로 만들어 반환
  - toUpperCase( ) : 대문자로 변환하여 반환
- **Window 객체** : 웹 브라우저 창을 위한 속성과 메소드 제공
- **Window 객체의 메소드**
  - alert( ) : 경고 창을 보여줌
  - confirm( ) : 확인 대화상자 보여줌
  - open( )/close( ) : 새 창 열기/창 닫기
  - setInterval( ) : 일정 시간마다 지정된 명령을 주기적으로 실행

132 자바스크립트 내에서 사용되는 배열(Array) 객체에 대한 설명으로 옳지 <u>않은</u> 것은?

① concat( ) : 두 개 이상의 배열을 결합해 하나의 배열 객체를 생성하여 반환한다.

② join( ) : 배열 객체의 각 원소들을 하나의 문자열로 만들어 반환한다.

③ sort( ) : 배열의 각 원소들을 내림차순으로 정렬하여 반환한다.

④ slice( ) : 배열의 원소를 가운데 일부를 새로운 배열로 만들어 반환한다.

133 자바스크립트의 Window 객체 중 일반적으로 다음 그림과 같이 다이얼로그 박스를 나타내는 메소드는?

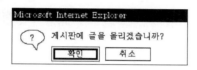

① open( )
② prompt( )
③ alert( )
④ confirm( )

> 🟦 **기적의 Tip**
>
> 자바스크립트의 객체와 메소드에 대해 알아두세요. 주로 Array, String, Window 객체에 대해 출제되므로 각 객체의 기능과 대표적인 메소드에 대해서 숙지해야 합니다.

---

062 자바스크립트 이벤트 POINT 22 참조

- **이벤트(Event)** : 사용자의 입력 작업이나 시스템 상황의 변화 등의 사건
- **이벤트 핸들러(Event Handler)** : 이벤트가 발생했을 때 그에 따른 행위를 결정하는 조절자
- **이벤트 핸들러의 예**
  - onLoad : html 문서를 읽을 때 발생
  - onFocus : 대상이 포커스를 얻을 때
  - onBlur : 대상이 포커스를 잃어 버렸을 때
  - onMouseOver : 마우스가 대상의 링크나 영역 안에 위치할 때 발생되는 이벤트를 처리
  - onMouseOut : 마우스가 대상의 링크나 영역 안을 벗어날 때 발생되는 이벤트를 처리
  - onMouseDown : 마우스 버튼을 눌렀을 때 발생

134 자바스크립트에서 이벤트 핸들러에 대한 설명으로 옳지 <u>않은</u> 것은?

① onBlur : 대상이 포커스를 잃어 버렸을 때 발생되는 이벤트를 처리

② onFocus : 대상에 포커스가 들어왔을 때 발생되는 이벤트를 처리

③ onMouseOn : 마우스가 대상의 링크나 영역 안에 위치할 때 발생되는 이벤트를 처리

④ onMouseOut : 마우스가 대상의 링크나 영역 안을 벗어날 때 발생되는 이벤트를 처리

> 🟦 **기적의 Tip**
>
> 자바스크립트의 이벤트와 이벤트 핸들러에 대해 알아두어야 합니다. 이벤트 핸들러 중에서 onMouseOver, onMouseOut 등 마우스와 관련된 것을 기억해두세요.

063 컴퓨터 그래픽스 역사   POINT 23 참조

1세대	진공관 시대, 에니악(ENIAC)이 개발, 프린터 플로터 시대
2세대	트랜지스터 시대, 본격적인 CRT 사용
3세대	집적회로 시대, CAD와 CAM을 도입, 프랙탈 이론 발표, TV와 영화에 컴퓨터 그래픽스 이용
4세대	고밀도집적회로(IC) 시대, PC 등장, 컴퓨터 그래픽스 전성기, 전자출판(DTP) 기반 마련
5세대	초고밀도집적회로(VLSI) 시대, GUI 발전으로 전자출판 활성화, 인공지능 기술, 3D 발전, 가상현실(VR) 기법 사용

13.7, 07.4

135 컴퓨터 그래픽스의 역사 중 2세대를 의미하는 것은?

① 진공관 시대
② 트랜지스터 시대
③ 집적회로 시대
④ 고밀도 집적회로 시대

08.3

136 컴퓨터 그래픽스(Computer Graphics)의 발달 과정 중 제 5세대에 관한 설명으로 옳은 것은?

① 약 18000개의 진공관으로 이루어진 컴퓨터인 에니악(ENIAC)이 개발되었다.
② 컴퓨터를 통해 영상, 음성, 매체 등의 정보를 각 개인이 자유로이 이용할 수 있는 종합적인 컴퓨터 기술인 멀티미디어(Multimedia)가 발전하였다.
③ 프랙탈 기법으로 간단한 형태에서 복잡한 형태로 표현이 가능하여 자연경관이나 혹성 표면을 실제와 같이 표현할 수 있게 되었다.
④ 국제 컴퓨터 그래픽 협회인 SIGRAPH가 결성되어 매년마다 컴퓨터 그래픽 애니메이션의 작품을 발표하였다.

> **기적의 Tip**
> 컴퓨터 그래픽스의 역사와 관련해 세대별 논리회로소자의 발전 순서에 대해 알아두세요. CRT와 CG의 발전에 대해서도 함께 기억해두세요. 컴퓨터 그래픽스 역사와 관련한 문제는 자주 출제됩니다.

064 픽셀   POINT 24 참조

• 비트맵 방식의 이미지를 이루는 최소 단위이며, 픽셀이 표현할 수 있는 색의 수(색심도)가 클수록 많은 색상을 표현할 수 있음
• 픽셀 수가 많을수록 이미지 해상도가 높아짐

11.4, 09.3

137 픽셀에 대한 설명 중 잘못된 것은?

① Picture와 element의 합성어이다.
② 디지털 이미지의 최소 단위이다.
③ 이미지에서 한 픽셀의 위치 정보는 직교좌표계의 x, y 좌표 값으로 표시한다.
④ 각 픽셀은 색심도(Color Depth)가 클수록 적은 색상을 표현하게 된다.

> **기적의 Tip**
> 비트맵 방식의 이미지는 웹 디자인에서 사용하는 일반적인 방식의 이미지입니다. 비트맵 이미지를 이루는 픽셀과 해상도와의 관계에 대해 알아두세요.

065 해상도   POINT 24 참조

• 일반적으로 이미지의 해상도를 의미, 기본 단위 당 들어가는 픽셀의 개수로 표현, 보통 모니터에서는 ppi 단위를 사용
• 해상도가 높을수록 더욱 세밀하게 표현할 수 있음
• **화면 해상도** : 모니터 화면을 구성하는 픽셀의 수
• 화면 해상도가 낮아지면 화면을 구성하는 픽셀의 수가 줄어들게 되며, 똑같은 이미지 해상도의 이미지가 더 크게 나타남

17.1, 15.7, 12.4, 10.1, 05.10

138 해상도(Resolution)에 관한 설명 중 옳은 것은?

① 이미지를 표현하는데 몇 개의 픽셀 또는 도트를 나타내었는지 그 정도를 의미한다.
② 작은 화소 단위를 말한다.
③ 해상도가 높을수록 이미지의 질은 떨어진다.
④ 해상도는 bps로 나타낸다.

139 화면 해상도(Resolution)에 대한 설명으로 적절한 것은?

① 픽셀(Pixel)의 수를 의미한다.
② 화면 해상도는 모니터 화면의 크기에 의해 결정된다.
③ 화면 해상도가 높을수록 적은 양의 메모리가 필요하다.
④ 화면 해상도가 낮으면 똑같은 이미지라도 작게 보인다.

> **기적의 Tip**
>
> 이미지 해상도와 화면 해상도를 구별하여 알아두세요. 이미지 해상도의 단위인 ppi와 해상도와 픽셀과의 관계에 대해 정확히 숙지해두세요.

---

066 컴퓨터 그래픽스 시스템   POINT 23, 25 참조

- **컴퓨터 그래픽스** : 컴퓨터의 하드웨어나 소프트웨어를 이용하여, 입력 장치를 통해 입력된 정보를 도형이나 그림, 화상 등으로 재가공하여 변환한 후, 출력 기기로 출력해 내는 일련의 작업과 기술
- **컴퓨터 그래픽스 시스템** : 컴퓨터 그래픽스에 사용되는 입력, 처리, 출력, 저장 장치 등
- **입력 장치** : 정보를 내부로 입력받기 위한 것, 마우스, 스캐너, 터치스크린, 키보드 등
- **출력 장치** : 정보를 외부로 출력하는 것, 플로터, 프린터, 화면 디스플레이
- **인터페이스** : 사람과 컴퓨터 간의 관계
- **사용자 인터페이스** : 컴퓨터를 사용하는 사람이 컴퓨터에서 여러 작업을 원활히 수행할 수 있도록 하는 작업 환경
- **입 · 출력 인터페이스** : 입 · 출력 장치 뿐 아니라 입력과 출력과 관련된 사용 환경을 의미

140 인간의 두뇌에 해당하는 것으로 대부분의 계산과 판단을 수행하는 컴퓨터 그래픽스 시스템 하드웨어는?

① RAM   ② LAN
③ CPU   ④ ROM

141 인터페이스(Interface)에 대한 설명으로 옳지 않은 것은?

① 2가지 이상 컴퓨터 시스템 구성 요소들을 공통으로 사용하는 장치이다.
② 접속기 또는 접속이라고 한다.
③ 입 · 출력 인터페이스는 컴퓨터 시스템의 입 · 출력 장치만을 지칭한다.
④ 인터페이스의 기능은 원활하고 효율적으로 데이터를 전송하는 것이다.

> **기적의 Tip**
>
> 컴퓨터 그래픽스 시스템과 관련하여 입력, 처리, 출력, 저장 장치에 해당하는 장치에 대해 알아두세요.

---

067 컬러 시스템   POINT 24 참조

- **RGB** : Red, Green, Blue의 광원색을 이용해 색상을 표현하는 방식
- **HSB** : 색의 세 가지 속성인 Hue(색상), Brightness(명도), Saturation(채도)을 바탕으로 색상을 표현하는 방식
- **CMYK** : CMYK(Cyan, Magenta, Yellow, Black)의 색상을 이용해 인쇄하기 위한 색상 방식

142 웹 페이지에서 빛의 3원색으로 표현하는 컬러 시스템은?

① HSB   ② GUI
③ CMYK   ④ RGB

143 웹에서 주로 사용되는 컬러 방식은?

① CMYK   ② RGB
③ HSB   ④ LAB

> **기적의 Tip**
>
> 컴퓨터 그래픽스에 사용되는 컬러 시스템에 대해 알아두세요. 컬러 시스템은 장치에 따라 색상을 표현하는 방식이 다르기 때문에 사용됩니다. 컬러 시스템의 종류와 특징에 대해 숙지해두세요.

068 웹 이미지 POINT 24 참조

- 웹에 사용되는 이미지 : jpg, gif, png
- 웹용 이미지는 로딩 속도를 줄이기 위해 용량과 품질을 고려한 '최적화된 이미지'를 사용
- 웹용 이미지의 크기 단위는 px(pixel)을 사용하며, RGB 모드를 사용

06.4

144 웹에 사용할 이미지에 대한 설명으로 옳은 것은?

① 이미지는 최대한 고해상도의 이미지를 사용한다.
② 이미지의 기본 단위는 cm이다.
③ 이미지는 CMYK 모드를 사용한다.
④ 주로 JPG, GIF 포맷의 이미지를 사용한다.

기적의 Tip

컴퓨터 그래픽스에 사용되는 이미지 파일 포맷에 대해 알아두어야 합니다. 웹용 이미지의 특징과 사용되는 분야에 대해 알아두세요.

069 타이포그래피 POINT 02 참조

- 활판 인쇄술을 포함한 문자와 활자를 활용하는 디자인 분야로 서체를 활용하고 새롭게 구성하는 디자인 방법
- **키네틱 타이포그래피(Kinetic Typography)** : 움직이는 동적인 타이포그래피를 나타내는 것으로 움직임과 시간성을 가진 글자를 의미
- 글자에 시청각적으로 이미지, 소리를 추가하는 등 동선을 부여하면 시선을 끌게 되고 주목성을 갖게 되어 글자를 통한 정보 전달 효과가 높아짐

21.4, 18.6, 10.1

145 웹(Web)에서 타이포그래피를 적용 시 고려할 사항으로 틀린 것은?

① 페이지마다 다양한 서체 사용
② 가독성, 판독성을 고려한 서체 사용
③ 웹 페이지의 여백과 문장의 정렬
④ 사이트의 내용과 컨셉(Concept)에 어울리는 서체 사용

21.4, 16.10, 10.10

146 다음이 설명하고 있는 것은?

기존의 정적인 타이포그래피와는 달리 움직이는 동적인 타이포그래피를 나타내는 것으로 빛의 속성을 가지고 있고, 소리가 첨가되어지며, 무빙 타이포그래피 또는 모션 타이포그래피라고도 일컬어진다.

① 키네틱 타이포그래피
② 스테이틱 타이포그래피
③ 다이나믹 타이포그래피
④ 스타일리쉬 타이포그래피

기적의 Tip

웹에서 타이포그래피는 정보 전달을 할 뿐 아니라 디자인으로서 아름다운 디자인을 만들어 내는 비주얼 요소이기도 합니다. 타이포그래피의 의미와 사용하는 이유에 대해 알아두세요.

070 서체 POINT 02 참조

- **세리프(Serif)체** : 글자의 끝 부분에 돌기가 있는 서체 **예** 로만체, 명조체
- **산세리프(Sanserif)체** : 글자의 끝 부분에 돌기가 없는 서체 **예** 고딕체, 굴림체
- **스크립트(Script)체** : 필기체처럼 손으로 쓴 것 같은 자유로운 서체

04.10

147 가독성은 많은 양의 텍스트를 접할 때 읽기 쉬운 정도를 말하는데, 인쇄물과 영상물에 각각 적용되는 가장 효율적인 글자체 설정은?

① 세리프체, 산세리프체
② 굴림체, 고딕체
③ 바탕체, 명조체
④ 궁서체, 돋움체

05.10

148 서체의 가독성은 떨어지지만 눈에 쉽게 띄는 특징이 있어 제목용으로 많이 쓰이는 서체는?

① 명조체
② 고딕체
③ 필기체
④ 엽서체

기적의 Tip

글자에 따라 웹 페이지의 가독성이 달라지게 됩니다. 서체의 특징에 대해 알아두세요.

071 웹 페이지 레이아웃
POINT 26 참조

- 레이아웃 : 콘텐츠를 적절하게 배치시킨 구조 또는 형태
- 콘텐츠 연결이 일관성 있고 논리적이어야 함
- 중요한 콘텐츠를 먼저 배치한 후 세부 사항을 결정
- 구성 요소를 일목요연하게 배치하기 위해 테이블 사용
- 웹 페이지를 분할하기 위해 프레임 사용
- 스타일 시트(CSS)를 사용하면 콘텐츠와 레이아웃을 분리하는 기능을 제공

12.4, 09.3

149 웹 페이지 작성 시 레이아웃을 디자인할 때 부적합한 사항은?

① 단순하고 간결하며, 사용자가 쉽게 콘텐츠를 찾을 수 있도록 구성한다.
② 콘텐츠의 연결이 일관성 있고 논리적이어야 한다.
③ 세부 콘텐츠를 먼저 배치한 후에 중요한 콘텐츠를 배치한다.
④ 텍스트와 그래픽 요소를 적절히 조화시킨다.

10.3

150 웹 페이지 레이아웃을 구성하기 위해 사용되는 방법에 대한 설명으로 가장 거리가 먼 것은?

① 테이블을 이용하면 텍스트와 이미지 또는 멀티미디어 자료를 결합할 수 있는 복잡한 레이아웃을 만들 수 있다.
② 프레임을 이용하면 브라우저 내에서 각 프레임이 독립적으로 움직일 수 있다.
③ 스타일 시트는 레이아웃을 만들어 내는 탁월한 방법으로 콘텐츠와 레이아웃을 분리하는 기능을 제공한다.
④ 이미지 한 장을 이용한 레이아웃은 자유롭고 다양한 효과를 줄 수 있고 내용 변경도 쉽게 할 수 있다.

기적의 Tip

레이아웃은 단순하고 간결하며, 사용자가 콘텐츠를 쉽게 찾을 수 있도록 구성해야 합니다. 레이아웃을 구성하는 방법에 대해 알아두세요.

072 그리드 시스템
(Grid System)
POINT 26 참조

웹 페이지를 적절한 구획으로 나누어 페이지의 지면에 문자와 사진 등의 구성 요소를 비례에 맞게 배열하는 것

14.1, 08.7, 06.4

151 다음이 설명하고 있는 것은?

디자이너는 각 해상도마다 사이트가 어떻게 보이게 할 것인지를 결정하고, 일관적인 작업이 이루어지도록 구성 요소들이 배치되는 크기를 비례감 있게 잡아야 한다.

① Programming   ② Grid System
③ GUI   ④ Margin

기적의 Tip

그리드 시스템은 웹 페이지 안의 구성 요소를 배열하는 골격을 만드는 것으로 그리드 시스템을 활용하면 가독성과 정보 전달 기능을 높여줄 수 있습니다. 그리드 시스템의 의미에 대해 알아두세요.

073 내비게이션 디자인
POINT 26 참조

- 사용자가 웹 페이지를 쉽게 이동하고 탐색하며 정보를 빨리 찾을 수 있도록 하는 탐색 구조 및 인터페이스 디자인
- Grid Structure : 그리드 구조. 수평과 수직 형태의 링크 구조
- Hierarchical structure : 계층 구조. 정보가 계층적으로 연결되어 있는 구조
- Sequential structure : 선형 구조 혹은 순차 구조. 정보를 순서에 따라 보여주는 것으로서 앞·뒤로만 이동할 수 있는 구조
- Network structure : 망 구조 혹은 네트워크 구조. 개별 정보가 있는 웹 페이지를 순서 없이 나열한 구조

13.4, 08.7, 04.10

152 페이지 수가 많고, 담고 있는 정보가 복잡한 웹 페이지일수록 그 구성과 형태를 얼마나 잘 체계화하고, 적절한 장소에 위치시키느냐에 따라 쉬운 정보 검색을 할 수 있다. 이를 가능하게 하는 디자인 작업은?

① 스토리보드   ② 시나리오
③ 내비게이션 디자인   ④ 스토리텔링

153 내비게이션에 관한 설명 중 가장 거리가 먼 것은?

① 일관성 있는 내비게이션을 만들어야 한다.
② 로딩 속도를 고려해야 한다.
③ 최대한 많은 메뉴를 만들어야 한다.
④ 링크가 끊어진 페이지가 없어야 한다.

> **기적의 Tip**
>
> 내비게이션 디자인은 웹 디자인에 있어서 중요한 부분입니다. 시험에서도 자주 출제되므로 내비게이션 디자인의 의미와 각각의 내비게이션 구조에 대해 정확히 알아두세요.

---

074 웹 페이지 작성   POINT 25 참조

- **주제** : 일관된 주제로 작성
- **디자인** : 복잡하거나 현란한 디자인이 되지 않도록 함
- **로딩 속도** : 로딩 속도를 고려해 용량이 큰 이미지나 영상을 삽입하지 않도록 함
- **배경 이미지** : 배경 이미지의 반복을 없애기 위해 스타일 시트를 이용해 배경 이미지의 반복 횟수를 제한
- **인터페이스** : 원하는 자료를 쉽게 찾을 수 있도록 쉬운 내비게이션 구조로 설계
- **가독성** : 내용이 많을 경우 단순한 글자를 사용해 쉽게 읽혀질 수 있도록 함
- **메뉴** : 메타포를 이용해 디자인, 웹 사이트의 특징에 어울리도록 디자인

154 다음 중 웹 페이지를 디자인할 때 고려해야 할 사항이 아닌 것은?

① 사용자 개개인의 선호도나 사용 수준에 맞춰 누구라도 쉽게 사용할 수 있도록 디자인한다.
② 사용자의 경험이나 학력, 언어능력 또는 집중력 정도에 차이를 두어 사용자 개개인 별로 난이도에 맞게 디자인한다.
③ 사용자가 우연한 또는 의도하지 않은 선택의 결과로 어려움에 빠지는 경우를 최소화하도록 디자인한다.
④ 사용자에게 필요한 정보를 효과적으로 전달하도록 디자인한다.

155 웹 페이지를 작성할 때 배경 이미지와 메뉴에 관한 설명으로 틀린 것은?

① 스타일시트를 이용하여 배경 이미지의 반복 횟수를 증가시킨다.
② 배경 이미지가 클 경우 용량 증가로 로딩이 늦어진다.
③ 메뉴는 메타포를 이용하여 디자인한다.
④ 배경의 색상을 분화시켜 사용하면 프레임이 사용된 것처럼 보인다.

> **오답 피하기**
>
> **스타일 시트** : 문서의 배경 색상과 글자와 줄 간격 등을 일괄적으로 제어

> **기적의 Tip**
>
> 웹 페이지는 시각적인 효과와 정보 전달이 잘 되도록 효율성을 고려해 디자인해야 합니다. 웹 페이지 작성 시 유의해야할 사항들에 대해 알아두세요.

---

075 사용자 인터페이스   POINT 25 참조

- 사용자가 얼마나 컴퓨터에 쉽게 접근할 수 있는지를 연구하여 인간의 편리에 맞도록 개발하는 것
- 사용자 환경을 고려해 일관성 있고 편리하며 독창적으로 디자인
- 원하는 자료를 쉽게 찾을 수 있도록 쉬운 내비게이션 구조로 설계
- 사이트 맵을 통해 구조를 파악할 수 있도록 함
- 너무 많은 링크로 사용자에게 불편을 주지 않도록 함
- 메타포(Metaphor)를 이용해 사용자에게 친숙한 환경으로 디자인

156 웹 인터페이스 디자인에서 강조되는 특성이 아닌 것은?

① 사용자 편의성   ② 일관성
③ 독창성   ④ 강제성

157 웹 디자인에서 사용자 인터페이스를 설정할 때 고려해야 할 사항으로 옳지 <u>않은</u> 것은?

① 최단 시간에 사이트를 방문한 목적을 이해할 수 있도록 한다.
② 웹 페이지에서 다른 곳으로 이동할 수 있는 링크를 한 곳으로만 지정한다.
③ 화면을 스크롤 했을 때 링크 버튼이 보이지 않는 일이 없도록 한다.
④ 누가 보더라도 쉽게 사용법을 알 수 있도록 사용자 편의성을 제공한다.

> **기적의 Tip**
> 사용자 인터페이스의 정의와 디자인할 때 유의할 점에 대해 알아두세요.

---

076 **메타포**   POINT 25 참조

사용자가 쉽게 연상할 수 있는 요소를 홈페이지에 이용함으로써 사용자의 이해도를 높이고 직관적으로 그 기능과 사용 방법을 알 수 있도록 하는 것
예 홈페이지상에서 어떤 부분을 휴지통 모양으로 디자인했다면 불필요한 파일이 옮겨지는 장소라고 인식됨

06.10

158 그래픽으로 정보를 제공해 주는 것으로 사용자들이 쉽게 콘텐츠를 찾게 해주며 친근감을 부여해 주는 역할을 하는 것을 무엇이라고 하는가?

① Sign
② Metaphor
③ Tag
④ Interaction

> **기적의 Tip**
> 메타포는 홈페이지 메뉴 등을 디자인할 때 사용됩니다. 메타포를 이용하면 사용자에게 친숙한 환경으로 디자인할 수 있습니다. 메타포의 기능에 대해 알아두세요.

---

077 **웹 디자인 의미**   POINT 25 참조

• 웹 사이트를 설계하고 디자인하는 것
• 정확한 정보 전달이 목표이며, 그래픽 요소를 더해 효율적인 웹 페이지를 제작
• 웹 사이트에서 제공하는 콘텐츠를 심미적으로 균형을 이루어 배치시키는 작업
• 사용자의 참여가 있어야 유지되므로 사용자 인터페이스를 함께 고려해야 함

09.9

159 다음 설명들과 관계있는 디자인은?

> • 인터넷상에서 이루어진다.
> • 시/공간을 초월하여 세계 각국에 정보 전달이 가능하다.
> • 사용 편의성에 입각한 사용자 중심의 인터페이스가 있어야 한다.
> • 쌍방향, 일관성, 통일성을 고려해야 한다.
> • CF, 출판, 애니메이션 등 새로운 적용 분야가 계속 늘어나고 있다.

① 제품 디자인
② 그린 디자인
③ 웹 디자인
④ 금속 디자인

13.7, 05.10

160 웹 디자인에 관한 설명으로 적절하지 <u>않은</u> 것은?

① 인터넷상에서 정보 전달의 효과를 극대화시킨다.
② GUI(Graphic User Interface)는 사용자에게 시각적인 효과를 전달한다.
③ 웹 사이트의 차별화된 레이아웃과 시각적인 인터페이스(Interface) 역할이 중요하다.
④ 그래픽 요소나 멀티미디어 요소는 정보 전달에 효과적이지 않다.

> **기적의 Tip**
> 웹 디자인은 시각 디자인에 속하는 한 분야로서, 인터넷상에서 그래픽이나 멀티미디어 요소를 활용해 효과적으로 정보 전달할 수 있게 합니다. 웹 디자인의 정의와 역할에 대해 알아두세요.

POINT 25 참조

078 스토리보드

- 웹 사이트의 전체 구성과 요소의 배치를 나타내기 위해 작성하는 것으로 일종의 작업 지침서이면서 설계도
- 화면에 대한 계획을 그림과 설명을 이용해 시각화, 한눈에 알아보기 쉽게 표현
- 웹 사이트를 구축하는 개발자들 간의 의사 소통의 도구

09.7

161 사이트의 가상 경로를 예상하여 기획하는 것으로 웹 사이트의 설계도이며 구체적인 작업 지침서 역할을 하는 것은?

① 시안
② 레이아웃
③ 내비게이션
④ 스토리보드

20.4, 18.6, 10.7

162 웹 페이지에 들어갈 그림, 사진, 글자, 음악 등을 종이 위에 표현하여 줄거리가 전개되듯이 표현하는 기법은?

① 스토리보드(Story Board)
② 사이트 맵(Site Map)
③ 레이아웃(Layout)
④ 내비게이션(Navigation)

오답 피하기

레이아웃 : 콘텐츠를 적절하게 배치시킨 구조 또는 형태

기적의 Tip

잘 작성된 스토리보드는 웹 디자인 작업 중의 시행착오를 줄일 수 있도록 해줍니다. 스토리보드를 작성하는 이유에 대해 잘 알아두세요.

POINT 25 참조

079 웹 디자인 프로세스

- 웹 디자인에 필요한 과정을 진행시켜가는 것
- **웹 디자인 프로세스 순서** : 프로젝트 기획(주제 선정) → 웹 사이트 기획(자료 수집, 스토리보드 제작) → 웹 사이트 구축/사이트 디자인(레이아웃 구성, 그래픽 작업, 수정 보완) → 웹 사이트 구축/사이트 구축(세부 디자인, 기술 요소 구현, 서버 세팅) → 유지 및 관리(검색엔진 등록 및 홍보, 유지보수)
- **사전 제작 단계** : 사전에 디자인 계획을 수립하는 단계. 콘셉트 구상, 디자인 구체화 등
- **제작 단계** : 제작 단계. 콘텐츠 디자인, 사이트 구축, 서버 구성
- **후반 제작 단계** : 기본 사항이 완료 된 후 작업. 사이트 홍보, 홍보 콘텐츠 제작
- **웹 디자인 프로세스의 장점** : 인력 분배의 효율성을 증가, 피드백 및 실행 착오 최소화, 팀 의사소통 원활, 작업 흐름 예견

21.4, 18.6, 09.9

163 다음 중 웹 디자인 프로세스(Process)를 순차적으로 옳게 나열한 것은?

① 주제 선정 → 자료 수집 → 콘티 및 스토리보드 제작 → 레이아웃 구성 → 그래픽 작업 및 기술적 요소 구현 → 결과물 수정 보완 → 서버에 자료 업로드 → 검색엔진 등록
② 주제 선정 → 자료 수집 → 레이아웃 구성 → 콘티 및 스토리보드 제작 → 그래픽 작업 및 기술적 요소 구현 → 결과물 수정 보완 → 검색엔진 등록 → 서버에 자료 업로드
③ 자료 수집 → 주제 선정 → 콘티 및 스토리보드 제작 → 레이아웃 구성 → 그래픽 작업 및 기술적 요소 구현 → 서버에 자료 업로드 → 결과물 수정 보완 → 검색엔진 등록
④ 자료 수집 → 주제 선정 → 레이아웃 구성 → 콘티 및 스토리보드 제작 →그래픽 작업 및 기술적 요소 구현 → 검색엔진 등록 → 결과물 수정 보완 → 서버에 자료 업로드

164 웹 디자인 프로세스 도입의 장점이 <u>아닌</u> 것은?

① 인력 분배를 효율적으로 해준다.
② 피드백 및 실행 착오를 최소화한다.
③ 각 해당 팀(디자인, 프로그램팀 등)의 의사소통이 원활해진다.
④ 단계별로 진행해야 하기 때문에 전체 디자인 기간이 길어진다.

> **오답 피하기**
> 웹 디자인 프로세스는 웹 디자인에 필요한 전반적 과정을 순서대로 진행시켜나가는 것으로 인력 분배의 효율성을 증가시키고 단계별로 진행 시간 예측이 가능해짐

> **기적의 Tip**
> 웹 디자인 프로세스의 전 과정에 대해 자세히 알아두세요. 과정 순서와 각 과정에서 하게 되는 업무에 대해서 숙지해야 합니다.

---

080 웹 사이트 기획   POINT 25 참조

> • 어떤 사이트를 제작할 것인지 전체적으로 구성하고 설계하는 것
> • **웹 사이트 기획 단계** : 제작 팀 구성, 자료 수집 및 분석, 사이트 콘셉트 정의, 콘텐츠 디자인 정의, UI 가이드라인 작성, 스토리보드 제작 등의 과정

165 웹 사이트 제작 과정 중 기획 단계에 설정될 내용이 <u>아닌</u> 것은?

① 전체 사이트 구조
② 메인 색상 분위기
③ 메뉴 구성
④ 이미지 편집

166 웹 사이트 기획에 관한 사항으로 옳지 <u>않은</u> 것은?

① 사용자 분석   ② 타블렛 드로잉
③ 제작 팀원 구성   ④ 콘텐츠 기획

> **오답 피하기**
> 타블렛을 이용해 드로잉하는 작업은 직접 제작하는 단계이다.

> **기적의 Tip**
> 웹 디자인 프로세스 중 웹 사이트 기획 단계에서는 제작 팀을 구성하고 자료를 준비하는 과정을 거치게 됩니다. 기획 단계에서 하게 되는 여러 업무에 대해 알아두세요.

---

081 벤치마킹   POINT 25 참조

> • 우수한 사이트를 타겟으로 하여 여러 항목에서 강점, 유사점, 단점 등을 비교하고 평가한 후 우수한 기능을 도입하고 응용하는 것
> • 시행착오를 줄이게 하며 시장 흐름의 이해를 돕고 경쟁력을 강화

167 어느 특정 분야에서 우수한 상대를 표적 삼아 성과 차이를 비교하여 이를 극복하기 위해 상대의 뛰어난 점을 배우면서 자기혁신을 추구하는 기법을 무엇이라 하는가?

① 벤치마킹   ② UI 디자인
③ 프로모션   ④ 컨셉개발

168 벤치마킹에 대한 설명으로 잘못된 것은?

① 원래 경제용어로 자기 분야에서 최고의 회사를 모델로 삼아 그들의 독특한 비법을 배우는 것을 말한다.
② 인터넷 비즈니스에서 사용되는 벤치마킹은 경쟁사와 시장을 분석하여 비즈니스를 성공적으로 끌고 나갈 수 있는 요소를 찾아내는 것이다.
③ 경쟁사의 성공 사례를 분석하여 똑같이 적용한다.
④ 경쟁사가 갖고 있지 않은 독특한 경쟁 요소를 확보한다.

> **기적의 Tip**
> 벤치마킹 과정은 우수한 사이트를 분석함으로써 웹 디자인 과정의 시행착오를 줄이고 분석된 것에서 뛰어난 점을 배우기 위해 거치게 되는 과정입니다. 벤치마킹을 하는 이유에 대해 알아두세요.

082 정보 체계화 (Contents Branch)
POINT 26 참조

- 콘텐츠를 체계적으로 정리하고 그룹화 및 세분화하여 구조적으로 설계하는 일련의 작업
- 사용자가 콘텐츠에 쉽고 편리하게 접근할 수 있도록 정보의 양이나 상하관계 등을 분석해 정보를 체계화함
- 정보를 체계화하기 위해서는 먼저 콘텐츠 수집이 선행되어야 함

169 콘텐츠를 분류, 분석, 그룹핑하는 등의 작업이 이뤄지는 '정보 체계화(Contents Branch)' 과정을 단계별로 가장 적절하게 나열한 것은?

① 콘텐츠 수집 → 콘텐츠 그룹화 → 콘텐츠 구조화 → 계층구조의 설계 → 콘텐츠 구조 설계 테스트
② 콘텐츠 수집 → 계층구조의 설계 → 콘텐츠 그룹화 → 콘텐츠 구조화 → 콘텐츠 구조 설계 테스트
③ 콘텐츠 수집 → 콘텐츠 그룹화 → 콘텐츠 구조화 → 콘텐츠 구조 설계 테스트 → 계층구조의 설계
④ 콘텐츠 수집 → 콘텐츠 구조화 → 콘텐츠 구조 설계 테스트 → 콘텐츠 그룹화 → 계층구조의 설계

170 웹 사이트 기획 시 좋은 정보구조 설계를 위해 고려해야 할 사항으로 옳지 않은 것은?

① 정보의 양
② 정보의 상하 관계
③ 정보의 일관성
④ 정보의 모호성

> **기적의 Tip**
> 정보 체계화란 콘텐츠를 체계적으로 정리하여 콘텐츠를 구조적으로 설계하는 작업을 의미합니다. 정보 체계화의 필요성과 체계화 과정 순서를 기억해두세요.

083 컴퓨터 그래픽스 과정
POINT 27 참조

이미지 구상 및 아이디어 스케치 → 툴 선택(그래픽 툴 선택) → 색상 선택(색의 혼합, 색상, 명도, 채도 조절) → 기능 선택(효과적인 이미지 표현) → 수정 보완 및 최종 이미지 표현

171 다음 중 디자인 작업을 위한 컴퓨터 그래픽스 과정을 순서대로 올바르게 나열한 것은?

① 아이디어 스케치 – 모델링 작업 – 드로잉 작업 – 최종 이미지 표현
② 드로잉 작업 – 아이디어 스케치 – 페인팅 작업 – 최종 이미지 표현
③ 아이디어 스케치 – 드로잉 작업 – 페인팅 작업 – 최종 이미지 표현
② 드로잉 작업 – 페인팅 작업 – 아이디어 스케치 – 최종 이미지 표현

172 웹 그래픽 디자인 제작 기법에서 이미지를 표현하는 단계를 순서적으로 옳게 나열한 것은?

① 이미지 구상 단계 → 도구 선택 단계 → 색상 선택 단계 → 이미지 표현 단계
② 이미지 구상 단계 → 이미지 표현 단계 → 색상 선택 단계 → 도구 선택 단계
③ 이미지 구상 단계 → 이미지 표현 단계 → 도구 선택 단계 → 색상 선택 단계
④ 이미지 구상 단계 → 색상 선택 단계 → 이미지 표현 단계 → 도구 선택 단계

> **기적의 Tip**
> 컴퓨터 그래픽스 과정에 대해 알아두어야 합니다. 이미지를 구상하고 제작하는 과정에 대해 알아두세요.

---

084 안티 앨리어싱 POINT 24 참조

계단 현상(층계 현상)을 최소화하기 위한 방법으로 가장자리 픽셀과 바탕 픽셀 사이의 색상 변이가 매끄럽게 이루어지도록 함

12.1, 08.3

173 물체 경계면의 픽셀을 물체의 색상과 배경의 색상을 혼합해서 표현하여 경계면이 부드럽게 보이도록 하는 기법은?

① Anti-aliasing
② Dithering
③ Telecine
④ Compositing

> **오답 피하기**
> • Telecine : 영화 카메라로 찍은 영화 필름을 텔레비전 영상으로 전환하는 장치로 프레임 수를 조절하는 기법
> • Compositing : 컴퓨터 그래픽스의 합성 기법

> **기적의 Tip**
> 안티 앨리어싱은 비트맵 이미지에서 픽셀이 사각형이기 때문에 곡선 부분이 매끄럽지 않고 거칠게 나타나는 것을 감쇄시키기 위한 방법입니다. 안티앨리어싱에 대해 자주 출제되므로 알아두세요.

---

085 디더링 POINT 24 참조

• 이미지에 포함되지 않은 색상을 마치 이미지에 포함된 색상처럼 비슷하게 구성해 주는 기법
• 제한된 컬러를 사용해 높은 비트로 된 컬러의 효과를 최대한으로 내는 기법
• GIF 파일 포맷에서 256가지로 제한되어 있는 색상 수를 극복하고자 할 때 사용

10.1

174 다음은 무엇에 대한 설명인가?

• 점묘와 같이 제한된 수의 색상들을 사용하여 다양한 색상을 시각적으로 섞어서 만들어 내는 것이다.
• 적은 수의 색상의 반복으로 그래픽 파일의 용량을 줄인다는 장점이 있다.

① 앨리어싱
② 디더링
③ 커스텀 팔레트
④ 팔레트 플래싱

14.1, 09.9

175 디더링에 관한 설명 중 옳은 것은?

① 제한된 컬러를 사용하여 본래의 높은 비트로 된 컬러의 효과를 최대한으로 내는 기법
② 사용자 팔레트를 사용하여 화면에 나타나는 모든 컬러의 종류를 바꾸는 기법
③ 2가지 서로 다른 영상이나 3차원 모델 사이를 자연스럽게 결합시키는 처리 기법
④ 기존의 비디오나 필름 혹은 애니메이션 필름 위에 그림을 그리는 처리 기법

> **기적의 Tip**
> 디더링은 GIF 파일 포맷과 관련이 있습니다. 디더링의 필요성에 대해 알아두세요.

086 웹 디자인 저작 도구　POINT 24 참조

- **웹 디자인과 관련된 저작 도구** : 웹에디터, 이미지 제작 도구, 멀티미디어 저작 도구 등
  - 웹에디터 : 나모 웹에디터, 드림위버 등
  - 이미지 제작 도구 : 포토샵, 페인트샵 프로 등
  - 멀티미디어 제작 도구 : 플래시, 3D 스튜디오 맥스 등
- **이미지 제작 도구** : 비트맵 방식과 벡터 방식으로 구분
  - 비트맵 방식 : 이미지가 픽셀로 구성, 풍성한 이미지 색상 표현, 이미지 보정 및 합성, 포토샵, 페인트샵 프로 등
  - 벡터 방식 : 수학적인 계산을 이용해 이미지를 표현, 로고, 심벌 디자인, 도안 작업, 플래시, 일러스트레이터 등

10.1, 08.7

176 웹 페이지 저작 도구에 대한 설명으로 가장 적절한 것은?

① 웹 페이지에서 사운드 및 음악 CD 개발을 위하여 주로 쓰이는 것을 말한다.
② 웹 페이지에서 비디오 캡처와 동영상 편집을 위한 것을 말한다.
③ 웹 페이지에서 고급 예술적 효과로 영상을 디자인하는 것을 말한다.
④ 웹 페이지에서 사운드, 애니메이션, 이미지, 텍스트 등을 통하여 질서 있게 각 요소를 편집하는 것을 말한다.

10.7, 08.3, 05.10

177 웹에서 타이포를 이용한 애니메이션을 구현할 수 있는 프로그램으로 적절하지 않는 것은?

① Swish　　　　② Photoshop
③ Flash　　　　④ Flax

10.7, 06.10

178 로고(Logo)를 제작하기에 적합한 소프트웨어는?

① 3D MAX　　　② Word Processor
③ Edit Plus　　　④ Illustrator

> 🏅 **기적의 Tip**
> 컴퓨터 그래픽스 관련 저작 도구에 대해 알아두어야 합니다. 이미지 제작을 위한 비트맵 방식과 벡터 방식의 도구의 특징과 종류, 그 밖에 웹에디터, 멀티미디어 제작 도구의 종류에 대해 알아두세요.

087 포토샵과 일러스트레이터　POINT 24 참조

- **2D 그래픽 편집** : 포토샵(비트맵 기반), 일러스트레이터(벡터 기반)
- **3D 모델링 및 애니메이션** : 3DS MAX, 마야(MAYA)
- **영상 편집** : 프리미어, 애프터 이펙트

11.4, 09.3

179 다음 중 벡터 기반의 그래픽 툴(Tool)은?

① 포토샵
② 일러스트레이터
③ 페인터
④ 페인트샵 프로

12.4, 11.7, 09.3

180 그래픽 편집 프로그램에 대한 설명으로 옳지 않은 것은?

① 컴퓨터상에 그림이나 문자, 도형 등을 편집할 수 있는 프로그램이다.
② 도안 작업, 페인팅, 리터칭을 가하여 합성을 하는 프로그램이 해당된다.
③ 대표적인 프로그램으로는 포토샵, 페인터, 일러스트레이터, 코렐드로우가 있다.
④ 건축, 인테리어의 3D 이미지와 방송용 영상만을 제작하는 프로그램이다.

> 🏅 **기적의 Tip**
> 포토샵과 일러스트레이터의 사용 방법에 대해 알아두도록 합니다.

088 동영상 파일 포맷

POINT 24 참조

- **동영상 파일 포맷의 종류**
  - *.mpg : MPEG(동화상 전문가 그룹)에서 제정한 동영상 규격
  - *.asf : 마이크로소프트 사가 고안한 미디어 스트리밍 파일 규격
  - *.avi : 윈도우용 동화상 규격
  - *.mov : 애플 사가 개발한 QuickTime 동영상 규격
  - *.rm : 리얼미디어 사에서 개발한 미디어 파일 규격

17.6, 10.1

181 움직이는 동영상 파일 형식이 <u>아닌</u> 것은?

① mpg
② jpg
③ swf
④ avi

10.7

182 동영상 관련 포맷 방식이 <u>아닌</u> 것은?

① *.wav
② *.asf
③ *.avi
④ *.rm

오답 피하기

.wav : 컴퓨터용 오디오 파일

기적의 Tip

동영상과 관련된 파일 포맷에 대해 알아두세요.

089 이미지 파일 포맷

POINT 24 참조

- **GIF(*.gif)**
  - 컬러 수가 최대 256색으로 제한(8bit 인덱스 컬러)
  - 빠른 전송 속도 때문에 웹 용 이미지로 많이 사용
  - GIF89a 버전 : 투명한 웹 용 이미지 제작, 애니메이션 표현 가능
  - 자체 압축과 해독 효율이 높음, 무손실 압축
- **JPEG(*.jpg)**
  - RGB 컬러와 CMYK 컬러를 지원
  - 웹 용 이미지로 많이 사용
  - 손실 압축
- **PNG(*.png)**
  - 트루컬러 지원
  - 이미지 변형 없이 원래 이미지를 그대로 웹상에 표현
  - 투명도 조절 가능
  - 무손실 압축

18.9, 09.3

183 다음 중 통신을 위한 그래픽 파일 포맷으로 자체 압축과 해독 효율이 높고 8비트 이미지 파일 형식으로 가장 사용 빈도가 높은 것은?

① GIF
② PNG
③ TIFF
④ EPS

08.3

184 다음이 설명하고 있는 그래픽 파일 포맷은?

- 연합 사진 영상 전문가 그룹에서 개발한 파일 포맷
- 24비트의 1600만여 가지의 색상을 표현할 수 있다.
- 주로 멀티미디어 분야 및 인터넷상에서 사진 등을 압축할 때 사용한다.

① GIF
② PNG
③ JPEG
④ BMP

기적의 Tip

웹 이미지로 사용되는 JPG, GIF, PNG 파일 포맷의 특징에 대해 정확히 알아두세요.

090 애니메이션
POINT 28 참조

- 라틴어의 아니마투스(Animatus, 생명을 불어 넣다)에서 유래. 변화되는 여러 개의 장면을 연속적으로 나타내어 움직임을 표현하는 것
- **애니메이션 기법**
  - 셀 애니메이션 : 투명 필름 위에 수작업으로 캐릭터를 채색한 후 배경 위에 놓고 촬영 및 편집
  - 컷 아웃 애니메이션 : 특정한 형태를 그린 종이를 잘라낸 후, 각 종이들을 화면에 붙이거나 떼면서 일정한 모양을 만들어가며 조금씩 촬영하는 기법
  - 클레이 애니메이션 : 찰흙이나 점성이 있는 소재를 이용해 인형을 제작한 후, 그 인형을 조금씩 움직여 가면서 한 프레임씩 콤마 촬영하는 기법

15.7, 12.7, 10.7
185 컴퓨터 애니메이션에 대한 설명으로 틀린 것은?

① 움직임이 없는 무생물이나 상상의 물체에 인위적인 조작을 가해 움직임을 주는 것을 말한다.
② 애니메이션은 라틴어의 아니마투스(Animatus, 생명을 불어 넣다)에서 유래된 말이다.
③ 인쇄용 광고 디자인 결과물을 만들어낸다.
④ 일련의 정지된 그림을 빠르게 연속시켜서 보여줌으로써 움직이는 것처럼 착각을 유도한다.

17.3, 14.7, 13.1, 10.1
186 다음 설명과 같은 애니메이션 기법은?

- 배경 그림은 그대로 두고 캐릭터만 움직이게 하는 기법
- 1915.허드(Earl Hurd)가 고안
- 종이에 그린 그림을 셀룰로이드에 옮긴 뒤, 그 뒷면에 채색을 한 다음 배경 위에 놓고 촬영하는 기법

① 셀 애니메이션
② 그림 애니메이션
③ 모델 애니메이션
④ 컴퓨터 애니메이션

21.4, 14.1, 12.10, 10.7
187 오려낸 그림을 2차원 평면상에서 한 프레임씩 움직이면서 촬영하는 스톱 애니메이션을 말한다. 클레이 애니메이션이나 인형 애니메이션과 비슷하지만 3차원이 아닌 2차원이라는 점에서 구분되는 애니메이션은?

① 셀 애니메이션
② 종이 애니메이션
③ 모래 애니메이션
④ 컷 아웃 애니메이션

091 모핑 기법
POINT 28 참조

보간법을 이용해 하나의 이미지에서 다른 이미지로 변화하는 과정을 서서히 나타내는 그래픽 특수효과

09.9
188 다음 중 애니메이션에서 모핑 기법에 대한 설명으로 옳은 것은?

① 기계 장치가 된 인형을 움직이게 하고 이것을 촬영하는 기법이다.
② 먼저 촬영한 실제의 필름 위에 셀을 트레이닝 시키는 기법이다.
③ 네온사인 원리를 이용하여 이미지 순서를 조금씩 변화시키는 기법이다.
④ 2개의 서로 다른 이미지나 3차원 모델 간에 점진적으로 변화해 가는 모습을 보여 주는 것이다.

09.9, 08.3, 05.10
189 2개의 서로 다른 이미지나 3차원 모델 사이의 변화하는 과정을 서서히 나타내는 것을 무엇이라 하는가?

① 모핑
② 로토스코핑
③ 미립자 시스템
④ 중첩 액션

오답 피하기
- 로토스코핑 : 실사와 애니메이션을 합성하는 기법
- 미립자 시스템 : 파티클 시스템이라고도 하며 입자의 집단으로 불, 수증기, 먼지, 불꽃, 기포 등의 미세한 부분을 표현할 때 사용하는 기법
- 중첩 액션 : 애니메이션의 주요한 액션에 세부적인 보조 액션을 첨가하여 애니메이션을 완성하는 기법

092 모션 캡처 POINT 28 참조

- 실제 생명체(사람, 동물)의 움직임을 추적해 얻은 데이터를 모델링된 캐릭터에 적용하는 기술
- 자연스러운 움직임과 표정 변화를 효율적으로 부여

20.4, 09.7, 04.10

190 다음 설명에 해당하는 애니메이션 제작 과정은?

캐릭터를 애니메이션 할 경우 가장 쉬운 방법은 실제 데이터를 사용하는 것이다. 비디오 및 기타 장비를 통해 사람과 동물 등의 움직임이나 운동을 받아들여 그 실제 값을 해당 캐릭터에 적용하면 움직임이 자연스러워 애니메이션의 효과를 극대화시킬 수 있다.

① 모델링
② 레코딩
③ 렌더링
④ 모션 캡처

19.6, 18.2, 10.10

191 다음 설명에 해당하는 것은?

- 사람, 동물, 기계 등 물체의 움직임에 대한 정보를 추출하여 디지털화시키는 것
- 추출 정보를 영화, 게임, 3D 애니메이션 등에 응용
- 인간공학적 디자인, 자동차 안정사고 실험 등의 동작 분석에 사용

① 모션 캡처(Motion Capture)
② 디지타이저(Digitizer)
③ CAVE(Cave Automatic Virtual Environment)
④ 모델링(Modeling)

기적의 Tip

모션 캡처는 영화의 컴퓨터 그래픽스 작업에서 캐릭터에 자연스러운 움직임을 부여할 때 많이 활용됩니다. 모션 캡처도 자주 활용되는 특수 기법이므로 알아두세요.

093 3차원 모델링 POINT 27 참조

- **모델링(Modeling)** : 오브젝트를 3차원 좌표계를 사용해 모양을 디자인하는 과정
- **와이어 프레임 모델(Wire-frame Model)** : 오브젝트의 골격만을 선으로 표현
- **솔리드 모델(Solid Model)** : 내부까지 채워진 입체를 이용한 모델링
- **서페이스 모델(Surface Model)** : 삼각형이나 사각형 같은 면을 기본 단위로 한 표면 처리
- **파라메트릭 모델(Parametric Model)** : 곡면 모델. 수학적 방정식으로 구축
- **프랙탈 모델(Fractal Model)** : 단순한 모양에서 시작해 복잡한 기하학적 형상을 구축
- **파티클 모델(Particle Model)** : 입자를 이용해 표현하는 모델링
- **렌더링(Rendering)** : 모델링된 오브젝트의 표면을 처리하는 것. 그림자나 색채의 변화와 같은 3차원적인 질감을 더해 현실감을 추가하는 과정

14.10, 10.10, 09.3

192 다음 설명에 해당하는 3차원 모델링 방법은?

- 선(Line)만으로 입체를 생성한다.
- 처리속도가 빠르지만 무게감, 부피, 실제감을 느낄 수 없다.

① 와이어 프레임 모델(Wire-frame Model)
② 서페이스 모델(Surface Model)
③ 솔리드 모델(Solid Model)
④ 파라메트릭 모델(Parametric Model)

18.1, 11.7, 10.7

193 다음 설명과 같은 모델링 기법은?

- 단순한 모양에서 점차적으로 복잡한 형상을 구축해 나가는 기법
- 구름이나 바다 물결, 소용돌이, 담배연기, 산, 강 등을 표현하는 기법

① 프랙탈(Fractal)
② 고체(Solid)
③ 표면(Surface)
④ 와이어 프레임(Wire Frame)

194 3차원적 이미지를 최종적으로 이미지화 하는 것으로 사실감을 부여하기 위해서 색상과 질감을 입히고 빛과 카메라의 위치를 조작하는 과정은?

① 모델링(Modeling)
② 모핑(Morphing)
③ 렌더링(Rendering)
④ 시뮬레이션(Simulation)

기적의 Tip

3차원 모델링 기법에 대해 알아두세요. 모델링, 모델링의 종류, 렌더링, 프랙탈에 대해 출제됩니다.

---

094 조명　　　　　　POINT 27 참조

• 광선으로 물체를 비추는 것. 또는 광선 자체
• 컴퓨터 애니메이션 과정에 있어서 렌더링 전에 이루어지는 작업
• **직접조명** : 광원에서 직접 비추어지는 높은 조도의 조명
• **간접조명** : 천장이나 벽에 투사하여 간접적으로 빛을 내게 되는 방식
• **반간접조명** : 하향으로도 빛이 비추어지게 하는 것으로 간접조명의 효율성을 보완하는 부드러운 조명
• **전반확산조명** : 간접조명과 직접조명의 중간으로 전체에 균일한 조도로 밝게 확산되는 조명

195 부드러운 빛을 내어 침실이나 병실 등 휴식 공간에 사용되는 조명 방법은?

① 전반확산조명
② 간접조명
③ 직접조명
④ 반간접조명

기적의 Tip

조명은 물체를 비추는 것으로 이미지나 캐릭터에 조명 효과를 사용함으로서 시각적인 주목을 줄 수 있습니다. 조명의 종류에 대해 알아두세요.

자격증은 이기적!

이렇게
기막힌
적중률

웹디자인기능사
필기 절대족보

★

2권 · 기출문제

"이" 한 권으로 합격의 "기적"을 경험하세요!

차례

이렇게 기막힌 적중률 **절대족보**

2권

손에 잡히는
기출문제

손에 잡히는
기출문제

과목 01 디자인 일반

01 시각적 균형과 가장 거리가 먼 것은?

① 명암에 의한 균형　　② 경험에 의한 균형
③ 질감에 의한 균형　　④ 위치에 의한 균형

> 균형은 시각적으로 부피, 중량 등 물리적인 구조와 색채에서 시각적인 안정감을 이룬 것을 말함. 흰색과 검정색의 대비를 통한 명암에 의한 균형, 거칠고 부드러움에 의한 질감에 의한 균형, 중심축을 기준으로 위치를 이동시킨 위치에 의한 균형 등이 있음

02 유사조화에 대한 설명으로 옳지 않은 것은?

① 온화함을 얻을 수 있다.
② 때때로 단조로워질 수 있으므로 반복에 의한 리듬감을 이끌어 낸다.
③ 동일하지 않더라도 서로 닮은 형태의 모양, 종류, 의미, 기능끼리 연합하여 한 조가 되는 것을 만들 수 있다.
④ 수평과 수직, 직선과 곡선 등 대립된 모양이나 종류에서 나타난다.

> 유사조화는 같은 성질을 조화시킬 때 나타나는 것으로 친근감과 부드러움을 주는 반면 단조로울 수 있음

03 미적 대상을 구상하는 부분과 부분의 사이에 질적으로나 양적으로 모순되는 일 없이 질서가 잡혀 어울리는 것은?

① 균형　　　　　　② 조화
③ 변화　　　　　　④ 리듬

> 조화란 요소들이 상호 관계를 가지고 균형감이 안정적으로 이루어진 상태임

04 오스트발트(Ostwald) 색상환은 무채색 축을 중심으로 몇 색상이 배열되어 있는가?

① 9　　　　　　　② 10
③ 11　　　　　　　④ 24

> 오스트발트 색상환은 무채색 축을 중심으로 24색상으로 배열됨

05 NCS 표색계에 대한 설명으로 옳은 것은?

① 색상환은 노랑(Y), 빨강(R), 파랑(B), 초록(G)으로 구성된다.
② 기본 6색 중 흰색과 검정은 포함되지 않는다.
③ 20% 흰색도와 30%의 유채색도를 표시하고 90%는 노랑색도를 지닌 백색이다.
④ 색지각 양의 합은 100이며, 이것은 명도, 채도, 색상의 합이다.

> NCS 표색계는 자연색을 기본으로 한 표색계로, 색상환은 4가지의 기본색인 노랑, 빨강, 파랑, 초록으로 구성

06 디자인의 조건 중 심미성에 대한 설명으로 가장 옳은 것은?

① 디자인된 결과물은 단지 개인의 소유물이 아니라 사회적 존재로서의 의미를 지닌다.
② 인간의 생활을 보다 차원 높게 유지하려는 조건의 하나로서 미의 문제가 고려된다.
③ 디자이너의 창의적인 디자인 감각에 의해 새로운 가치를 가진다.
④ 가장 합리적으로 효율적이며 경제적인 효과를 얻도록 디자인한다.

> 심미성이란 형태와 색채가 조화를 이루어 '아름다움'의 성질을 만들어내는 것으로 시대적인 미의 기준, 사회적인 개성에 따라 변화됨

07 색의 진출에 대한 설명으로 틀린 것은?

① 따뜻한 색이 차가운 색보다 더 진출하는 느낌을 준다.
② 밝은 색이 어두운 색보다 더 진출하는 느낌을 준다.
③ 무채색이 유채색보다 더 진출하는 느낌을 준다.
④ 팽창색이 수축색보다 더 진출하는 느낌을 준다.

> 무채색은 유채색보다 더 후퇴하는 느낌을 줌

08 같은 크기의 형을 상, 하로 겹칠 때 위쪽의 것이 크게 보이는 착시현상은?

① 각도와 방향의 착시
② 수직 수평의 착시
③ 바탕과 도형의 착시
④ 상방 거리 과대 착시

> 상방 거리 과대 착시란 같은 크기라도 상하로 겹치면 위쪽에 있는 것이 더 크게 보이는 현상임

09 색광의 혼합에서 색을 혼합하면 할수록 높아지는 색의 속성은?

① 명도   ② 채도
③ 색상   ④ 점도

> 색광의 혼합은 빛의 혼합으로 가산혼합이며, 혼합할수록 명도가 높아짐

10 다음 디자인 형태 중에서 다른 성격을 지닌 것은 어느 것인가?

① 추상적 형태   ② 기하학적 형태
③ 유기적 형태   ④ 기능적 형태

> **유기적 형태** : 자연의 사물에서 쉽게 볼 수 있는 것으로 인위적인 직선, 직각 등의 형태가 아니라 부드러운 곡선으로 만들어진 형태
> **오답 피하기**
> 추상적, 기하학적, 기능적 형태는 이념적(네거티브) 형태에 속함

11 게슈탈트 이론 중 비슷한 모양이 서로 가까이 놓여 있을 때 그 모양들이 동일한 형태의 그룹으로 보이는 경향을 무엇이라고 하는가?

① 근접성의 법칙   ② 유사성의 법칙
③ 연속성의 법칙   ④ 폐쇄성의 법칙

> • **유사성의 법칙** : 유사한 형태, 색채, 질감을 가진 것끼리 동등하게 보이는 것
> • **연속성의 법칙** : 배열과 진행 방향이 비슷한 것끼리 하나로 보이게 되는 것
> • **폐쇄성의 법칙** : 닫혀있지 않은 도형이 심리적으로 닫혀 보이거나 무리 지어 보이는 것

12 원근에 의한 공간표현으로 색채와 명암을 활용하는 방법은?

① 직선원근법   ② 대기원근법
③ 과장원근법   ④ 다각원근법

> 대기원근법(Aerial Perspective)이란 물체와 눈 간의 공기나 빛의 작용 때문에 생기는 물체의 색과 윤곽의 변화를 포착하여 원근감을 표현하는 것을 의미
> **오답 피하기**
> • **직선원근법** : 사다리꼴 이용하여 공간감을 표현하는 것
> • **과장원근법** : 하나의 이미지를 과장해서 독특한 시각적 거리감을 나타내는 것
> • **다각원근법** : 동시에 여러 각도에서 하나의 대상물을 바라보는 것

13 미술공예운동이 일어나게 된 사회적 배경으로 옳은 것은?

① 기계화와 대량생산으로 인한 생활용품의 품질 저하
② 기계화에 의한 장비 설치로 생활용품의 가격 폭등
③ 기계화로 인해 생활용품에 화려하고 복잡한 장식을 사용할 수 없게 됨
④ 대량생산으로 인한 생활용품의 대중화

> 미술공예운동은 1850~1900년 일어난 운동으로 산업화에 저항했으며 순수한 인간 노동력의 예술을 중시하고 파괴된 인간미 회복을 주장했음

14 다음 중 슈퍼그래픽이 속하는 분야와 가장 관계가 있는 것은?

① 패턴디자인　　　② 제품디자인
③ 환경디자인　　　④ 의류디자인

슈퍼그래픽은 환경디자인의 한 분야로 미술관, 화랑뿐만 아니라 규모가 큰 공간의 벽면을 디자인하여 주변 환경과 어우러지게 함으로써 도시의 경관을 아름답게 하는 것

15 검은 종이 위에 노랑과 파랑을 나열하고 일정한 거리에서 보면 노랑이 파랑보다 가깝게 보인다. 이때의 노랑색을 무엇이라 하는가?

① 후퇴색　　　② 팽창색
③ 진출색　　　④ 수축색

진출색은 앞으로 전진하는 것처럼 느껴지는 색으로 따뜻한 색, 명도, 채도가 높은 색이 진출하는 것처럼 느껴짐

16 색에 대한 설명으로 옳은 것은?

① 차가운 색이나 명도와 채도가 낮은 색은 진출색으로 돌출되어 보인다.
② 따뜻한 색이나 명도가 높은 색은 부피가 팽창되어 보인다.
③ 무채색이 유채색보다 돌출되어 보인다.
④ 무채색 바탕에 따뜻한 색과 차가운 색의 크기가 같은 원을 올려놓으면 따뜻한 색의 원이 더 후퇴되어 보인다.

명도와 채도가 높은 색은 팽창되어 보이며, 명도와 채도가 낮은 색은 수축되어 보이게 됨

17 다음 중 감산혼합의 3원색으로 옳지 않은 것은?

① BLUE　　　② YELLOW
③ MAGENTA　　　④ CYAN

감산혼합은 혼합할수록 어두워지는 색료의 혼합으로 감색혼합이라고도 함. 감산혼합은 Cyan, Magenta, Yellow 3원색의 혼합임

18 다음 중 선에 대한 설명으로 거리가 먼 것은?

① 선은 하나의 점이 이동하면서 이루는 자취이다.
② 가는 직선은 예리하고 가볍게 느껴진다.
③ 사선은 동적이고 불안정한 느낌을 주나 사용에 따라 강한 표현에 효과적이다.
④ 곡선은 우아, 매력, 모호, 유연, 섬세함과 정적인 표정을 나타낸다.

우아하고 섬세한 느낌은 가는 선에서 느낄 수 있음

오답 피하기

곡선은 부드러움의 느낌이나, 때로는 힘 있는 느낌을 줌

19 해질 무렵 정원을 바라보면 어두워짐에 따라 꽃의 빨간색은 거무스레해지고, 그것에 비해 나뭇잎의 녹색은 점차 뚜렷해짐을 볼 수 있다. 이것과 관련된 현상을 무엇이라고 하는가?

① 지각 항상성
② 푸르킨예 현상
③ 착시 현상
④ 게슈탈트의 시지각 원리

푸르킨예 : 눈이 암순응(명소시에서 암소시로 옮겨감) 됨에 따라 파랑과 빨강의 명도 차이가 변하는 현상

20 배색에 대한 설명으로 틀린 것은?

① 사물의 성능이나 기능에 부합되는 배색을 하여 주변과 어울릴 수 있도록 한다.
② 사용자 성별, 연령을 고려하여 편안한 느낌을 가질 수 있도록 한다.
③ 색의 이미지를 통해서 전달하려는 목적이나 기능을 기준으로 배색한다.
④ 목적에 관계없이 아름다움을 우선으로 하고 타제품에 비해 눈에 띄는 색으로 배색하여야 한다.

배색이란 목적에 맞는 색을 표현하기 위해 주변의 색을 고려하여 배치하는 것으로 사용 목적과 조화를 고려하여 색을 선택해야 함

과목 02 인터넷 일반

21 다음 중 이미지 관련 HTML 태그가 아닌 것은?

① 〈IMG〉　　　　　② 〈MAP〉
③ 〈AREA〉　　　　④ 〈SELECT〉

〈SELECT〉 : 원하는 값을 선택할 수 있는 입력폼(드롭다운 목록)을 만듦

22 HTML 태그에서 "cellpadding"에 대해 올바르게 설명한 것은?

① "table" 태그에서만 쓰는 속성으로 셀 구분선과 셀 안의 문자 간의 여백을 설정한다.
② "table" 태그에서만 쓰는 속성으로 셀과 셀 사이의 간격을 설정한다.
③ "table" 태그에 삽입하면 테이블의 전체의 높이를 설정한다.
④ "td" 태그에 삽입하면 해당 셀의 높이를 설정한다.

cellpadding은 셀과 셀 안의 문자들과의 여백을 지정함

23 네트워크를 통해 데이터 통신을 실행하는데 사용되는 일련의 규칙을 무엇이라고 하는가?

① 호스트　　　　　② 서버
③ 프로토콜　　　　④ 토폴로지

프로토콜(Protocol)은 데이터 전송을 오류 없이 효율적으로 구현하기 위해 지켜야 하는 약속과 규범으로, 송신측 컴퓨터와 수신측 컴퓨터 사이에서 주고받는 정보의 일정한 형식과 절차 등을 규정함

24 웹페이지 작성 언어들 중 그 특성이 다른 하나는?

① ASP　　　　　　② JSP
③ PHP　　　　　　④ JavaScript

ASP, JSP, PHP는 서버 상에서 실행되어 그 결과만을 HTML 문서로 만들어서 웹 브라우저로 보내주며, JavaScript는 소스 코드가 HTML 문서 중에 포함되어 사용자의 브라우저에서 직접 번역되어 수행됨

25 컴퓨터 그래픽의 역사는 컴퓨터의 탄생부터 오늘날 인터넷 시대까지 크게 다섯 단계로 나누어 분류한다. 시대별 발달 과정을 주요 소자별로 바르게 분류한 것은?

① 진공관 → 트랜지스터 → 집적회로 → 고밀도 집적회로 → SVLSL
② 트랜지스터 → 진공관 → 집적회로 → 고밀도 집적회로 → SVLSL
③ 트랜지스터 → 집적회로 → 진공관 → 고밀도 집적회로 → SVLSL
④ 진공관 → 집적회로 → 트랜지스터 → 고밀도 집적회로 → SVLSL

• 1세대 : 진공관
• 2세대 : 트랜지스터
• 3세대 : 논리회로소자가 집적회로(IC)로 대체
• 4세대 : 고밀도 집적회로(LSI)
• 5세대 : 초고밀도 집적회로(SVLSL)

26 웹 브라우저를 통하여 볼 수 있는 이미지 포맷이 아닌 것은?

① jpg　　　　　　② gif
③ png　　　　　　④ psd

PSD는 포토샵 기본 파일 포맷

27 전용선을 이용하여 인터넷을 접속하려고 한다. 네트워크 환경 설정 시 입력해야 할 내용으로 올바르지 않은 것은?

① 게이트웨이　　　② 서브넷 마스크
③ 접속 전화번호　④ DNS

접속 전화번호는 모뎀을 이용하여 인터넷에 접속할 때 사용함

오답 피하기

• 게이트웨이 : 다른 종류의 통신망에 상호 접속하여 다른 통신망으로 연결을 수행함
• 서브넷 마스크 : 네트워크 내에서 라우팅 트래픽을 위해 사용되는 숫자임
• DNS(Domain Name System) : 인터넷 도메인 이름들을 인터넷 프로토콜로 해석해주는 서비스

28 다음 마크업 언어 중 가장 나중에 만들어진 것은?

① SGML
② HTML
③ XML
④ XHTML

> XHTML은 XML 규칙을 따르면서 HTML과도 호환되도록 새롭게 만든 마크업 언어. 휴대폰, 텔레비전, 자동차, 전자 지갑 같은 무선 장비에서도 실행될 수 있는 웹페이지를 구성할 수 있음

29 월드 와이드 웹(WWW) 서비스를 이용하기 위해 개발된 프로그램으로, 인터넷에 연결된 컴퓨터를 탐색하고 원하는 정보를 읽어 그 내용을 화면에 표시해 주는 클라이언트 프로그램은?

① 배너
② 포털 사이트
③ 웹 브라우저
④ 홈페이지

> 웹 브라우저는 웹 페이지의 정보를 검색하기 위해서 사용함

30 자바스크립트의 내장함수에 해당되지 않는 것은?

① fun define( )
② eval( )
③ parseInt( )
④ escape( )

> **오답 피하기**
> fun_define( )은 JavaScript에 없는 함수이며 사용자 정의 함수로서 사용될 수 있음

31 일반적으로 처리기나 CPU에 의해 처리되는 사용자 프로그램, 즉 실행 중인 프로그램을 의미하며 작업(Job) 또는 태스크(Task)라고도 하는 것은?

① 컴파일러(Compiler)
② 링커(Linker)
③ 로더(Loader)
④ 프로세스(Process)

> 프로세스는 컴퓨터에서 프로그램을 실행시키는 것으로, 유닉스나 다른 운영체제에서 프로그램이 시작될 때 프로세스가 시작됨

32 도서관의 도서들을 분류한 것과 같이 정보를 대분류, 중분류, 소분류 식으로 찾아들어가는 방식의 검색 엔진은?

① 주제별 검색엔진
② 단어별 검색엔진
③ 메타 검색엔진
④ 통합 검색엔진

> 주제별 검색엔진은 디렉터리형 검색엔진으로서 카테고리에 의한 체계적인 링크 정보를 제공

33 다음 HTML 태그 중 성격이 다른 태그는?

① 〈OL〉 〈/OL〉
② 〈UL〉 〈/UL〉
③ 〈LI〉 〈/LI〉
④ 〈BR〉 〈/BR〉

> 〈OL〉, 〈UL〉, 〈LI〉는 목록 태그지만 〈BR〉는 줄을 바꿀 때에 사용하는 태그임
> **오답 피하기**
> • 〈OL〉 : 순서가 있는 목록 작성
> • 〈UL〉 : 순서가 없는 목록 작성
> • 〈LI〉 : 〈OL〉, 〈UL〉과 함께 사용되며 목록 각각의 내용을 정의

34 아래 스크립트를 분석한 내용으로 잘못된 것은?

```
〈A href="#"
    onMouseOver="window.document.bgColor='yellow'"
    onMouseOut="window.document.bgColor='red'"
    onClick="window.document.bgColor='white'"〉안녕하세요
〈/A〉
```

① 마우스로 "안녕하세요"를 클릭하면 새로운 팝업창이 열리고 문자색이 변한다.
② "안녕하세요"에 마우스 포인터가 닿으면 배경색이 노란색으로 변한다.
③ "안녕하세요"에서 마우스 포인터가 떨어지면 배경이 빨간색으로 변한다.
④ 마우스로 "안녕하세요"를 클릭하면 배경이 백색으로 변한다.

> bgColor 속성은 배경의 색상을 지정하는 것
> 따라서 onClick="window.document.bgColor='white'"의 경우 마우스로 "안녕하세요"를 클릭할 때 배경색이 흰색으로 변경됨

35 일반적으로 드림위버에서 웹문서에 자바스크립트 소스를 삽입하여 인터렉티브한 페이지를 만들 수 있도록 제공해 주는 것은?

① Layer
② Behaviors
③ Form
④ CSS

드림위버에서 제공하는 Behaviors를 이용하면 스크립트를 사용하지 않고 간단하게 역동적인 웹페이지를 만들 수 있음

36 다음의 검색 연산자 중 부울 연산자가 아닌 것은?

① AND
② OR
③ NOT
④ NEAR

- 부울 연산자(Boolean Operator)는 논리 연산자로서 진리 값(참, 거짓)을 피연산자(Operand)로 취하여 논리 값을 계산해 내는 연산자임
- NEAR는 두 개의 키워드가 놓여 있는 위치가 서로에게서 얼마나 떨어져 있는가를 측정하여 일정한 간격 이내에 있으면 검색하는 인접 연산자에 해당함

오답 피하기
- AND : 두 키워드가 모두 포함되어 있는 정보만을 검색
- OR : 두 개의 키워드 중에서 어느 하나만 포함되어 있어도 해당 정보를 검색
- NOT : 키워드를 포함하고 있는 정보는 제외하고 검색

37 LAN의 혼잡도를 증가시키는 요인으로 잘못된 것은?

① 여러 개의 LAN을 하나의 공유 LAN으로 통합하는 경우
② 통신망을 이용하는 사용자와 주변기기들이 추가되는 경우
③ 클라이언트와 서버로 이용되는 컴퓨터의 하드웨어가 고성능으로 교체되는 경우
④ 웹 브라우저나 서버와 같은 인터넷 자원을 제공하는 경우

LAN의 혼잡도는 네트워크의 수용량보다 많은 패킷이 보내지게 될 때 발생함. 서버와 클라이언트가 고성능으로 교체되는 경우 네트워크를 통한 서비스 처리 능력이 증가되어 LAN의 혼잡도를 감소하는데 도움이 될 수 있음

38 다음 중 웹 디자인 과정에서 고려해야 할 사항이 아닌 것은?

① 사용자 인터페이스(UI)를 고려해 편리한 구조로 디자인한다.
② 사이트 맵을 통해 구조를 파악할 수 있도록 한다.
③ 로딩 시간을 줄이기 위해서 이미지를 최적화 한다.
④ 이미지나 동영상을 남용하여 사용한다.

웹 디자인은 정확한 정보 전달을 목표로, 그래픽 요소를 더해 더욱 효율적인 웹 페이지를 제작하는데 목적이 있음. 그러나 이미지나 동영상을 남용하는 경우, 용량 문제로 웹페이지의 로딩 시간이 길어질 수 있으며 웹 페이지의 가독성도 떨어질 수 있음

39 OSI-7layer에서 다음 설명과 관련 있는 계층은?

정보의 표현 방식 관리, 암호화, 정보압축 등의 기능을 수행한다.

① 전송 계층
② 표현 계층
③ 세션 계층
④ 응용 계층

표현 계층에서는 데이터 표현 기법의 차이 해결, 압축, 인코딩, 암호화 담당

오답 피하기
- 전송 계층 : 사용자와 사용자 혹은 컴퓨터와 컴퓨터 간의 연결을 확립하고 유지
- 세션 계층 : 사용자가 접근 중인 응용 프로그램(혹은 프로세스) 한 쌍 간의 연결을 확립
- 응용 계층 : 사용자의 응용 프로그램이 네트워크 환경에 접근하도록 창구 역할을 함

40 인터넷에서 두 호스트 시스템과의 연결 검사 또는 특정 호스트의 실행 여부 검사 등에 사용되는 서비스는?

① Rlogin
② PING
③ NTP
④ SNMP

PING은 컴퓨터 네트워크 상태를 점검, 진단하는 명령어로 특정 IP주소를 확인하게 함으로써 연결을 검사하고 응답을 확인하는 데 사용됨

41 2차원 이미지를 3차원 이미지로 대응시키는 텍스처 매핑(Texture Mapping)이 개발된 연도는?

① 1971년 ② 1974년
③ 1976년 ④ 1979년

> 텍스처 매핑(Texture Mapping)은 3차원 대상물 표면에 세부적인 질감을 나타내거나 색을 입히는 기법으로 1974년도에 개발되었음

42 웹에서 타이포를 이용한 애니메이션을 구현할 수 있는 프로그램으로 적절하지 않은 것은?

① Flash ② Painter
③ Swish ④ Flax

> Painter는 2D 그래픽 편집 프로그램이며 움직이는 애니메이션을 구현할 수 없음

43 인간의 두뇌에 해당하는 것으로 대부분의 계산과 판단을 수행하는 컴퓨터그래픽스 시스템 하드웨어는?

① RAM ② LAN
③ CPU ④ ROM

> CPU는 중앙처리장치로 컴퓨터의 두뇌에 해당하며, CPU의 성능은 시스템의 전반적인 성능에 영향을 줌

44 ASP(Active Server Page)에 대한 설명으로 옳지 않은 것은?

① 동적인 문서를 만들기 위해 마이크로소프트사가 제안한 기술로 웹 서버 OS기반에서 지원된다.
② CGI의 서버에 많은 부담을 주고 실행시간이 오래 걸리는 단점을 해결했다.
③ ASP는 일반문서편집기나 VB Script, 자바스크립트를 이용해 생성이 가능하고 확장자는 *.asp이다.
④ 플랫폼과 무관하게 동작하도록 설계되어 있어 모든 운영체제에서 실행가능하다.

> ASP는 윈도우 운영체제를 기반으로 작동됨

45 다음의 HTML 태그 중 종료 태그가 없는 것은?

① 〈HTML〉 ② 〈BODY〉
③ 〈HR〉 ④ 〈DIV〉

> 〈HR〉은 웹브라우저 화면에 수직선을 긋는 태그로 종료 태그가 없음. 이 밖에 〈BR〉, 〈IMG〉 태그 등도 종료 태그가 없음

46 이미지를 선분의 집합이 아니라 픽셀들의 배열 형태로 처리하는 방식은?

① 랜덤 그래픽스 ② 벡터 그래픽스
③ 래스터 그래픽스 ④ 픽셀 그래픽스

> 래스터 그래픽스는 비트맵 방식과 같이 이미지의 구성이 사각형의 요소인 픽셀에 의해 이루어지는 방식임. 픽셀을 래스터라고도 부름

47 컴퓨터 그래픽스(Graphics)의 장점으로 틀린 것은?

① 인간의 상상력을 기반으로 자유롭게 표현할 수 있다.
② 제작물을 수정하는 것이 가능하다.
③ 명암이나 컬러, 질감을 자유롭게 바꿀 수 있다.
④ 미세한 부분은 전혀 표현할 수 없다.

> 미세한 부분을 표현할 수 없는 것, 즉 자연적인 표현이나 기교의 순수함이 없고 확일적인 것은 컴퓨터그래픽스의 단점에 해당함

48 3차원 형상 모델링에 대한 설명이 잘못된 것은?

① 파티클 모델은 작은 입자로 구름, 먼지 등 미세한 부분을 표현한다.
② 와이어프레임 모델은 오브젝트의 중요한 특징을 점과 선으로 표현한다.
③ 솔리드 모델은 곡면 모델로 직선, 곡선 등의 그래픽 데이터를 표현한다.
④ 서페이스 모델은 표면 처리 방식 모델로 면을 기본으로 3차원 모델을 표현한다.

> 솔리드(고체, Solid Model) 모델은 오브젝트의 내부까지 꽉 채워진 고형 모델로서 내부가 보이지 않는 덩어리로 이루어진 입체임

49 매핑 방법 중 오브젝트에 요철이나 엠보싱 효과를 표현하는 방법은?

① 범프 매핑　　　② 오패시티 매핑
③ 솔리드 텍스쳐 매핑　　④ 리플렉션 매핑

> 범프 매핑은 오브젝트에 요철이나 엠보싱 효과를 표현하는 것으로, 빛에 대한 음영을 섬세하게 나타냄
>
> **오답 피하기**
> • 오패시티 매핑 : 투명함과 불투명함을 오브젝트에 표현
> • 솔리드 텍스쳐 매핑 : 대리석이나 나무와 같이 겉표면이나 내부의 무늬가 비슷한 오브젝트에 사용
> • 리플렉션 매핑 : 반사 매핑, 금속이나 거울 등 반사하는 오브젝트를 표현

50 RGB컬러에서 R=0, G=0, B=0로 설정할 때 모니터에 나타나는 색상은?

① White　　　② Black
③ Blue　　　④ Yellow

> RGB가 모두 255이면 흰색, 0이면 검정색으로 나타남

51 웹용 이미지 처리에 대한 설명으로 옳지 않은 것은?

① 안티앨리어싱이란 기존 픽셀기반의 오브젝트에서 외곽선을 부드럽게 처리해주는 것이다.
② 앨리어싱보다 안티앨리어싱이 컬러수가 줄어 용량이 줄어든다.
③ 작은 문자에 안티앨리어싱을 적용하면 오히려 지저분해 보일 수 있다.
④ 안티앨리어싱은 단위 면적의 밝기 정도에 따라 검은색 픽셀의 밀도를 조절하여 명암을 표현하는 방법이다.

> 안티앨리어싱(anti-aliasing)은 비트맵 이미지에 나타나는 곡선 부분의 층계(계단) 현상을 감쇄시키기 위해 사용하는 옵션으로 이미지 자체의 컬러 수의 증가 및 감소와는 관계가 없음

52 마우스에 반응하는 플래시 무비를 만들기 위해 등록하는 심벌로 가장 적절한 것은?

① 그래픽 심벌　　　② 버튼 심벌
③ 사운드 심벌　　　④ 무비클립 심벌

> 플래시 심벌에는 마우스를 올릴 때 변해 링크를 걸때나 이벤트 효과를 줄 때 사용하는 버튼 심벌, 일반 이미지로 등록할 때 사용하는 그래픽 심벌, 별개의 무비를 만들 때나 액션스크립트 삽입 시 사용하는 무비 심벌이 있음

53 다음은 Photoshop CS3에서 제작한 것이다. A 이미지를 B 이미지로 만들기 위해 필요한 명령어는?

　　A　　　　　B

① Flip Horizontal　　② Flip Vertical
③ Rotate　　　④ Scale

> A 이미지를 수평으로 뒤집은 것이 B 이미지로, 포토샵 CS3 명령어로 Flip Horizontal을 씀
>
> **오답 피하기**
> • Flip Vertical 이미지를 수직으로 뒤집음
> • Rotate : 이미지를 회전
> 　− CW(시계방향), CCW(시계 반대방향)
> • Scale : 비율을 의미하며 크기를 조절할 때 사용 Shift 키를 눌러 가로, 세로 비율을 유지한 채 조절 가능)

54 다음 중 웹사이트의 내비게이션 요소가 아닌 것은?

① 메뉴　　　② 사이트맵
③ 디렉터리　　　④ 템플릿

> 템플릿은 컴퓨터 그래픽에서 빈번히 사용될 것을 대비하여 만들어 놓은 형판을 의미. 템플릿을 만듦으로써 간편하게 홈페이지를 제작할 수 있음

55 다음 웹 디자인 과정을 순서대로 올바르게 나열한 것은?

> ⓐ 그림, 동영상, 소리파일 제작
> ⓑ 목표 설정
> ⓒ 웹 사이트에 업로드
> ⓓ 웹 에디터로 작성
> ⓔ 스토리보드 제작

① ⓑ − ⓐ − ⓓ − ⓔ − ⓒ
② ⓑ − ⓐ − ⓓ − ⓒ − ⓔ
③ ⓑ − ⓔ − ⓐ − ⓓ − ⓒ
④ ⓑ − ⓓ − ⓐ − ⓔ − ⓒ

> **웹 디자인의 과정** : 프로젝트 기획(주제 결정, 스토리보드 제작) − 웹 사이트 기획 − 웹 사이트 구축(콘텐츠 제작, 웹에디터로 작성) 및 웹 출판(웹사이트에 업로드)

56 Indexed Color Mode의 특징으로 옳은 것은?

① 최고 256 컬러를 사용하여 이미지를 표현한다.
② 색상이 없어 256가지의 명암만으로 이미지를 표현한다.
③ 광원으로 이미지의 색상을 표현하며 최고 1,670만 색상으로 이미지를 표현한다.
④ 인쇄를 하기 위한 이미지를 표현할 때 가장 적합하다.

> Indexed Color Mode(인덱스 컬러 모드)는 컬러 이미지나 흑백 이미지 중 이미지에 많이 사용된 256가지의 색상을 선별한 색상 체계임
>
> **오답 피하기**
> • 256가지의 명암만으로 이미지를 표현 : Grayscale Color Mode
> • 광원으로 이미지의 색상 표현 및 1,670만 색상 표현 : RGB Color Mode
> • 인쇄를 하기 위한 이미지를 표현 : CMYK Color Mode

57 화면을 표현하기 위한 최소 단위이며, 화소라고 불리는 것은?

① 비트맵(Bitmap)
② 벡터(Vector)
③ 해상도(Resolution)
④ 픽셀(Pixel)

> 픽셀은 래스터라고도 함

58 컴퓨터 그래픽스 시스템의 구성요소 중 전원이 갑자기 나갔을 때 정보를 유실하는 휘발성 기억 장치는?

① HDD
② Memory Stick
③ RAM
④ ROM

> **RAM** : 임시 기억 장소이며 전원이 끊어지면 동시에 그 내용도 지워지게 되기 때문에 작업하는 도중에는 보조 기억 장치에 저장을 해야 전원이 끊겼을 경우의 데이터 손실을 방지할 수 있음

59 컴퓨터 그래픽스(CG)의 발달 과정과 특징으로 옳은 것은?

① CG 시작시기 : CAD의 기반 구축
② CG 기반 구축 : 래스터 스캔 CRT의 보급
③ CG 적용 확대 : 스케치 패드 개발
④ CG 전성기 : 2D, 3D 그래픽의 발전

> **CG 전성기** : 전자출판이 시작되고 그래픽 아트가 발전함
>
> **오답 피하기**
> • **CG 시작 시기** : CRT 등장
> • **CG 기반 구축** : CAD 기반 구축
> • **CG 적용 확대** : 백터 스캔 CRT, 입체 표현

60 웹 페이지를 작성할 때 배경 이미지와 메뉴에 관한 설명으로 틀린 것은?

① 스타일시트를 이용하여 배경 이미지의 반복 횟수를 증가시킨다.
② 배경 이미지가 클 경우 용량 증가로 로딩이 늦어진다.
③ 메뉴는 메타포를 이용하여 디자인한다.
④ 배경의 색상을 분화시켜 사용하면 프레임이 사용된 것처럼 보인다.

> **웹 페이지** : 시각적인 효과와 정보 전달이 잘 되도록 효율성을 고려해 디자인해야 하므로 스타일 시트를 이용해 문서의 배경 색상과 글자와 줄 간격 등을 일괄적으로 제어하여 반복 횟수를 제한함

과목 01 디자인 일반

01 디자인의 원리와 관련된 용어 설명 중 틀린 것은?

① 조화 : 둘 이상의 요소가 서로 밀접한 관계를 갖고 어울렸을 때를 말하는 것
② 통일 : 정돈과 안정된 느낌을 주는 것
③ 변화 : 크기나 형태 및 색채 등이 같지 않은 것
④ 균형 : 형이나 색 등이 반복되어 느껴지는 아름다운 운동감

> 균형은 물리적인 구조와 색채에서 시각적인 안정감을 이룬 것

02 다음 중 명시성(가시성)이 가장 높은 색의 조합은?

① 백색 바탕에 적색 글씨
② 백색 바탕에 검정 글씨
③ 청색 바탕에 백색 글씨
④ 노랑 바탕에 검정 글씨

> • **명시성** : 먼 거리에서도 잘 보이는 성질(=가시성, 시인성)로 색상, 명도, 채도의 차이가 클수록 명시성이 높아짐
> • **주목성** : 색 자체가 명도나 채도가 높아서 시각적으로 빨리 눈에 띄는 성질이며, 따뜻한 색과 명도와 채도가 높은 색일수록 주목성이 높아짐
> • 명시도가 높은 색은 주목성도 높음

03 편집디자인의 구성요소에 해당되지 않는 것은?

① 포맷
② 레이아웃
③ 타이포그래피
④ 일러스트레이션

> 편집디자인은 문자, 일러스트, 사진을 배치하는 인쇄물의 편집디자인으로서, 포맷은 파일 확장자로서 구성요소에 해당하지 않음

04 투과색에 대한 올바른 설명은?

① 투명한 물체가 빛을 반사함으로써 나타나는 물체의 색이다.
② 유리, 셀로판지 등의 물체를 통해 투과된 빛에 의한 색상이다.
③ 물체가 본래의 색과 다른 색을 흡수하는 것을 말한다.
④ 투명한 녹색 물체는 녹색 파장만 투과시킨다.

> ①, ③, ④는 표면색에 대한 설명
> **오답 피하기**
> **투과색** : 투명한 물체가 투과시킨 빛(색 파장)의 색

05 한국산업표준에 따른 색의 3속성으로 알맞은 것은?

① Cyan, Value, Chroma
② Hue, Black, Chroma
③ Hue, Value, Chroma
④ Hue, Value, Cloudy

> 색의 3속성은 색상(Hue), 명도(Value), 채도(Chroma)

06 다음 중 동화현상에 대한 설명으로 틀린 것은?

① 색들끼리 서로 영향을 주어서 인접색에 가까운 것으로 느껴지는 현상을 말한다.
② 색 자체가 명도나 채도가 높아서 시각적으로 빨리 눈에 띄는 성질을 말한다.
③ 동화현상에는 명도의 동화, 채도의 동화, 색상의 동화가 있다.
④ 동화현상은 눈의 양성적 또는 긍정적 잔상과의 관련으로서 설명된다.

> 동화현상은 다른 색의 영향을 받아 인접되어 있거나 둘러싸여 있는 색상과 비슷하게 보이는 것으로 자극이 지속되는 잔상 효과

07 디자인 원리 중 동질의 부분이 조합될 때 이루어지는 것은?

① 유사　　　　　　② 대비
③ 대조　　　　　　④ 점이

유사는 같은 성질을 조화시킬 때 나타나는 것으로 친근감과 부드러움을 주는 반면 단조로울 수 있음

08 환경 디자인에 속하지 않는 것은?

① 인테리어 디자인　② 원예 디자인
③ 가구 디자인　　　④ 조경 디자인

가구 디자인은 공업(제품) 디자인임

09 입체에 대한 설명으로 옳지 않은 것은?

① 소극적 입체는 현실적 형, 확실히 지각되는 형을 말한다.
② 입체는 면이 이동한 자취이다.
③ 두 면과 각도를 가진 방향으로 이동하거나 면의 회전에 의해 생긴다.
④ 순수한 입체는 구, 원통, 육면체 등과 같은 형이다.

소극적 입체는 시각을 통해 지각되는 요소로서 물체가 점유하는 공간을 의미함

10 색채를 과학적으로 정리하여 스펙트럼을 7색으로 분리한 사람은?

① 뉴턴　　　　　　② 먼셀
③ 오스트발트　　　④ 돈더스

뉴턴은 프리즘을 통과한 빛이 파장에 따라 굴절하는 각도가 다른 성질을 이용하여 순수 가시광선을 얻었는데 이 색을 연속광 또는 스펙트럼이라고 함

오답 피하기
• **먼셀** : 표준 20색상환을 구성
• **오스트발트** : 오스트발트는 24색상 표색계를 구성
• **돈더스** : 색지각설 중 원색이 망막층에서, 다른색은 대뇌 피질층에서 지각된다는 단계설을 구성

11 다음 중 디자인의 기본 요소들로 옳은 것은?

① 선, 색채, 공간, 수량
② 점, 선, 면, 질감
③ 시간, 수량, 구조, 공간
④ 면, 구조, 공간, 수량

디자인의 요소 중 시각 요소는 형태, 색채, 질감, 명암 등이 있으며 점, 선, 면은 그중 형태에 속함

12 "건강" 이미지의 웹사이트를 구성하려고 한다. 가장 적합한 컬러는?

① 빨간색　　　　　② 노란색
③ 검정색　　　　　④ 녹색

녹색은 평화, 안전, 휴식, 희망, 상쾌함을 상징하는 색으로 건강 이미지의 웹사이트 컬러로 적합

13 디자인의 통일성에 영향을 미치는 요소와 거리가 가장 먼 것은?

① 각 요소들을 근접시킨다.
② 각 요소들을 반복시킨다.
③ 각 요소들을 연속시킨다.
④ 각 요소들을 분리시킨다.

통일성은 하나의 규칙으로 단일화시키는 것으로 통일성 있는 디자인은 질서가 느껴짐

14 인접하는 두 색의 경계 부분에 색상, 명도, 채도의 대비가 더욱 강하게 일어나는 현상을 무엇이라고 하는가?

① 면적대비　　　　② 보색대비
③ 연변대비　　　　④ 한난대비

오답 피하기
• **면적대비** : 면적의 크기에 따라 색상이 다르게 느껴지는 현상
• **보색대비** : 보색이 되는 색상이 인접한 경우 서로 영향을 받아 채도가 선명해 보이는 현상
• **한난대비** : 차가운 색과 따뜻한 색을 배열한 경우 차가운 색은 더 차갑게, 따뜻한 색은 더 따뜻하게 느껴지는 현상

15 서로 다르고 관련이 없어 보이는 요소를 합친다는 의미로 보는 관점을 완전히 다르게 하여 연상되는 점과 관련성을 찾아내어 아이디어를 발상시키는 방법은?

① 브레인스토밍(Brain storming)법
② 연상결합(Image association)법
③ 입출력(input – output)법
④ 시넥틱스(Synectics)법

- 브레인스토밍(Brain storming)법 : 여러 사람이 자유분방하게 의견을 제시하여 많은 양의 아이디어를 도출하는 회의 방식의 방법
- 연상결합(Image association)법 : 관련이 없는 사건이나 요소로부터 주관적으로 떠오른 정보(연상)에서 유사점이나 차이점을 결합시킴으로써 아이디어를 도출하는 방법
- 입출력(Input/Output System)법 : 주어진 문제(input)에 대하여 강제적으로 도달해야 하는 지점(output)을 연결시켜 해답을 도출하는 방법

16 수적 법칙에 의해 생겨난 형태로 규칙적이고 명쾌한 조형적 감정을 유발시키는 형태는?

① 유기적 형태
② 기하학적 형태
③ 현대적 형태
④ 조형적 형태

기하학적 형태는 세잔(Cezanne)이 주장하였으며 사격형, 삼각형, 원형 등의 규칙적인 도형들이 모여 이룬 형태를 말함. 18세기 중반, 산업혁명과 함께 기계화에 의한 대량생산을 목적으로 합리적이고 실용적인 형태로 디자인하게 되면서 사용됨

17 양탄자 디자인의 예를 들어 하나의 색만을 변화시키거나 더함으로써 전체의 배색을 변화시킬 수 있다는 사실을 발견한 사람은?

① 애브니
② 피사로
③ 세브뢸
④ 베졸트

베졸트 : 양탄자의 날실이나 씨실 중 하나의 색을 바꾸거나 더하면 전체 직물의 배색이 변화되는 것을 발견(베졸트 효과)

18 다음 중 오스트발트 표색계의 설명이 아닌 것은?

① W + B + C = 100%
② 색상을 Hue로, 명도를 Value로, 채도를 Chroma로 표시하고 있다.
③ 유채색은 색상기호, 백색량, 흑색량 순서로 표시한다.
④ 헤링의 4원색설을 기본으로 하였다.

오스트발트 표색계 : 한 색상에 포함되는 색을 B(검정비율)+W(흰색비율)+C(순색량)=100%가 되는 혼합비로 규정하여 구성한 것

오답 피하기

먼셀 표색계 : 색상(Hue), 명도(Value), 채도(Chroma)의 3속성을 사용해 색상을 표기, HV/C로 축약해서 표시

19 계통색명이라고도 하며 색상, 명도, 채도를 표시하는 색명은?

① 특정색명
② 관용색명
③ 일반색명
④ 근대색명

일반색명 : 감성적으로 느껴진 느낌을 수식어로 덧붙여 사용하는 방법으로 '어두운 파랑', '연보라'와 같이 명도, 채도에 대한 수식어를 붙여 표현. 계통색명이라고도 함

오답 피하기

관용색명 : 관습적이거나 연상적인 느낌으로 이름을 붙이는 방법으로 인명, 지명, 원료, 자연 등에 따라 이름이 붙여지며 귤색, 밤색, 무지개색, 코발트블루 등이 해당됨

20 먼셀의 표색계에서 색상을 표시하는 기호로 맞는 것은?

① C/HV
② HC/V
③ HV/C
④ CV/H

먼셀표색계는 미국의 화가이자 색채 연구가인 먼셀이 구성했고, 색상(Hue), 명도(Value), 채도(Chroma)의 3속성을 사용하여 색상을 표기하며, 이를 HV/C로 축약해서 표시함

21 사용자가 특정한 서버에 집중적으로 몰리면 병목 현상이 발생하여 성능이 저하된다. 이를 해결하기 위해 FTP 서버의 자료를 다른 곳에 그대로 복사하여, 보다 가까운 위치에서 자료를 전송 받을 수 있도록 하는 것은?

① Plug-in
② Quick Time
③ Mirroring
④ File Server

> 미러링은 웹사이트나 컴퓨터 서버의 파일들이 다른 컴퓨터 서버에 복사되어 사이트나 파일들을 한 곳 이상에서 볼 수 있도록 한 것

22 다음 중 TCP/IP 프로토콜의 구성 계층에 해당하지 않는 것은 무엇인가?

① 응용 계층
② 전송 계층
③ 인터넷 계층
④ 표현 계층

> TCP/IP는 응용 계층, 전송 계층, 인터넷 계층, 링크 계층(네트워크 인터페이스 계층)으로 구성됨

23 연산자 좌우의 검색어를 모두 포함하는 데이터를 찾는 정보검색 연산자는?

① OR
② NOT
③ AND
④ AND NOT

> AND는 두 키워드가 모두 포함되어 있는 정보만 검색하도록 지시함

24 다음 중 주제별 검색 엔진에 대한 설명으로 옳은 것은?

① 자발적으로 정보를 수집한다.
② 일반 키워드형 검색이라고 한다.
③ 자체 데이터베이스가 없이 여러 개의 검색엔진에서 검색한다.
④ 최종 사이트를 찾기 위해 단계(대분류-중분류-소분류)를 거쳐야 되는 단점이 있다.

> 주제별 검색엔진은 디렉터리형 검색엔진으로서 카테고리에 의한 체계적인 링크 정보를 제공함

25 다음 중 시기적으로 가장 늦게 탄생한 인터넷 서비스는 무엇인가?

① 무선 인터넷
② 원격 로그인
③ 전자우편
④ 파일 전송

> 인터넷 서비스 FTP의 표준 제정, 원격로그인 Telnet, Email 등은 1972년 이후 시작되었으며 무선인터넷은 1980년대 후반 탄생한 이후 1990년대 이후 활성화됨

26 다음 중 자바스크립트에서 현재 활성화된 창을 닫는 명령어가 아닌 것은?

① opener.close( )
② top.close( )
③ window.close( )
④ self.close( )

> opener는 현재 창을 열게 한(생성한) 창(부모창)을 참조하는 것으로 opener.close( )는 현재 창을 열게 한 창을 닫게 함

27 다음 중 HTML문서의 구조가 옳은 것은?

① 〈HEAD〉〈/HEAD〉〈HTML〉〈BODY〉〈/BODY〉〈/HTML〉
② 〈HEAD〉〈/HEAD〉〈HTML〉〈BODY〉〈/HTML〉〈/BODY〉
③ 〈HEAD〉〈HTML〉〈/HTML〉〈/HEAD〉〈BODY〉〈/BODY〉
④ 〈HTML〉〈HEAD〉〈/HEAD〉〈BODY〉〈/BODY〉〈/HTML〉

> • 〈HTML〉 : 문서 시작
> • 〈HEAD〉 : 머리(헤드) 시작
> • 〈/HEAD〉 : 머리(헤드) 끝
> • 〈BODY〉 : 몸체(본문) 시작
> • 〈/BODY〉 : 몸체(본문) 끝
> • 〈/HTML〉 : 문서 끝

28 VRML을 만들 수 있는 저작도구가 아닌 것은?

① Cosmo Worlds
② Cosmo Player
③ VR Creator
④ 3d studio max

> Cosmo Player는 VRML 파일을 보기 위한 뷰어 프로그램에 해당함

29 PDF(Portable Document Format) 파일포맷을 웹 브라우저에서 구현하기 위해 설치하는 플러그인 프로그램은?

① Windows Medea Player
② Acrobat Reader
③ Shockwave
④ QuickTime Player

> Acrobat Reader는 PDF 형식의 문서를 읽기 위한 Adobe사의 플러그인 프로그램

30 주제별 검색엔진으로 카테고리에 의한 체계적인 링크 정보를 제공하는 검색엔진은?

① 디렉터리형 검색엔진
② 메타 검색엔진
③ 하이브리드형 검색엔진
④ 에이전트 검색엔진

> 주제별 검색엔진은 디렉터리형 검색엔진으로서 카테고리에 의한 체계적인 링크 정보를 제공

31 JavaScript의 설명으로 틀린 것은?

① 소스코드가 HTML 문서 내에 포함된다.
② 변수 타입 선언 없이 사용이 가능하다.
③ 반드시 플랫폼에 종속적으로 사용된다.
④ 객체지향적인 스크립트 언어이다.

> JavaScript는 모든 운영체제, 하드웨어에서 사용할 수 있는 플랫폼으로 독립적이고 이식성이 높은 언어

32 웹 페이지를 제작할 때 사용하는 웹에디터의 종류가 아닌 것은?

① ActiveX
② Notepad
③ UltraEdit
④ Dreamweaver

> ActiveX는 자바에 대항하기 위해 마이크로소프트사에서 개발한 것으로, PC용 응용 소프트웨어들이 인터넷 환경에서도 수행 가능하도록 지원하는 일종의 플랫폼 통합 기술

33 라우팅 프로토콜에 해당하지 않는 것은?

① BGP
② NNTP
③ OSPF
④ RIP

> NNTP(Network News Transfer Protocol)는 뉴스 기사와 관련된 프로토콜임

34 인물 정보를 대상으로 데이터베이스를 구축하여 전자우편주소 등의 정보를 제공해주는 사이트를 일컫는 용어는?

① 비비시모(Vivisimo)
② 옐로우페이지(Yellow Page)
③ 화이트페이지(White Page)
④ 옐로우북(Yellow Book)

> 화이트페이지는 전자 우편 주소를 담고 있어 화이트페이지를 통해 간단히 정보를 검색할 수 있음

35 다음 중 도표, 그림, 설계 도면 등의 좌표 데이터를 컴퓨터 내로 정확하게 입력할 수 있는 장치로 주로 설계나 공학용 제도에 사용되는 컴퓨터의 입력 장치는?

① 디지타이저(Digitizer)
② 키노트(Keynote)
③ 광펜(Light pen)
④ 접촉 감지 스크린(Touch Screen)

> 디지타이저란 전자적 장치가 되어있는 보드 위에 마우스 형태의 도구나 전자 펜을 이용하여 위치 값을 입력 또는 페인팅할 수 있도록 한 장치임

36 HTML 문서의 시작을 알려주는 태그는?

① 〈begin〉
② 〈body〉
③ 〈html〉
④ 〈start〉

> HTML의 문서는 〈HTML〉 태그로 시작하고 〈/HTML〉 태그로 종료됨

37 고속통신망으로서 전화교환기를 거치지 않고 ATM 초고속망에 연결하여 고속의 서비스를 제공하는 방식의 인터넷 서비스는?

① ISDN   ② Backbone
③ ADSL   ④ WAN

> ADSL : 수신과 송신 속도가 다른 점으로 인해서 비대칭 DSL이라고 하며, 음성통화와 고속 인터넷 통신을 동시에 즐길 수 있는 접속 서비스
>
> **오답 피하기**
> • ISDN : 음성, 화상, 데이터 서비스 등을 제공해 주는 원거리 통합정보 서비스
> • Backbone : 랜(LAN)에서 광역통신망(WAN)으로 연결하기 위한 회선
> • WAN : 원거리 광역 통신망(Wide Area Network)

38 다음 중 웹 페이지 제작에 따른 외부 스타일시트 확장자는?

① *.stc   ② *.ssc
③ *.xls   ④ *.css

> 외부 스타일시트의 파일 타입(확장자)은 .CSS임

39 다음 중 절단 검색에 대한 설명으로 틀린 것은?

① 'WOM?N'으로 검색하면 'WOMAN'만 검색된다.
② 'KOR*'라고 검색하면 'KORE, KOREA…' 등이 검색된다.
③ 절단 검색은 찾으려는 단어의 일부만 사용하여 검색한다.
④ 와일드 카드를 이용하여 검색하는 방법이다.

> '?'를 이용한 검색은 한 문자만 대체하는 것으로 WOMAN, WOMEN 등이 검색될 수 있음

40 웹 브라우저의 기능으로 옳지 않은 것은?

① 웹사이트 접속   ② 정보 검색
③ 사진 합성   ④ 인터넷서비스 제공

> 웹 브라우저는 정보 검색, 웹 페이지의 저장 및 인쇄, 파일 전송 및 홈페이지 문서 서비스 등을 제공하지만 사진 합성 기능은 제공하지 않음

---

41 큰 이미지 또는 사진과 같이 컬러 수가 많은 웹 이미지에 적합한 파일 포맷은?

① EPS   ② PSD
③ JPEG   ④ BMP

> JPEG는 웹용 이미지 파일 포맷
>
> **오답 피하기**
> • EPS : CMYK의 4도 분판을 목적으로 인쇄, 출력의 용도
> • PSD : PhotoShop Document의 약자로 Photoshop에서 작업한 원본 파일을 저장하는 파일 포맷
> • BMP : 비트맵 이미지를 저장하는 방식

42 일반적으로 웹 디자이너가 홈페이지에 적용할 색을 설계할 때 고려해야 할 사항으로 거리가 먼 것은?

① 상식적인 수준을 따르는 것이 좋다.
② 보색 사용은 자제한다.
③ 배경색과 배경무늬는 심플한 것이 좋다.
④ 일관성보다 다양한 색상을 고려하여 적용한다.

> 홈페이지 제작 시 색상, 글자 모양, 레이아웃 등에 대한 원칙을 수립하도록 하며, 전체적으로 일관성 있는 색상으로 설계함

43 3차원 그래픽 과정 중 매핑(Mapping)의 정의로 옳은 것은?

① 실제 사진과 그려진 애니메이션을 결합시키는 것이다.
② 3차원의 입체물을 제작하고 공간 속에 이를 배치하는 것이다.
③ 모델링된 각 물체의 표면에 고유한 재질감을 부여하는 것이다.
④ 광원과 카메라의 속성을 부여하여 이를 사실적인 이미지로 묘사하는 것이다.

> 매핑은 오브젝트 표현의 질감을 처리하는 것으로 이미지나, 색, 패턴을 입히는 이미지 매핑, 유리나 반투명체를 만들 때 사용하는 불투명 매핑, 금속이나 거울 등 반사하는 오브젝트를 표현하는 반사 매핑 등이 있음

44 웹 애니메이션 제작 시 시각적인 깜박임(Flicker) 현상을 줄이기 위한 방법으로 가장 옳은 것은?

① 모니터의 크기를 최대한 큰 것을 사용한다.
② 초당 프레임 수를 최대한 높여서 제작한다.
③ 화려한 배색보다는 유사색을 이용하여 제작한다.
④ 고해상도의 원본 이미지를 사용한다.

> 프레임은 정해진 시간에 정지된 프레임을 보여주는 방식으로 프레임 수를 높이면 시각적 깜박임 현상을 줄일 수 있음

45 다음 중 쉐이딩의 종류가 아닌 것은?

① 플랫(Flat)
② 클리핑(Clipping)
③ 고러드(Gouraud)
④ 퐁(Phong)

> 쉐이딩(Shading)은 입체화된 오브젝트에 빛에 의해 생기는 음영(그림자)를 표현한 것으로 플랫 쉐이딩, 퐁 쉐이딩, 메탈 쉐이딩, 고러드 쉐이딩이 있음
>
> **오답 피하기**
> 클리핑은 렌더링의 과정에서 디스플레이 밖에서 오브젝트의 보이지 않는 부분을 처리하는 기법임

46 다음 중 동영상 관련 포맷 방식이 아닌 것은?

① wav
② asf
③ avi
④ mp4

> wav는 PC 환경에서 사용되는 형식으로 Microsoft 사에서 만든 컴퓨터용 오디오 파일임
>
> **오답 피하기**
> **동영상 파일 포맷** : MPG, AVI, MOV, SWF, FLV, ASF 등

47 다음 중 컴퓨터 그래픽스의 기본적인 컬러 시스템이 아닌 것은?

① RGB
② CMY
③ CRT
④ HSB

> CRT는 모니터 브라운관 장치

48 웹용 이미지를 디자인할 때 고려해야 할 사항으로 가장 거리가 먼 것은?

① 파일 크기
② 파일 포맷 형식
③ 이미지의 색상
④ 인쇄 설정

> 웹용으로 이미지를 디자인할 때는 결과물을 모니터 상에서 보는 것이기 때문에 인쇄해서 출력물을 확인하는 것은 고려대상이 아님

49 다음 중 컴퓨터그래픽스의 특징이 아닌 것은?

① 색상을 마음대로 표현하거나 변경할 수 있다.
② 실제로 나타낼 수 없는 부분까지 표현이 가능하다.
③ 시간과 공간에 제약이 있다.
④ 디자인 의도대로 명도나 질감을 표현할 수 있다.

> 컴퓨터그래픽스는 컴퓨터를 통해 그래픽 작업을 자동화하는 것으로 시간과 공간의 제약이 없음

50 컴퓨터그래픽스의 렌더링에서 물체의 각 꼭지점(Vertex)에서 빛의 양을 계산한 후 그 값들을 보관하여 각 점에 색 값을 할당하는 쉐이딩 기법은?

① Modeling
② Flat
③ Gouraud
④ Phong

> Gouraud(고러드 쉐이딩)은 꼭지점(Vertex)에서의 조명을 계산하여 면을 채우는 방식으로 인접한 면 색상이 단계적으로 부드럽게 표현되며 플랫 쉐이딩보다 사실적임
>
> **오답 피하기**
> • **Modeling(모델링)** : 오브젝트를 윤곽선에 따라 디자인하는 것으로, 3차원 좌표계를 사용하여 형상 모양을 표현하는 과정
> • **Flat(플랫 쉐이딩)** : 음영색만으로 면 전체를 칠하는 방법으로 가장 단순함
> • **Phong(퐁 쉐이딩)** : 오브젝트의 각 점에 전달되는 빛의 양이 계산되어 부드러운 곡선 표현에 적합

51 스크린 위에 수천 개의 핀을 꽂고 조명에 의해 나타나는 그림자를 영상으로 담아내는 애니메이션을 무엇이라고 하는가?

① 셀 애니메이션
② 조니메이션
③ 그림자 애니메이션
④ 핀 스크린 애니메이션

> 핀 스크린 애니메이션은 하얀색 판 위에 수천 개의 얇은 핀들을 꽂고 옆에서 비추는 조명들과 핀의 움직임에 의해 나타나는 그림자를 가지고 영상으로 표현하는 기법

52 세대별 컴퓨터 그래픽스(CG)의 발달과정에서 제1세대(1946년~1950년대 말)의 특징으로 잘못된 것은?

① 기본 소자로 진공관을 사용하였다.
② 세계최초의 전자식 디지털 컴퓨터인 에니악(ENIAC)을 발명하였다.
③ 컴퓨터 그래픽의 발전 기반을 마련한 시기이다.
④ X-Y 플로터가 개발되어 종이 위에 그림을 그릴 수 있게 되었다.

> 컴퓨터 그래픽의 발전 기반을 마련한 시기는 2세대에 해당됨
> • 1세대 : 에니악(ENIAC) 발명
> • 2세대 : 컴퓨터 그래픽스 기반 구축
> • 3세대 : 논리회로소자가 집적회로(IC)로 대체된 시기. 컴퓨터의 성능과 기술혁신이 빠르게 진행, 프렉탈 발표
> • 4세대 : 개인용 컴퓨터 사용화, 컴퓨터 그래픽스 전성기
> • 5세대 : 인공지능 기술과, 3D 그래픽스의 발전, 뉴미디어 발전시기

53 웹 인터페이스 디자인에서 강조되는 특성이 아닌 것은?

① 사용자 편의성
② 일관성
③ 독창성
④ 강제성

> 웹 인터페이스는 사용자의 환경을 고려하여 일관성 있고 편리하며 독창적으로 디자인함

54 웹 그래픽 제작에서 반복되는 배경이미지 제작의 설명으로 가장 거리가 먼 것은?

① 줄무늬를 배경 이미지로 제작
② 도형을 이용한 패턴 제작
③ 부드러운 그라데이션 제작
④ 동영상을 배경 이미지로 제작

> 웹에 사용되는 이미지는 로딩 시간을 줄이기 위해서 이미지를 최적화하며, 동영상을 배경으로 사용하는 경우 용량 문제로 웹페이지의 로딩 시간이 길어질 수 있으며 웹 페이지의 가독성도 떨어질 수 있음

55 벡터(Vector) 이미지에 대한 설명으로 틀린 것은?

① 흑백 이미지로부터 트루컬러 이미지까지 다양한 컬러작업이 용이하다.
② 이미지를 확대 또는 축소, 회전 변환 시키더라도 왜곡이 발생하지 않는다.
③ 점, 선, 면의 좌표 값을 수학적으로 저장하는 방식으로 그림을 표현한다.
④ 로고 제작, 플래시 애니메이션 등 그래픽 프로그램에서 사용한다.

> 흑백 이미지와 트루컬러 이미지는 비트맵 방식의 이미지 표현에 사용됨

56 웹상에서 반복되는 패턴으로 제작된 배경을 만들고자 할 경우 가장 적절한 방법은?

① 브라우저의 크기에 맞는 이미지를 만들어 배경으로 삽입한다.
② 패턴을 만들고 〈body〉 태그 안에 background로 지정한다.
③ 포토샵에서 CMYK 팔레트를 이용하여 jpg 이미지로 저장하여 사용한다.
④ CSS의 스타일을 이용하여 background의 옵션을 no-repeat으로 지정한다.

> 〈BODY〉 태그의 속성 중 background 속성을 이용하면 웹 페이지의 배경 이미지가 반복되어 나타남

57 다음 소프트웨어 중 2D 평면 디자인을 할 때 사용하는 소프트웨어로만 나열된 것은?

> ㉠ 오토 캐드
> ㉡ 일러스트레이터
> ㉢ 하이퍼텍스트
> ㉣ 자바스크립트

① ㉠, ㉡
② ㉢, ㉣
③ ㉠, ㉢
④ ㉡, ㉣

> 2D 평면 디자인 관련 소프트웨어에는 오토캐드, 일러스트레이터, 포토샵 등이 있음

58 색상모드 중 256 색상 내에 이미지를 표현하는 것으로 용량이 적기 때문에 웹에서 가장 많이 쓰이는 색상 체계는?

① RGB
② CMYK
③ INDEX
④ GRAYSCALE

> INDEX 색상체계 : 256가지의 색상을 표현할 수 있으며, GIF 파일 포맷을 저장할 수 있음

59 컴퓨터 그래픽 역사 중 1980년대에 등장한 출력 장치는?

① 래스터 스캔형 CRT
② 리프레시형 CRT
③ X-Y 플로터
④ 스토레이지형 CRT

> **오답 피하기**
> • **리플레시형 CRT** : 1950년대 말 ~ 1960년대 중반 등장
> • **X-Y 플로터** : 1946년 ~ 1950년대 말 등장
> • **스토레이지형 CRT** : 1960년 ~ 1970년대 초 등장

60 다음은 무엇과 관련된 설명인가?

> • 컴퓨터 애니메이션의 한 방식으로 대상물의 시작과 끝만 지정하고 중간 단계는 계산으로 생성하는 방식이다.
> • 중간 단계는 보통 보간법(인터폴레이션, Interpolation)이라는 방법을 이용하여 자동으로 생성한다.

① 모핑 기법
② 키프레임 방식
③ 콤마 촬영
④ 로토스코핑

> **키프레임 방식** : 주로 플래시에서 중간 단계 과정을 만들 때 사용
> **오답 피하기**
> • **모핑 기법** : 2개의 서로 다른 이미지나 3차원 모델 사이의 변화 과정
> • **콤마 촬영** : 수동으로 카메라 버튼을 조작해 프레임을 잘라 녹화
> • **로토스코핑** : 먼저 촬영한 실제 필름 위에 애니메이션을 합성

과목 01 디자인 일반

01 단순화(Simple) 디자인의 장점으로 거리가 먼 것은?

① 장식성　　　　② 접근 용이성
③ 인식성　　　　④ 사용성

> 장식성은 화려한 디자인에서 나타나는 특징

02 일반적으로 좋은 디자인이라고 할 때 갖추어야 하는 조건은 무엇인가?

① 화려한 장식을 더 하는 것
② 실용적인 기능과 조형적인 아름다움
③ 상징적인 형태로 단순화하는 것
④ 타제품과 차별화하는 작업

> 디자인에서 심미적인 부분과 실용적인 부분을 함께 갖추어야 좋은 디자인 제품이 될 수 있음

03 음에서도 색을 느낄 수 있는데 이 현상을 무엇이라 하는가?

① 명시성　　　　② 공감각
③ 색청　　　　　④ 주목성

> 색청(색채 청각)은 음악과 같은 소리를 들을 때 느껴지는 색채의 느낌
>
> **오답 피하기**
> • **명시성** : 배색했을 때 나타나게 되는 뚜렷이 잘 보이는 성질
> • **공감각** : 색을 통해 수반되는 미각 청각 후각의 감각
> • **주목성** : 색 자체가 명도나 채도가 높아서 시각적으로 빨리 눈에 띄는 성질

04 프로덕트 디자인 과정 중 실물처럼 표현하는 것으로 '완성 예상도'라고 불리는 것은 무엇인가?

① 스케치(SKETCH)
② 렌더링(RENDERING)
③ 스토리보드(STORY BOARD)
④ 드로잉(DRAWING)

> 제품 디자인의 과정은 '계획수립 – 디자인 콘셉트 수립 – 아이디어 스케치 – 렌더링(완성 예상도) – 목업 – 도면화 – 모델링 – 결정 – 상품화'로 이루어짐. 그중 렌더링은 완성 예상도를 표현
>
> **오답 피하기**
> **스토리보드(STORY BOARD)** : 애니메이션에서 장면별로 필요한 요소의 배치를 나타내기 위해서 사용하는 것으로 일종의 작업 지침서이면서 설계도임

05 아래의 그림에 나타난 착시 현상은 무엇인가?

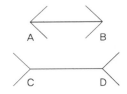

① 방향의 착시　　　② 대비의 착시
③ 분할의 착시　　　④ 길이의 착시

> 길이의 착시는 같은 길이가 주변 환경으로 인해 달라 보이는 일종의 시각적 착오 현상임

06 망막에 다른 색광이 자극하여 혼합되는 현상으로 색 점이 서로 가깝게 있어 명도와 채도가 떨어지지 않는 혼합 방식은?

① 보색혼합　　　　② 병치혼합
③ 가산혼합　　　　④ 감산혼합

> 병치혼합은 망막에 다른 색광이 자극하여 혼합되는 현상으로 색점이 서로 가깝게 있어 명도와 채도가 떨어지지 않는 혼합방식임

07 디자인 원리 중 율동(Rhythm)에 해당하지 않는 것은?

① 점이   ② 교차
③ 비례   ④ 반복

> 비례 : 요소의 전체와 부분을 연관 지어 상대적으로 설명하는 것

08 명도에 대한 설명 중 틀린 것은?

① 색의 밝고 어두운 정도의 단계를 말한다.
② 그레이스케일이라고 부른다.
③ 무채색만 명도를 가진다.
④ 명도의 밝기에 따라 고 · 중 · 저명도로 나뉜다.

> 유채색과 무채색의 공통점은 서로 명도를 가진다는 것

09 다음 중 주위 색의 영향에 의해 인접 색에 가깝게 느껴지는 현상을 의미하는 것은?

① 동화 현상   ② 명시 현상
③ 색의 수축성   ④ 대비 현상

> 동화 현상은 다른 색의 영향을 받아 인접되어있거나 둘러싸여 있는 색상과 비슷하게 보이는 것으로 자극이 지속되는 잔상 효과
>
> **오답 피하기**
> • **명시 현상** : 현상이라기보다 색에서 느껴지는 성질, 배색했을 때 나타나게 되는 뚜렷이 잘 보이는 성질을 명시성이라고 함
> • **색의 수축성** : 차가운 색과, 명도와 채도가 낮은 색이 수축되어 보이는 것
> • **대비 현상** : 색이 인접해 있을 때 서로 영향을 받아 색상의 차이가 커 보이는 현상

10 다음 중 2차원 디자인에 포함되지 않는 것은?

① 타이포그래피   ② 일러스트레이션
③ 애니메이션   ④ 편집디자인

> 애니메이션은 2차원의 평면에 깊이를 더하여 공간으로 표현되는 4차원 디자인
>
> **오답 피하기**
> **2차원 디자인** : 광고와 선전, 편집 디자인, 아이덴티티(CIP), 타이포그래피, 레터링 디자인, 일러스트레이션, 웹 디자인, 텍스타일 디자인, 벽지 디자인, 인테리어 패브릭 디자인

11 디자인의 원리 중 조형의 모든 부분에 나타나는 시각상의 힘으로서, 공간을 지배하는 주도적인 부분과 강조하는 상관적인 부분의 힘이 조화를 이루는 것을 무엇이라고 하는가?

① 주도와 종속   ② 비례와 균형
③ 리듬과 율동   ④ 유사와 대비

> 주도와 종속은 조형의 모든 부분에 나타나는 시각상의 힘으로 주도적인 것을 끌어당기는 상대적인 힘을 의미함

12 다음이 설명하고 있는 것은?

> • 주어진 길이를 가장 이상적으로 나누는 비를 말한다.
> • 근사값이 약 1.618인 무리수이다.

① 비례   ② 황금비
③ 삼각분할   ④ 루트비례

> 황금비는 작은 부분과 큰 부분의 비가 큰 부분과 전체의 비와 같아지는 비례로, 1:1.6184의 비율로 나눈 것임

13 다음 중 먼셀 색입체에 대한 설명으로 틀린 것은?

① CIE의 색표와 연관성이 용이하다.
② 무채색 축 안쪽으로 갈수록 채도가 높은 색을 배열한다.
③ 색상(Hue), 명도(Value), 채도(Chroma)로 표시하여 색채나무라고도 한다.
④ 10색상환을 각기 4분할하여 40색상이 되게 하고 색상환은 20색을 쓰고 있다.

> 먼셀 표색계에서 채도는 바깥쪽으로 갈수록 높아지고, 안쪽으로 갈수록 낮아짐

14 게슈탈트의 형태에 관한 시각 기본 법칙에 해당되지 않는 것은?

① 통일   ② 근접
③ 유사   ④ 연속

> 게슈탈트 법칙에 의하면 형태는 근접, 유사, 폐쇄, 연속된 속성을 가진 형태들이 심리적으로 보기 좋음

15 유채색에서 볼 수 있는 대비로 연속대비라고도 하며, 잔상 효과와 가장 밀접한 관련이 있는 것은?

① 색상대비   ② 계시대비
③ 채도대비   ④ 명도대비

> 계시대비란 색상을 보고 난 후 일정한 시간 후에 느껴지는 대비 효과. 예를 들어 녹색 배경에 있는 회색 사각형을 계속 응시하다가 흰색 배경을 바라보면 붉은 바탕의 녹색 사각형이 있는 것처럼 보임

16 병원 수술실의 색채 계획으로 가장 적당한 배색은?

① 노란색 계열   ② 녹색 계열
③ 보라색 계열   ④ 무채색 계열

> 붉은색 피를 계속 보게 되면 녹색 계열로 계시대비가 나타나게 됨. 따라서 수술실 공간을 녹색 계열로 배치함으로써 붉은색에 대한 계시대비 현상을 방지함

17 다음의 관용색명 중 성격이 다른 것은?

① 살구색   ② 밤색
③ 레몬색   ④ 상아색

> 살구색, 밤색, 레몬색은 식물에서 따온 관용색명이고, 상아색은 동물인 코끼리 엄니에서 따온 관용색명임

18 다음 중 색과 색의 연상이 잘못 연결된 것은?

① 노랑 – 주의 표시, 명랑
② 파랑 – 여름, 시원함
③ 회색 – 신비, 위엄, 고독
④ 검정 – 죽검, 탄 것, 엄숙미

> 회색은 공장, 테크노, 음울 등을 연상
> **오답 피하기**
> **보라** : 신비, 위엄, 고독 연상

19 색과 색채에 대한 설명으로 틀린 것은?

① 색은 물리적 현상을 말한다.
② 색채는 심리적 현상을 말한다.
③ 색은 무채색을 제외한 유채색을 의미한다.
④ 색채는 유채색만을 의미한다.

> 색은 눈의 망막이 빛의 자극을 받아 생기는 물리적인 지각 현상이며, 색채는 색을 지각한 후의 심리적인 현상(색은 무채색, 유채색을 포함)

20 선에 대한 설명으로 잘못된 것은?

① 유기적인 선은 정확하고 긴장되며 기계적인 느낌을 준다.
② 수직선은 세로로 된 선으로 숭고한 느낌을 준다.
③ 수평선은 가로로 된 선으로 편안한 느낌을 준다.
④ 사선은 비스듬한 선으로 동적인 움직임과 불안한 느낌을 준다.

> 유기적인 선은 물체의 전체나 외부 모양에서 나타나는 자연적인 선으로 부드러움과 자유로운 느낌을 줌

21 다음 중 웹에 대한 설명으로 틀린 것은?

① 웹은 World Wide Web의 약자이다.
② 하이퍼텍스트 자료들은 HTML이라는 언어를 통해 표현된다.
③ HTTP라는 통신 프로토콜을 사용한다.
④ 문자 중심이며 동영상 자료는 전송이 불가하다.

> 웹은 문자·음성·동영상 등의 멀티미디어 환경을 갖춘 인터넷의 정보 서비스

22 다음은 무엇에 관한 설명인가?

> • HTML 문서 형태를 위한 언어로 HTML 문서의 서식을 미리 정의
> • 텍스트 스타일, 콘텐츠 배치, 레이아웃 등에 대한 제반 속성을 지정
> • 각기 다른 브라우저 환경에서 동일한 문서 형태 제공

① CGI   ② XML
③ ASP   ④ CSS

> CSS는 웹 페이지의 문서 스타일을 미리 정의하여 사용할 수 있도록 함
> **오답 피하기**
> • **CGI** : 서버 측에서 다른 컴퓨터 프로그램을 별도로 수행하여 그 결과를 홈페이지 상에서 받아보고자 할 때 사용하는 공용 인터페이스
> • **XML** : SGML 언어의 축약된 형식으로 HTML처럼 태그 형태로 되어 있지만, HTML과 달리 사용자가 태그들을 확장시킬 수 있는 언어
> • **ASP** : 동적인 웹 문서를 제작하는 기술로 CGI의 단점을 보완

23 다음 중 상호 작용을 지원하는 웹 페이지 제작을 위한 CGI에 대한 설명으로 틀린 것은?

① 웹 브라우저와 웹 서버, 응용 프로그램 간의 일종의 인터페이스이다.
② 방명록이나 카운터, 게시판 등에 사용된다.
③ 클라이언트에 정적인 단방향 통신을 제공한다.
④ HTML의 〈FORM〉 태그를 이용하여 CGI 프로그램으로 데이터를 전달한다.

CGI는 웹 서버와 웹 프로그램 사이의 표준 인터페이스로, 동적인 양방향 통신을 통한 대화형 웹 서비스를 제공

24 웹상에서 하이퍼텍스트 문서 전송에 필요한 통신 규약은?

① FTP
② USENET
③ TELNET
④ HTTP

HTTP는 HyperText Transfer Protocol의 약자로 하이퍼텍스트 전송 규약

25 HTML 문서에 자바스크립트를 삽입하는 방법으로 틀린 것은?

① HTML 문서의 〈head〉나 〈body〉 태그 사이에 소스를 직접 입력한다.
② 자바스크립트 소스를 확장자 .js인 외부파일로 저장하여 불러온다.
③ 소스가 길어질 경우 함수로 이름을 지정해 호출하여 사용한다.
④ HTML 문서의 태그 내에 애플릿과 함께 사용한다.

자바스크립트는 HTML 문서 내에 〈SCRIPT〉라는 태그를 이용하여 삽입하며 애플릿과 별도로 삽입됨. 또한 자바스크립트는 웹 브라우저에 의해 코드 자체가 번역되는 것으로 애플릿의 실행 방식과는 다름

26 IPv4에서 10.255.255.255 주소는 어느 클래스에 속하는가?

① 클래스 A
② 클래스 B
③ 클래스 C
④ 클래스 D

A 클래스의 처음 8bit 값을 이진수 비트 수로 표현하면 0000 0001~0111 1110이며, 이를 십진수로 표현하면 1~126임. 10.255.255.255는 A 클래스에 해당하는 IP 주소로 A 클래스 중 사설 IP 주소에 해당

27 다음 중 데이터 전송 속도를 나타내는 단위가 아닌 것은?

① bps
② baud
③ dpi
④ cps

DPI(Dot Per Inch) : 프린터 또는 스캐너의 출력 해상도

28 자바스크립트 언어의 기본적인 특성으로 틀린 것은?

① 대, 소문자를 구분한다.
② 변수 이름에 공백 문자를 사용할 수 있다.
③ 하나의 명령문이 끝나면, 세미콜론(;)을 기술한다.
④ 변수 이름은 반드시 영문자 또는 밑줄(_)로 시작해야 한다.

자바스크립트의 변수 이름에는 영문 대소문자, 숫자, 밑줄(_)을 사용할 수 있으며, 변수 이름에 공백 문자를 사용할 수 없음

29 자바스크립트의 내장함수 중 [확인]이나 [취소]를 선택하도록 하는 대화상자를 생성하는 함수는?

① String( )
② parseInt( )
③ confirm( )
④ eval( )

confirm( ) : 메시지를 사용자에게 알려서 [확인]이나 [취소]를 선택하도록 하는 대화상자를 생성하는 내장함수

오답 피하기
eval( ) : 문자열로 입력된 수식을 계산하는 내장함수

30 다음 중 인터넷 서비스의 종류와 관련 서버가 잘못 연결된 것은?

① LAN과 외부 네트워크 – Proxy 서버
② 호스트 이름과 IP 주소 – DNS 서버
③ 월드와이드웹(WWW) 서비스 - Gateway 서버
④ 텔넷(Telnet) 서비스 - Telnet 서버

월드와이드웹(WWW) 서비스는 웹 서비스를 제공하는 컴퓨터 또는 서버 프로그램인 Web 서버와 관련됨

오답 피하기
Gateway : 네트워크에서 서로 다른 통신망과 프로토콜을 사용하는 네트워크 간 통신을 할 수 있게 하는 컴퓨터나 서버 프로그램

31 전자우편을 전송할 때 사용되는 프로토콜은?

① FTP ② SMTP
③ Telnet ④ Usenet

> SMTP는 'Small Mail Transfer Protocol'의 약어로 전자우편물의 송신을 담당하는 프로토콜

32 검색 엔진을 이용한 정보 검색의 설명으로 틀린 것은?

① 검색 결과에 대한 신뢰도는 항상 절대적인 것은 아니다.
② OR 연산자를 이용한 검색은 검색 내용을 최소화하게 된다.
③ 웹에서 찾기 어려운 자료는 메일링 리스트나 뉴스 그룹(Use Net) 등을 검색해 본다.
④ 고유명사는 그 단어 자체를 국한하여 검색하기 때문에 좋은 키워드가 될 수 없다.

> OR 연산자는 두 개의 키워드 중에서 어느 하나만 포함되어 있어도 해당 정보를 검색하도록 지시하므로 검색 내용을 최소화하지 않음

33 다음 인터넷 검색엔진 중 주제별 검색에 의한 기법을 사용하지 않는 것은?

① 야후 ② 네이버
③ 멀티서치 ④ 다음

> 멀티서치는 많은 검색 엔진의 서치 결과를 한 차례에 모아주는 검색엔진을 의미함

34 다음 중 웹 브라우저의 기능이 아닌 것은?

① 웹 페이지 열기 및 저장
② 자주 방문하는 URL 기억 및 관리
③ HTML 문서의 소스 파일 보기
④ 멀티미디어를 이용한 웹 페이지 제작

> 웹 브라우저는 웹 페이지의 저장 및 인쇄, 최근 방문한 URL 목록을 제공하고 저장하는 기능을 제공하며, 멀티미디어를 이용하여 웹 페이지를 제작할 때는 웹 에디터를 이용함

35 인터넷 주소 형식에서 마지막 부분은 항상 최상위 도메인을 나타낸다. 다음 중 최상위 도메인에 속하지 않는 것은?

① ac ② com
③ gov ④ kr

> ac, or, re는 차상위 도메인

36 HTML 문서에서 하이퍼링크 설정 시 새로운 창을 열어 문서를 연결하는 속성을 지정하고자 한다. ①에 들어갈 옵션으로 옳은 것은?

〈A HREF="http://hrdkorea.or.kr" target = "①"〉

① _SELF ② _PARENT
③ _TOP ④ _BLANK

> target값 중 _blank는 새로운 창에 하이퍼링크를 열고자 할 때 사용
>
> **오답 피하기**
> • _self : 현재 창에 링크가 나타남
> • _parent : 현재 창 이전의 상위 프레임에 링크가 나타남
> • _top : 현재 창의 최상위 창에 링크가 나타남

37 다음 중 CSS(Cascading Style Sheet)에 대한 설명으로 옳은 것은?

① CSS3 버전을 이용하여 HTML5 문서의 스타일을 작성할 수 있다.
② 인터넷 분산 환경에서 사용되도록 설계된 객체지향 프로그래밍 언어이다.
③ HTML 문서 내에 삽입하여 사용하려는 경우 〈SCRIPT〉 태그를 이용한다.
④ 웹 페이지와 사용자 간의 상호작용, 애니메이션 동작 등의 요소들이 요구사항에 따라 동작이 가능하도록 명령을 표준화한 것이다.

> CSS의 최신 규격은 CSS3으로 HTML5 문서의 스타일은 CSS3를 이용함
>
> **오답 피하기**
> • ② : 인터넷 분산 환경에서 사용되도록 설계된 객체지향 프로그래밍 언어는 JAVA임
> • ③ : CSS는 HTML 문서 내에 〈STYLE〉 태그를 이용하여 삽입하여 사용함
> • ④ : 웹 페이지와 사용자 간의 상호작용, 애니메이션 동작 등의 요소들이 요구사항에 따라 동작이 가능하도록 명령을 표준화한 것은 jQuery임

38 채팅이나 온라인 게임에 참여할 때 자신을 대신하여 존재하고 행동하는 가상의 캐릭터로서 '분신'이라고도 불리는 것은?

① 아바타
② 쿠키
③ 포털
④ 허브

> **아바타** : 인터넷상에서 사용자를 대신하는 캐릭터로서, 네트워크 환경에서 자신을 대신하여 커뮤니케이션에 참여하는 가상의 그림 또는 아이콘을 뜻함
>
> **오답 피하기**
> - **쿠키** : 웹 사이트 방문 기록을 사용자 측의 컴퓨터에 남겨두는 것
> - **포털** : 인터넷의 관문과 같은 사이트로 검색, 이메일, 커뮤니티 등의 서비스를 제공함
> - **허브** : 데이터 통신에서 컴퓨터를 LAN에 접속시키는 장치로 데이터가 모였다가 전달되는 장소

39 OSI 7계층 구조를 하위 계층부터 상위 계층까지 순서대로 나열한 것은?

① 물리계층 → 데이터 링크계층 → 세션계층 → 네트워크계층 → 전송계층 → 응용계층 → 표현계층
② 물리계층 → 데이터 링크계층 → 네트워크계층 → 전송계층 → 세션계층 → 응용계층 → 표현계층
③ 물리계층 → 데이터 링크계층 → 네트워크계층 → 전송계층 → 세션계층 → 표현계층 → 응용계층
④ 전송계층 → 물리계층 → 데이터 링크계층 → 네트워크계층 → 세션계층 → 표현계층 → 응용계층

> 1계층(물리 계층)-2계층(데이터 링크 계층)-3계층(네트워크 계층)-4계층(전송 계층)-5계층(세션 계층)-6계층(표현/프레젠테이션 계층)-7계층(응용 계층)

40 다음 설명에 해당하는 것은?

> - W3C에서 1996년 HTML을 대체할 목적으로 제안한 것으로 웹상에서 구조화된 문서를 전송 가능하도록 설계된 언어이다.
> - 사용자가 새로운 태그를 정의할 수 있는 기능을 제공한다.

① CSS
② DHTML
③ SOAP
④ XML

> XML은 HTML처럼 태그 형태로 되어 있지만, HTML과 달리 사용자가 태그들을 확장시킬 수 있는 언어이며 웹 서버에서 동작하지 않고 웹 브라우저에서 해석됨

41 웹 그래픽 디자인은 효과적으로 웹 사용자에게 정보전달을 돕는 도구라고 할 수 있다. 다음 중 정보전달 역할로서의 웹디자인과 가장 거리가 먼 것은?

① 정보접근의 편의성 제공
② 정보에 대한 빠른 이해력 증대
③ 시각적, 청각적인 친근감 확대
④ 개성적인 표현의 다양성

> 개성적인 표현의 다양성은 시각적인 효과를 제공하기 위한 디자인으로서의 역할임

42 웹 디자이너가 홈페이지에 적용할 색을 설계할 때 고려해야 할 사항으로 거리가 먼 것은?

① 보색 사용을 남용하지 않도록 한다.
② 배경색과 배경무늬를 많이 활용한다.
③ 전체적으로 일관성 있는 색상으로 설계한다.
④ 사용 목적과 조화를 고려하여 색을 선택한다.

> 홈페이지 제작 시 색상, 글자 모양, 레이아웃 등에 대한 원칙을 수립하도록 하며, 배경색과 배경 무늬는 심플하게 사용

43 두 개의 서로 다른 이미지나 3차원 모델 사이의 변화하는 과정을 서서히 나타내는 컴퓨터 애니메이션 기법은?

① 로토스코핑(Rotoscoping)
② 컬러 사이클링(Color Cycling)
③ 모핑(Morphing)
④ 모델링(Modelling)

> **모핑(Morphing)** : 보간법을 이용하여 한 이미지에서 다른 이미지로 변화되도록 하는 그래픽스 기법
>
> **오답 피하기**
> - **컬러 사이클링** : 하나의 정지된 이미지 속에서 색채의 변화를 이용하는 기법
> - **로토스코핑** : 전통적인 셀 애니메이션의 특수한 기법으로 실제 장면을 촬영한 실사 필름 위에 특정 인물이나 사물을 투명 종이(셀)에 직접 그림을 그리고 채색하는 기법

44 다음은 웹디자인 프로세스의 각 단계이다. 순서대로 옳게 나열한 것은?

> ⓐ 사이트맵 그리기
> ⓑ 기본디자인 구상하기
> ⓒ 컨셉 정하기
> ⓓ 세부디자인 구상하기

① ⓐ → ⓑ → ⓒ → ⓓ
② ⓐ → ⓑ → ⓓ → ⓒ
③ ⓒ → ⓑ → ⓐ → ⓓ
④ ⓒ → ⓐ → ⓑ → ⓓ

웹 사이트를 디자인하기 위해서는 우선 사이트의 콘셉트를 정하고 웹 사이트의 전체 구조를 한눈에 알아볼 수 있도록 사이트 맵을 정의한 후 실제적인 디자인 작업을 시작함

45 렌더링 과정 중에서 음영, 빛의 비춤, 반사, 투명 처리 등을 하는 과정을 무엇이라고 하는가?

① 세이딩(Shading)
② 안티 앨리어싱(Anti Aliasing)
③ 텍스처 매핑(Texture Mapping)
④ 필터링(Filtering)

세이딩이란 음영, 빛의 비춤, 반사, 투명 처리의 과정으로 사실적인 이미지를 표현할 때 사용함

오답 피하기

텍스처 매핑 : 이미지 매핑(Image Mapping)이라고도 하며, 오브젝트에 2차원의 비트맵 이미지를 입히는 과정

46 컴퓨터 그래픽스에서 벡터(Vector) 방식에 대한 설명으로 틀린 것은?

① 수학적 연산에 의해 그래픽 데이터를 만들어 낸다.
② 선과 도형으로 그려내며 단순한 도형의 표현에 적합하다.
③ 이미지를 확대하거나 축소해도 손상이 없다.
④ 대표적인 벡터 기반 프로그램으로는 포토샵이 있다.

포토샵은 비트맵 기반의 프로그램임

오답 피하기

• **벡터 기반 프로그램** : 일러스트레이터, 코렐드로우, 플래시
• **비트맵 방식** : 이미지가 픽셀로 구성되어 있으며, 사진을 보정하거나 합성할 때 많이 사용함. 하나의 픽셀마다 다른 색상을 표현할 수 있기 때문에 음영, 색상의 미세한 단계 등 표현 가능

47 일반적인 좋은 웹 사이트 레이아웃에 대한 설명으로 맞는 것은?

① 메인페이지는 4~6개의 프레임으로 나누어 구성한다.
② 정보의 중요성에 따라 폰트의 크기를 세분화한다.
③ 콘텐츠의 크기가 큰 것은 웹페이지 상단에 배치한다.
④ 웹사이트의 초기화면에는 사이트의 주제를 보여줄 수 있는 대용량의 이미지를 사용한다.

웹사이트 페이지는 시선이 상단에서 하단으로 흐르므로 무조건 큰 콘텐츠를 상단에 배치하는 것이 아니라 중요도가 높은 콘텐츠를 상단에 배치하도록 함

48 홈페이지의 해당 컨셉을 이끌어 내기 위해 종이에 최대한 많이 그려봄으로써 여러 가지 구성을 만들어 보는 디자인 실무의 초기 작업은?

① 브레인스토밍
② 콘텐츠디자인
③ 벤치마킹
④ 아이디어 스케치

아이디어 스케치는 웹 사이트 기획 과정에서 웹사이트의 주제에 맞는 컨셉을 이끌어 내기 위해 종이 위에 여러 가지 아이디어를 표현해 보는 작업

49 다음 중 보기가 설명하고 있는 것은?

> • 점묘법과 같이 제한된 수의 색상들을 사용하여 다양한 색상을 만드는 것
> • 예를 들어 노란색과 빨간색을 섞어서 기술적으로 잘 배치하여 주황색을 표현
> • GIF 파일 포맷에서 제한된 컬러를 사용하여 본래의 높은 비트로 된 의 효과를 최대한으로 내는 처리 기법

① 해상도
② 픽셀
③ 패턴
④ 디더링

디더링(Dithering) : 이미지에 포함되지 않은 색상을 마치 이미지에 포함된 색상처럼 비슷하게 구성해 주는 기법으로 GIF 파일 포맷에서 색상을 풍성히 표현하기 위해 사용하는 옵션임

50 물체 경계면의 픽셀을 물체의 색상과 배경의 색상을 혼합해서 표현하여 경계면이 부드럽게 보이도록 하는 기법은?

① Antialiasing
② Dithering
③ Blending
④ Compositing

> Antialiasing(안티앨리어싱)은 계단 현상을 최소화하기 위한 옵션으로, 이 옵션을 선택하면 가장자리 픽셀과 바탕 픽셀 사이의 색상 변이가 매끄럽게 이루어짐

51 다음 설명은 컴퓨터 그래픽스의 역사 중 몇 세대를 의미하는가?

> • 제조업 분야에 CAD와 CAM을 도입하였다.
> • 만델브로(B.B.Mandelbrot)가 프랙탈 이론(Fractal Theory)을 발표했다.
> • 마이크로 소프트(Microsoft)사가 설립되었다.

① 제1세대
② 제2세대
③ 제3세대
④ 제4세대

> 3세대 : 논리회로소자가 집적회로(IC)로 대체된 시기로 TV와 영화에 컴퓨터 그래픽스가 이용되면서 사실적이고 생동감 있는 표현이 중요해짐
>
> **오답** 피하기
> • 1세대 : 애니악(ENIAC) 발명
> • 2세대 : 컴퓨터 그래픽스 기반 구축
> • 4세대 : 개인용 컴퓨터 사용화, 컴퓨터 그래픽스 전성기

52 래스터 이미지에 대한 설명으로 틀린 것은?

① 화면 확대 시 이미지가 손상된다.
② 비트맵 이미지를 래스터 이미지라고 한다.
③ 일러스트레이터에서 주로 사용되는 이미지 형식이다.
④ 디지털 카메라로 찍은 이미지는 래스터 이미지이다.

> 래스터 이미지는 이미지가 픽셀로 구성된 비트맵 이미지를 의미. 일러스트레이터는 벡터 방식의 이미지 형식

53 웹 디자인 과정에서 웹 페이지를 제작하기 위한 툴과 가장 거리가 먼 것은?

① 드림위버(Dreamweaver)
② 일러스트레이터(Illustrator)
③ 포토샵(Photoshop)
④ 오토캐드(Autocad)

> 오토캐드(Autocad)는 2D/3D 디자인 소프트웨어로 설계도면이나 지형 및 제품 디자인에 활용함
>
> **오답** 피하기
> • 드림위버 : 위지윅 방식의 웹 에디터
> • 일러스트레이터 : 벡터 방식으로 정확한 도형을 제작하는데 사용하는 그래픽 소프트웨어
> • 포토샵 : 대표적인 2D 이미지 편집 소프트웨어로 비트맵 방식으로 데이터를 처리

54 키 프레임 방식의 애니메이션에 대한 설명으로 옳은 것은?

① 정해진 시간에 한 컷, 한 컷을 보여주는 방식이다.
② 움직임의 시작과 끝을 지정하고, 중간단계는 시스템에서 계산되어 자동으로 생성된다.
③ 정지화면을 연속적으로 빠르게 보여주어 움직임을 부여할 수 있다.
④ 보통 만화는 1초에 2~24컷, 영화나 광고는 1초에 80컷을 사용한다.

> 키 프레임이란 대상물의 시작과 끝만 지정하고 중간 단계는 계산으로 생성하는 방식. 중간 단계는 보통 보간법을 이용하여 자동으로 생성

55 웹 디자인 프로세스 중 Pre-Production 단계에 해당하지 않는 것은?

① 콘텐츠 디자인 및 제작
② 디자인 계획 수립
③ 콘셉트 구상
④ 디자인 구체화

> Pre-Production 단계란 사전 제작 단계이며, 콘텐츠 디자인은 Production(제작 단계)에 해당함

56 다음이 설명하고 있는 것은?

> 장치를 통한 데이터를 주고받는 상호교환을 하며 두 개의 컴퓨터 시스템 장치를 기능적으로 연결한다.

① 오토캐드
② 포토샵
③ 레이아웃
④ 인터페이스

인터페이스란 2대 이상의 장치나 소프트웨어 사이에서 정보나 신호를 주고받을 때 그 사이를 연결하는 연결 장치나 소프트웨어를 말함

57 다음 중 GUI에 대한 설명으로 틀린 것은?

① GUI는 Graphic User Interface의 약자이다.
② 사용자가 그래픽을 통해 컴퓨터와 정보를 교환하는 작업 환경을 의미한다.
③ 현재 Windows 계열의 운영체제에서만 사용되고 있다.
④ 아이콘, 내비게이션 툴바 등으로 컴퓨터 사용을 손쉽게 해준다.

GUI는 그래픽 기반의 작업 환경으로서 Mac OS나 기타 OS에서도 사용됨

58 일반적인 애니메이션 제작 과정으로 옳은 것은?

① 스토리보드 → 기획 → 제작 → 음향 → 레코딩
② 스토리보드 → 제작 → 기획 → 음향 → 레코딩
③ 기획 → 스토리보드 → 제작 → 음향 → 레코딩
④ 기획 → 스토리보드 → 음향 → 제작 → 레코딩

애니메이션의 제작 과정 : 기획 → 스토리보드 제작 → 제작(레이아웃, 원화, 스캐닝, 디지털 채색) → 음향 합성 → 레코딩

59 다음 중 PNG 파일 포맷의 설명으로 틀린 것은?

① Interlaced 옵션이 가능하다.
② 압축 기법을 사용하지 않는 포맷이다.
③ 8비트의 256컬러나, 24비트의 트루컬러를 선택하여 저장할 수 있다.
④ 하나의 파일로 애니메이션 효과를 만들 수 있다.

하나의 파일로 애니메이션 효과를 만들 수 있는 포맷은 GIF임
오답 피하기
PNG 파일 포맷에서 인터레이스(Interlace) 옵션은 웹 브라우저에서 이미지가 점진적으로 나타나도록 함

60 다음과 같은 특징을 가지고 있는 그래픽 툴은?

> • 벡터 방식으로 정확한 도형을 제작한다.
> • 그래프나 문자 등의 드로잉 작업, 심벌, 마크 디자인 등의 작업에 사용된다.
> • 벡터 방식이기 때문에 확대, 변형해도 이미지의 손상이 없다.

① Paint shop
② Illustrator
③ CAM
④ Maya

심벌, 마크 디자인 등의 작업은 세밀한 곡선처리가 필요한 작업으로 벡터 방식의 프로그램을 이용. 대표적인 프로그램으로는 Adobe Illustrator가 있음

과목 01 디자인 일반

01 다음 중 보기가 설명하고 있는 것은?

- 주어진 길이를 가장 이상적으로 나누는 비를 말한다.
- 근사값이 약 1.618인 무리수이다.

① 프로포션
② 삼각 분할
③ 황금비율
④ 비례

> 황금비율은 작은 부분과 큰 부분의 비가, 큰 부분과 전체의 비와 같아지는 비율

02 굿 디자인을 위한 디자인의 조건에 올바르지 않은 것은?

① 합목적성
② 다양성
③ 심미성
④ 독창성

> 합목적성, 경제성, 심미성, 독창성, 질서성을 만족시킴으로써 외적인 독창성과 편리함을 갖춘 디자인을 굿 디자인이라고 함

03 컬러 프린트를 만들기 위해 C, M, Y, K 4색의 네거티브 필름으로 만드는 과정을 무엇이라 하는가?

① 색 수정
② 색상 좌표
③ 색도도
④ 색분해

> 네거티브 필름(네거필름)이란 컬러 프린트를 만들기 위해 각 색을 분해한 음화 필름을 의미하며, 이것을 만드는 과정을 색분해라고 함

04 다음 중 괄호( ) 안에 알맞은 용어는?

색입체는 색의 3속성에 따라 합리적으로 배치한 3차원 색상환으로 (㉠)은/는 둘레의 원으로, (㉡)은/는 중심선으로부터 방사선으로, (㉢)은/는 중심축으로 배치한 것이다.

① ㉠ 명도, ㉡ 채도, ㉢ 색상
② ㉠ 채도, ㉡ 명도, ㉢ 색상
③ ㉠ 색상, ㉡ 명도, ㉢ 채도
④ ㉠ 색상, ㉡ 채도, ㉢ 명도

> 색상, 채도, 명도를 알아보기 쉽도록 3차원 형태로 구성한 것을 색입체라고 함

05 다음 중 선에 대한 설명으로 거리가 먼 것은?

① 선은 하나의 점이 이동하면서 이루는 자취다.
② 가는 직선은 예리하고 가볍게 느껴진다.
③ 사선은 동적이고 불안정한 느낌을 주나 사용에 따라 강한 표현에 효과적이다.
④ 곡선은 우아, 매력, 모호, 유연, 섬세함과 정적인 표정을 나타낸다.

> 곡선은 동적인 표정을 나타냄

06 고차원적 프로덕트 디자인에 속하지 않는 것은?

① 텍스타일 디자인
② 편집 디자인
③ 벽지 디자인
④ 인테리어 직물 디자인

> 편집 디자인은 프로덕트(제품) 디자인이 아닌, 2차원 시각 디자인에 해당

07 다음 중 색과 색채에 대한 설명으로 틀린 것은?

① 우리가 일상생활에서 보는 색을 색채라고 한다.
② 색채는 색을 지각한 후의 심리적인 현상이다.
③ 색은 눈의 망막이 빛의 자극을 받아 생기는 물리적인 지각 현상이다.
④ 색채는 무채색, 유채색, 중성색 3가지로 분류한다.

색채는 색채를 느낄 수 없는 경우인 무채색과 유색 광각의 색을 느끼는 경우인 유채색으로 나뉨

08 다음 중 무성한 초록 나뭇잎들 사이에 핀 빨간 꽃과 관련 있는 조형의 원리는?

① 반복   ② 강조
③ 점이   ④ 율동

강조 : 단조로움을 피하기 위해 일부 요소를 다르게 표현하는 것

오답 피하기
• 반복 : 형태를 한 번 이상 주기적, 규칙적으로 배열하는 것
• 점이 : 반복의 크기나 색채, 단계 등에 일정한 변화를 주어 동적인 효과를 주는 것
• 율동 : 규칙적인 특징을 반복하거나 교차시키는 데서 비롯되는 움직임의 느낌

09 다음 중 심미성에 대한 설명으로 맞지 않는 것은?

① 동일한 기준을 가진 객관적인 미적 활동이다.
② 시대적인 미의 기준에 따라 다르게 변화된다.
③ 비합리적인 미적 의식을 말한다.
④ 국가, 민족에 따라 기준이 변화한다.

심미성은 주관적이고 비합리적인 미적 의식이며, 시대적인 미의 기준, 사회적인 개성에 따라 변화됨

10 다음 중 가산 혼합에 대한 설명으로 올바르지 않은 것은?

① 영과 헴름홀츠가 처음으로 발표한 학설이다.
② 다른 색광을 혼합해서 다시 원색을 만들 수 없다.
③ 색광의 3원색이 RGB 혼합이다.
④ 혼합할수록 어두워지는 혼합이며, 플러스 혼합이라고도 한다.

가산 혼합은 혼합할수록 밝아지는 혼합

11 다음 중 디자인의 표현 요소가 아닌 것은?

① 점, 선, 면   ② 방향, 공간
③ 형태, 크기   ④ 흔적, 영역

디자인의 표현 요소 : 점, 선, 면 등의 개념 요소, 형태, 크기 등의 시각 요소, 방향, 공간감 등의 상관 요소가 있음

12 다음 중 시각적 또는 촉각적으로 느껴지는 물체 표면에 대한 느낌을 의미하는 것은?

① 시간   ② 점이
③ 질감   ④ 공간

질감은 물체의 표면적인 느낌으로 광택, 매끄러움, 거침, 울퉁불퉁함 등의 촉감과 재질을 의미함

13 다음 중 디자인의 원리에 대한 설명으로 틀린 것은?

① 통일은 조화로운 형, 색, 질감이 공통된 특징을 갖고 있다.
② 대칭은 균형의 전형적인 구성 형식이며 좌우대칭, 방사대칭이 있다.
③ 조화는 일정한 방향을 유지하나 크기와 형태가 다른 경우를 의미한다.
④ 반복은 동일한 요소나 대상 등을 두 개 이상 나열시켜 율동감을 표현하는 것으로 시각적으로 힘의 강약 효과가 있다.

조화는 디자인 요소들이 상호 관계를 가지고 균형감을 잃지 않은 상태로 이루어진 것

오답 피하기
일정한 방향을 유지하나 크기와 형태가 다른 경우는 반복의 한 유형

14 다음 중 색광의 3원색을 모두 혼합하면 나타나는 색상으로 올바른 것은?

① 검정(Black)   ② 노랑(Yellow)
③ 흰색(White)   ④ 자주(Magenta)

색광의 3원색 혼합 : 빨강(Red) + 녹색(Green) + 파랑Blue) = 흰색(White)

15 과거부터 전해 내려와 습관적으로 사용하는 색 하나하나의 색명을 무엇이라 하는가?

① 일반 색명
② 계통 색명
③ 관용 색명
④ 특정 색명

> 관용 색명은 관습적이거나 연상적인 느낌으로 이름을 붙이는 방법으로 인명, 지명, 원료, 자연 등에 따라 이름이 붙여짐

16 디자인의 기본 요소 중 형과 형태에 관한 설명으로 틀린 것은?

① 기본 형태에는 점, 선, 면, 입체가 있다.
② 형태는 일정한 크기, 색채, 질감을 가진다.
③ 형에는 가상적 형과 이념적 형이 있다.
④ 이념적 형은 실제적 감각으로 지각할 수는 없고 느껴지기만 하는 순수 형태이다.

> 형에는 현실적 형과 이념적 형이 있음

17 다음 중 배색의 조건에 대한 설명으로 틀린 것은?

① 사물의 용도나 기능에 부합되는 배색을 해야 한다.
② 색이 주는 심리적 효과를 고려할 필요가 없다.
③ 사용자의 특성보다는 색채 계획자의 특성에 맞추어 배색한다.
④ 환경적 요인을 충분히 고려하여 배색한다.

> 배색을 할 때 색이 주는 심리적 효과를 고려해야 함

18 색의 대비 중 색상환에서 정반대에 위치한 두 색상이 인접해 있을 때 서로 영향을 받아 채도가 높고 선명해 보이는 현상은?

① 보색 대비
② 한난 대비
③ 동시 대비
④ 색상 대비

> 보색 대비는 서로 반대되는 색을 혼합하여 원래의 색보다 뚜렷해지고 채도가 높아 보이는 현상을 이용한 대비
>
> **오답 피하기**
> • **한난 대비** : 차가운 색과 따뜻한 색을 배열할 경우 느껴짐
> • **동시 대비** : 인접하거나 다른 색 안에 놓여 있는 두 가지 색을 동시에 볼 때 일어남
> • **색상 대비** : 비슷한 명도, 채도의 색이 인접해 있을 때 그 차이가 커 보임

19 다음 중 한색에 대한 설명으로 옳은 것은?

① 주황색은 팽창을 나타낸다.
② 청록색은 수축을 나타낸다.
③ 보라색은 후퇴를 나타낸다.
④ 파랑색은 면적이 크게 느껴지는 팽창의 느낌을 준다.

> 청색 계통의 색을 한색이라고 함. 한색은 후퇴와 수축의 느낌을 줌

20 다음 중 색과 색의 연상이 잘못 연결된 것은?

① 파랑 – 여름, 시원함
② 보라 – 주의 표시, 명랑
③ 회색 – 공장, 테크노, 음울
④ 검정 – 주검, 탄 것, 엄숙미

> 보라 : 위엄, 고독 등을 연상
>
> **오답 피하기**
> 노랑 : 주의 표시, 명랑

과목 02 인터넷 일반

21 웹에 사용할 이미지에 대한 설명으로 틀린 것은?

① 이미지는 최대한 고해상도의 이미지를 사용한다.
② 이미지의 기본단위는 px이다.
③ 이미지는 로딩 속도를 줄이기 위해 용량을 고려해야 한다.
④ 주로 JPG, GIF 포맷의 이미지를 사용한다.

> 웹에 사용되는 이미지로는 JPG, GIF, PNG가 있으며, 웹용 이미지는 로딩 속도를 줄이기 위해 용량과 품질을 고려한 '최적화된 이미지'를 사용함. 또한 크기 단위는 px(pixel)을 이용함

22 다음 중 웹 페이지에 삽입할 수 있는 이미지 형식이 아닌 것은?

① GIF
② JPG
③ PCX
④ PNG

> 웹 이미지 형식 : PNG, JPG, GIF 등

23 다음 중 HTML을 이용한 웹 페이지 작성에 대한 설명으로 틀린 것은?

① Markup 태그를 이용하여 작성한다.
② 다양한 멀티미디어 포맷의 파일을 연결시킬 수 있다.
③ HTML은 사용자가 정의한 태그(tag)를 사용할 수 있다.
④ 위지윅(WYSIWYG) 방식의 HTML 편집 프로그램을 활용하면 코드를 직접 입력하지 않아도 웹 페이지 작성이 가능하다.

사용자가 정의한 태그를 사용할 수 있는 언어는 XML임

24 다음 중 자바스크립트(Javascript)에 대한 설명으로 틀린 것은?

① 컴파일 방식의 프로그래밍 언어이다.
② 자바스크립트를 지원하는 브라우저만 있으면 모든 운영체제에서 실행된다.
③ 모든 운영체제, 하드웨어에서 사용할 수 있는 플랫폼 독립적인 언어이다.
④ 스크립트 해석기에 의해 스크립트를 직접 실행하는 인터프리터 언어이다.

자바스크립트는 프로그래밍 언어처럼 컴파일러에 의해 번역되지 않고 스크립트 해석기에 의해 해석되는 언어임

25 다음 중 자바스크립트에서 변수 명으로 사용될 수 없는 것은?

① act_7   ② total1
③ 2cond_id   ④ _reg_number

자바스크립트에서 변수는 첫 글자가 반드시 영문자나 밑줄로 시작해야 함

26 다음 중 자바스크립트의 Window 객체 이벤트(event)에 관한 내용이 아닌 것은?

① onLoad   ② onError
③ onKeypress   ④ onFocus/onBlur

Window 객체는 웹 브라우저 창을 위한 속성과 메소드를 제공함. onKeypress는 웹 브라우저에서 실행되는 HTML 문서의 본문(BODY) 정보를 관리하는 Document 객체의 이벤트에 해당함

27 IPv4에서 172.31.255.255 주소는 어느 클래스에 속하는가?

① 클래스 A   ② 클래스 B
③ 클래스 C   ④ 클래스 D

B 클래스의 처음 8bit 값을 이진수 비트 수로 표현하면 1000 0000~1011 1111이며, 이를 십진수로 표현하면 128~191임. 172.31.255. 255는 B 클래스에 해당하는 IP 주소로 B 클래스 중 사설 IP 주소에 해당함

28 다음 중 TCP/IP 프로토콜 중 IP 주소를 실제의 물리 네트워크 MAC 주소로 바꾸어주는 프로토콜은?

① ARP   ② SMTP
③ RARP   ④ POP

ARP(Address Resolution Protocol) : 주소 변환 프로토콜로서, 사용자가 입력한 IP 주소를 네트워크상에서 실제적인 물리적인 주소로 변환해 주는 프로토콜

오답 피하기

• SMTP(Small Mail Transfer Protocol) : 전자우편의 송신을 담당함
• RARP(Reverse Address Resolution Protocol) : 역순 주소 결정 프로토콜로서 물리 네트워크 주소(MAC)만 알고 IP 주소는 모르는 경우 서버로부터 IP 주소를 요청함
• POP(Post Office Protocol) : 전자우편의 수신을 담당함

29 다음 중 웹 브라우저(Web Browser)의 종류가 아닌 것은?

① 파이어폭스(Firefox)   ② 크롬(Chrome)
③ 아파치(Apache)   ④ 사파리(Safari)

아파치(Apache)는 주로 유닉스, 리눅스 시스템에서 사용되는 웹 서버임

30 다음 중 웹 브라우저의 주요 기능이 아닌 것은?

① 웹 페이지 열기 및 저장
② 웹에서 정보를 검색
③ HTML 문서의 소스 파일 수정 및 편집
④ 자주 방문하는 URL을 저장하고 관리

웹 브라우저는 웹에서 정보 검색을 위해 사용하는 것으로 웹 페이지 저장 및 인쇄, 자주 방문한 URL 목록을 제공하고 저장하는 기능을 제공함. HTML 소스 파일 수정 및 편집은 웹 에디터를 이용함

2-34 손에 잡히는 기출문제

|정답| 23 ③ 25 ③ 24 ① 26 ③ 27 ② 28 ① 29 ③ 30 ③

31 다음 중 CSS(Cascading Style Sheet)에 대한 설명으로 틀린 것은?

① HTML 문서 형태를 위한 언어로 HTML 문서의 서식을 미리 정의한다.
② 웹 페이지와 클릭, 마우스의 이동, 동적 스타일 등 여러 동작에 대한 명령을 표준화한 것이다.
③ CSS를 사용하면 각기 다른 브라우저 환경에서 동일한 문서 형태를 제공할 수 있다.
④ CSS의 최신 규격은 CSS3이며 CSS3를 이용하여 HTML5 문서의 스타일을 작성할 수 있다.

오답 피하기
웹 페이지와 사용자 간의 상호작용, 애니메이션 동작 등의 요소들이 요구사항에 따라 동작이 가능하도록 동작에 대한 명령을 표준화한 것은 jQuery임

32 파이어폭스(Firefox)나 크롬(Chrome) 등 웹 브라우저를 사용하여 인터넷 사이트를 방문할 때 웹 페이지의 전체 화면이 한 눈에 들어오지 않아서 스크롤바를 이용하거나 해상도를 높여서 보게 되는 경우가 있다. 이때 해상도를 바꾸지 않고 전체 화면 보기로 화면을 확대하는 단축키는?

① F5
② F9
③ F10
④ F11

F11은 대부분의 웹 브라우저에서 전체 화면을 설정/취소하기 위해 사용

33 다음 중 보기가 설명하고 있는 서버는?

• LAN과 외부 네트워크 사이에서 방화벽 및 캐시 역할을 수행하는 것
• 인터넷을 통해 주고받는 내용을 캐시에 저장해 놓았다가 동일한 자료의 송수신이 발생하는 경우 서버에 받아두었던 내용을 읽어 들여서 속도를 향상함

① DNS 서버
② Gateway 서버
③ HTTP 서버
④ Proxy 서버

Proxy 서버는 인터넷을 통해 주고받는 내용을 캐시에 저장해 놓았다가 동일한 자료의 송수신이 발생하는 경우 이를 되풀이하지 않게 함. 한 번 읽은 내용은 중간에 경유한 Proxy 서버가 받아두었던 내용을 읽어들여 시간을 단축시킴

34 다음이 설명하는 네트워크는?

• LAN보다 광범위한 지역을 지원하는 네트워크
• 멀리 떨어져 있는 지역을 연결하는 네트워크를 말하며 내부적으로 여러 LAN을 활용

① VAN
② WAN
③ MAN
④ VPN

WAN(Wide Area Network) : 원거리 광역 통신망
오답 피하기
• VAN(Value Added Network) : 부가 가치 통신망
• VPN(Virtual Private Network) : 사설 네트워크 연결망. 일반 공중망에 연결된 컴퓨터들을 마치 독립된 네트워크 안에 속해 있는 것처럼 운용하고 관리하는 데 쓰이는 사설망

35 다음 중 검색엔진을 이용한 정보 검색의 설명으로 가장 거리가 먼 것은?

① 한 단어의 검색보다는 OR 연산자를 이용한 구체적인 검색으로 검색 내용을 최대화한다.
② 자연어 검색은 문장 단위로 검색함으로써 좀 더 정확도를 높이는 검색 방법이다.
③ 고유명사는 그 단어 자체를 국한하여 검색하기 때문에 좋은 키워드가 될 수 없다.
④ 정보검색은 '검색을 위한 키워드 추출 – 검색하려는 정보의 내용 파악 – 검색엔진에서 검색 – 검색 결과 분석 – 재검색' 순으로 이루어진다.

정보 검색의 과정 : 검색하려는 정보의 내용 파악 – 검색을 위한 키워드 추출 – 검색엔진에서 검색 – 검색 결과 분석 – 재검색

36 웹 검색에서 웹 사이트의 방문 기록을 사용자 측의 컴퓨터에 남겨두었다가, 이후에 다시 방문할 경우 이전의 상태를 유지할 수 있도록 하는 것은?

① 아바타
② 쿠키
③ 포털
④ 허브

쿠키 : 웹 사이트 방문 기록을 사용자 측의 컴퓨터에 남겨두는 것
오답 피하기
• 아바타 : 인터넷상에서 사용자를 대신하는 캐릭터. 네트워크 환경에서 자신을 대신하는 가상의 그림 또는 아이콘을 뜻함
• 포털 : 인터넷의 관문과 같은 사이트로 검색, 이메일, 커뮤니티 등의 서비스를 제공함
• 허브 : 데이터 통신에서 컴퓨터를 LAN에 접속시키는 장치로 데이터가 모였다가 전달되는 장소

37 OSI 7계층 구조 중에서 물리 계층을 통과한 데이터 비트들을 데이터 블록으로 형성하여 전송하는 계층은?

① 물리 계층
② 데이터 링크 계층
③ 네트워크 계층
④ 전송 계층

> **데이터 링크 계층** : 데이터 비트들이 물리 계층을 통과하면서 형성한 데이터 블록의 전송을 담당하는 계층
>
> **오답 피하기**
> • **물리 계층** : 데이터 비트들을 전송매체를 통해 전기적 신호 체계로 전송함
> • **네트워크 계층** : 송신측과 수신측 사이에 논리적인 링크를 구성함
> • **전송 계층** : 사용자와 사용자 혹은 컴퓨터와 컴퓨터 간의 연결을 확립하고 유지함

38 다음 중 웹 브라우저가 직접 처리하지 못하는 데이터를 처리하는 보조 프로그램으로서 미디어 데이터를 처리하고 재생해 주는 프로그램을 의미하는 것은?

① 쿠키
② 플러그인
③ 책갈피
④ 다이어그램

> 플러그인(Plug-In)은 웹 브라우저가 직접 처리하지 못하는 데이터를 처리 함으로써 웹 브라우저의 기능을 확장시키는 프로그램

39 HTML 문서의 입력 양식 필드에서 값이 바뀌었을 때 처리해주는 자바스크립트의 이벤트 함수는?

① OnSelect( )
② OnChange( )
③ OnKeyPress( )
④ OnClick( )

> OnChange( )는 특정 내용을 변경하는 경우에 사용함
>
> **오답 피하기**
> • OnClick( ) : 마우스로 클릭하는 경우
> • OnSelect( ) : 드래그하여 선택하는 경우
> • OnKeyPress( ) : 키보드의 키를 누르고 있는 경우

40 다음 중 HTML 태그에 대한 설명으로 틀린 것은?

① 〈I〉는 이탤릭체를 보여준다.
② 〈OL〉은 순서를 매기지 않은 목록을 작성할 때 사용한다.
③ 〈HR〉은 웹 브라우저 화면에 수평선을 긋는 태그로 종료태그가 없다.
④ 〈BR〉은 줄을 바꿀 때에 사용하며 종료태그가 없다.

> 〈OL〉은 숫자나 알파벳 등 순서가 있는 목록을 작성할 때 사용함

41 다음 중 내비게이션에 관한 설명과 거리가 가장 먼 것은?

① 콘텐츠의 구성과 형태를 체계화하고, 적절한 장소에 위치시키는 작업이다.
② 최대한 많은 메뉴와 링크를 만든다.
③ 일관성 있는 내비게이션을 만든다.
④ 링크가 끊어진 페이지가 없도록 한다.

> 내비게이션은 콘텐츠를 체계적으로 분류하여 이동이 편리하도록 연결해 둔 것으로, 사용자가 웹 페이지를 쉽게 이동하고 탐색하며 정보를 빨리 찾을 수 있도록 일관성 있게 만듦

42 비트맵 이미지에서 히스토그램(Histogram)에 대한 설명으로 가장 적절한 것은?

① 이미지의 컬러 정보를 X, Y 좌표에 표시한 이미지 지도이다.
② 이미지의 명암 값 프로필(Profile)을 보여주기 위해 사용된다.
③ 색을 다른 색으로 변환하기 위해 사용된다.
④ 색상 값이 비슷한 영역을 한꺼번에 선택하는 것을 의미한다.

> **히스토그램(Histogram)** : 이미지의 명암 값 프로필을 보여주는 도구로 X축은 0~255까지의 픽셀의 밝기, Y축은 픽셀의 빈도수를 나타냄

43 다음 중 픽셀(Pixel)에 대한 설명으로 잘못된 것은?

① 디지털 이미지에서 더 이상 나눌 수 없는 최소 단위이다.
② 픽셀의 좌표계를 비트맵이라고 한다.
③ 픽셀의 좌표는 X, Y, Z 축을 가진 좌표계이다.
④ 각 픽셀은 색심도(Color Depth)가 클수록 많은 색상을 표현하게 된다.

이미지에서 한 픽셀의 위치 정보는 직교 좌표계의 x, y 좌표 값으로 표시함

44 웹 디자인 프로세스 중 Post-Production 단계에 해당하는 것은?

① 콘텐츠 디자인
② 디자인 계획 수립
③ 콘셉트 구상
④ 사이트 홍보

Post-Production은 후반 제작 단계로서 기본 사항이 완료된 후의 작업과 사이트 홍보, 홍보 콘텐츠 제작 등이 해당됨

45 다음이 설명하는 컴퓨터 그래픽스 기술은 무엇인가?

• 두 가지의 다른 화면을 합성하기 위한 그래픽 기술이다.
• 전경 화면을 울트라마린 블루(Ultramarine Blue)나 녹색(Green) 배경에서 촬영하여 필요한 전경 오브젝트 부분만 얻은 후 배경이 되는 화면을 합성시킨다.

① 애니메이션
② 렌더링
③ 모델링
④ 크로마키

크로마키는 두 가지 화면을 합성하는 것으로 전경 오브젝트를 단순한 배경에서 별도로 촬영한 후 배경을 합성함

오답 피하기
• 렌더링 : 그림자나 색채의 변화와 같은 3차원적인 질감을 더하여 실재감을 입히는 과정
• 모델링 : 어떤 오브젝트를 윤곽선에 따라 디자인하는 것으로 오브젝트를 3차원적 좌표계를 사용하여 표현하는 과정

46 다음 중 웹(Web)에서 타이포그래피 적용 시 고려할 사항과 거리가 먼 것은?

① 가독성, 판독성을 고려하여 사용
② 동일한 페이지 내에서 다양한 서체 사용
③ 웹페이지의 여백과 문장의 정렬을 고려함
④ 웹 사이트 내용과 콘셉트(Concept)에 어울리는 서체를 사용

웹에서 서체는 사이트의 내용과 콘셉트(Concept)에 맞는 서체를 일관성 있게 사용

47 웹 디자인 프로세스에 대한 설명으로 잘못된 것은?

① 웹 사이트 기획 단계에서 컬러시스템, 그리드시스템 및 레이아웃 계획이 이루어진다.
② 디자인 스타일링은 콘셉트(Concept)에 맞추어 아이디어를 수집, 발전, 결정하는 것이다.
③ 디자인 개발 단계에서는 각 역할에 맞게 인력 배치가 이루어진다.
④ 디자인 조사 및 분석 단계에서는 방문자 분석, 피드백 및 사용성 테스트가 이루어진다.

방문자 분석, 피드백 및 사용성 테스트는 테스팅과 최종 런칭 단계에 해당

48 '형판', '보기 판'이라는 뜻을 가지고 있으며, 빈번히 사용될 것을 대비하여 만들어 놓는 것으로 홈페이지의 레이아웃의 형을 만드는 것을 의미하는 것은?

① 텍스트(Text)
② 템플릿(Template)
③ 컬러(Color)
④ 인터페이스(Interface)

템플릿은 웹 사이트 레이아웃의 형을 만드는 것으로 개략적인 디자인을 만들고, 그 이후에 세부적인 디자인 요소를 별도로 만드는 방법

오답 피하기
인터페이스 : 사용자가 얼마나 컴퓨터에 쉽게 접근할 수 있는지를 연구하여 인간의 편리에 맞도록 개발하는 것

49 다음이 설명하고 있는 파일 포맷은?

- 웹상에서 사용되는 이미지 파일 포맷으로 트루컬러를 지원함
- GIF와 JPEG의 장점을 합친 형태로 GIF와는 달리 투명도 자체를 조절할 수 있음
- 이미지 내의 같은 패턴들을 축약하여 저장하고 이미지의 세부 정보는 버리지 않는 무손실 압축 기법을 사용

① AI   ② PDF
③ PNG   ④ PSD

> PNG(Portable Network)는 이미지 변형 없이 원래 이미지를 웹상에 그대로 표현하며 무손실 압축을 사용함

50 3차원 그래픽 과정 중 텍스처 매핑(Texture Mapping)이 의미하는 것은?

① 실사와 애니메이션을 합성하는 기법이다.
② 가상의 3차원 공간 속에 재현될 수 있는 입체물을 만들어 가는 과정이다.
③ 3차원 물체의 표면에 세부적인 질감을 나타내기 위해 2차원 이미지를 입히는 과정이다.
④ 광원, 카메라, 색상, 재질 등을 고려하여 실제 사물과 유사하게 표현하는 것이다.

> 텍스처 매핑(Texture Mapping)은 3차원 대상물 표면에 세부적인 질감을 나타내거나 색을 입히는 기법으로 고유한 재질감을 부여하는 것
>
> **오답 피하기**
> - ① **로토스코핑** : 실사와 애니메이션을 합성하는 기법
> - ② **3차원 모델링** : 가상의 3차원 공간 속에 재현될 수 있는 입체물을 만들어 가는 과정
> - ④ **렌더링** : 광원, 카메라, 색상, 재질 등을 고려하여 실제 사물과 유사하게 표현하는 것

51 연합 사진 영상 전문가 그룹에서 개발한 이미지 파일 포맷으로 24bit의 1600만여 가지의 색상을 표현할 수 있는 것은?

① GIF   ② PNG
③ JPEG   ④ BMP

> JPEG는 웹용 이미지에 사용하는 포맷으로 주로 멀티미디어 분야 및 인터넷상에서 사진 등을 압축할 때 사용하며, RGB 컬러와 CMYK 컬러를 지원함

52 웹 디자인 기획 시 고려해야 할 사항과 가장 거리가 먼 것은?

① 사이트의 목적과 필요성을 파악하였는가?
② 유사 사이트나 경쟁 사이트의 디자인 분석은 하였는가?
③ 웹 디자인 과정에 대한 문서들을 보관하고 데이터 백업은 완료하였는가?
④ 웹 사이트의 통일성 확보를 위한 색상, 폰트, 레이아웃에 대한 원칙은 수립되었는가?

> 웹 디자인 과정에 대한 문서들을 보관하고 데이터 백업에 대한 것은 완료 및 납품 단계에서 고려해야 할 사항임

53 웹 그래픽 제작 기법에서 이미지를 표현하는 단계 중 가장 마지막으로 이루어지는 것은?

① 이미지 구상 – 디자이너가 표현하고자 하는 이미지를 구상
② 도구 선택 – 원하는 이미지를 표현하기 위해 그래픽 관련 툴 선택
③ 색상 선택 – 색의 혼합, 색상, 명도, 채도를 조절하여 원하는 색상을 선택
④ 기능 선택 – 선택한 툴의 기능을 이용해 이미지를 표현

> 웹 그래픽 제작 기법에서 이미지를 표현하는 단계 : 이미지 구성 → 도구 선택 → 색상 선택 → 기능 선택 → 이미지 표현

54 다음 중 '웹 안전 색상'에 대한 설명이 잘못된 것은?

① 웹 브라우저에서 공통된 색상으로 256가지의 색상으로 이루어진다.
② 운영체제, 웹 브라우저에서 공통된 색상으로 이루어져 있기 때문에 어떤 환경에서도 동일하게 나타난다.
③ 주로 사이트를 내비게이션하기 위한 단순한 그래픽이나 단색 배경을 만들 때 사용한다.
④ 웹 안전 색상은 고해상도의 이미지를 나타내기에는 적합하지 않다.

> 웹 안전 색상은 웹 브라우저, 운영체제, 플랫폼에서 공통된 색상으로 216가지의 색상으로 이루어짐

55 다음 중 컴퓨터 그래픽의 장점으로 볼 수 없는 것은?

① 이미지 편집 변형이 쉽고, 재사용이 가능하다.
② 다양한 예술적 표현이 가능하다.
③ 실물 재현과 컬러, 명암, 재질감 표현이 가능하다.
④ 컴퓨터를 사용하여 모든 수작업을 대체할 수 있다.

> 컴퓨터 그래픽은 아이디어를 제공할 수 없으며, 스케치 등과 같이 모든 수작업을 대체할 수는 없음

56 다음 중 보기가 설명하는 것은 무엇인가?

> 일반적으로 홈페이지에서 로고는 상단에, 주소는 하단에 위치하게 되는데 사용자는 어떤 홈페이지에 접근했을 때 경험상 로고는 상단에, 주소는 하단에 위치할 것이라고 생각하고 찾게 된다. 이러한 것을 고려하여 사용 패턴을 분석하고, 그 결과를 바탕으로 사용자 입장의 경험을 고려하여 디자인하는 것을 의미한다.

① UX(User eXperience) 디자인
② UI(User Interface) 디자인
③ 레이아웃(Layout) 디자인
④ 템플릿(Template) 디자인

> UX(User eXperience) 디자인이란 UI에 비해 사용자 (클라이언트)의 입장(경험)을 고려하여 디자인하는 것을 의미함

57 기업의 로고나 문자가 있는 마크 등을 제작할 경우 가장 적합한 소프트웨어는?

① 3D MAX   ② Word Processor
③ Edit Plus   ④ Illustrator

> 일러스트레이터(Illustrator)는 벡터 방식의 드로잉 프로그램으로 심벌, 마크 디자인 등의 작업에 사용됨

58 컴퓨터 그래픽스 시스템의 출력 장치에 대한 설명으로 옳지 않은 것은?

① 정보를 외부로 출력하는 것을 말한다.
② 화면 디스플레이도 출력 장치에 속한다.
③ 대표적으로 스캐너, 플로터 등이 있다.
④ 빔 프로젝션은 인쇄된 사진이나 영상을 확대 투영해 주는 출력 장치다.

> 스캐너(Scanner)는 2차원, 3차원 이미지나 그림, 문자 등을 읽어들이는 입력 장치

59 다음 중 웹 컬러 디자인의 목적과 맞지 않는 것은?

① 정보 전달의 목적   ② 정보 보안의 목적
③ 심미적인 목적   ④ 상징적인 목적

> 웹 컬러 디자인은 컬러의 상징과 연상 등을 고려하여 컬러를 선택하거나 효율적인 배색을 하는 것으로 정보 보안과는 관련이 없음

60 작도법으로서 타이포그래피나 편집 디자인에서 주로 사용하며 문자와 사진 또는 그림을 비례에 맞게 배열하는 등 디자인의 레이아웃에 규칙을 부여하는 것을 의미하는 것은?

① Programming   ② Grid System
③ GUI   ④ Margin

> Grid System(그리드 시스템)은 일관적인 작업이 이루어지도록 구성 요소들이 배치되는 크기를 비례감 있게 잡는 등 유기적인 구조를 이루는 것을 의미함

과목 01 디자인 일반

01 다음 중 색채에 대한 설명으로 틀린 것은?

① 색채는 심리적 성질을 갖는다.
② 물체가 발광하지 않고 빛을 받아서 흡수되는 색이다.
③ 색채의 분류는 무채색, 유채색 2가지가 있다.
④ 색채를 느끼는 경우 유채색, 느낄 수 없는 경우 무채색이라 한다.

> 물체색 : 물체가 발광하지 않고 빛을 받아서 흡수되는 색
>
> **오답 피하기**
> 색채는 눈을 통해 지각된 색에 대하여 심리적인 지각 현상이 더해진 것으로, 유색 광각의 색을 느끼는 경우를 유채색, 느낄 수 없는 경우를 무채색이라고 함

02 다음 중 보기가 설명하고 있는 디자인 요소인 '이것'은 무엇인가?

> • '이것'은 형태의 최소 단위로 위치만 가지고 있다.
> • 기하학에서는 무수히 많은 '이것'들의 집합을 선이라고 정의한다.
> • 상징적인 면에 있어서의 '이것'은 모든 조형 예술의 최초의 요소로 규정지을 수 있다.

① 점
② 빛
③ 면
④ 입체

> 점은 형태의 최소 단위로 위치만 가지고 있으며 길이, 깊이, 무게가 없고, 점이 모여 선과 면을 이룰 수 있음

03 다음 중 시각 디자인에 속하지 않는 것은?

① 타이포그래피
② 패키지 디자인
③ POP 디자인
④ 텍스타일 디자인

> 텍스타일 디자인은 공업(제품) 디자인에 속함

04 디자인의 원리 중 고층 빌딩의 창문 크기, 도로의 가로등 등에 원근법을 적용하여 표현하려고 할 때 표현 요소들 사이에 일정한 단계의 변화가 나타나도록 하는 것은?

① 대칭
② 조화
③ 점증
④ 균형

> 고층 빌딩의 창문 크기나 고가도로의 난간 등에는 규칙적인 특징을 반복하거나 교차시키는 성질이 나타나며 가까운 것은 크게, 먼 것은 작게 보여 원근감이 표현됨. 이렇게 비슷한 요소의 점진적 변화에서 점증(점이, Gradation)이 나타나게 됨

05 다음 ⓐ, ⓑ가 설명하는 것을 바르게 짝지은 것은 무엇인가?

> ⓐ : 색체계에서 심리적, 물리적 빛의 혼색 실험 결과에 기초를 두고 표시하는 것
> ⓑ : 색체계에서 색상·명도·채도에 따라 표준색표를 정해 표시하는 것

① ⓐ 심리계, ⓑ 지각계
② ⓐ 물리계, ⓑ 지각계
③ ⓐ 현색계, ⓑ 혼색계
④ ⓐ 혼색계, ⓑ 현색계

> • 혼색계 : 물리적이고 수치적인 빛의 혼합에 기초를 두어 색표를 정하는 방법
> • 현색계 : 색지각의 심리적인 색의 3속성에 따라 표준색표를 정해 표시하는 방법

06 다음 중 소비자가 상품을 구입하는 최종 지점에서 광고하는 것은?

① POP 광고
② 신문 광고
③ DM 광고
④ 잡지 광고

> POP 광고는 'Point Of Purchase'를 의미하는 것으로, 소비자들이 구매하는 입장에서 최종 지점에서 광고하는 것을 말함

07 다음 관용색명 중 동물에서 유래된 것이 아닌 것은?

① 말라카이트 그린(Malachite Green)
② 카멜(Camel)
③ 새먼(Salmon)
④ 세피아(Sepia)

관용색명은 인명, 지명, 원료, 자연, 식물 등에 따라 이름이 붙여짐. 말라카이트 그린(Malachite Green)은 말라카이트라는 일종의 광물류인 공작석과 색이 비슷하여 붙여진 이름

오답 피하기
카멜(Camel) : 낙타, 새먼(Salmon) : 연어, 세피아(Sepia) : 오징어

08 디자인의 여러 조건들이 조화롭게 갖추어진 것을 의미하는 창의적 디자인 조건은?

① 적합성   ② 질서성
③ 경제성   ④ 독창성

질서성은 합목적성, 경제성, 심미성, 독창성을 조화롭게 갖추어 유지되는 것을 뜻함

오답 피하기
• **독창성** : 차별화된 창조적이고 주목할 만한 것을 의미함
• **경제성** : 사용 대상과 목적에 부합되는 합리적인 가격

09 다음 중 디자인 요소에서 형태로 분류되지 않는 것은?

① 명암   ② 선
③ 면   ④ 입체

형태에는 점, 선, 면, 입체가 있음

오답 피하기
명암은 형태의 분류가 아닌, 형태를 지각하기 위한 시각 요소임

10 다음 중 시각적 무게의 동등한 분배를 의미하는 것은?

① 조화   ② 균형
③ 율동   ④ 강조

균형이란 시각적 무게의 동등한 분배를 의미하며 부피, 중량 등 물리적인 구조와 색채에서 시각적인 안정감을 이룬 것을 말함

11 다음 중 웹 디자인에 관한 설명으로 거리가 먼 것은?

① 기업, 행사의 특징과 성격에 맞는 시각적 상징물을 뜻한다.
② 웹 디자인에서는 사용 편의성에 입각한 사용자 중심의 인터페이스가 있어야 한다.
③ 웹 디자인은 개인용 홈페이지 외 기업용, 상업용 등 종류가 매우 다양하다.
④ 웹 디자인은 웹과 디자인이라는 두 가지 개념이 결합된 것으로 웹 페이지를 디자인하고 제작하는 것을 의미한다.

기업, 행사 등의 특징과 성격에 맞는 시각적 상징물은 '심벌마크'를 의미함

12 빛이 눈의 망막 위에서 해석되는 과정에서 혼색효과를 가져다주는 가법혼색으로 점묘파 화가들이 많이 사용하였고, 디더링의 혼색원리이기도 한 혼합방법을 무엇이라 하는가?

① 중간혼합   ② 감색혼합
③ 병치혼합   ④ 회전혼합

병치혼합은 선이나 점이 조밀하게 교차·나열되었을 때 마치 인접한 색과 혼합된 것처럼 보이는 현상

13 시각적인 율동을 의미하며, 기울기의 연속, 반복 등을 통해 드러나는 디자인 원리는?

① 리듬   ② 조화
③ 비례   ④ 대비

리듬은 살아 움직이는 듯한 시각적인 리듬감을 말하며, 반복, 점이, 점진 등을 통해 드러남

14 극적인 것을 강조하며 서로 다른 것에서 전체적인 미적 감각을 높이는 디자인 원리는?

① 유사 조화   ② 균일 조화
③ 강화 조화   ④ 대비 조화

대비 조화는 강하고 극적인 요소들이 상호보완적인 관계로 미적감각을 이루는 것을 의미함

15 다음 중 색의 3속성으로 옳은 것은?

① 유채색, 무채색, 중성색
② 색상, 명도, 채도
③ Cyan, Magenta, Yellow
④ Red, Green, Blue

> 색의 3속성 : 색상, 명도, 채도

16 다음 중 반대 색상의 배색에 대한 설명이 아닌 것은?

① 강조된 느낌
② 안정된 느낌
③ 선명한 느낌
④ 명쾌한 느낌

> 반대 색상 배색은 반대편에 위치한 색조를 배색하여 강조되고, 명쾌하고, 선명한 느낌을 줌

17 면(Plane)을 이용하여 디자인하기에 적합한 것은?

① 독자의 눈을 향하게 하거나 운동감을 창조한다.
② 감정을 나타낸다.
③ 양각과 음각을 만든다.
④ 그리드를 만든다.

> 양각, 음각 등의 질감은 면에서 잘 표현됨

18 다음 중 공업 디자인에 속하는 것은?

① 인테리어 디자인
② 무대 디자인
③ 가구 디자인
④ 조경 디자인

> 가구 디자인은 공업(제품) 디자인에 속함

19 광원에서 나오는 빛을 눈으로 볼 때 느껴지는 빛 자체의 색을 의미하는 것은?

① 광원색
② 조명색
③ 형광색
④ 표면색

> 광원색 : 광원에서 나오는 빛을 눈으로 볼 때 느껴지는 빛 자체의 색
>
> **오답** 피하기
>
> 표면색 : 불투명한 물체가 빛을 반사함으로써 나타나는 물체의 색을 의미

20 저드(D. Judd)의 색채 조화의 원리에 해당하지 않는 것은?

① 질서의 원리
② 명료성의 원리
③ 다양함의 원리
④ 유사의 원리

> 저드는 미국의 색채학자로 색채 조화에 질서, 유사(친숙), 동류, 명료성(비 모호성)의 원리를 사용함

과목 02 인터넷 일반

21 정보 검색과 관련된 용어 설명으로 틀린 것은?

① 푸시(Push)란 정보의 검색 과정에서 검색되었어야 함에도 빠져버린 정보를 채우는 기술이다.
② 클리핑(Clipping)이란 웹 페이지 내에서 원하는 정보만 추출하는 기술을 뜻한다.
③ 로봇 에이전시(Robot Agency)는 HTML 및 문서 자료를 자동 수집하여 데이터베이스 구축 및 색인어를 제작하는 프로그램이다.
④ 블로그(Blog)란 Web(웹) + log(일지)의 합성어로 자신의 관심사를 매일 매일 일기처럼 기록하는 것을 말한다.

> **푸시(Push)** : 별도의 검색 작업 없이 사용자가 필요로 하는 정보를 서버가 자동으로 검색하여 주제별로 분류하고 사용자의 컴퓨터에 전달하는 기술

22 자바스크립트에서 이벤트 핸들러에 대한 설명으로 틀린 것은?

① onBlur: 대상이 포커스를 잃어 버렸을 때 발생되는 이벤트를 처리
② onFocus: 현재 대상에 포커스를 주기 위한 이벤트를 처리
③ onMouseover: 마우스가 대상의 링크나 영역 안에 위치 할 때 발생되는 이벤트를 처리
④ onMouseOut: 마우스가 대상의 링크나 영역 안을 벗어 날 때 발생되는 이벤트를 처리

> onFocus는 대상에 포커스가 들어왔을 때 발생되는 이벤트를 처리하는 핸들러임

23 다음 중 신뢰성 있는 패킷 전송을 제공하며 인터넷 서비스의 기반이 되는 통신 프로토콜은?

① UDP
② FTT
③ HTTPS
④ TCP/IP

> TCP/IP는 인터넷에 접속하기 위해 필요한 기본적인 프로토콜로 TCP/IP가 설치된 컴퓨터 간에는 클라이언트/서버 모델을 사용하여 통신함
>
> **오답 피하기**
>
> HTTPS : HyperText Transfer Protocol over Secure socket layer의 약자로 SSL을 사용하는 HTTP 프로토콜의 보안 버전

24 자바스크립트에서 문자열로 입력된 수식을 계산하는 내장 함수는?

① parseInt( )
② parseString( )
③ eval( )
④ parseFloat( )

> eval( ) : 문자열로 입력된 수식을 계산
>
> **오답 피하기**
>
> • parseInt( ) : 인수로 들어온 문자열을 정수로 변환
> • parseFloat( ) : 인수로 들어온 문자열을 실수로 변환

25 정부기관이나 공공기관에 관련된 도메인으로 알맞은 것은?

① hs
② edu
③ ac
④ go

> hs, edu, ac는 교육기관의 도메인임

26 DHTML에 대한 설명으로 올바르지 않은 것은?

① 문서의 각 요소를 하나의 객체로서 위치와 스타일을 지정할 수 있다.
② 기존 HTML의 단점을 개선하여 동적인 웹 페이지를 만들 수 있도록 하기 위한 기술이다.
③ 자바스크립트를 기반으로 한다.
④ 사용자와의 상호작용이 불가기기 때문에 정적인 표현만 구현할 수 있다.

> DHTML(Dynamic HTML)은 이미지와 텍스트를 이용하여 동적인 애니메이션을 구현함으로써, 다이나믹한 웹 페이지를 제작할 수 있음

27 외부 네트워크로부터 내부 네트워크를 보호하기 위해 이들 사이에서 전달되는 모든 신호를 판독하여 특정 패킷만을 통과시키거나 차단시키는 역할을 하는 것은?

① 프록시(Proxy)
② 허브(Hub)
③ 도메인네임서버(DNS)
④ 방화벽(Firewall)

> Firewall(인터넷 방화벽)은 인터넷을 통해 조직의 내부 네트워크로 액세스할 수 없도록 하여 내부 네트워크를 보호함. 외, 내부의 네트워크 사이에서 모든 신호를 판독하여 특정 패킷만을 통과시키거나 차단

28 IPv4 주소에서 각 클래스별 첫 8bit의 값이 옳은 것은?

① A : 0000 0001 ~ 0111 1110
   B : 1000 0000 ~ 1011 1111
② A : 0000 0000 ~ 0111 1111
   B : 1000 0000 ~ 1011 1111
③ A : 0000 0000 ~ 0111 1110
   B : 1000 0001 ~ 1011 1111
④ A : 0000 0001 ~ 0111 1110
   B : 1000 0001 ~ 1011 1111

> IPv4 주소의 등급 중 A 클래스의 처음 8bit 값을 십진수로 표현하면 1~126이며, 이를 다시 이진수 비트 수로 표현하면 0000 0001~0111 1110이 됨. B 클래스의 처음 8bit 값을 십진수로 표현하면 128~191이며, 이를 이진수 비트 수로 표현하면 1000 0000~1011 1111이 됨

29 자바스크립트에서 이벤트(하나의 행위) 발생 시 그 이벤트에 따른 반응을 하도록 하는 것은?

① Event Provider(이벤트 프로바이더)
② Event Handler(이벤트 핸들러)
③ Class(클래스)
④ Object Model(오브젝트 모델)

> 이벤트 핸들러(Event Handler) : 사용자의 특정한 행동에 대해 어떤 처리를 해줄 것인가를 정의하는 것

30 브라우저 홈페이지를 변경시키고, 광고를 표시하거나 원래의 기본 검색엔진을 사용할 수 없도록 검색을 가로채어 특정 검색엔진으로 바뀌게 하는 악성코드에 의한 행위를 무엇이라고 하는가?

① 스파이웨어　　　　　② 트로이목마
③ 쿠키파일　　　　　　④ 하이재킹

> **하이재킹(Hijacking)** : 정상적으로 가고자 하는 사이트로 연결되어야 하는데 이를 가로채어 특정 사이트로 연결하거나 특정 검색엔진을 사용하게 하는 악성코드에 의한 행위
>
> **오답 피하기**
> - **스파이웨어** : 사용자 동의 없이 개인정보를 수집하여 전달하는 프로그램
> - **쿠키파일** : 웹 서버가 사용자에 관한 정보를 사용자 측의 컴퓨터에 남겨두는 것
> - **트로이목마** : 정상 프로그램으로 위장하여 자료 삭제, 정보 탈취 등을 목적으로 하는 악성 프로그램

31 검색엔진이 데이터베이스를 구축할 때 색인에서 제외하는 단어나 문자열을 지칭하는 용어는?

① 리키즈(Leakage)
② 시소러스(Theasaurus)
③ 불 용어(Noise Word)
④ 가비지(Garbage)

> 불 용어는 검색엔진이 데이터베이스를 구축할 때 색인에서 제외하는 (무시해버리는) 단어나 문자열을 지칭하는 용어임
>
> **오답 피하기**
> - **리키지** : 검색 결과 중에서 빠진 정보
> - **시소러스** : 컴퓨터에 기억된 정보의 색인
> - **가비지** : 인터넷 검색 시 키워드 또는 연산자의 부적절한 사용에 의해 불필요하게 검색된 정보를 의미

32 다음 중 자바스크립트의 연산자 우선순위가 가장 낮은 것은?

① ++　　　　　　　　② [ ]
③ &　　　　　　　　 ④ =

> - 자바스크립트의 연산자 우선순위는 '증감 연산 〉 산술 연산 〉 비교 연산 〉 논리 연산 〉 대입 연산'의 순이 됨
> - = 는 대입 연산자이므로 우선순위가 가장 낮음
>
> **오답 피하기**
> ++는 증감 연산자, [ ]는 최우선 연산자, &는 비트 연산자

33 다음 중 HTML의 주석문 처리로 옳은 것은?

① #-- 여기는 주석문 입니다. --#
② 〈!-- 여기는 주석문 입니다. --〉
③ {-- 여기는 주석문 입니다. -- }
④ ?-- 여기는 주석문 입니다. --?

> HTML의 주석문은 '〈!--'와 '-->' 사이에 표기

34 별도의 Plug-In 프로그램이 없어도 웹 브라우저에서 재생 가능한 것은?

① PDF 문서　　　　　② XML 문서
③ MOV 파일　　　　　④ RDF 문서

> - XML은 SGML 언어의 축약된 형식으로 HTML처럼 태그 형태로 되어 있지만, HTML과 달리 사용자가 태그들을 확장시킬 수 있는 언어
> - XML 문서는 웹 브라우저에서 직접 실행됨

35 다음 중 웹 서버인 것은?

① 파이어폭스　　　　　② 사파리
③ 아파치　　　　　　　④ 크롬

> 파이어폭스, 사파리, 크롬은 웹 브라우저임
>
> **오답 피하기**
> **웹 서버** : 리눅스의 Apache(아파치), 마이크로소프트 사의 IIS(윈도용 서버), 개인용 웹 서버인 PWS(Personal Web Server) 등

36 '관문'이라는 뜻으로 웹에서 사용자들이 인터넷에 접속할 때 거쳐가도록 만들어진 사이트는?

① 메타(Meta) 검색엔진
② 프록시 서버(Proxy Server)
③ 포털 사이트(Portal Site)
④ 미러 사이트(Mirror Site)

> **포털 사이트** : '관문'이라는 뜻으로 웹에서 사용자들이 인터넷에 접속할 때 거쳐가도록 만들어진 사이트
>
> **오답 피하기**
> - **미러 사이트** : 인터넷상에서 특정 사이트로 동시에 많은 이용자들이 접속하는 것을 방지하기 위해 같은 내용을 복사해놓은 사이트
> - **메타 검색엔진** : 자체 데이터베이스 없이 여러 개의 검색엔진에서 검색함
> - **프록시 서버** : 외부 네트워크 사이에서 방화벽 및 캐시 역할을 수행하는 것

37 인터넷에서 사용되는 대부분의 사운드 파일은 주로 압축된 형태의 것들이다. 다음 중 인터넷에서 사용되는 사운드 파일 형식의 확장자가 아닌 것은?

① WAV
② PNG
③ MP3
④ FLAC

PNG는 무손실 압축 포맷을 채택한 이미지 파일 형식의 확장자임

오답 피하기

FLAC(Free Lossless Audio Codec) 포맷은 오디오 데이터 압축을 위한 파일 형식으로 무손실(Lossless) 압축을 지원함

38 다음 중 네트워크를 구성하는 각 노드가 양 옆의 두 노드와 연결하여 전체적으로 고리와 같이 하나의 연속된 네트워크 형태는?

① Star형
② Ring형
③ Tree형
④ Bus형

Ring형(고리형) 네트워크는 고리 구조를 형성하는 케이블에 컴퓨터를 연결한 형태임

39 HTML 문서의 시작과 끝을 표시하기 위해 사용되는 태그로 옳은 것은?

① 〈body〉
② 〈begin〉
③ 〈start〉
④ 〈html〉

HTML의 문서는 〈HTML〉 태그로 시작하고 〈/HTML〉 태그로 종료함

오답 피하기

〈body〉 : 문서의 본문(몸체) 부분에 해당

40 웹 페이지를 디자인할 때 고려해야 할 사항으로 가장 거리가 먼 것은?

① 웹 페이지의 배색 조화
② 웹 페이지에 다양한 동영상 삽입하기
③ 콘텐츠 연결 글꼴과 크기, 내비게이션 등의 일관성
④ 레이아웃 설계

페이지 내에 다양한 동영상을 삽입하면 용량 증가로 인해 페이지 로딩 시간이 지연될 수 있음

과목 03 **웹 그래픽 디자인**

41 물체의 윤곽선이 낮은 해상도에서 곡선이나 사선을 표현하였을 때 계단 모양 또는 지그재그 모양으로 나타나게 되는데 이때 나타나는 부자연스러움을 없애기 위해 픽셀의 그리드에 단계별 회색을 넣어 계단 현상을 없애주는 것을 무엇이라 하는가?

① 안티앨리어스(Anti-alias)
② 하프톤(Half tone)
③ 듀오톤(Duo tone)
④ 셰이브(Shape)

안티앨리어스는 비트맵 방식의 프로그램에서 이미지를 확대할 경우 점 단위의 경계가 계단처럼 보이게 되는 것을 막는 것

42 웹에서 사용되는 타이포그래피의 특징에 대한 설명 중 옳은 것은?

① 페이지마다 다양한 서체를 사용한다.
② 웹에서는 서체 사용에 제한이 없다.
③ 웹의 타이포그래피를 이용한 인터랙티브한 구성이 가능해진다.
④ 웹의 타이포그래피는 정적이다.

웹의 타이포그래피를 이용하면 역동적인 인터랙티브한 구성이 가능함

오답 피하기

웹에서 사용되는 서체는 제한이 있으며, 가독성, 판독성을 고려하도록 하여 사용하도록 함. 또한, 웹의 타이포그래피는 동적임

43 일반적인 웹 디자인 발상의 전개 과정을 순서대로 옳게 나열한 것은?

① 발의 → 연구/조사 → 분석 → 평가 → 개발 → 전달
② 발의 → 연구/조사 → 분석 → 개발 → 종합 → 전달
③ 발의 → 분석 → 연구/조사 → 평가 → 개발 → 전달
④ 발의 → 평가 → 연구/조사 → 분석 → 개발 → 전달

웹 디자인의 과정 : 발의 → 확인 → 조사 → 분석 → 종합 → 평가 → 개발 → 전달

44 다음 중 Photoshop에서 편집하는 원본 파일로 옳은 것은?

① main.html   ② default.asp
③ script.js   ④ menu.psd

> 포토샵 파일의 확장자는 PSD로 PhotoShop Document의 약자임

45 다음 그림과 같이 특정 정보를 중심으로 하위 페이지로 이동하는 내비게이션 구조는?

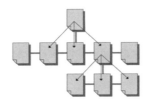

① 순차 구조   ② 프로토콜 구조
③ 계층 구조   ④ 네트워크 구조

> 계층 구조는 특정 정보를 중심으로 하위 페이지로 이동하는 내비게이션 구조로, 정보를 논리적으로 연결시킬 수 있으며 사용자가 효율적으로 탐색할 수 있음

46 웹 페이지에 간단한 애니메이션 배너를 삽입하려고 할 때 가장 적절한 파일 형태는?

① WMV   ② JPG
③ PSD   ④ GIF

> GIF는 전송 속도가 빨라 웹 이미지에 많이 사용되는 포맷으로 애니메이션 제작이 가능함

47 다음 중 스프라이트에 대한 설명으로 틀린 것은?

① 자연스러운 애니메이션을 구사한다.
② 원래의 의미는 '화면 겹치기'이다.
③ 배경과 일체화되어 있다.
④ 컴퓨터 그래픽에서 비트맵으로 이루어진 작은 이미지이다.

> 스프라이트(화면 겹치기)는 비트맵으로 이루어진 작은 이미지로, 배경과 독립되어 배경 위에서 움직이는 캐릭터를 의미함

48 RGB 컬러에서 R=255, G=255, B=255로 설정할 때 모니터에 나타나는 색상은?

① White   ② Black
③ Blue   ④ Yellow

> RGB가 모두 255이면 흰색, 모두 0이면 검은색으로 나타남

49 정해진 시간에 여러 개의 프레임(Frame)을 보여주는 것을 의미하는 것은?

① 픽셀(Pixel)   ② 테이크(Take)
③ 씬(Scene)   ④ 애니메이션(Animation)

> 애니메이션은 정해진 시간에 여러 개의 정지된 화면을 보여주는 것을 뜻하며, 이때 정지된 화면 하나하나를 프레임(Frame)이라고 함

50 컴퓨터 그래픽스의 역사 중 3세대를 의미하는 것은?

① 진공관 시대   ② 트랜지스터 시대
③ 집적회로 시대   ④ 고밀도 집적회로 시대

> **오답 피하기**
> • 진공관 시대 : 1세대
> • 트랜지스터 시대 : 2세대
> • 고밀도 집적회로 시대 : 4세대

51 다음 중 동적인 타이포그래피에 해당하지 않는 것은?

① 다이나믹 타이포그래피
② 키네틱 타이포그래피
③ 스타일리쉬 타이포그래피
④ 스테이틱 타이포그래피

> 스테이틱 타이포그래픽은 정적인 타이포그래피에 해당함
> **오답 피하기**
> **동적 타이포그래피** : 움직임과 시간성을 가진 글자. 글자에 시청각적 이미지를 담고, 소리를 추가하는 등 동선을 부여함으로써 주목성을 갖게 하여 글자를 통한 정보 전달 효과를 높임(다이나믹 타이포그래피, 키네틱 타이포그래피, 스타일리쉬 타이포그래피)

52 다음이 설명하는 3차원 컴퓨터 그래픽의 모델링 방식은 무엇인가?

- 단순한 모양에서 시작해 복잡한 기하학적 형상을 구축하는 방식
- 자연물, 지형, 해양 등의 표현하기 힘든 불규칙적인 성질을 나타낼 때 사용

① CSG(Constructive Solid Geometry) 모델링 방식
② 솔리드(Solid) 모델링 방식
③ 프랙탈 모델(Fractal Model)
④ 와이어프레임(Wire Frame) 모델링 방식

프랙탈 모델(Fractal Model) : 구름, 바다 물결, 소용돌이, 담배 연기, 산, 강 등의 불규칙적인 성질을 나타낼 때 사용

오답 피하기

- CSG(Constructive Solid Geometry) : 구조적 입체기하학이라고도 하며, 솔리드 모델링의 한 종류로 체적을 가지고 있는 3D 요소들을 서로 더하거나 빼거나 하는 식으로 복합 표면이나 객체를 생성
- 와이어프레임(Wire Frame Modeling) : 물체의 면과 면이 만나서 구성되는 모서리 선을 사용하여 물체의 형상을 표현하는 방식으로 점, 꼭짓점을 연결하는 선 또는 곡선만으로 표현하는 방식
- 솔리드(Solid) 모델링 : 오브젝트의 내부까지 꽉 채워진 고형 모델로서 내부가 보이지 않는 덩어리로 이루어진 입체를 표현하는 방식

53 웹 그래픽 작업 시 레이아웃 방식으로 적절한 것은?

① 화면의 사이즈는 현재 가장 많은 사용자가 사용하는 그래픽 카드의 해상도를 기준으로 한다.
② 메뉴 바를 일관성 있게 고정하기 위해 반드시 프레임 구조로 작업한다.
③ 안전영역(Safe Zone) 안에는 중요한 메뉴가 위치하게 작업하면 안 된다.
④ 메뉴 바나 내비게이션 바는 페이지마다 다르게 다양하게 디자인 하도록 한다.

화면의 사이즈는 현재 가장 많은 사용자가 사용하는 그래픽 카드의 해상도를 기준으로 함

오답 피하기

- 일관성 있는 메뉴 바나 내비게이션 바의 페이지 간 연속성을 통해 사용의 익숙함을 줌
- 메뉴 바의 고정을 위해 반드시 프레임 구조로 작업할 필요는 없음

54 웹 페이지 제작 시 웹 사이트를 구축하는 단계에서 이루어지는 내용인 것은?

① 팀 구성 및 예산
② 구조 설계 및 내비게이션 디자인
③ 프로젝트의 개요 및 목적
④ 차별화 전략 및 제작 일정

구조를 설계하고 내비게이션을 디자인하는 단계는 웹 사이트를 구축하는 단계에서 이루어짐

오답 피하기

팀 구성 및 예산, 프로젝트의 개요 및 목적, 차별화 전략 및 제작 일정은 웹 페이지 제작 제안서를 작성하는 단계에서 이루어짐

55 다음이 설명하고 있는 것은?

컴퓨터 그래픽스 하드웨어 중 하나로 2차원, 3차원의 이미지나 그림, 문자 등을 읽어 들이는 장치

① 라이트 펜(Light Pen)
② 터치스크린(Touch Screen)
③ 태블릿(Tablet)
④ 스캐너(Scanner)

스캐너는 입력 장치로 핸드 스캐너, 플랫베드 스캐너, 드럼 스캐너 등이 있음

오답 피하기

- 라이트 펜 : 마우스나 터치스크린보다 세밀하게 입력되는 펜 모양의 입력 장치
- 터치스크린 : 특수 입력장치를 장착한 화면으로, 손으로 접촉하면 전기신호로 변환하여 처리 장치에 정보를 보내주는 장치
- 태블릿 : 특수 보드 위에 스타일러스 펜과 같은 장치를 이용하여 좌표를 입력하는 장치

56 256가지의 색상을 표현하기 위해서는 최소 몇 bit가 필요한가?

① 8비트
② 16비트
③ 24비트
④ 32비트

비트 심도를 설명한 것으로 8bit인 경우 256가지 컬러 표현이 가능함. 8bit를 사용하는 이미지 파일 포맷으로는 GIF가 있음

|정답| 52 ③ 53 ① 54 ② 55 ④ 56 ①

57 그림이나 사진을 잘라 배경 위에 배열하고 놓인 형태를 조금씩 움직이면서 한 프레임씩 촬영한 후, 각 프레임을 연결하는 애니메이션 기법은?

① 플립북 애니메이션
② 셀 애니메이션
③ 스톱모션 애니메이션
④ 컷아웃 애니메이션

> 컷아웃 애니메이션은 그림이나 사진을 잘라 배경 위에 배열하고 놓인 형태를 조금씩 움직이면서 한 프레임씩 촬영하는 애니메이션 기법임
>
> **오답 피하기**
> • 플립북 : 책이나 노트 등에 변해가는 동작을 페이지마다 그린 후 일정한 속도로 종이를 넘겨 애니메이션을 확인하는 기법
> • 셀 애니메이션 : 투명 필름 위에 수작업으로 캐릭터를 채색한 후 배경 위에 놓고 촬영 및 편집하는 기법
> • 스톱모션 애니메이션 : 한 프레임씩 따로 촬영한 후 각 프레임을 연결하여 영사하는 기법

58 다음 중 웹 사이트 디자인 프로세스의 순서를 옳게 나열한 것은?

> ㉠ 사이트 맵 그리기
> ㉡ 기본 디자인 구상하기
> ㉢ 콘셉트 정하기
> ㉣ 세부 디자인 구상하기

① ㉢ → ㉡ → ㉣ → ㉠
② ㉢ → ㉠ → ㉡ → ㉣
③ ㉠ → ㉡ → ㉢ → ㉣
④ ㉠ → ㉢ → ㉡ → ㉣

> 웹 사이트를 디자인하기 위해서는 우선 사이트의 콘셉트를 정하고, 웹 사이트의 전체 구조를 한눈에 알아볼 수 있도록 사이트 맵을 정의한 후 실제적인 디자인 작업을 시작함

59 내비게이션 디자인에서 고려할 사항으로 가장 거리가 먼 것은?

① 일관성 있게 만든다.
② 로딩 속도를 고려한다.
③ 현재의 위치를 알 수 있도록 한다.
④ 정보를 효율적으로 전달할 수 있도록 많은 컬러를 선택한다.

> 내비게이션은 콘텐츠를 체계적으로 분류하여 이동이 편리하도록 연결해 둔 것으로, 사용자가 웹 페이지를 쉽게 이동하고 탐색하며 정보를 빨리 찾을 수 있도록 컬러와 구조의 일관성을 고려하려 디자인해야 함

60 다음 중 괄호( ) 안에 공통으로 들어갈 알맞은 단어는?

> • 드림위버와 나모 웹 에디터는 대표적인 (　　　) 방식의 프로그램이다.
> • (　　　) 방식이란 에디터에서 작업하는 화면과 출력하는 화면이 같게 나타나는 것을 의미하는 것으로 직접 코드를 입력하지 않고 웹 페이지 구성이 가능하며 편집을 용이하게 할 수 있도록 해준다.

① 에디터(Editor)
② 위지위그(WYSIWYG)
③ 비헤이비어(Behavior)
④ 스크립트(Script)

> WYSIWYG(위지위그)란 'What You See Is What You Get'의 약어로 작업의 결과를 눈으로 바로 확인할 수 있으며, 화면에 나타나는 형상이 최종 인쇄물과 같은 프로그램 방식을 의미함

과목 **01** **디자인 일반**

01 다음은 디자인의 기능에 대한 설명이다. 다음 중 괄호( ) 안에 들어갈 용어는 무엇인가?

> 빅터 파파넥은 디자인에 있어서 형태와 기능을 분리하여 생각하던 전통적 사고에서 탈피하여 디자인의 기능을 (   )이라고 정의하면서, (   )에 대해 방법(Method), 용도(Use), 필요성(Need), 목적지향성(Telesis), 연상(Association), 미학(Aesthetics)이라고 설명하였다.

① 합목적 기능
② 복합 기능
③ 심미적 기능
④ 실용 기능

> 빅터 파파넥은 디자인에 있어서 형태와 기능은 분리될 수 없으며, 미와 기능, 형태를 포괄적인 의미로 설명함

02 다음 중 시각 디자인 분야에 해당하지 않는 것은?

① 편집 디자인
② 광고 디자인
③ 그래픽 디자인
④ 가구 디자인

> 시각 디자인은 시각 전달 디자인을 의미하며, 편집, 포장, 잡지, 포스터, 문자, 그래픽 디자인, 공고 디자인 등이 포함됨
>
> **오답** 피하기
>
> 가구 디자인은 제품(프로젝트) 디자인에 속함

03 선(Line)의 종류에 따른 느낌을 잘못 설명한 것은?

① 사선 : 운동감, 불안정함, 속도감
② 수평선 : 안정감, 정지, 평온감
③ 수직선 : 유연, 자유로움, 풍부한 감정
④ 곡선 : 우아, 부드러움, 섬세

> **수직선** : 높이감, 상승, 엄숙함, 긴장감의 느낌을 나타냄
>
> **오답** 피하기
>
> 유연, 풍부한 감정 : 자유곡선

04 다음 그림이 나타내는 디자인 원리에 대한 설명으로 틀린 것은?

① 비중이 안정된 것이다.
② 균형 원리 중 하나로 자유로움을 느끼게 해준다.
③ 개성적이고 활동감을 표현할 수 있다.
④ 요소의 전체와 부분을 연관시켜 상대적으로 설명하는 것이다.

> 비대칭(Asymmetry) : 상대적으로 양쪽이 서로 같지 않은 상태나 정렬
>
> **오답** 피하기
>
> ④는 비례에 대한 설명이며, 비례는 요소의 전체와 부분을 연관시켜 상대적으로 설명함

05 게슈탈트(Gestalt)의 형태에 관한 시각의 기본 법칙에 해당되지 않는 것은?

① 폐쇄성
② 통일성
③ 유사성
④ 연속성

> 게슈탈트 법칙에 의하면 근접, 유사, 폐쇄, 연속된 속성을 가진 형태들이 심리적으로 보기 좋음

06 디자인을 통해 기업의 이미지를 높이기 위한 작업으로 기업의 새로운 이념 구축에 필요한 이미지와 커뮤니케이션 시스템을 의도적, 계획적으로 만들어내는 기업 이미지 통합 전략은?

① CIP
② POP
③ AIDMA
④ ISO

> CIP(Corporate Identity Program) : 디자인을 통해 기업의 이미지와 이념을 새롭게 정립하는 작업을 뜻함

07 우리나라의 교육부에서 표준으로 지정한 색상환은 몇 가지 색상으로 이루어졌는가?

① 5
② 10
③ 15
④ 20

> 우리나라 교육부에서는 먼셀(Munsell)의 표준 20 색상환을 기본 색상으로 지정하고 있음

08 다음 중 CIE(국제조명위원회) 표색계에 대한 설명으로 틀린 것은?

① 1931년 국제조명위원회에서 고안한 국제적 기준이다.
② 1~14까지의 채도를 사용하며, 일반적으로 짝수 만을 기준으로 하고 있다.
③ 완전한 흰색과 완전한 검은색은 만들 수 없으므로 0.5~9.5까지의 기호로 나타낸다.
④ 헤링의 4원색 이론을 기본으로 24색상으로 구성한다.

> 헤링의 4원색 이론을 기본으로 한 것은 오스트발트 표색계임

09 인상파 화가의 점묘화, TV의 영상 화면, 직물 등에 나타나는 가법 혼색으로 디더링의 혼색 원리이기도 한 혼합 방법을 무엇이라 하는가?

① 중간 혼합
② 감색 혼합
③ 병치 혼합
④ 회전 혼합

> 병치 혼합은 선이나 점이 조밀하게 교차 · 나열되었을 때, 마치 인접한 색과 혼합된 것처럼 보이는 현상임

10 다음 중 일반색명에 대한 설명으로 옳은 것은?

① '어두운 파랑', '연보라'와 같이 명도, 채도에 대한 수식어를 붙여 표현
② '귤색, 밤색, 무지개색, 코발트 블루'와 같이 고유한 이름을 이용해 표현
③ 관습적이거나 연상적인 느낌으로 이름을 붙임
④ 인명, 지명, 원료, 자연, 식물 등에 따라 이름을 붙임

> 일반색명은 감성적으로 느껴진 느낌을 수식어로 덧붙여 사용하는 방법임
>
> **오답 피하기**
> ②, ③, ④는 관용색명에 대한 설명

11 다음 설명에 해당하는 색의 지각 효과는 무엇인가?

> 선글라스를 오래 끼고 있으면 선글라스의 색이 느껴지지 않다가 선글라스를 벗고 나면 다시 선글라스가 원래의 색으로 느껴지는 것

① 색순응
② 명순응
③ 명시성
④ 채색성

> 색순응은 색을 오래 볼 때 나타나는 현상으로 색에 순응되어 다른 환경에서 색의 지각이 약해지는 것

12 다음 중 색채 계획상 유의할 점으로 가장 거리가 먼 것은?

① 심미성
② 사회성
③ 안정성
④ 도덕성

> 색채 계획상 유의할 점에는 안정성, 사회성, 심미성이 속함

13 다음 중 배색에 대한 설명으로 옳은 것은?

① 반대 채도의 배색은 부드러움을 느끼게 한다.
② 고명도이면서 유사 명도의 배색은 경쾌하고 맑음을 느끼게 한다.
③ 반대 명도인 무채색과 유채색의 배색은 불분명한 느낌을 들게 한다.
④ 중명도의 비슷한 색상의 배색은 또렷한 느낌이 들게 한다.

> **오답 피하기**
> • 반대 채도의 배색은 활기나 활발함을 느끼게 한다.
> • 반대 명도인 무채색과 유채색의 배색은 가시성을 높여준다.
> • 중명도의 비슷한 색상의 배색은 불분명한 느낌을 들게 한다.

14 다음 중 명도에 대한 설명으로 옳지 않은 것은?

① 명도의 밝기는 흑백사진에서 볼 수 있는 색상이 밝고 어두운 정도를 말한다.
② 색의 명도는 얼마나 많이 검은색이 혼합되었는가에 따라 변화가 생기는 것이다.
③ 명도만 존재하는 상태를 무색(Achromatic)이라 한다.
④ 유채색의 명도는 밝은 음영(Tint)과 어두운 음영(Shade)으로 나타낼 수 있다.

> 색의 명도는 검은색뿐만 아니라 흰색의 혼합에 따라서도 변화가 생김

15 난색에 대한 설명으로 옳은 것은 무엇인가?

① 주황색, 청자색은 수축과 후퇴를 나타낸다.
② 적색, 주황색은 팽창과 진출을 나타낸다.
③ 청록, 청자색은 수축과 후퇴를 나타낸다.
④ 청록, 주황색은 팽창과 진출을 나타낸다.

> 적색 계통의 색을 난색이라고 하며, 난색은 앞으로 튀어나오는 느낌 (진출)과 색의 면적이 실제 면적보다 크게 느껴지는 느낌(팽창)을 줌

16 다음 두 도형의 중심에 있는 원의 실제 크기는 동일하지만, 오른쪽 원이 왼쪽보다 커 보이는 현상은 무엇인가?

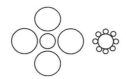

① 주변과의 대비에 의한 착시현상
② 반복 원리에 의한 착시현상
③ 폐쇄 원리에 의한 착시현상
④ 연속 원리에 의한 착시현상

> 주변의 환경에 의한 대비로 인해 크기가 다르게 보이는 착시는 면적과 크기 대비의 착시로 에빙하우스의 도형에서 나타나는 착시임

17 색채 조화를 위한 배색에 있어 고려해야 할 사항으로 잘못된 것은?

① 주조색을 먼저 정한 후 되도록 많은 색을 배색한다.
② 일반적으로 가벼운 색은 위쪽으로 하고, 무거운 색은 아래쪽으로 한다.
③ 색의 전체적인 조화를 위해 색상, 명도, 채도 중 공통된 부분을 만들어 준다.
④ 비슷한 색상들로 이루어진 조화는 명도나 채도에 차이를 두어 대비 효과를 구성한다.

> 배색은 색을 목적에 맞게 표현하기 위해서 주변의 색을 고려하여 배치하는 것으로, 색상 수를 적게 하고 대비를 고려하여 색을 선택함

18 다음 중 색의 점층(점이)은 디자인 원리 중 어느 영역에 속하는가?

① 강조   ② 율동
③ 반복   ④ 조화

> 점층(점이)은 크기나 색채, 단계 등의 반복에 일정한 변화를 주어 동적인 효과를 주는 것으로 율동에 속함
>
> **오답 피하기**
> • **강조** : 단조로움을 피하기 위해 일부 요소를 다르게 표현하는 것(채도, 색채, 배치 등에 의해 표현됨)
> • **조화** : 디자인 요소들이 상호 관계를 가지고 균형감을 잃지 않은 상태로 이루어진 것(같은 성질의 유사조화, 전혀 다른 성질의 대비 조화 등이 있음)

19 녹색 배경에 있는 회색 사각형을 계속 응시하다가 흰색 배경을 바라보면 붉은 바탕 안의 녹색 사각형으로 보이게 되는 것은 어떤 현상인가?

① 동시대비   ② 계시대비
③ 한난대비   ④ 면적대비

> **계시대비** : 색상을 보고 일정한 시간 후에 느껴지는 대비 효과로 어떤 색상을 보고 난 후 다른 색상을 보았을 때 먼저 본 색상의 잔상이 남아 색상이 다르게 보이는 현상
>
> **오답 피하기**
> • **동시대비** : 인접되어 있거나 다른 색 안에 놓여 있는 두 가지 색을 동시에 볼 때 일어남
> • **한난대비** : 차가운 색과 따뜻한 색을 배열할 경우 차가운 색은 더 차갑게 느껴지고, 따뜻한 색은 더욱 따뜻하게 느껴지는 대비 효과
> • **면적대비** : 면적 크기에 따라 색이 다르게 느껴지는 현상

20 다음 중 동일 색상의 배색이 아닌 것은?

① 정적인 질서를 느낄 수 있다.
② 차분한 느낌을 느낄 수 있다.
③ 통일된 감정을 느낄 수 있다.
④ 즐거운 느낌을 느낄 수 있다.

> 동일 색상 배색은 명도 또는 채도에 차이를 두어 정적이고 단조로운, 차분하고 통일된 느낌을 얻을 수 있음. 즐거운 느낌과는 거리가 멂

21 웹에서 하이퍼텍스트 문서 전송을 위한 통신 규약은?

① HTTP   ② TELNET
③ USENET   ④ FTP

> HTTP는 HyperText Transfer Protocol의 약자로 웹상에서 파일을 주고받기 위해 필요한 하이퍼텍스트 전송 규약임

22 다음 중 교육 기관과 상관없는 도메인은?

① ms   ② gov
③ edu   ④ ac

> gov는 정부 기관에 해당하는 도메인임
>
> **오답 피하기**
> ms는 중학교를 나타내는 차상위 도메인임

23 웹 브라우저의 그림 이미지와 HTML 문서에 대한 설명으로 옳은 것은?

① 이미지 파일은 jpg, png, eps 등이 사용된다.
② 이미지 파일은 HTML 문서와 별도로 저장할 수 없다.
③ 브라우저 화면의 형태 그대로 캡처(Capture)할 수 없다.
④ HTML 문서 파일은 ASCII 형태로 저장되며, 소스 형태로 저장할 수 있다.

> 웹 브라우저에서 HTML 문서는 ASCII 파일로 저장되며 HTML과 그림 이미지를 별도로 저장할 수 있음

24 다음 중 두 개의 키워드 중에서 어느 하나만 포함되어 있어도 해당 정보를 검색해주는 검색 연산자는 무엇인가?

① AND(&)   ② OR(|)
③ NOT(!)   ④ NEAR

> OR(|) 연산자는 두 개의 키워드 중에서 어느 하나만 포함되어 있어도 해당 정보를 검색함

25 다음 중 URL의 일반적인 표현 방식으로 옳은 것은?

① 프로토콜://포트 번호/파일명
② 프로토콜://호스트 주소[:포트 번호]/파일 경로/파일명
③ 포트 번호://호스트 주소/파일 경로/파일명
④ 포트 번호://프로토콜/파일 경로/파일명

> URL은 '프로토콜(인터넷 서비스)://호스트 주소(또는 IP 주소)[:포트 번호]/파일 경로/파일명'으로 구성됨

26 다음 중 자바스크립트의 특징으로 틀린 것은?

① 객체 지향 프로그램 언어로 내장 객체를 사용한다.
② 소스 코드가 HTML 문서에 포함되어 작성되고 인터프리터에 의해 실행된다.
③ 변수명은 영문자의 대문자와 소문자를 구별하지 않는다.
④ 데이터 형을 구분하여 설정하지 않아도 된다.

> 자바스크립트에서 변수명은 대소문자를 구분한다.

27 자바스크립트에서 일정한 시간마다 지정된 동작을 수행하는 데 사용되는 함수는?

① window.setInterval( )
② window.setTimer( )
③ window.timer( )
④ window.setTime( )

> • window.setInterval( ) : 일정한 간격을 두고 지정된 명령을 반복 수행함
> • window.setTime( ) : 시간이 지나면 한 번만 명령을 수행함

28 다음 자바스크립트의 연산자 중 우선순위가 가장 높은 것은?

① 논리 연산 | | (OR)   ② 산술 연산 +
③ 비교 연산 ==   ④ 괄호 ( )

> 자바스크립트의 연산자 우선순위(높은 순에서 낮은 순) : 괄호 ( ), 대괄호 [ ] → 증감 연산 → 산술 연산 → 비교 연산 → 논리 연산 → 대입 연산

29 로그인 시 웹 사이트 방문 기록을 사용자 측의 컴퓨터에 남겨두었다가, 이후에 다시 방문할 경우 이전의 상태를 유지할 수 있도록 하는 것은?

① Session ② Cookie
③ Mime ④ URL

> 쿠키는 아이디 저장과 같이 웹 서버가 사용자에 관한 정보를 사용자 컴퓨터에 남겨두는 것으로, 주로 이메일 주소, 아이디와 비밀번호 등을 저장해둠

30 다음 중 보기의 설명이 뜻하는 네트워크 신호 용어는 무엇인가?

> • 스펙트럼의 최고값에서 최저값을 뺀 범위
> • 신호가 가지는 주파수 범위 또는 전송 매체가 수용할 수 있는 주파수의 크기

① 주파수(Frequency)
② 스펙트럼(Spectrum)
③ 대역폭(Bandwidth)
④ 위상(Phase)

> 대역폭이란 특정한 기능을 수행할 수 있는 주파수의 범위를 의미
> **오답 피하기**
> • **주파수(Frequency)** : 정해진 시간 내에서 발생하는 신호의 반복 횟수
> • **스펙트럼(Spectrum)** : 어떤 신호의 주파수 범위
> • **위상(Phase)** : 한 사이클 안에 발생하는 신호의 상대적 위치

31 다음 중 전자우편(e-mail)에 대한 설명으로 틀린 것은?

① 컴퓨터 통신망을 통하여 다른 사람에게 서신을 교환하는 것을 의미한다.
② 컴퓨터로 작성된 서신은 매우 빠르게 여러 사람에게 동시에 전송할 수 있다.
③ 전자우편의 송신을 담당하는 프로토콜은 POP이다.
④ 상대방의 동의 없이 일방적으로 띄운 광고성 전자 우편물을 스팸메일(Spam Mail)이라고 한다.

> 전자우편의 송신을 담당하는 프로토콜은 SMTP(Small Mail Transfer Protocol)임
> **오답 피하기**
> POP(Post Office Protocol) : 전자우편의 수신을 담당하는 프로토콜

32 하이퍼링크를 클릭하였을 때 나타나는 문서의 위치를 지정할 수 있는 TARGET 속성에 관한 설명 중 옳지 않은 것은?

① TARGET="_self" : 현재 창에 링크된 문서를 열어줌
② TARGET="_blank" : 새로운 창에 링크된 문서를 열어줌
③ TARGET="_top" : 현재 여러 프레임 가운데 가장 위의 프레임에 링크된 문서가 나타난다.
④ TARGET="_parent" : 현재의 프레임 구조로 들어오기 이전의 한 단계 상위 페이지(부모 페이지)에 링크된 문서를 열어줌

> target의 '_top' 속성은 자신이 속한 현재 프레임의 최상위 프레임을 열어줌

33 제한된 동시 접속자 수를 넘게 되어 서버에서 정보를 제공할 수 없을 때 표시되는 웹 브라우저의 오류 메시지는?

① HTTP 403 Forbidden
② HTTP 404 Not Found
③ HTTP 500 Internal Server Error
④ HTTP 503 Service Unavailable

> HTTP 503 Service Unavailable : 서버가 점검을 위해 다운되거나 동시 접속자 수가 많아서 서버가 요청을 처리할 준비가 되지 않은 경우에 발생함
> **오답 피하기**
> • HTTP 403 Forbidden : 접근이 금지된 파일을 요청해서 허가해 줄 수 없는 경우 발생함
> • HTTP 404 Not Found : 존재하지 않는 파일을 요청한 경우 발생함
> • HTTP 500 Internal Server Error : 서버의 애플리케이션 문제와 같은 서버 측에 오류가 있을 때 발생함

34 HTML 문서를 작성할 때 글자 사이를 공백으로 띄우기 위해 사용되는 것은?

①   ② &amp
③ &gt ④ &lt

> nbsp는 'Non Breaking Space'의 약자로, HTML 문서에서 공백을 나타냄
> **오답 피하기**
> • &lt : 부등호(<) 괄호
> • &gt : 부등호(>) 괄호
> • &amp : & 기호 표시

|정답| 29 ② 30 ③ 31 ③ 32 ③ 33 ④ 34 ①

35 다음과 같은 자바스크립트 소스를 헤드(head) 태그 안에 삽입 시 브라우저에서 나타나게 되는 결과는?

```
<script language="javascript">
  alert("Welcome");
</script>
```

① 페이지가 열릴 때 Welcome라는 글자가 출력된다.
② 페이지가 열릴 때 Welcome라는 문구가 이메일로 보내진다.
③ 페이지가 열릴 때 Welcome라는 문구가 한자씩 브라우저에 새겨진다.
④ 페이지가 열릴 때 자동으로 Welcome라는 문구가 있는 메시지 창이 뜬다.

자바스크립트의 alert( ) 함수는 사용자에게 정보나 경고 메시지를 전하기 위한 대화상자(경고창)를 생성함

36 다음 중 HTTP 프로토콜에 대한 설명으로 가장 옳은 것은?

① 서버와 클라이언트 사이에서 파일을 전송하기 위한 프로토콜
② E-Mail을 수신할 때 사용되는 프로토콜
③ E-Mail을 송신할 때 사용되는 프로토콜
④ 서버와 클라이언트 사이에서 웹 문서 전송에 사용되는 프로토콜

HTTP는 웹상에서 파일을 주고받는 데 필요한 하이퍼텍스트 전송 규약임

37 인터넷 주소 형식에서 마지막 부분은 항상 최상위 도메인을 나타낸다. 다음 중 최상위 도메인에 속하지 않는 것은?

① kr
② or
③ gov
④ com

or, ac, re 등은 차상위 도메인임

38 다음 중 도메인 네임으로 사용할 수 없는 것은?

① gift4u-.com
② 1588-0000.co.kr
③ flower-order.biz
④ 8282delivery.net

도메인 이름에는 하이픈을 사용할 수는 있으나, 하이픈은 이름 중간에만 사용될 수 있음. 도메인 이름의 끝은 영문자나 숫자로 끝나야 함

39 다음 중 웹 페이지 저작에 관한 설명으로 옳지 않은 것은?

① 웹 페이지 저작에서는 웹 페이지 코딩(Coding)이 가장 중요하다.
② 웹 페이지의 텍스트를 읽을 때 그래픽이 방해되지 않도록 제작한다.
③ 한 페이지에 너무 많은 것을 배치하지 않도록 한다.
④ 태그를 직접 지정하여 확장시키려면 XML 언어를 사용하여 작성하도록 한다.

웹 페이지 저작은 코딩을 포함해 그래픽 요소, 사운드, 영상, 텍스트 등 각각의 모노 미디어를 통합하여 하나의 콘텐츠로 통합하여 표현하는 것이므로 웹 페이지에 들어가는 모든 콘텐츠의 제작 과정이 중요함

40 다음 중 웹 이미지를 제작하기 위한 소프트웨어로 적합하지 않은 것은?

① Paintshop Pro
② Photoshop
③ Illustrator
④ Premiere

• Premiere(프리미어) : 어도비의 동영상 제작 및 편집 프로그램
• 그 밖에 동영상 및 멀티미디어 제작을 위한 소프트웨어로는 디렉터(Director), 애프터 이펙트(After Effect) 등이 있음

오답 피하기

이미지 제작(그래픽 편집) 프로그램 : 컴퓨터상에 그림이나 문자, 도형 등을 편집할 수 있는 프로그램(도안 제작, 이미지 페인팅, 리터칭 등 가능)
– 드로잉(Drawing) 프로그램 ⓔ 일러스트레이터, 코렐 드로 등
– 이미지 처리 프로그램 ⓔ 포토샵, 페인트 샵 프로 등

41 다음은 무엇에 대한 설명인가?

- 웹 사이트의 전체 구조, 화면 구성, 콘텐츠 정보 등을 작성해 보는 것이다.
- 화면 단위로 삽입될 구성요소 및 구체적 내용을 정리해 놓는다.
- 시행착오를 줄일 수 있도록 해주며, 구축하는 개발자들 간의 의사소통 도구가 된다.

① 레이아웃　　　　② 내비게이션
③ 스토리보드　　　④ 동영상

> 스토리보드는 웹 디자인에서 작업 지침서이자 설계도 역할을 하는 것으로 웹 사이트의 전체 구조, 화면 구성, 콘텐츠 등을 시각화하여 작성함

42 사용자가 웹 페이지를 쉽게 이동하고 탐색할 수 있도록 콘텐츠를 체계적으로 분류하여 연결시킨 구조 또는 인터페이스 디자인을 무엇이라고 하는가?

① 타이포그라피 디자인
② 웹 컬러 디자인
③ 레이아웃 디자인
④ 내비게이션 디자인

> 내비게이션 : 콘텐츠가 서로 조화를 이루며 논리적으로 보일 수 있도록 시각적으로 계층 구조를 만드는 것

43 정해진 시간에 여러 개의 정지된 화면을 보여주는 것을 애니메이션이라고 한다. 이때 애니메이션에서 정지된 화면 한 개를 무엇이라고 하는가?

① 픽셀(Pixel)　　　② 프레임(Frame)
③ 씬(Scene)　　　④ 테이크(Take)

> 프레임은 정지된 화면 하나를 의미하며, 중요한 장면이 들어가는 프레임을 키프레임이라고 함
>
> **오답 피하기**
> - 씬(Scene) : 정해진 시간에 여러 개의 프레임(Frame)을 보여주는 것
> - 테이크(Take) : 카메라 작동 스위치를 한 번 조작해 촬영한 화면

44 RGB 컬러 모드는 어떤 혼합 방식으로 색상을 표현하는가?

① 감산 혼합　　　　② 가산 혼합
③ 병치 혼합　　　　④ 회전 혼합

> RGB는 빛(색광)의 혼합인 가산 혼합 방식으로 색상을 표현

45 다음 중 GIF 파일 포맷에 관한 설명으로 틀린 것은?

① 투명한 이미지를 만들 수 있다.
② 애니메이션 효과를 만들 수 있다.
③ 인덱스 색상으로 최대 216가지 색상을 사용할 수 있다.
④ 이미지가 점진적으로 나타나는 Interlace 효과를 낼 수 있다.

> GIF 파일 포맷은 8bit를 지원하여 최대 256가지의 색상을 표현할 수 있음

46 다음 중 웹 이미지의 크기와 용량이 클 경우 이미지의 크기와 용량을 한꺼번에 줄이기 위한 올바른 방법은?

① 드림위버에서 이미지 크기를 줄인다.
② 웹에서 소스 수정으로 사이즈를 조정한다.
③ 포토샵으로 이미지 사이즈에서 픽셀 수를 줄인다.
④ 나모에서 웹용으로 저장할 때 Quality를 낮춘다.

> 픽셀은 이미지를 이루는 요소로, 픽셀의 수를 줄이면 이미지의 크기와 용량이 줄어듦

47 다음 중 웹 디자인 기획 단계에서 고려해야 할 사항이 아닌 것은?

① 로딩 시간을 줄이기 위해서 이미지를 최적화한다.
② 사이트의 목적과 필요성을 충분히 인식하도록 한다.
③ 경쟁 사이트의 디자인 분석을 통해 벤치마킹을 하도록 한다.
④ 색상, 글자 모양, 레이아웃 등에 대한 원칙을 수립하도록 한다.

> 이미지 최적화는 웹 디자인 과정에서 고려해야 할 사항임

48 웹 사이트의 탐색 구조에 대한 설명으로 옳은 것은?

① 순차적 구조는 하나의 홈페이지에서 다음 홈페이지로 또 다음 홈페이지로 연결된 구조로 정보를 순서에 따라 보여주는 회원 가입 절차 등에 적합하다.
② 계층적 구조는 선형적 구조와 계층적 구조를 혼합한 것으로 단어별 검색에 사용한다.
③ 그물형 연결 구조는 대주제 검색을 위해 상호 연결하여 검색하기 위한 간결한 구조이다.
④ 복합적 구조는 하나의 홈페이지가 있고 그 홈페이지의 메인페이지에는 단순한 메뉴로만 보여주고 하위페이지들로 계층적으로 연결되는 구조이다.

> **순차적 구조** : 정보를 순서에 따라 보여주고, 앞뒤로만 이동이 가능한 구조
>
> **오답 피하기**
> • ②는 복합적 구조에 대한 설명이며, 복합적 구조는 대(큰) 주제가 정형화되어 있는 경우에 적합함
> • ③ 그물형 연결 구조(네트워크 구조)는 개별 정보가 있는 웹 페이지의 정보를 순서 없이 나열한 형태로 수많은 페이지가 나열된 복잡한 구조임
> • ④는 계층적 구조에 대한 설명임

49 다음 중 컴퓨터그래픽스 시스템의 입력 장치가 아닌 것은?

① 키보드
② 마우스
③ 프로젝터
④ 스캐너

> 프로젝트는 영상을 확대하여 스크린에 비추어 주는 출력 장치임

50 컴퓨터 그래픽스의 렌더링에서 윈도우(디스플레이) 밖에서 오브젝트의 보이지 않는 부분을 처리하는 과정은?

① 투영(Projection)
② 클리핑((Clipping)
③ 셰이딩(Shading)
④ 매핑(Mapping)

> **클리핑(Clipping)** : 디스플레이 밖(모니터 또는 윈도우 창에 나오지 않는 부분)의 보이지 않는 부분을 처리하는 과정
>
> **오답 피하기**
> • **투영(Projection)** : 3차원 오브젝트를 2차 스크린에 비추는 작업
> • **셰이딩(Shading)** : 음영, 빛의 비춤, 반사, 투명 처리
> • **매핑(Mapping)** : 오브젝트의 표면 질감과 풍경 처리

51 다음 중 일반적으로 포토샵에서 할 수 있는 작업이 아닌 것은?

① 사진 보정
② 이미지 합성
③ 마크, 심벌 제작
④ 컬러 수정 및 처리

> 심벌, 마크 제작은 벡터 방식으로 확대하거나 변형해도 이미지에 손상이 없는 일러스트레이터에서 작업함

52 포토샵(Photoshop)에서 검정색과 흰색의 이미지로 구성되어 선택된 영역이 합성되지 않도록 하는 마스크 역할을 하는 것은?

① 필터(Filter)
② 레이어(Layer)
③ 히스토리(History)
④ 알파 채널(Alpha Channel)

> 알파 채널은 색상 표현의 데이터와 분리된 보조 데이터를 저장하는 장소로, 알파 채널에서 선택 영역은 흰색으로 저장되고 나머지 영역은 검정색으로 저장됨

53 다음 그래픽 파일 포맷 중 비트맵 저장 방식이 아닌 것은?

① PNG
② JPEG
③ GIF
④ WMF

> WMF(Windows Metafile)는 마이크로소프트 윈도우 운영체제의 그래픽 파일 포맷임. 비트맵과 벡터 정보를 모두 포함할 수 있음

54 다음 중 웹 사이트에 사용될 이미지를 제작하기 위해 이미지 소스를 얻는 방법으로 적절하지 않은 것은?

① 사이트의 콘셉트에 맞게 디지털 카메라로 촬영한다.
② 포털 사이트에서 검색하여 나오는 이미지를 활용한다.
③ 전문적인 이미지 판매 사이트에서 구입하여 사용한다.
④ 이미지 편집 프로그램을 사용하여 이미지를 직접 제작한다.

> 포털 사이트에 있는 이미지를 사용할 경우 저작권 침해의 우려가 있음

55 웹 그래픽 제작 단계 중 색상(Color) 선택 단계에 해당하는 작업은?

① 그래픽 툴을 선택한다.
② 컴퓨터 그래픽스 툴이 제공하는 기능에 대해 연구한다.
③ 색 혼합이나 색상, 명도, 채도들을 원하는 대로 조절한다.
④ 이미지를 표현하기 위해 사용할 그래픽스 메뉴를 선택한다.

> 웹 그래픽 이미지는 '이미지 구상 → 툴 선택(그래픽 툴 선택) → 색상 선택 (색의 혼합, 색상, 명도, 채도 조절) → 기능 선택(효과적인 이미지 표현) → 최종 이미지 표현' 단계로 이루어짐

56 다음 중 GUI에 대한 설명으로 옳은 것은?

① GUI는 Graphic User Internet의 약자이다.
② 그래픽을 통해 컴퓨터와 정보를 교환하는 작업 환경이다.
③ Windows 계열의 운영체제에서만 사용되고 있다.
④ 키보드로 명령어를 타이핑하여 프로그램을 사용한다.

> GUI(Graphic User Interface)는 여러 운영체제에서 사용되고 있는 그래픽 기반의 작업 환경으로서 아이콘, 내비게이션 툴바 등으로 컴퓨터 사용을 손쉽게 해줌
>
> **오답 피하기**
> CLI(Command-Line Interface) : 키보드로 명령어를 타이핑하여 프로그램을 사용하는 방식

57 다음이 설명하고 있는 웹 그래픽의 기능은?

> • 서로 겹겹이 쌓인 투명한 시트와 비슷한 것으로 이미지를 겹쳐 새로운 이미지를 만드는 방법
> • 각 층을 겹치게 배열하고 보이게 하거나 숨기면서 단계별로 별도의 작업이 가능함

① 레벨(Level)
② 레이어(Layer)
③ 오브젝트(Object)
④ 심볼(Symbol)

> 레이어는 서로 겹겹이 쌓인 투명한 시트와 비슷한 것으로, 레이어가 있기 때문에 합성 편집이 용이해짐

58 웹 디자인 프로세스 과정 중 가장 나중에 이루어지는 단계는?

① 스토리보드 제작
② 그래픽 작업
③ 서버에 업로드
④ 검색엔진 등록

> 웹 디자인 프로세스 : 주제 선정 → 자료 수집 → 아이디어 도출 및 컨셉 정의 → 스토리보드 제작 → 레이아웃 구성 → 그래픽 작업 및 기술적 요소 구현 → 결과물 수정 보완 → 서버에 업로드 → 검색엔진 등록

59 다음 중 컴퓨터 그래픽스의 장점에 대한 설명으로 틀린 것은?

① 정확한 색상을 활용할 수 있다.
② 한번 작업한 다음 재사용이 가능하다.
③ 창조적인 작업이나 아이디어 제공이 수월하다.
④ 이미지 편집이 쉽고, 단순반복 작업이 가능하다.

> 컴퓨터 그래픽스 자체가 창조성이나 아이디어를 제공할 수 없음

60 다음이 설명하는 그래픽스 기술은 무엇인가?

> • 사람이나 동물의 움직임을 추적해 얻은 데이터를 모델링된 캐릭터에 적용하는 기술
> • 자연스러운 움직임이나 표정 변화를 효율적으로 부여할 수 있음

① 크로마키(Chroma-Key)
② 모션 캡처(Motion Capture)
③ 모핑(Morphing)
④ 로토스코핑(Rotoscoping)

> 모션 캡처는 실제 생명체의 움직임을 추적해 얻은 데이터를 컴퓨터로 작업한 캐릭터에 적용하는 것으로 영화 속 컴퓨터 그래픽스 작업에 많이 활용됨
>
> **오답 피하기**
> • 크로마키(Chroma-Key) : 서로 다른 화면을 합성하기 위한 그래픽스 기술
> • 모핑(Morphing) : 보간법을 사용하여 서로 다른 이미지나 3차원 모델 사이의 변화하는 과정을 서서히 나타내는 기법
> • 로토스코핑(Rotoscoping) : 실사와 애니메이션을 합성하는 기법

과목 01
과목 01 | 디자인 일반

01 바람직한 디자인의 기능을 설명한 것 중 옳지 않은 것은?

① 형태와 기능이 조화롭게 잘 갖추어진 상태
② 디자인에서 형태와 기능은 분리하여 생각함
③ 보기에 아름답고 사용하기에도 유용한 형태이어야 함
④ 절대적 기능과 상대적 개념이 복합체로 존속함

> 디자인에 있어서 형태와 기능은 분리될 수 없음. 좋은 형태로부터 나오는 기능성과 형태와 색채의 조화로부터 나오는 심미성을 동시에 가져야 함

02 다음 중 선(Line)의 종류에 따른 느낌을 잘못 설명한 것은?

① 대각선 : 운동감, 불안정함, 속도감
② 자유곡선 : 안정감, 정지, 평온감
③ 수직선 : 높이감, 상승, 엄숙함, 긴장감
④ 굵은 선 : 힘 있는 느낌, 중후함

> **자유곡선** : 유연함, 풍부한 감정
>
> 오답 피하기
>
> 안정감, 정지, 평온감은 수평선에서 느껴지는 느낌임

03 CIP(Corporate Identity Program)의 베이직 시스템에 속하는 것은?

① 심벌마크, 로고타입
② 로고타입, 명함, 봉투
③ 제품 포장, 캐릭터
④ 유니폼, 간판(표지)

> CIP의 베이직 시스템은 이미지 통합의 기초 작업으로, 심벌마크, 로고타입, 엠블럼과 캐릭터, 전용 컬러 등 4가지 필수 요소로 구성됨
>
> 오답 피하기
>
> **CIP의 어플리케이션 시스템** : 여러 매체에 적용시킬 디자인을 적용하는 것으로 서식류(명함, 봉투), 제품 포장, 유니폼 등이 있음

04 다음 중 관용 색명에 대한 설명으로 틀린 것은?

① 관습적이거나 연상적인 느낌으로 이름을 붙인다.
② '귤색, 밤색, 무지개 색, 코발트블루'와 같이 고유한 이름을 이용하여 표현한다.
③ 인명, 지명, 원료, 자연, 식물 등에 따라 이름을 붙인다.
④ '빨강, Red, R'처럼 기호나 이름으로 표현하여 비교적 색을 정확히 표현할 수 있다.

> 관습적이거나 연상적인 느낌으로 이름을 붙이는 방법으로 정확성이 떨어짐
>
> 오답 피하기
>
> '빨강, Red, R'처럼 표색계를 사용해 기호나 이름으로 표현하는 것은 일반 색명임

05 디자인 원리 중 서로 다른 영역이 대립되는 조합으로 음영이나 색상 등에 대립을 주어 강렬한 디자인을 제작할 수 있는 것은?

① 대비
② 대칭
③ 변화
④ 반복

> 대비는 음영이나 색상 등에 대비를 주어 강렬한 디자인을 제작할 수 있음
>
> 오답 피하기
>
> • **대칭** : 수직 또는 수평적인 축에 의해 같은 중량감으로 배분된 것
> • **변화** : 통일의 일부에 변화를 주는 것
> • **반복** : 형태를 한 번 이상 주기적, 규칙적으로 배열하는 것

06 다음의 디자인 원리 중 그 성질이 다른 것은?

① 비례
② 반복
③ 점이
④ 교차

> 반복, 점이, 교차는 율동에 해당함
>
> 오답 피하기
>
> 요소의 전체와 부분을 연관시켜 상대적으로 설명하는 것을 비례 또는 비율이라고 함

07 다음 중 주목성에 대한 설명이 아닌 것은?

① 색 자체의 명도나 채도가 높아서 시각적으로 빨리 눈에 띄는 것을 의미한다.
② 따뜻한 색일수록 더 높게 나타난다.
③ 배열에 있어서는 보색 배열, 자극이 강한 빨강과 흰색의 배열, 노랑과 검정의 배열 등에서 나타난다.
④ 가시성, 시인성이라고도 하며 먼 거리에서도 잘 보이는 성질이다.

> 가시성, 시인성이라고도 하며 먼 거리에서도 잘 보이는 성질은 명시성임

08 다음 중 인접되어 있거나 다른 색 안에 놓여있는 두 가지 색을 동시에 볼 때 일어나는 동시대비의 종류가 아닌 것은?

① 색상대비   ② 명도대비
③ 채도대비   ④ 계시대비

> • 계시대비란 색상을 보고 일정한 시간 후에 느껴지는 대비 효과로 계속대비라고도 함
> • 동시대비 : 색상대비, 명도대비, 채도대비, 보색대비, 연변대비 등

09 다음이 설명하는 현상은 무엇인가?

> • 날이 저물기 직전의 약간 어둠이 깔리기 시작할 때 작용
> • 망막에 상이 흐리게 맺혀 윤곽이 선명하게 보이지 않는 현상
> • 명소시와 암소시의 중간 무렵 추상체와 간상체가 동시에 활동해 물체의 상이 흐리게 나타나는 시각 상태이며, 최대 시감도가 507nm~555nm 사이가 되는 때를 의미
> • 색의 판단을 신뢰할 수 없는 상태

① 색순응   ② 푸르킨예 현상
③ 박명시   ④ 조건등색

> 박명시 : 눈으로 들어가는 빛의 강도가 낮을 때 기능하는 시각
>
> **오답 피하기**
> • 색순응 : 색에 순응되어 다른 환경에서 색의 지각이 약해지는 것
> • 푸르킨예 현상 : 암순응 됨에 따라 파랑과 빨강의 명도 차이가 변하는 현상
> • 조건등색 : 두 가지의 다른 물체색이 특수한 조건의 조명 아래에서 같은 색으로 느껴지는 현상

10 다음 중 색채조화의 공통원리에 관한 설명으로 틀린 것은?

① 질서의 원리는 규칙과 원칙 등 질서 있는 계획에 따라 선택된 색채들에게서 나타난다.
② 비모호성의 원리는 두 색 이상의 배색에 있어서 모호함이 없는 명료한 색채를 배색할 때 나타난다.
③ 동류의 원리는 가장 가까운 색채끼리의 배색이 보는 사람에게 친근감을 주며 조화를 느끼게 해주는 것이다.
④ 친근성의 원리는 배색된 색채들이 서로 공통되는 상태와 속성을 가질 때 그 색채들에게서 조화가 나타나는 것이다.

> 동류(친근성)의 원리 : 가장 가까운 색채끼리의 배색이 친근감과 조화를 이룬다는 원리
>
> **오답 피하기**
> 유사성의 원리 : 공통점이 있는 색들을 배색한 경우 조화를 이루는 것

11 다음 중 게슈탈트(Gestalt)의 시지각 원리가 아닌 것은?

① 근접성의 원리   ② 연속성의 원리
③ 폐쇄성의 원리   ④ 착시성의 원리

> 게슈탈트의 시지각 원리는 근접, 유사, 폐쇄, 연속된 속성을 가진 형태들이 심리적으로 보기 좋다는 원리

12 다음 그림에서 왼쪽 원을 보다가 오른쪽 원을 보면 자극이 계속 남아 있어서 지속적으로 형상이 있는 것처럼 보인다. 이러한 현상을 무엇이라고 하는가?

① 대비   ② 잔상
③ 배색   ④ 혼합

> 잔상이란 망막이 느낀 자극이 계속 남아 있어서 지속적으로 형상이 남는 것

13 다음 도형에서 평행선이 기울어져 보이게 나타나는 착시 현상은 무엇인가?

① 길이의 착시　　　② 대비의 착시
③ 분할의 착시　　　④ 각도와 방향의 착시

각도와 방향의 착시 : 사선에 의해 평행선이 기울어져 보이거나, 분리된 사선이 각도가 어긋나 보이는 착시

오답 피하기
• **길이의 착시** : 화살표의 방향에 따라 길이가 달라 보임
• **대비의 착시** : 주변의 환경의 대비로 인해 크기나 면적이 다르게 보임
• **분할의 착시** : 분할된 선, 면이 분할되지 않은 것보다 더 길게 보임

14 다음 중 제과점 홈페이지를 만들 때, 식욕을 돋우는 색채 계획과 가장 거리가 먼 것은?

① 파랑　　　② 주황
③ 노랑　　　④ 빨강

식욕을 돋우는 색상에는 주로 따뜻한 색(난색)이 포함됨

오답 피하기
파랑은 쓴맛의 느낌으로 식욕을 저하시키는 색상

15 다음 중 광고에 대한 설명이 틀린 것은?

① 네트워크 광고 : 전국 방송망으로 방송국에서 전국에 실시하는 광고
② 블록 광고 : 일정 시간을 정해 30초 CM 10개를 계속 방송하는 형태
③ 로컬 광고 : 지역 방송국에 제한되어 방송하는 것
④ 티저 광고 : 프로그램 중간 시간(스테이션 브레이크)에 삽입되는 광고

티저 광고 : 호기심을 유발하기 위해, 그 내용을 한꺼번에 다 드러내지 않고 여러 번에 걸쳐 조금씩 드러내는 광고

오답 피하기
프로그램 중간 시간(스테이션 브레이크)에 삽입되는 광고는 스팟(Spot) 광고로 스팟 광고는 프로그램과 프로그램 사이에 광고를 삽입하는 것을 의미함

16 먼셀 색입체에서 입체의 가로 방향에 해당하는 B 부분에 대한 설명으로 옳은 것은? (단, A는 입체의 상하, B는 입체의 가로 방향, C는 입체의 둘레를 의미한다.)

① 명도를 나타내며 바깥쪽으로 갈수록 명도가 높아진다.
② 채도를 나타내며 바깥쪽으로 갈수록 채도가 높아진다.
③ 색상을 나타내며 여러 색상들의 나열을 볼 수 있다.
④ 색상을 나타내며 색입체의 가장 안쪽에 순색이 위치한다.

먼셀 색입체에서 입체의 가로 방향은 채도를 나타내며, 바깥쪽으로 갈수록 채도가 높아짐

오답 피하기
먼셀 색입체에서 중심축은 명도를 나타냄. 총 11단계로 구분하며, 위로 갈수록 명도가 높아지고 아래로 갈수록 낮아짐

17 빨간색이 선명하고 뚜렷해 보일 수 있도록 배경색을 선택하려고 한다. 어떤 색이 가장 빨간색을 잘 보이게 하는가?

① 주황　　　② 노랑
③ 회색　　　④ 자주

빨간색은 채도가 상당히 높은데 비해 명도는 상대적으로 낮으므로 빨간색이 가장 뚜렷해 보일 수 있는 배색은 빨간색과 반대되는 성질을 가진 무채도의 고명도 색인 회색임

18 다음 중 색의 중량감에 대한 설명으로 틀린 것은?

① 색의 감정 효과로 색에서 느껴지는 무겁거나 가벼운 느낌을 의미한다.
② 중량감에는 채도가 가장 크게 작용한다.
③ 고명도에 가까울수록 가볍게 느껴진다.
④ 검은색보다 초록색이 더 가볍게 느껴진다.

중량감에는 명도가 가장 크게 작용함

19 다음 중 디자인에서 통일성이 나타나는 경우와 가장 거리가 먼 것은?

① 각 요소들을 같은 색상을 중심으로 배색한다.
② 각 요소들을 규칙을 가지고 반복시킨다.
③ 각 요소들을 근접시킨다.
④ 각 요소들을 분리시킨다.

> 통일성은 하나의 규칙으로 단일화시키는 것으로 통일성 있는 디자인은 질서가 느껴짐

20 먼셀 표색계에서 색상을 표시하는 기호로 옳은 것은?

① C/HV
② HC/V
③ HV/C
④ CV/H

> 먼셀표색계는 미국의 화가이자 색채 연구가인 먼셀이 구성한 것으로, 색상(Hue), 명도(Value), 채도(Chroma)의 3속성을 사용하여 색상을 표기하며, 이를 HV/C로 축약해서 표시함

21 HTML 작성 시 프레임(Frame)의 크기를 설정하기 위한 방법이 아닌 것은?

① 백분율(%)로 크기 설정
② 픽셀 수(px)로 크기 설정
③ 상대적인 비율로 설정
④ 파일 크기로 설정

> HTML에서 프레임의 크기는 백분율(%), 픽셀(px) 수, 상대적인 비율로 설정할 수 있음

22 다음 중 자바스크립트에서 변수명으로 사용될 수 있는 것은?

① $act_7
② 1total1
③ 2_cond_id
④ _reg_number

> 자바스크립트에서 변수는 첫 글자가 반드시 영문자나 밑줄로 시작해야 함

23 홈페이지를 제작할 때 고려해야 할 사항으로 옳지 않은 것은?

① 웹 에디터는 사용하기 쉽고 풍부한 기능이 있는지 고려한다.
② 홈페이지 인트로(Intro) 화면은 반드시 구성한다.
③ 정보를 효과적으로 전달하기 위해 멀티미디어 요소들을 적절히 활용한다.
④ 도메인 명은 해당 홈페이지를 소유한 기관의 특성을 잘 나타내도록 만들어야 한다.

> 인트로 페이지로 인해 홈페이지에 바로 접속할 수 없어 불편함을 느낄 수도 있기 때문에 홈페이지에 인트로 페이지를 반드시 구성할 필요는 없음

24 웹 서버의 일반적인 동작 과정으로 옳은 것은?

① 연결 설정 → 클라이언트가 정보 요청 → 서버의 응답 → 연결 종료
② 연결 설정 → 서버의 응답 → 클라이언트가 정보 요청 → 연결 종료
③ 클라이언트가 정보 요청 → 연결 설정 → 서버의 응답 → 연결 종료
④ 클라이언트가 정보 요청 → 서버의 응답 → 연결 설정 → 연결 종료

> 웹 서버는 클라이언트의 정보 요청에 대해 서버가 응답하는 것으로 클라이언트/서버 모델을 기반으로 동작함

25 다음 중 CSS(Cascading Style Sheet)에 대한 설명으로 틀린 것은?

① HTML 문서의 서식을 정의할 때 사용한다.
② 웹 페이지와 클릭, 마우스의 효과나 이동 등 동작에 대한 명령을 표준화한 것이다.
③ CSS의 최신 규격은 CSS3이며 CSS3를 이용하여 HTML5 문서의 스타일을 작성할 수 있다.
④ 하나의 CSS 문서를 여러 HTML 문서에서 사용할 수 있으며 CSS를 수정하면 HTML 문서의 스타일을 한꺼번에 변경할 수 있다.

> **오답 피하기**
> 웹 페이지와 사용자 간의 상호작용, 애니메이션 동작 등 요소들이 요구사항에 따라 동작이 가능하도록 동작에 대한 명령을 표준화한 것은 jQuery임

26 자바스크립트에서 'X를 Y로 나눈 뒤에 그 나머지를 구하는 것'을 산술연산자를 사용하여 바르게 표현한 것은?

① X%Y
② X&Y
③ X=Y
④ X/Y

> %는 나눈 나머지를 구하는 연산자

27 자바스크립트의 함수 중 확인 대화상자를 띄워서 사용자로부터 문자를 입력할 수 있도록 하는 것은?

① confirm( )
② escape( )
③ prompt( )
④ alert( )

> prompt( ) : 사용자로부터 임의의 문자를 입력받기 위한 창을 화면에 띄워 입력한 문자열을 사용할 수 있도록 함
>
> **오답 피하기**
> • confirm( ) : [확인], [취소] 버튼이 나타나는 대화상자 생성
> • escape( ) : 문자의 ASCII 값을 변환
> • alert( ) : 사용자에게 정보, 경고 메시지를 전하기 위한 대화상자 생성

28 TCP/IP 프로토콜 중 정보를 한쪽에서 일방적으로 보내는 방식의 비연결형 프로토콜로서 신뢰성보다는 전송 속도가 요구되는 상황에서 사용하는 것은?

① ARP(Address Resolution Protocol)
② UDP(User Datagram Protocol)
③ ICMP(Internet Control Message Protocol)
④ IGMP(Internet Group Management Protocol)

> UDP : TCP/IP 프로토콜 중에서 TCP와 함께 전송 계층에 속하는 다른 프로토콜로서, 속도가 요구되는 상황에서 사용함
>
> **오답 피하기**
> ARP(Address Resolution Protocol) : 주소 변환 프로토콜로서, IP 주소를 MAC 주소와 같은 실제의 물리적 주소로 바꾸어주는 프로토콜

29 인터넷에서 사용되는 서비스 중 인터넷을 통하여 파일들을 주거나 받을 때 사용하는 파일 전송 프로토콜은?

① PPP
② FTP
③ DNS
④ MIME

> FTP(File Transfer Protocol) : 인터넷에서 파일들을 주거나 받을 때 사용하는 서비스로 원격 호스트에 대해 파일을 송수신함

30 ISO에서 제정한 것으로 네트워크 접속에서 개방형 시스템들 간의 상호환성을 보장하기 위한 기준이 되는 참조 모델로 만든 것은?

① OSI 7 Layer
② Kermit
③ Proxy
④ Archie

> OSI 7 Layer는 OSI 참조 모델로서 ISO가 제정한 네트워크를 위한 참조 모델임. 각 계층은 데이터 송신과 수신에 필요한 기능을 부분적으로 담당함(응용, 표현, 세션, 전송, 네트워크, 데이터 링크, 물리계층으로 구분)
>
> **오답 피하기**
> • Kermit : 개인용 컴퓨터뿐만 아니라 1바이트당 7비트 전송이 가능한 대형 컴퓨터 등에서 데이터 전송용으로 폭넓게 사용되는 프로토콜. 저작권이 없으며 주로 학술기관에서 사용함
> • Proxy : LAN과 외부 네트워크 사이에서 방화벽 및 캐시 역할을 수행하는 것
> • Archie : 익명 FTP 서버를 대상으로 파일을 검색할 수 있도록 지원해 주는 인터넷 서비스

31 검색엔진을 이용한 정보 검색의 설명으로 틀린 것은?

① 효율적인 검색을 위해서 리키지와 가비지의 발생을 최대한 늘린다.
② OR 연산자를 이용한 검색은 1개의 단어로 검색할 때보다 검색 내용을 확대시켜준다.
③ 기존의 단어 중심 검색 방법과는 달리 자연어 검색은 일상적인 문장으로 입력해도 검색을 해주는 검색 방법이다.
④ 보통 고유명사는 그 단어 자체를 국한하여 검색하기 때문에 좋은 키워드가 될 수 없다.

> • 효율적인 검색을 위해서는 리키지와 가비지의 발생을 최대한 줄여야 함
> • 리키지(Leakage) : 정보 검색의 대상임에도 불구하고 검색 결과 중에서 빠진 정보
> • 가비지(Garbage) : 불필요하게 검색된 정보
>
> **오답 피하기**
> • OR 연산자는 두 개의 키워드 중에서 어느 하나만 포함되어 있어도 해당 정보를 검색하도록 지시하므로 검색 내용을 확대시켜줌
> • 자연어 검색은 문장 단위로 검색함으로써 좀 더 정확도를 높이는 검색 방법임

2-62 순혜 잠히는 기출문제

32 다음이 설명하는 네트워크는 무엇인가?

- 일반 공중망에 연결된 컴퓨터들을 마치 독립된 네트워크 안에 속해 있는 것처럼 운용하는 데 쓰이는 사설망
- 회사 또는 단체에서 외부에 드러내지 않고 통신할 목적으로 사용

① LAN   ② WAN
③ VPN   ④ Ethernet

VPN : 'Virtual Private Network'의 약자로 회사 또는 단체에서 외부에 드러내지 않고 사용하는 사설망

오답 피하기

Ethernet : '이더넷'이라고 부르며, LAN에서 많이 사용되는 데이터 전송에 관한 기술 규격 중 하나

33 다음 중 웹 페이지 검색 절차를 바르게 나열한 것은?

① 검색 영역 결정 → 주제어 선정 → 검색 엔진 결정과 실행 → 검색 결과 검토
② 검색 영역 결정 → 검색 엔진 결정과 실행 → 주제어 선정 → 검색 결과 검토
③ 주제어 선정 → 검색 엔진 결정과 실행 → 검색 영역 결정 검색 → 검색 결과 검토
④ 주제어 선정 → 검색 영역 결정 → 검색 엔진 결정과 실행 → 검색 결과 검토

웹페이지 검색을 위해서는 먼저 검색할 내용을 파악(영역 결정)한 후, 검색할 키워드(주제어)를 선정해야 함. 그 후 영역에 맞는 검색엔진에서 검색하고, 마지막으로 검색 결과를 검토함

34 다음 중 웹 브라우저의 주요 기능이 아닌 것은?

① 웹 페이지 보안
② 웹 페이지 저장 및 인쇄
③ 웹 페이지의 소스 보기
④ 자주 방문하는 URL를 저장하고 관리

웹 브라우저는 웹 사이트에 따른 보안 수준은 설정할 수 있으나 웹 페이지 보안을 제공하지는 않음

35 페이지가 이동 또는 삭제되었거나 URL을 잘못 입력한 경우 발생할 수 있는 웹 브라우저 오류메시지(상태 코드)는?

① HTTP 403 Forbidden
② HTTP 404 Not Found
③ HTTP 500 Internal Server Error
④ HTTP 503 Service Unavailable

HTTP 404 Not Found : 존재하지 않는 파일을 요청한 경우 발생

오답 피하기

- HTTP 403 Forbidden : 접근이 금지된 파일을 요청해서 허가해 줄 수 없는 경우 발생
- HTTP 500 Internal Server Error : 서버의 애플리케이션 문제와 같은 서버 측에 오류가 있을 때 발생
- HTTP 503 Service Unavailable : 동시 접속자 수가 많아서 서비스 요청에 응답할 수 없는 경우에 발생

36 다음 중 자바스크립트 언어의 기본적인 특성으로 틀린 것은?

① 데이터 형을 구분하여 설정하지 않아도 된다.
② 변수명에 공백 문자를 사용할 수 있다.
③ 하나의 명령문이 끝나면, 세미콜론(;)을 기술한다.
④ 변수 이름은 반드시 영문자 또는 밑줄(_)로 시작해야 한다.

자바스크립트 언어는 공백 문자를 포함 할 수 없음

37 다음 중 웹 페이지 저작에 관한 설명으로 옳은 것은?

① 태그를 직접 지정하여 확장하려면 DHTML 언어를 사용하여 작성하도록 한다.
② 웹 페이지에는 그래픽을 최대한 많이 활용한다.
③ 한 페이지에 너무 많은 것을 배치하지 않도록 하고 불필요한 정보의 나열이 되지 않도록 한다.
④ 웹 페이지 저작은 코딩보다 그래픽 요소, 사운드, 영상 등 웹 페이지에 들어가는 콘텐츠의 제작에 가장 중점을 두도록 한다.

웹 페이지는 일관된 주제로 만들고 필요없는 정보의 나열이 되지 않도록 함

38 웹 브라우저에서 그림 이미지와 문서를 저장하는 방법으로 옳은 것은?

① 문서는 바이너리 형태로 저장할 수 있다.
② 일반적으로 이미지 파일은 문서와 별도로 저장할 수 있다.
③ HTML 소스가 공개되지 않으므로 HTML 소스형태로 저장할 수 없다.
④ 모든 웹 브라우저 화면은 형태 그대로 캡처(Capture)할 수 없다.

이미지 파일은 문서와 별도로 저장이 가능함

오답 피하기

• HTML 문서는 ASCII 형태로 저장할 수 있음
• 보통 HTML의 소스는 공개되며 저장도 가능함

39 OSI-7 layer에서 다음 설명과 관련 있는 계층은?

• 상이한 데이터 표현 방식을 갖는 컴퓨터 시스템과의 인터페이스 지원
• 데이터 암호화, 데이터 압축 등의 기능 수행

① 전송 계층
② 표현 계층
③ 세션 계층
④ 응용 계층

표현 계층에서는 다른 데이터 표현 방식을 갖는 컴퓨터 시스템끼리의 인터페이스를 지원하고, 데이터의 안전성을 높이기 위하여 데이터 압축이나 데이터 암호화 등의 데이터 표현 기법을 담당함

40 제품 선전이나 상업적 용도로 자주 사용되는 것으로 불법적인 상업 광고에도 이용되는 무작위적인 메일 발송을 의미하는 것은?

① Mailing list
② Hot Mail
③ Spam Mail
④ Mail Bomb

스팸 메일은 정크 메일(쓰레기 메일)이라고도 부르며 광고를 목적으로 무차별적으로 발송되는 메일

오답 피하기

Mail Bomb : 메일 폭탄으로 특정한 사람이나 시스템에 엄청난 양의 전자우편을 보내는 것

41 다음 중 내비게이션 디자인의 원칙으로 가장 옳은 것은?

① 일관성을 유지하며 현재 위치를 알 수 있도록 한다.
② 정보를 효율적으로 전달할 수 있도록 컬러를 선택한다.
③ 콘텐츠가 서로 시각적 계층 구조와 형태로 구성 되도록 한다.
④ 많은 내비게이션 요소를 배치하여 사용자의 환경을 구축한다.

내비게이션은 콘텐츠를 체계적으로 분류하여 이동이 편리하도록 연결해 둔 것으로, 사용자가 웹 페이지를 쉽게 이동하고 탐색하며 정보를 빨리 찾을 수 있도록 일관성을 유지해야 함

42 홈페이지에 적용할 색을 설계할 때 고려해야 할 사항으로 틀린 것은?

① 전체적으로 일관성 있는 색상으로 설계한다.
② 배경색과 배경 무늬는 심플하게 사용하도록 한다.
③ 사용 목적과 조화를 고려하여 색을 선택한다.
④ 글자나 메뉴는 눈에 잘 띌 수 있도록 반드시 배경색과 보색인 색을 사용한다.

글자색과 배경색을 반드시 보색으로 사용할 필요는 없으며 보색은 남용하지 않도록 함

43 다음 중 웹 페이지를 디자인 하는 과정에서 가장 먼저 해야 되는 것은?

① 스토리보드 작성
② 문서화
③ 레이아웃 설계
④ 홍보 및 마케팅

사용자가 콘텐츠에 편리하게 접근할 수 있게 콘텐츠를 적절하게 배치시킨 구조가 레이아웃이며, 웹 페이지를 디자인하는 과정에서 가장 먼저 설계해야 함

44 다음 중 컴퓨터 그래픽스의 벡터(Vector) 방식에 대한 설명으로 옳은 것은?

① 이미지를 픽셀로 표현한다.
② 선과 도형으로 그려내며 단순한 도형의 표현에 적합하다.
③ 이미지를 과하게 확대하거나 축소하면 이미지 품질에 손상이 생긴다.
④ 대표적인 벡터 기반 프로그램으로는 포토샵(Photoshop)이 있다.

> 벡터 방식은 그래프나 문자 등의 드로잉 작업, 심벌, 마크 디자인 등의 작업에 사용되며, 벡터 방식이기 때문에 확대, 변형해도 이미지의 손상이 없음
>
> **오답 피하기**
> 대표적인 벡터 기반 프로그램은 일러스트레이터이며, 포토샵은 비트맵 기반의 프로그램임

45 포토샵에서 비트맵 이미지를 편집하는 경우, 이미지 해상도를 작은 값으로 낮추게 되면 일어나게 될 변화로 가장 올바른 것은?

① 이미지의 크기와 용량에 변화가 없다.
② 이미지의 크기는 변하지 않고 용량만 줄어든다.
③ 이미지의 크기와 용량이 모두 줄어든다.
④ 이미지의 크기는 줄어들고 용량은 변하지 않는다.

> 이미지 해상도란 비트맵 이미지가 몇 개의 픽셀로 구성되어 있는가를 의미하는 것으로 이미지 해상도를 낮추면 이미지의 크기와 용량이 줄어들게 됨

46 다음 중 선형 내비게이션 구조에 대한 설명으로 틀린 것은?

① 앞·뒤로만 이동이 가능하다.
② 대등한 정보를 순차적으로 보여줄 때 사용한다.
③ 강의 노트, 연대기, 회원 가입 절차 등에 사용된다.
④ 특정 정보를 중심으로 하위 페이지로 이동하는 내비게이션 구조로 정보를 계층적이고 논리적으로 연결할 수 있다.

> 순차 구조 또는 선형 구조는 정보를 순서에 따라 보여줌
>
> **오답 피하기**
> **계층 구조** : 특정 정보를 중심으로 하위 페이지로 이동하는 내비게이션 구조로, 정보를 논리적으로 연결시킬 수 있으며 사용자가 효율적으로 탐색할 수 있음

47 다음 중 웹 페이지 파일의 용량을 줄이기 위한 방법이 아닌 것은?

① 큰 이미지가 있는 경우 드림위버를 사용하여 이미지 용량을 줄인다.
② 사용하지 않는 CSS와 Javascript 파일이 있으면 삭제한다.
③ 웹 페이지 코딩을 검토하여 사용하지 않는 코드는 부분을 제거한다.
④ 웹 페이지에 포함된 이미지가 있을 경우 이미지 최적화를 시도한다.

> 드림위버에서는 코딩을 수정할 수 있음
>
> **오답 피하기**
> 이미지 최적화는 이미지의 품질을 최적으로 유지하면서도 이미지를 최고로 압축해 용량을 작게 하는 작업으로 포토샵에서 할 수 있음

48 다음 중 렌더링 과정에 포함되지 않는 것은?

① 오브젝트 모델링
② 빛의 비춤, 반사, 투명 처리
③ 오브젝트의 보이는 부분과 보이지 않는 부분을 처리
④ 디스플레이 밖에서 오브젝트의 보이지 않는 부분을 처리

> 렌더링은 모델링된 오브젝트의 표면을 처리하는 과정이며, 오브젝트 모델링은 오브젝트를 3차원 좌표계를 사용하여 모양을 표현하는 과정으로 렌더링 작업 이전에 하는 작업임
>
> **오답 피하기**
> • **셰이딩** : 빛의 비춤, 반사, 투명 처리
> • **은면 처리** : 오브젝트의 보이는 부분과 보이지 않는 부분 처리
> • **클리핑** : 디스플레이 밖에서 오브젝트의 보이지 않는 부분을 처리

49 어느 특정 분야에서 우수한 상대를 표적 삼아 성과 차이를 비교하고 이를 극복하기 위해 상대의 뛰어난 점을 배우면서 자기혁신을 추구하는 기법을 무엇이라고 하는가?

① 프로모션
② UI디자인
③ 벤치마킹
④ 콘셉트개발

> 웹사이트를 제작하기 위해 타사의 웹 사이트를 분석하는 것을 벤치마킹이라고 함

50 다음 중 색상 팔레트(Color Palette)에 대한 설명으로 틀린 것은 무엇인가?

① 디자인 프로젝트에 사용되는 특정 색상 세트이다.
② 사용할 수 있는 색상을 정의해둔 장소나 또는 그 색상 자체를 의미한다.
③ 색상 팔레트를 사용하면 색상 일관성을 유지하는 데 도움이 될 수 있다.
④ 모든 운영체제의 웹 브라우저가 공통으로 지원하는 색상 팔레트의 색상 수는 256가지이다.

> 모든 운영체제의 웹 브라우저가 공통으로 지원하는 색상은 웹 안전 색상이라고 부르는 216가지 색상임

51 포토샵(Photoshop)에서 명암 값 프로필(Profile)을 보여주는 도구로 픽셀의 밝기와 픽셀의 빈도수를 나타내주는 것은?

① 필터(Filter)
② 레이어(Layer)
③ 히스토그램(Histogram)
④ 알파채널(Alpha Channel)

> 히스토그램(Histogram) : 이미지의 명암 값 프로필을 보여 주는 도구로 X축은 0~255까지의 픽셀의 밝기, Y축은 픽셀의 빈도수를 나타냄

52 컴퓨터 그래픽에서 객체의 위치를 정확히 표현하기 위한 좌표계 중 다음과 같은 형상을 표현할 수 있는 좌표계는?

> • 와이어프레임 모델(Wireframe Model)
> • 솔리드 모델(Solid Model)
> • 서페이스 모델(Surface Model)
> • 파라메트릭 모델(Parametric Model)

① 2차원 그래픽 좌표계
② 3차원 그래픽 좌표계
③ 직교 좌표계
④ 극 좌표계

> 보기는 3차원 모델링의 종류로서 실세계에 존재하거나 상상했던 오브젝트를 3차원 좌표계를 사용하여 형상 모양을 표현하는 것
>
> **오답 피하기**
> 극 좌표계 : 원점으로부터 임의의 점 사이의 관계를 각도(방향)와 거리를 써서 나타내는 2차원 좌표계

53 웹 그래픽 작업 시 레이아웃 방식으로 적절하지 않은 것은?

① 메뉴 바나 내비게이션 바는 일관성 있게 디자인한다.
② 메뉴 바는 반드시 프레임 구조로 작업하여 일관성 있게 고정시킨다.
③ 안전 영역(Safe Zone) 안에 중요한 메뉴가 위치하도록 작업한다.
④ 화면의 사이즈는 현재 가장 많은 사용자가 사용하는 그래픽 카드의 해상도를 기준으로 한다.

> 메뉴 바의 고정을 위해 반드시 프레임 구조로 작업할 필요는 없음

54 컴퓨터 그래픽스의 역사 중 4세대에 해당하는 래스터 스캔형 CRT 시대에 대한 설명으로 거리가 먼 것은?

① 색, 면, 다양한 색상 표현이 가능해졌다.
② 컴퓨터 그래픽스에 사실주의적인 경향이 나타났다.
③ 보잉사가 CRT를 구사하여 제트 여객기 보잉 737을 설계하였다.
④ 프랙탈 기술이 발달하였으며 프랙탈을 실천한 여러 사례가 발표되었다.

> 보잉사가 CRT를 구사한 세대는 CAD 시스템 기반 구축된 시기로 1960년대 중반, 제2세대에 해당

55 웹 사이트 제작 단계 중 웹 사이트의 방향, 주제, 차별성 등을 표현하고 디자인 방향을 설정하는 단계는?

① 스케줄 작성
② 콘셉트 도출
③ 콘텐츠 디자인
④ 스타일링

> 콘셉트 도출은 사이트의 목적과 사용자 분석에 따라 사이트의 디자인 방향을 설정하는 단계로 사전 제작 단계(Pre-Production)에 해당함

56 웹 사이트 개발에서 일반적으로 가장 먼저 수행해야 할 사항은?

① 웹 사이트 개발 목표 설정 및 전략 수립
② 웹 사이트 홍보 및 마케팅
③ 웹 사이트 유지 관리
④ 웹 사이트 디자인

> 웹 사이트 개발에서는 목표 설정, 시장 조사, 개발 전략 수집 등이 가장 먼저 선행되어야 함

57 문자와 활자를 활용하는 시각 디자인의 한 분야로 글자체, 글자 크기, 간격, 행간, 여백, 단락, 그리드 등을 활용하여 새롭게 구성해 작품을 디자인하는 것은?

① 내비게이션 디자인(Navigation Design)
② 타이포그래피 디자인(Typographic Design)
③ 레터링 디자인(Lettering Design)
④ 인터페이스 디자인(Interface Design)

> 타이포그래피 디자인은 서체를 활용하고 새롭게 구성하는 시각(전달) 디자인의 한 방법임
>
> **오답** 피하기
>
> **레터링 디자인** : 문자 형태, 크기, 배치, 색채 등을 고안해서 문자(폰트) 자체를 디자인하는 것

58 다음 중 연관성 있는 여러 가지 이미지를 조합하여 하나의 이미지로 구성하는 방식을 무엇이라고 하는가?

① 화상 처리(Image Processing)
② 포토 콜라주(Photo Collage)
③ 모델링(Modeling)
④ 전자출판(DTP)

> **포토 콜라주** : 인쇄된 사진과 그림을 조합하여 화면을 구성하는 기법으로 웹에서는 여러 장의 사진을 하나로 만들어주는 기법

59 다음 중 애니메이션 기법에 대한 설명이 틀린 것은?

① 플립북 애니메이션은 프레임의 모든 그림을 일일이 그려야 하므로 제작 시간이 많이 소요된다.
② 셀 애니메이션은 1초에 들어가는 개별적인 움직임을 한 프레임씩 따로 촬영한 후 각 프레임을 연결해 영사시킨다.
③ 키프레임 방식의 애니메이션은 선형 보간법으로 한 방식으로 대상물의 시작과 끝만 지정하고 중간 단계는 계산으로 생성하는 방식이다.
④ 모핑 애니메이션은 2개의 서로 다른 이미지나 3차원 모델 사이의 변화하는 과정을 서서히 나타내는 기법으로 중간 단계는 보간법을 이용하여 생성해낼 수 있다.

> 한 프레임씩 따로 촬영한 후 각 프레임을 연결해 영사하는 기법은 스톱모션 애니메이션임
>
> **오답** 피하기
>
> **셀 애니메이션** : 하나의 배경과 여러 개의 전경을 제작 후 합성하여 하나의 프레임을 만듦

60 다음에 나열된 웹 디자인 프로세스 중 가장 먼저 이루어지는 단계는?

> 스토리보드 제작, 그래픽 작업, 서버에 업로드, 검색엔진 등록

① 스토리보드 제작
② 그래픽 작업
③ 서버에 업로드
④ 검색엔진 등록

> **웹 디자인 프로세스** : 주제 선정 → 자료 수집 → 아이디어 도출 및 컨셉 정의 → 스토리보드 제작 → 레이아웃 구성 → 그래픽 작업 및 기술적 요소 구현 → 결과물 수정 보완 → 서버에 업로드 → 검색 엔진 등록

01 다음의 디자인 원리 중 리듬에 해당되지 않는 것은?

① 점이 ② 강조
③ 균일 ④ 점증

> 리듬은 요소의 규칙적인 특징을 반복, 교차시키는 데서 비롯되는 움직임의 느낌
>
> **오답 피하기**
>
> 균일 : 부피, 중량 등 물리적인 구조와 색채에서 시각적인 안정감을 이루는 것

02 해안에 있는 조약돌은 자연의 힘에 의해 필연적으로 만들어진 형태라는 자연의 법칙이 만든 자연의 형태를 주장한 사람은?

① 르 코르뷔지에 ② 파파넥
③ 아른하임 ④ 모홀로나기

> 모홀로나기 : 자연과 기술의 상관관계 주장
>
> **오답 피하기**
>
> • 르 코르뷔지에 : 국제적 합리주의 건축가, 도시 생활 환경을 개선
> • 파파넥 : 디자인은 사회와 환경에 책임이 있으며 인간을 위한 디자인 주장
> • 아른하임 : 음악의 화음과 불협화음의 원리에 기초한 색채 조화 이론 정립

03 제품 디자인 과정 중 「완성 예상도」라고도 하며 실물처럼 충실하고 정확히 표현하는 것을 무엇이라고 하는가?

① 렌더링(RENDERING)
② 드로잉(DRAWING)
③ 스케치(SKETCH)
④ 목업(MOCK UP)

> 렌더링 : 모델링된 오브젝트의 표면을 처리하는 과정

04 디자인 형태로서 조화(Harmony)를 이루는 디자인 원리와 거리가 먼 것은?

① 균형 ② 대비
③ 통일 ④ 색상

> 조화란 디자인 요소들이 상호 관계를 가지고 균형감을 잃지 않은 상태로 이루어진 것으로 통일과 변화, 균형감이 안정적으로 결합된 상태를 의미
>
> **오답 피하기**
>
> • 유사조화 : 친근감과 부드러움을 주지만 단조로움
> • 대비조화 : 대립에 의한 극적 효과와 긴장감

05 색채 조화가 잘 되도록 배색을 하기 위한 방법으로 틀린 것은?

① 색상의 수를 될 수 있는 대로 줄인다.
② 고채도의 색만을 이용하여 색채 효과를 높인다.
③ 색의 차갑고 따뜻한 느낌을 이용한다.
④ 환경의 밝고 어두움을 고려한다.

> 색채 조화는 색의 배색이 조화롭게 이루어지는 것을 의미하며, 색채 조화는 일반적으로 저드의 '질서, 유사(친숙), 동류, 명료성 원리'가 적용됨

06 입체 디자인의 요소 중 구조 요소로 볼 수 없는 것은?

① 꼭짓점 ② 모서리
③ 면 ④ 공간

> 입체 디자인에는 상관 요소, 개념 요소, 구조 요소가 있으며, 구조 요소로는 꼭짓점, 모서리, 면이 있음. 공간은 상관 요소에 속함
>
> **오답 피하기**
>
> • 상관 요소 : 위치, 방향, 공간, 중량감
> • 개념 요소 : 점, 선, 면, 양감
> • 시각 요소 : 형, 형태, 색채, 질감, 명암, 크기
> • 실제 요소 : 주제에 맞는 소재, 목적에 맞는 기능성, 형태의 의미 등

07 다음 중 독창성에 대한 설명으로 가장 옳은 것은?

① 디자인의 기본요소를 포함시켜 제작하여 배포하는 것을 말한다.
② 세상에 없는 새로운 물건만을 디자인해 창출하는 것을 말한다.
③ 기존의 제품을 그대로 모방, 도용하여 디자인하는 것을 말한다.
④ 모든 요소를 유기적으로 관련시켜서 다각적으로 모색, 창출해내는 것을 말한다.

독창성은 다른 제품과 차별화된 창조적이고 주목할 만한 디자인을 의미

08 먼셀 색체계에 대한 설명으로 틀린 것은?

① 색상을 H, 명도를 V, 채도를 C라고 한다.
② 표기는 HV/C로 한다.
③ 순색의 빨강은 5R4/14로 적는다.
④ 혼합하는 색의 양이 많고 적음에 따라 만들어진다.

먼셀 색체계 : 색상(Hue), 명도(Value), 채도(Chroma)를 알아보기 쉽도록 3차원 형태로 배열한 채색계이며 HV/C로 표현. 빨강(5R), 노랑(5Y), 녹색(5G), 파랑(5B), 보라(5P)를 기준으로 하여 중간색상을 추가하여 10색상환을 만든 후, 다시 20색상으로 등분하여 만들어짐

09 형태에 관한 시각의 기본 법칙을 내포한 게슈탈트(Gestalt) 심리적 원리가 옳은 것은?

① 연속성, 근접성, 유사성, 폐쇄성
② 유사성, 연속성, 개방성, 폐쇄성
③ 연속성, 개방성, 전경과 배경의 법칙
④ 유사성, 이성적, 개방성, 접근성(근접성)

게슈탈트 법칙에 의하면 근접, 유사, 폐쇄, 연속된 속성을 가진 형태들이 심리적으로 보기 좋음

10 디자인의 형식적 요소에 포함되지 않는 것은?

① 형
② 색
③ 질감
④ 용도

디자인의 형식적 요소에는 형(점, 선, 면, 입체), 색, 그리고 질감이 포함됨

11 색상이 정반대의 관계인 두 색을 나란히 놓으면, 서로의 영향으로 인하여 각각의 채도가 더 높게 보이는 색의 대비 현상은?

① 보색 대비
② 명도 대비
③ 한난 대비
④ 계시 대비

보색 대비 : 색상환에서 정반대에 위치한 두 색상이 인접해 있을 때 서로 영향을 받아 채도가 높고 선명해 보이는 현상

오답 피하기
• 명도 대비 : 명도가 다른 두 색이 서로 영향을 받아 명도가 다르게 느껴지는 현상
• 한난 대비 : 차가운 색과 따뜻한 색을 배열할 경우 차가운 색은 더 차갑게 느껴지고, 따뜻한 색은 더욱 따뜻하게 느껴지는 대비 효과
• 계시 대비 : 색상을 보고 일정한 시간 후에 느껴지는 대비 효과로 계속 대비라고도 함

12 다음 중 빨간색이 가장 선명하고 뚜렷해 보일 수 있는 배경색으로 적합한 것은?

① 주황
② 노랑
③ 회색
④ 보라

빨간색은 채도가 상당이 높은데 비해 명도는 상대적으로 낮아 빨간색이 가장 뚜렷해 보일 수 있는 배색은 빨간색과 반대되는 성질을 가진 무채도의 회색임

13 다음이 설명하고 있는 색의 대비로 옳은 것은?

• 인접한 경계면이 다른 부분보다 더 강한 색상, 명도, 채도대비를 나타내는 것을 말한다.
• 맞닿아 있는 면은 물론이고, 떨어져 있는 면들에서도 상호 영향을 미치는 대비효과를 나타낸다.

① 채도대비
② 명도대비
③ 연변대비
④ 반복대비

연변대비(Edge Contrast)는 경계선 부분에서 색상대비, 명도대비, 채도대비가 더 강하게 일어나며 경계대비라고도 함. 유채색끼리의 색상별 나열이나 무채색끼리의 명도별 나열에서 잘 나타남

14 색의 3속성을 3차원의 공간 속에 계통적으로 배열한 것은?

① 현색계　　　　　　② 표색계
③ 색상환　　　　　　④ 색입체

> **색입체** : 색상, 명도, 채도를 알아보기 쉽도록 3차원 형태로 구성함
>
> **오답 피하기**
> • **현색계** : 색의 3속성에 따라 표준색표를 정해 물체색을 표시하는 방법
> • **표색계** : 물체색을 표시하는 색상 체계
> • **색상환** : 색채를 구별하기 위해 비슷한 색상을 규칙적으로 둥글게 배열해 놓은 것

15 "최소의 자재와 노력으로 최대의 효과를 거둔다."는 의미의 디자인 조건으로 가장 알맞은 것은?

① 합목적성　　　　　② 창의성
③ 심미성　　　　　　④ 경제성

> 경제성은 사용 대상과 목적에 부합되는 합리적인 가격을 뜻함
>
> **오답 피하기**
> • **합목적성** : 목표성이라고도 하며 디자인이 대상과 용도, 목적에 맞게 이루어져 있는가를 의미
> • **창의성** : 다른 제품과 차별화된 창조적인 디자인
> • **심미성** : 형태와 색채가 조화를 이루어 아름다움의 성질을 만들어내는 것

16 색광의 3원색에 대한 설명으로 틀린 것은?

① 색광의 3원색은 빨강(R), 초록(G), 파랑(B)이다.
② 색광의 3원색을 혼합하면 모든 색광을 만들 수 있다.
③ 다른 색광을 혼합해서 색광의 3원색을 만들 수 있다.
④ 색광은 혼합할수록 명도가 높아진다.

> 색광의 3원색은 빨강(Red), 초록(Green), 파랑(Blue)으로 구성된 색상 체계. 색상 값이 커질수록 명도가 높아지는 가산 혼합 방식

17 색의 수축, 팽창의 효과에 가장 큰 영향을 주는 요소는?

① 색약　　　　　　　② 명도
③ 잔상　　　　　　　④ 중량

> 명도란 색의 밝고 어두운 정도 및 단계를 말하며 저명도의 색은 수축하는 것처럼 느껴지고 고명도의 색은 팽창하는 것처럼 느껴짐

18 비례의 종류로 옳게 나열한 것은?

① 상가 수열비와 황금비, 정수비, 등비 수열비
② 황금비 직사각형, 등가 수열비, 등수 수열비
③ 황금비, 등차 수열비, 피타고라스 정수비
④ 루트 직사각형, 피타고라스 정수비, 등가 수열비

> 비례는 요소의 전체와 부분을 연관시켜 상대적으로 설명하는 것
> • **상가 수열비** : 앞의 두 항의 합이 다음 항과 같은 비례 1 : 2 : 3 : 5 : 8
> • **황금비** : 작은 부분과 큰 부분의 비가, 큰 부분과 전체의 비와 같아지는 비례 1 : 1,618
> • **정수비** : 비의 값이 정수로 나오는 비례 3 : 4 : 5
> • **등비 수열비** : 같은 비율의 비례 1 : 2 : 4 : 8 : 16

19 디자인 요소 중 길이와 방향만을 나타내는 것은?

① 점　　　　　　　　② 선
③ 면　　　　　　　　④ 입체

> 선은 점의 이동에 따라 움직인 자취대로 생성되는 것으로 움직임의 성격을 가지며 속도감, 강약, 방향을 가짐
>
> **오답 피하기**
> • **점** : 형태의 최소 단위로 위치만 가지고 있으며 길이, 깊이, 무게가 없음
> • **면** : 수많은 선이 모여 이루어지며, 선의 이동에 따라 움직인 자취대로 생성됨
> • **입체** : 면이 이동한 자취 또는 면의 집합으로 생성되며 3차원 공간으로 표현되고 형태와 깊이가 있음

20 1931년 국제조명위원회에서 색의 단위와 체계를 정립하여 발표한 표색계는?

① 한국 전통 표색계
② 오스트발트 표색계
③ CIE 표준 표색계
④ KS사용 표색계

> CIE 표준 표색계는 1931년 국제조명위원회(Commission Internationale d'Eclairage : CIE System)에서 고안한 국제적 기준이며 가산혼합의 원리를 이용하였고 빛의 측색을 표시함
>
> **오답 피하기**
> • **오스트발트 표색계** : 한 색상에 포함되는 색을 'B(Black, 검정 비율)+W(White, 흰색 비율)+C(Full color, 순 색량)=100%'가 되는 혼합비로 규정하여 24색상 표색계를 구성
> • **KS사용 표색계** : 먼셀이 구성하였으며, 색상(Hue), 명도(Value), 채도(Chroma)의 3속성을 사용하여 색상을 표기하며, 이를 HV/C로 축약해서 표시

과목 02 인터넷 일반

21 인터넷 서비스 중 원격의 컴퓨터를 인터넷으로 접속하여 마치 자신의 컴퓨터처럼 사용할 수 있도록 해주는 것은?

① FTP
② TELNET
③ E-MAIL
④ WWW

> TELNET은 멀리 떨어져 있는 컴퓨터에 로그인하는 서비스
>
> **오답 피하기**
>
> • FTP : 파일 전송 서비스(File Transfer Protocol)
> • E-MAIL : 인터넷 사용자 간에 메시지를 주고받을 수 있는 서비스
> • WWW : 인터넷상에서 하이퍼텍스트로 이루어진 정보들이 거미집처럼 연결되어 있다는 의미(World Wide Web)

22 자바스크립트(JavaScript)에서 현재 활성화된 창을 닫을 때 사용하는 명령어가 아닌 것은?

① screen.close( )
② window.close( )
③ this.close( )
④ self.close( )

> screen 객체는 모니터 해상도, 화면 크기 등과 관련된 객체

23 웹 페이지 제작 시 작업 환경에서 보이는 그대로 결과물을 도출해 내는 방식은?

① GUI
② Frame
③ MCP
④ WYSIWYG

> **WYSIWYG(위지윅)** : What You See Is What You Get의 약어로, 눈으로 보면서 작업의 결과 내용을 얻을 수 있다는 의미이며 소스 코드의 내용을 가리고 전체적으로 나타나는 모습을 작업 중에 미리 보여주는 기능

24 HTML 태그 중 줄 바꿈 태그로 옳은 것은?

① 〈PRE〉
② 〈LI〉
③ 〈BR〉
④ 〈HR〉

> 〈BR〉 태그는 줄을 바꿀 때 사용함
>
> **오답 피하기**
>
> • 〈PRE〉 : 사용자가 작성한 내용을 그대로 나타냄
> • 〈LI〉 : 〈OL〉, 〈UL〉과 함께 사용되며 목록 각각의 내용을 정의
> • 〈HR〉 : 내용 사이에 선을 표시

25 HTML에서 다른 페이지로 이동하는 링크 관련 태그로 옳은 것은?

① 〈IMG〉
② 〈FRAME〉
③ 〈TABLE〉
④ 〈A href〉

> 〈A href〉 태그는 링크하고자 하는 문서명이나 URL을 명시하는 데 사용함
>
> **오답 피하기**
>
> • 〈IMG〉 : 이미지 삽입 태그
> • 〈FRAME〉 : 각 분할된 창에 속성을 지정하기 위한 태그
> • 〈TABLE〉 : 표의 시작과 끝을 의미하는 태그

26 다음 중 웹 브라우저가 아닌 것은?

① 오페라(Opera)
② 네스케이프 내비게이터(Netscape Navigator)
③ 인터넷 익스플로러(Internet Explorer)
④ 아파치(Apache)

> **아파치(Apache)** : 주로 유닉스, 리눅스 운영체제에서 사용되는 웹 서버
>
> **오답 피하기**
>
> **웹 브라우저의 종류** : 인터넷 익스플로러(Internet Explorer), 오페라(Opera), 사파리(Safari), 파이어폭스(Firefox), 구글 크롬(Chrome) 등

27 웹 검색엔진에 대한 설명으로 옳지 않은 것은?

① 검색엔진은 인터넷에서 사용자가 필요한 정보를 찾는 것을 도와주는 서비스이다.
② 검색엔진에서 동작 방식에 따라 키워드, 주제별, 메타형 검색 엔진이 있다.
③ 일반적으로 검색 연산자 AND는 두 개의 단어 중 하나라도 포함된 정보를 검색할 때 사용한다.
④ 네이버(Naver)는 검색엔진의 일종이다.

> AND : 두 키워드가 모두 포함되어 있는 정보만을 검색
>
> **오답 피하기**
>
> • OR : 두 개의 키워드 중에서 어느 하나만 포함되어 있어도 해당 정보를 검색
> • NOT : 키워드를 포함하고 있는 정보는 제외하고 검색
> • 구절검색 : 주로 " "를 사용하여 구절(2개 이상의 단어)을 검색

28 다음 중 종료 태그가 있으나 생략 가능한 것은?

① 〈BR〉
② 〈DD〉
③ 〈HR〉
④ 〈IMG〉

〈DD〉 태그는 용어에 대한 정의 내용을 기술하며 종료 태그는 생략 가능함

29 OSI 7계층 중 최상위 계층은?

① 세션(Session) 계층
② 응용(Application) 계층
③ 전송(Transport) 계층
④ 네트워크(Network) 계층

OSI 7계층은 물리(1계층)-데이터 링크(2계층)-네트워크(3계층)-전송(4계층)-세션(5계층)-표현(6계층)-응용(7계층)으로 구성됨

30 특정 조직의 랜과 외부 네트워크 사이에서 방화벽 역할을 수행하고, 동시에 여러 외부 서버의 데이터를 대신 받아주는 역할을 하며, 네트워크의 캐시(Cache) 역할도 수행하는 서버는?

① News Server
② Web Server
③ Proxy Server
④ Gopher Server

Proxy Server는 LAN과 외부 네트워크 사이에서 방화벽 및 캐시 역할을 수행하는 것으로 한 번 읽은 내용은 중간에 경유한 Proxy Server가 받아두었던 내용을 읽어 들여 시간을 단축시킴

31 NCSA에서 연구용으로 제작되었고 마우스로 구동되는 그래픽 인터페이스를 처음으로 제공하여 웹 확산에 기여한 웹 브라우저는?

① Opera
② Chrome
③ Lynx
④ Mosaic

모자이크(Mosaic)는 1993년 개발된 최초의 멀티미디어 웹 브라우저이며 넷스케이프의 전신임

32 자바스크립트의 변수로 사용할 수 없는 것은?

① _java
② return
③ Hello2
④ BasiC

return은 특별한 의미로 사용하는 예약어이기 때문에 변수나 함수 이름으로 사용할 수 없음

33 웹 브라우저에서 자주 방문하는 웹 사이트의 URL을 등록하는 기능은?

① 검색
② 기록
③ 즐겨찾기
④ 새로 고침

즐겨찾기 : 웹 페이지를 추가하는 기능과 홈페이지 주소 목록을 관리하는 기능이 있으며 북마크라고도 함

34 다음 중 국내에서 개발한 검색 엔진은?

① 라이코스
② 야후
③ 심마니
④ 알타비스타

심마니는 (주)한글과컴퓨터에서 1996년 3월 개발한 검색 엔진임

35 다음 중 사용자가 웹 서버의 하이퍼텍스트 문서를 볼 수 있게 해주는 클라이언트 프로그램으로 자주 방문하는 웹 사이트 주소 관리를 지원하며, 동영상이나 소리 등의 멀티미디어 데이터를 처리하는 것은?

① 웹 브라우저(Web Browser)
② 웹 캐시(Web Cache)
③ FTP(File Transfer Protocol)
④ 플러그인(Plug-In)

웹 브라우저는 정보 검색, 웹 페이지의 저장 및 인쇄, 파일 전송 및 홈페이지 문서 서비스 등을 제공

36 인터넷에서 전자우편(E-mail)을 보낼 때 사용되는 표준 통신 규약은?

① SMTP
② TELNET
③ PING
④ TRACERT

> SMTP는 'Small Mail Transfer Protocol'의 약어로 전자우편물의 송신을 담당하는 프로토콜

37 DHTML(Dynamic HTML)의 설명으로 틀린 것은?

① HTML 문서에 있는 객체의 내용을 자유롭게 변경할 수 있다.
② CGI로 처리해야 할 작업들을 각 클라이언트에서 처리하기 때문에 서버의 부하를 줄일 수 있다.
③ 웹 페이지가 로드되면, 클라이언트 쪽에서 이벤트를 발생한 경우에만 서버에서 웹 페이지를 다시 로드하므로 서버 로드가 줄어든다.
④ 원하는 정보를 얻기 위해 웹 서버를 찾을 필요가 없게 만들어주는 인터렉티브(interactive)한 페이지이다.

> DHTML은 기본 HTML 단점을 개선해 동적인 웹 페이지를 만들 수 있도록 하기 위한 기술. 브라우저에서 실행되어 서버의 부담이 적고 이벤트에 대한 즉각적인 반응이 가능

38 자바스크립트의 이벤트에 대한 설명으로 옳은 것은?

① blur : 폼 요소의 입력을 선택했을 때
② submit : 현재 페이지에서 벗어날 때
③ sct : Tab을 이용하여 폼 요소에서 이동시킬 때
④ load : 처음으로 웹 페이지를 읽었을 때

> load는 html 문서를 읽을 때 발생
> **오답 피하기**
> • **blur** : 포커스를 잃어 버렸을 때 발생되는 이벤트를 처리
> • **submit** : 폼 태그 내에서 전송 이벤트가 발생할 때
> • **select** : 문자열을 블록(Block)화할 때

39 다음 중 인터넷 환경에서 원격 호스트에 대해 파일을 송수신할 때 사용되는 파일 전송 프로토콜로 옳은 것은?

① Telnet
② IRC
③ FTP
④ Archie

> FTP(File Transfer Protocol) : 인터넷을 통하여 파일들을 주거나 받을 때 사용하는 서비스
> **오답 피하기**
> • **Telnet** : 멀리 떨어져 있는 컴퓨터에 로그인하는 서비스
> • **IRC(Internet Relay Chat)** : 인터넷상의 채팅 서비스로 클라이언트-서버 모델을 기초로 함
> • **Archie** : 익명 파일전송 서버를 대상으로 파일검색 지원

40 인터넷의 수많은 정보를 주제별 또는 종류별로 구분한 후 체계적으로 구조화하여 메뉴 형태로 정리해 놓은 것으로, 정보를 효율적으로 접근할 수 있도록 해주는 인터넷 정보 서비스는?

① FTP
② GOPHER
③ TELNET
④ WHOIS

> GOPHER : 정보의 내용을 주제별 또는 종류별로 구분하여 메뉴를 구성함으로써, 메뉴만 따라가면 쉽게 원하는 정보를 찾을 수 있게 해주는 계층적 문자 위주의 데이터베이스 서비스
> **오답 피하기**
> • **FTP** : 인터넷을 통하여 파일을 보내거나 받을 때 사용하는 서비스
> • **TELNET** : 멀리 떨어져 있는 컴퓨터에 인터넷을 통해 로그인함으로써 원격 접속할 수 있도록 해주는 서비스
> • **WHOIS** : 인터넷을 운영하는 각 기관의 주요 운영 정보를 조회하도록 지원하는 서비스

41 다음 중 해상도의 단위로 맞는 것은?

① CPC
② BPS
③ PPM
④ PPI

> PPI : Pixel Per Inch

42 중요한 장면이 들어가는 프레임이란 의미로, 트위닝을 삽입할 수 있는 것은?

① 플립북
② 키 프레임
③ 레이어
④ 셀

> 키 프레임 : 대상물의 시작과 끝만 지정하고 중간 단계는 계산으로 생성하는 방식. 중간 단계를 자동으로 생성하는 기법을 트위닝이라고 함

43 전문 그래픽 출력 장치 등을 위해 최적화된 포맷이며, 1200dpi 이상의 고해상도 출력물을 프린팅할 경우에는 필수적이며, 특히 CMYK의 4도 분판이 자유롭기 때문에 전문 그래픽 작업을 요구하는 프로그램에서는 거의 대부분 이 포맷을 지원하는 파일 포맷의 종류는?

① PDF
② DRW
③ EPS
④ XLS

> EPS : CMYK의 4도 분판을 목적으로 인쇄, 출력의 용도로 많이 사용

44 특정한 형태를 그린 종이를 잘라낸 후 각 종이들을 화면에 붙이거나 떼면서 원하는 이미지를 만들고, 그것들을 연결해서 움직임을 만들어 내는 애니메이션 종류는?

① 컷 아웃 애니메이션
② 스톱모션 애니메이션
③ 투광 애니메이션
④ 고우모션 애니메이션

> 컷 아웃 애니메이션 : 그림을 사용해 동작을 만들어 내는 가장 단순한 방법

45 디더링(Dithering)에 대한 설명으로 옳은 것은?

① 제한된 컬러를 사용하여 본래의 높은 비트로 된 컬러의 효과를 최대한으로 내는 처리 기법
② 사용자 팔레트를 사용하여 화면에 나타나는 모든 컬러의 종류를 바꾸는 기법
③ 2가지 서로 다른 영상이나 3차원 모델 사이를 자연스럽게 결합시키는 처리 기법
④ 기존의 비디오나 필름, 혹은 애니메이션 필름 위에 그림을 그리는 처리 기법

> 디더링이란 이미지에 포함되지 않은 색상을 마치 이미지에 포함된 색상처럼 비슷하게 구성해 주는 기법. 디더링을 할 경우 이미지의 용량은 증가됨

46 "디자이너는 각 해상도마다 사이트가 어떻게 보이게 할 것인지를 결정하고, 일관적인 작업이 이루어지도록 구성요소들이 배치되는 크기를 비례감 있게 잡아야 한다."에 해당하는 것은?

① 웹 기획
② 그리드 시스템
③ 인터페이스
④ 웹 가이드

> 그리드 시스템 : 작도법으로서 타이포그래피나 편집 디자인에서 주로 사용하며 문자와 사진 또는 그림을 비례에 맞게 배열하여 유기적인 구조를 이루는 것

47 다음 중 웹 디자인 프로세스(Process)를 순차적으로 옳게 나열한 것은?

① 프로젝트 기획 → 웹 사이트 기획 → 웹 사이트 구축 → 유지, 관리
② 프로젝트 기획 → 웹 사이트 구축 → 웹 사이트 기획 → 유지, 관리
③ 웹 사이트 기획 → 웹 사이트 구축 → 유지, 관리 → 프로젝트 기획
④ 프로젝트 기획 → 웹 사이트 구축 → 유지, 관리 → 웹 사이트 기획

> 웹 디자인 프로세스의 순서 : 프로젝트 기획(주제 선정) → 웹 사이트 기획(자료 수집, 스토리보드 제작) → 웹 사이트 구축/사이트 디자인 (레이아웃 구성, 그래픽 작업, 수정 보완) → 웹 사이트 구축/사이트 구축(서버 세팅) → 유지 및 관리

48 벡터이미지 방식에 관한 설명 중 틀린 것은?

① 좌표값에 의해서 표현한다.
② 캐릭터를 그리는 작업에 적합하다.
③ 깨끗한 이미지를 얻으려면 많은 용량이 요구된다.
④ 확대나 축소할 때 이미지의 손상이 없다.

> 벡터 방식은 압축률이 높고 용량이 적어 이미지를 확대하거나 변형해도 이미지에 손상이 없음

49 Fractal 이론을 도입하여 산의 표면, 복잡한 해안선, 구름 등 자연계의 복잡한 사물을 사실적으로 시뮬레이션한 시기는 언제인가?

① 1950년대　　　　② 1960년대
③ 1970년대　　　　④ 1980년대

> Fractal은 만델브로트가 라틴어 Fractus('쪼개진, 부서진'의 의미)로부터 만든 단어. 만델브로트가 프랙탈 기술을 발표한 시기는 1970년대이지만, 사실적으로 시뮬레이션할 수 있도록 발전한 시기는 1980년대임

50 컴퓨터 그래픽스 시스템의 입력 장치에 해당하지 않는 것은?

① 디지타이저　　　　② 스캐너
③ 마우스　　　　　　④ 플로터

> 플로터 : 그래프나 도형 건축용 CAD, 설계 도면 등을 출력하기 위한 대형 출력 장치

51 "(　)은/는 비트맵 이미지의 픽셀이 정사각형 모양이므로 확대하면 이미지 경계가 계단 형식으로 표현되는 것을 부드럽게 만드는 것을 의미한다." (　) 괄호 안에 들어갈 알맞은 용어는?

① 앨리어싱(Aliasing)
② 안티-앨리어싱(Anti-Aliasing)
③ 페더(Feather)
④ 스타일(Style)

> 안티-앨리어싱은 비트맵 이미지에서 픽셀이 사각형이기 때문에 곡선 부분에서 들쑥날쑥하고 거칠게 나타나는 것을 감쇄시키기 위해 사용
>
> **오답 피하기**
> 앨리어싱(Aliasing) : 물체 또는 이미지의 경계 모양이 매끈하지 않고 계단 형태로 표현

52 다음 중 컴퓨터 그래픽스에 대한 설명으로 가장 거리가 먼 것은?

① 컴퓨터를 이용한 도형이나 화상을 작성하는 기술을 말한다.
② 2D, 3D의 의미를 포함하고 있지만 애니메이션은 제외한다.
③ 활용범위는 매우 폭 넓으며 유망한 첨단 분야가 되고 있다.
④ 인간의 상상력을 무한히 가능하게 하는 방법 중 하나이다.

> 애니메이션은 2차원의 평면에 깊이를 더해 공간으로 표현되는 3차원 디자인으로, 컴퓨터 그래픽스에 포함됨

53 그래픽 파일 형식에서 애니메이션을 지원하는 것은?

① EPS　　　　　　② GIF
③ PSD　　　　　　④ PNG

> GIF 파일 포맷 : 웹 브라우저에서 이미지의 일부를 투명하게 나타낼 수 있고 애니메이션을 제작할 수 있음
>
> **오답 피하기**
> • EPS : CMYK의 4도 분판을 목적으로 인쇄, 출력의 용도
> • PSD : PhotoShop Document의 약자로 Photoshop에서 작업한 원본 파일을 저장하는 파일 포맷
> • PNG : 트루컬러를 지원, 이미지 변형 없이 원래 이미지를 웹상에 표현

54 사용자가 웹 페이지를 쉽게 이동하고 탐색할 수 있도록 해주는 내비게이션 구조의 요소들에 대한 설명이 틀린 것은?

① 이미지맵 : 웹 사이트의 전체구조를 한 눈에 알아볼 수 있도록 트리구조 형태로 만든 것으로 지도와 같은 역할을 한다.
② 사이트 메뉴바 : 웹 사이트의 좌측이나 우측에 메뉴, 링크 등을 모아둔 것을 말한다.
③ 디렉터리 : 주제나 항목을 카테고리 별로 계층적으로 표현하는 방식이다.
④ 내비게이션 바 : 메뉴를 한 곳에 모아놓은 그래픽이나 문자열 모음을 말한다.

> 이미지맵 : 그림이나 사진을 여러 부분으로 나누어 링크를 지정하고, 그 부분을 마우스로 클릭하면 다른 웹 페이지나 URL로 이동할 수 있도록 만든 것

55 2개의 서로 다른 이미지나 3차원 모델 사이의 변화하는 과정을 서서히 나타내는 기법으로 제작방식은 처음 프레임과 마지막 프레임만 지정해 주고 나머지는 자동으로 생성하며, 현재 뮤직비디오나 영화에서 많이 사용되고 있는 애니메이션 종류는?

① 트위닝(Tweening)
② 로토스코핑(Rotoscoping)
③ 고러드 쉐이딩(Gouraud Shading)
④ 모핑(Morphing)

> **모핑** : 보간법을 이용해 한 이미지에서 다른 이미지로 변화하는 과정을 서서히 나타내는 그래픽 특수효과
>
> **오답 피하기**
> • **트위닝** : 그림과 글자 등에서 애니메이션에서 처음과 끝 프레임 사이의 중간 단계 변화를 자동으로 생성하는 기능
> • **로토스코핑** : 실사와 애니메이션을 합성하는 기법
> • **고러드 쉐이딩** : 오브젝트 교차부분의 급격한 색상 변화를 막기 위해 오브젝트 사이의 색상을 부드럽게 하는 기능

56 현실이나 상상 속에서 제안되거나 계획된 일련의 사건들의 개략적인 줄거리를 말하며 스토리보드를 작성하는 데 토대가 되는 것은?

① 시나리오
② 플로우차트
③ 가상현실
④ 레이아웃 설정

> 시나리오는 웹 디자인에서 전체적인 사이트 구성의 줄거리가 되며, 시나리오를 토대로 그림과 이미지로 가시화하는 작업을 하게 되는데, 이 작업이 스토리보드 제작 과정임

57 스트리밍 방식으로 인터넷 방송에 사용하는 동영상 파일 포맷은?

① *.AVI
② *.MOV
③ *.ASF
④ *.MPEG

> *.ASF(Advanced Streaming Format)는 동영상, 미디어 스트리밍 포맷
>
> **오답 피하기**
> • *.avi : 윈도용 동화상 규격
> • *.mov : 애플 사가 개발한 QuickTime 동영상 규격
> • *.mpg : MPEG(동화상 전문가 그룹)에서 제정한 동영상 규격

58 기존의 HTML은 웹 문서를 다양하게 설계하고 수시로 변경하는 데 많은 제약이 따른다. 이를 보완하기 위해 만들어진 것은?

① CGI
② JAVA
③ DHTML
④ CSS

> **CSS** : 웹 페이지의 문서 스타일을 미리 정의하여 사용할 수 있도록 하는 스타일 시트
>
> **오답 피하기**
> • **CGI** : 서버측에서 다른 컴퓨터 프로그램을 별도로 수행하여 그 결과를 홈페이지상에서 받아보고자 할 때 사용하는 공용 인터페이스
> • **JAVA** : 1996년 미국 넷스케이프 커뮤니케이션스 사와 썬 마이크로시스템즈 사가 공동으로 개발한 스크립트 언어, 자바의 규격을 따른 부분이 있어서 '자바스크립트'라는 이름이 붙여지게 됨
> • **DHTML** : DHTML(Dynamic HTML)은 HTML, CSS, JavaScript를 조합하여 대화형 웹 사이트를 제작하는 것. 단순한 HTML 문법으로는 불가능하거나 제한되었던 화면 디스플레이 부분을 개선

59 컴퓨터 그래픽스 역사에 대한 설명으로 틀린 것은?

① 1세대 – 진공관 시대
② 2세대 – 트랜지스터 시대
③ 3세대 – 스토리지형 CRT 시대
④ 4세대 – LED 실용화 시대

> 컴퓨터 그래픽스 제4세대(1970년대~1980년대 말)는 컴퓨터 그래픽스의 전성기로 래스터 스캔(Raster Scan)형 CRT 등장, PC의 래스터 스캔 모니터 사용, 그래픽 아트가 발전함

60 다음 파일 포맷에 대한 설명으로 맞는 것은?

① EPS : GIF와 JPEG 파일 포맷의 장점을 이용한 웹 전용 이미지 파일
② TIFF : 매킨토시 환경에서 사용하는 표준 이미지 파일
③ JPEG : GIF 파일 형식보다 다양한 색상 표현
④ PNG : 인쇄 전용 파일 포맷

> GIF 파일 포맷은 컬러 수가 최대 256색으로 제한되어 있는 데 반해 JPEG 파일 포맷은 24bit, 풀컬러(트루컬러)를 사용하여 많은 수의 색상을 나타낼 수 있음

과목 01 디자인 일반

01 서로 반대되는 색상을 배색하였을 때 나타나는 느낌으로 옳은 것은?

① 강한 느낌
② 정적인 느낌
③ 간결한 느낌
④ 차분한 느낌

> 서로 반대되는 색상의 배색을 보색대비라 함. 보색대비는 색상환에서 정반대에 위치한 두 색상이 인접해 있을 때 서로 영향을 받아 채도가 높고 선명해 보이는 현상으로, 강한 느낌을 줌

02 커뮤니케이션 디자인에 대한 설명으로 틀린 것은?

① 라틴어 Communicare를 어원으로 한다.
② 두 개 이상의 개체가 기호를 매개로 무언가를 공유하는 것이다.
③ 재료, 기능성, 입체, 질감 등의 요소를 이용하여 상품을 개발하는 것이다.
④ 사람과 사람 사이에 기호에 의해서 의미를 전달하는 과정이다.

> **커뮤니케이션 디자인** : 시각 전달 디자인(Visual Communication Design) 또는 시각 디자인을 의미하는 것으로 사람과 사람 사이를 연결해 주는 하나의 매개체가 되는 디자인 분야

03 흰색의 바탕 위에서 빨간색을 20초 정도 보고 난 후, 빨간색을 치우면 앞에서 본 빨간색과 동일한 크기의 청록색이 나타나 보이는 현상은?

① 보색잔상
② 망막의 피로
③ 계시대비
④ 동시대비

> **보색잔상** : 음성잔상이라고도 하며, 망막이 느낀 자극에 대해 색상, 명도, 채도가 반대로 느껴지는 잔상

04 다음이 설명하고 있는 것은?

> - 일반적으로 장식에 사용되는 단순화된 무늬나 규칙적으로 반복되는 단위도형을 말한다.
> - 반복되는 모양의 기본이 되는 구성요소를 가리키고 있지만, 일반적으로는 그림이나 무늬와 같은 비주얼 디자인의 기초가 되는 조형만이 아니라, 일체의 반복되는 것에 대해 그 원형이 되는 조립단위를 가리킨다.

① 패턴
② 텍스쳐
③ 질감
④ 콜라쥬

> 패턴은 규칙적인 특징을 반복하거나 교차시키는 데서 비롯되는 움직임의 느낌에서 나타남
>
> **오답 피하기**
> - **텍스쳐(질감)** : 물체의 표면적인 느낌으로 광택, 매끄러움, 거침 등을 의미
> - **콜라쥬** : '풀칠', '바르기' 따위의 의미였으나, 전용되어 화면에 인쇄물, 천, 쇠붙이, 나무조각, 모래, 나뭇잎 등 여러 가지를 붙여서 구성하는 회화 기법

05 균형을 잡기 위한 디자인 기본요소가 아닌 것은?

① 명암
② 반복
③ 크기
④ 질감

> 균형은 부피, 중량 등 물리적인 구조와 색채에서 시각적인 안정감을 이룬 것을 말함. 반복은 주로 율동감을 나타낼 때 사용되는 요소

06 다음 그림과 같이 일부분이 끊어진 상태이지만 문자로 인식되는 것은 어떤 원리 때문인가?

① 규칙성
② 유사성
③ 폐쇄성
④ 연속성

> **폐쇄성** : 닫혀 있지 않은 도형이 심리적으로 닫혀 보이거나 무리지어 보이는 것

07 포스터 디자인의 조건으로 가장 적합한 것은?

① 일러스트레이션은 가급적 화려하게 표현한다.
② 눈에 잘 띄고, 독창적이어야 한다.
③ 색상수를 많이 사용한다.
④ 헤드라인은 반드시 고딕체를 사용한다.

> **포스터 디자인** : 신문광고 디자인, 잡지광고 디자인, TV광고 디자인과 함께 시각디자인의 4대 매체로 강력한 인상을 효과적으로 표현하는 디자인

08 먼셀 표색계에 대한 설명으로 틀린 것은?

① 색상은 H(Hue)라고 한다.
② 명도는 V(Value)라고 한다.
③ 채도는 C(Chroma)라고 한다.
④ 표기는 HV-C로 한다.

> 먼셀 표색계(Munsell Color System)은 색상(Hue), 명도(Value), 채도(Chroma)의 3속성을 사용하여 색상을 표기하며, 이를 HV/C로 축약해서 표시

09 색상환 24등분, 명도 단계 8등분의 색 체계를 구성하고 "조화는 질서와 같다"는 색채 조화 이론을 발표한 사람은?

① 오스트발트   ② 슈브뢸
③ 비렌   ④ 문 · 스펜서

> 오스트발트는 독일의 물리화학자로 한 색상에 포함되는 색을 'B(Black, 검정 비율) + W(White, 흰색 비율) + C(Full color, 순 색량) = 100%'가 되는 혼합비로 규정하여 24색상 표색계를 구성

10 감산혼합에 사용되는 Cyan, Magenta, Yellow의 3원색으로 만들 수 없는 색은?

① Blue   ② White
③ Red   ④ Green

> • 감산혼합은 CMYK(Cyan, Magenta, Yellow, Black)의 혼합으로, 색료혼합이라고도 함
> • Cyan + Magenta = Blue
> • Yellow + Cyan = Green
> • Magent + Yellow = Red
> • Magent + Yellow + Cyan = Black

11 색의 주목성에 대한 설명으로 옳지 않은 것은?

① 색의 진출, 후퇴, 팽창, 수축과 관련된 현상으로 사람들의 시선을 끄는 힘을 말한다.
② 거리의 표지판, 도로 구획선, 심벌마크 등 짧은 시간에 눈에 띄어야 하는 경우에 사용된다.
③ 명시도가 높으면 상대적으로 주목성이 낮다.
④ 명도, 채도가 높은 색이 주목성이 높다.

> • **주목성** : 색 자체가 명도나 채도가 높아서 시각적으로 빨리 눈에 띄는 성질
> • 따뜻한 색과 명도와 채도가 높은 색일수록 주목성이 높아짐
> • 명시성(먼 거리에서도 잘 보이는 성질)이 높은 색은 주목성도 높아지게 됨

12 일반적으로 디자인이 갖추어야 할 조건으로 가장 중요한 것은?

① 장식적인 요소를 만들어 주는 것
② 실용적인 기능과 조형적인 아름다움을 추구하는 것
③ 상징적인 형태로 단순화시키는 것
④ 타제품과 차별화시키는 것

> 디자인의 4대 조건은 합목적성, 경제성, 심미성, 독창성으로 디자인에서 심미적인 부분과 실용적인 부분을 함께 갖추어야 좋은 디자인 제품이 될 수 있음

13 다음 그림은 무엇을 구하는 도형인가?

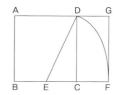

① 삼각형 분할   ② 황금비례
③ 루트구형   ④ 아심메트리

> 황금비례는 작은 부분과 큰 부분의 비가 큰 부분과 전체의 비와 같아지는 비례로, 1 : 1.6184의 비율로 나눈 것임

14 디자인 과정의 일반적인 순서로 옳은 것은?

① 재료과정 – 기술과정 – 욕구과정 – 조형과정
② 욕구과정 – 조형과정 – 재료과정 – 기술과정
③ 조형과정 – 욕구과정 – 재료과정 – 기술과정
④ 기술과정 – 조형과정 – 재료과정 – 욕구과정

디자인 과정은 새로운 것을 추구하는 욕구과정에서 시작하여 욕구에 따라 시각화하는 조형과정, 과학적 지식으로 재료의 특성을 파악하는 재료과정, 실제로 구체화하는 기술과정으로 이루어짐

15 3차원을 표현하는 디자인의 요소가 아닌 것은?

① 깊이　　② 너비(폭)
③ 길이　　④ 방향

3차원을 표현하는 것은 입체 형태, 공간을 나타내는 것이며, 디자인 요소로는 길이, 너비, 깊이가 있음

오답 피하기

방향은 디자인 요소들이 결합되었을 경우 나타나게 되는 시각적 동세임

16 감산혼합의 설명으로 맞는 것은?

① 원색을 모두 섞으면 흰색이 된다.
② 혼합하면 혼합할수록 채도는 높아진다.
③ 혼합하면 혼합할수록 명도가 낮아진다.
④ 인상파 화가의 점묘화나 작품에서 나타나는 혼합이다.

- **감산혼합** : 혼합할수록 어두워지는 색료의 혼합
- 다른 색료를 혼합해서 다시 각 원색을 만들 수는 없음
- 색상 인쇄나 컬러 필름을 이용한 분판인쇄에서 사용됨
- CMY를 모두 혼합할 경우 검정에 가까운 어두운 색상이 됨

17 다음 색 이름 중 관용색명이 아닌 것은?

① 금색　　② 살색
③ 새빨강색　　④ 에메랄드 그린

관용색명은 관습적이거나 연상적인 느낌으로 이름을 붙이는 방법으로 인명, 지명, 원료, 자연 등에 따라 이름이 붙여짐

18 다음 그림에서 느낄 수 있는 디자인 원리는?

① 율동　　② 비례
③ 조화　　④ 강조

민들레꽃을 중심으로 홀씨가 바깥쪽으로 흩날리는 것을 동적으로 표현해 운동감을 준 것으로 율동의 원리를 이용함

19 한 운전자가 운전을 하던 중 도로 표지판을 보지 못하고 지나쳐 자동차운행금지구역으로 들어오게 되었다. 도로 표지판에 보완해야 할 색채계획으로 가장 옳은 것은?

① 표지판에 명도차가 큰 배색을 활용해 주목성을 높인다.
② 채도가 높은 색은 강한 느낌을 주므로 고채도의 색상으로 표지판을 칠한다.
③ 한색보다는 난색이 주목성이 높으므로 배경과 대상물을 빨간색 계열의 색상으로 칠한다.
④ 주목성이 높은 난색의 경우 운전자가 흥분을 할 수 있으므로 차가운 계열의 차분한 색상으로 도로 표지판을 칠한다.

주목성(Notice)은 빨리 인식할 수 있는 거리의 표지판, 도로 구획선, 심벌마크 등에 필요한 속성임. 가시성, 시인성의 속성인 명시도가 높으면 주목성도 높아짐

20 디자인의 원리 중 율동의 요소에 해당하지 않는 것은?

① 반복　　② 비례
③ 강조　　④ 변칙

율동은 규칙적인 특징을 반복하거나 교차시키는 데서 비롯되는 움직임의 느낌

|정답| 14 ② 15 ④ 16 ③ 17 ③ 18 ① 19 ① 20 ②

21 동적 HTML에 대한 설명으로 틀린 것은?

① 홈페이지를 다이나믹하게 구성하기 위한 기법이다.
② 기존 HTML에 정적인 화면을 만들어주는 HTML이다.
③ 기존의 HTML문서에 CSS 기능을 첨가하였다.
④ 기존의 HTML문서에 문서객체모델(DOM) 기능을 첨가하였다.

> 동적 HTML은 기존 HTML에서 할 수 없었던 동적인 웹 페이지를 제작하기 위한 것으로 개발

22 자바스크립트의 변수에 대한 설명으로 옳지 않은 것은?

① 변수를 선언하지 않고 사용하는 경우에는 전역변수가 된다.
② 지역변수는 반드시 함수 내에서만 선언되어야 한다.
③ 지역변수 선언은 Dim 키워드를 사용하여 선언한다.
④ 지역변수는 선언된 중괄호{ } 안에서만 사용할 수 있다.

> 지역변수는 변수가 정의된 함수 내에서만 사용되며, 'var'를 이용해 선언함

23 IPv6은 몇 비트 주소 체계인가?

① 48비트
② 64비트
③ 96비트
④ 128비트

> IPv6는 128bit의 주소를 사용함

24 다음 중 검색 엔진을 이용하여 정보 검색을 할 때 가장 많은 정보를 검색하는 경우는?

① 인터넷 AND 학교
② 인터넷 OR 학교
③ 인터넷 NEAR 학교
④ 인터넷

> OR 연산자를 이용한 검색은 두 개의 키워드 중에서 어느 하나만 포함되어 있어도 해당 정보를 검색함

25 문서 간 이동이나 한 문서 내에서의 이동을 위해 사용되는 링크를 의미하며, 특정한 단어나 그림을 선택하면 이들과 연결된 다른 문서나 혹은 다른 미디어로 이동하는 역할을 하는 것은?

① HTTP Text Transfer Protocol
② Hyper Text Markup Language
③ Hyperlink
④ Browser

> 하이퍼링크(Hyperlink)는 하이퍼텍스트에 포함된 연결 정보로서, 하이퍼텍스트 문서 내의 단어나 그림과 같은 요소들을 서로 연결하거나 또는 다른 하이퍼텍스트의 요소들과 연결함

26 다음이 설명하고 있는 웹 페이지 검색 엔진은?

> • 여러 검색 엔진을 한 곳에 모아두고 마음에 드는 것을 선택하여 검색할 수 있게 해주는 검색 엔진
> • 각 분야별로 전문 검색 엔진들을 제공
> • 보다 자세한 검색 기능

① 통합형 검색 방식
② 웹 디렉터리 방식
③ 웹 인덱스 방식
④ 메타형 검색 방식

> 메타 검색은 자체 데이터베이스가 없이 여러 개의 검색 엔진에서 검색하는 것으로 중복으로 검색된 정보를 하나로 통일해 보여줌. 검색된 정보를 융합, 가공, 처리해 보여주어 검색 소요 시간이 다소 길어질 수 있음

27 도메인 네임에 대한 설명으로 틀린 것은?

① IP 주소를 대신해 사용자가 기억하기 쉽게 이름을 사용한 것이다.
② 도메인 네임에서 kr, au, ca, fr 등은 각각 해당 국가를 나타낸다.
③ 도메인 네임 서버는 서로 다른 네트워크를 연결하는 중개 서버이다.
④ 도메인 네임으로 소속단체의 이름과 성격을 알 수 있다.

> Domain Name Server는 도메인 네임 서비스를 담당하는 서버로 영문의 도메인을 숫자 IP로, 숫자 IP를 영문으로 1:1 대응시켜 주는 서버

28 HTML을 이용하여 홈페이지를 제작할 경우 배경음악을 삽입하기 위해 주로 사용하는 태그는?

① 〈BGSOUND src="파일명"〉
② 〈MUSIC src="파일명"〉
③ 〈LINK href="파일명"〉
④ 〈OBJECT id="파일명"〉

〈BGSOUND〉태그는 음악을 재생하는 태그로 파일을 모두 다운로드 받은 다음에 재생하며 익스플로러에서만 가능함. 재생할 음악 파일의 소스 주소는 속성 src에 명시

29 검색어를 이용하는 키워드형 검색엔진과 카테고리를 이용하는 주제별 검색엔진의 특징을 모두 제공하는 검색 엔진은?

① 로봇 에이전트
② 디렉터리형 검색 엔진
③ 하이브리드형 검색 엔진
④ 복합 우선순위형 검색 엔진

하이브리드형 검색 엔진은 키워드형 검색 서비스와 주제별 검색 엔진 서비스를 동시에 제공하는 검색 엔진

30 다음 중 인터넷 쇼핑몰의 특징으로 볼 수 없는 것은?

① 언제 어디서든 쇼핑몰의 이용이 가능하다.
② 구매자와 판매자 간의 신뢰를 구축하는 것이 중요하다.
③ 고객의 취향을 파악하여 정확한 target 마케팅이 가능하다.
④ 인터넷 쇼핑몰의 활성화는 지역사회를 활성화시키는 계기가 된다.

인터넷 쇼핑몰은 온라인 판매이기 때문에 지역사회의 활성화와는 연관이 없음

31 자바스크립트에서 제공하는 내장객체가 아닌 것은?

① Array
② Date
③ Frame
④ Math

자바스크립트 내장객체는 자바스크립트에 함수가 미리 정의되어 있는 내장객체를 말하며, 자바스크립트 내장객체에는 Array 객체, Date 객체, String 객체, Math 객체 등이 있음

32 다음 중 네트워크의 종류에 해당하지 않는 것은?

① LAN(Local Area Network)
② MAN(Metropolitan Area Network)
③ WAN(Wide Area Network)
④ NAN(Nation Area Network)

• **LAN** : 근거리 통신망
• **MAN** : 대도시 통신망
• **WAN** : 원거리(광역) 통신망

33 자바스크립트에서 사용자의 특정한 행동에 대해 어떤 처리를 해줄 것인가를 정의하는 것은?

① complier
② class object
③ event handler
④ event class

자바스크립트의 작업이나 행동을 이벤트라고 부르며, 이벤트가 발생했을 때 처리해 주는 부분을 이벤트 핸들러라고 부름

34 사용자가 쉘 계정이 있는 호스트에 직접 접속하여 메일을 읽지 않고 자신의 PC에서 바로 로컬 메일 리더를 이용하여 자신의 메일을 다운로드 받아서 보여주는 것을 정의하는 프로토콜은?

① POP
② IMAP
③ SMTP
④ MIME

전자우편의 송신을 담당하는 프로토콜은 SMTP이며, 수신을 담당하는 프로토콜은 POP과 IMAP임. POP은 사용 포트와 기능에 따라 POP, POP2, POP3로 구분

35 인터넷상에서 전자메일을 전송할 때 쓰이는 표준적인 프로토콜은?

① FTP
② Telnet
③ NNTP
④ SMTP

SMTP(Small Mail Transfer Protocol)는 전자우편물의 송신을 담당하는 프로토콜임

오답 피하기

• **Telnet** : 컴퓨터에 원격 접속할 수 있도록 해주는 서비스
• **FTP** : 파일 전송 서비스
• **NNTP** : 뉴스 서비스에서 기사를 전달하기 위한 프로토콜

36 자바스크립트의 함수 중 입력된 값이 숫자인지 아닌지의 여부를 판단하는 함수는?

① isNaN( )
② escape( )
③ confirm( )
④ alert( )

> isNaN( ) 함수는 변수가 숫자인지 아닌지를 판단하며 true, false를 반환함. NaN은 Not a Number의 약자
>
> **오답 피하기**
>
> • escape( ) : 알파벳, 숫자, 일부 특수기호를 제외하고 문자를 16진수로 바꾸어 주는 함수임
> • confirm( ) : 메시지를 사용자에게 알려서 [확인]이나 [취소]를 선택하도록 하는 대화상자를 생성하는 내장함수임
> • alert( ) : 사용자에게 정보나 경고 메시지를 전하기 위한 대화상자를 생성하는 함수임

37 무선랜을 이용하여 네트워크를 구성하는 방법으로 AP(Access Point)를 중심으로 노드들을 제어하는 것은?

① Ad Hoc
② Central
③ Ring
④ Star

> AP(Access Point)는 신호를 연결해서 무선랜 네트워크에 접속할 수 있게 하는 장치를 의미하며, AP를 중심으로 단말기들이 제어되도록 구성되는 것은 센트럴(Central) 형태
>
> **오답 피하기**
>
> • Ad-Hoc : 각 단말기들 간에 직접 통신하도록 한 형태
> • Ring : 네트워크를 구성하는 노드들이 하나의 링을 형성하는 형태
> • Star : 네트워크의 모든 노드들이 중심의 한 노드에 모두 일대일 혹은 점대점(Point-to-Point)으로 연결된 형태

38 스패밍(Spamming)에 대한 설명으로 틀린 것은?

① 웹 페이지 안에 정보검색이 잘되도록 키워드를 특이하게 명시하는 방법이다.
② 검색 엔진에 따라 스팸 패널티를 할당하여 검색 우선순위를 하향 조정하는 경우도 있다.
③ 하나의 웹 페이지 내에 동일한 키워드가 5번 이상 반복되면 스패밍 작업을 한 것으로 간주된다.
④ 웹 페이지, 뉴스나 이메일 등에서도 적은 비용으로 상품과 기업 광고 및 비방하는 데 사용되는 경우가 많다.

> 스패밍(spamming)은 인터넷 검색엔진의 검색 결과 최상단에 본인의 웹 페이지가 표시되도록 하기 위해 웹 페이지 내에 동일 키워드를 수십 개를 넣는 의도적 행위임

39 웹 문서 작성을 위한 국제 표준 언어가 아닌 것은?

① HTML
② UML
③ XHTML
④ XML

> UML(Unified Modeling Language)은 객체지향언어 설계를 위해 만든 모델링 언어임
>
> **오답 피하기**
>
> • HTML : 웹 페이지를 제작하기 위한 기본 언어
> • XHTML : XML 토대 위에서 HTML을 재구성한 마크업 언어
> • XML : 사용자가 태그를 지정하여 확장시킬 수 있는 언어

40 웹 브라우저에 해당하지 않는 것은?

① 사파리
② 아파치
③ 넷스케이프
④ 인터넷 익스플로러

> 아파치(Apache) : 웹 브라우저는 없음. 아파치는 주로 유닉스, 리눅스 시스템에서 사용되는 웹 서버
>
> **오답 피하기**
>
> 웹 브라우저의 종류 : 인터넷 익스플로러(Internet Explorer), 오페라(Opera), 사파리(Safari), 파이어폭스(Firefox), 구글 크롬(Chrome) 등

과목 03 **웹 그래픽 디자인**

41 컴퓨터 그래픽스 역사 중 다음 설명에 해당하는 세대는?

> 고밀도 집적 회로(LSI) 개발로 컴퓨터가 소형화되면서 개인용 컴퓨터(PC)가 등장하였다.

① 1세대(1946년~1950년대 말)
② 2세대(1950년대 말~1960년대 중반)
③ 3세대(1960년대 말~1970년대 초)
④ 4세대(1970년대 중반~1980년대 말)

> 4세대 : 개인용 컴퓨터가 등장 및 상용화되었고 컴퓨터 그래픽스 전성기
>
> **오답 피하기**
>
> • 1세대 : 에니악(ENIAC) 발명
> • 2세대 : 컴퓨터 그래픽스 기반 구축
> • 3세대 : 논리회로소자가 집적회로(IC)로 대체된 시기. 컴퓨터의 성능과 기술혁신이 빠르게 진행. 프랙탈 발표
> • 5세대 : 인공지능 기술과 3D 그래픽스의 발전, 뉴미디어 발전 시기

42 다음 중 수학적 연산을 이용하여 명확한 선과 면으로 그래픽 데이터를 표현하는 방식은?

① 벡터 방식
② 비트맵 방식
③ 래스터 방식
④ 포스트스크립트

> **벡터 방식(Vector Format)** : 수학적인 계산을 이용하여 이미지를 표현하는 방식으로 X,Y 좌표에 의거한 점, 선, 면들의 좌표 값과 곡선 값 등을 기본으로 정확한 선과 면을 표현함. 벡터 방식의 대표적인 프로그램에는 일러스트레이터, 코렐드로우, 플래시 등이 있음

43 비트맵 이미지의 픽셀이 사각형이기 때문에 곡선 부분에서 들쑥날쑥하고 거칠게 나타나는 계단현상을 최소화시키는 기법은?

① 매핑(Mapping)
② 쉐이딩(Shading)
③ 안티-앨리어싱(Anti-aliasing)
④ 렌더링(Rendering)

> **안티-앨리어싱** : 비트맵 이미지에서 픽셀이 사각형이기 때문에 곡선 부분에서 들쑥날쑥하고 거칠게 나타나는 것을 감쇄시키기 위해 사용

44 애니메이션 제작의 특수 효과 중 하나로 축소형으로 입체 모델을 만들고 여기에 다른 기법을 병합하여 장면을 만드는 것은?

① 모핑 효과
② 로토스코핑 효과
③ 미니어처 효과
④ 페인팅 효과

> 미니어처 효과란 축소된 모형의 질감과 입체감, 조명 효과 등을 잘 살려서 실제처럼 보이도록 만드는 특수 효과로, 컴퓨터 그래픽을 통하여 입체 모델을 촬영한 영상과 실제 영상을 디지털 합성하여 만들어냄
>
> **오답 피하기**
> • **모핑 효과** : 2개의 서로 다른 이미지나 3차원 모델 사이의 변화하는 과정을 서서히 나타내는 기법
> • **로토스코핑 효과** : 실사와 애니메이션을 합성하는 기법
> • **페인팅 효과** : 한 장면씩 그려가며 찍고 지우는 과정을 반복해서 움직임을 표현하는 기법

45 다음이 설명하고 있는 것은?

> • 이 기술은 "리얼네트워크"사가 개발한 "리얼오디오"에서 처음으로 선보였다.
> • 웹상에서 영상이나 음향 등의 파일을 다운로드 없이 실시간으로 재생할 수 있다.

① Gif 애니메이션
② 퀵타임(Quick-time)
③ 스트리밍(Streaming)
④ Flash 애니메이션

> Streaming(스트리밍) 기술은 기존의 음향이나 영상, 애니메이션 등의 전송 방식이 하드디스크에 다운로드 받아진 후 재생되던 것과 달리, 데이터가 실시간으로 다운로드 받아지면서 동시에 재생됨

46 다음 ( ) 안에 공통으로 들어갈 알맞은 용어는?

> ( )은/는 형판, 보기판이라는 뜻을 가진 단어이다. ( )디자인이란 웹 사이트의 레이아웃의 형을 만드는 것을 말하며, 개략적인 디자인을 만들고, 그 이후에 세부적인 디자인 요소를 별도로 만드는 방법이다.

① 텍스트(Text)
② 템플릿(Template)
③ 프레임(Frame)
④ 인터페이스(Interface)

> 템플릿은 컴퓨터 그래픽에서 빈번히 사용될 것을 대비하여 만들어 놓은 것으로 템플릿을 만듦으로써 간편하게 홈페이지를 제작할 수 있음
>
> **오답 피하기**
> 인터페이스란 사용자가 얼마나 컴퓨터에 쉽게 접근할 수 있는지를 연구하여 인간의 편리에 맞도록 개발하는 것

47 벡터 방식의 드로잉 프로그램이 아닌 것은?

① 일러스트레이터
② 코렐드로우
③ 프리핸드
④ 페인터

> 페인터는 비트맵 방식(Bitmap Format)의 드로잉 프로그램

48 다음은 컴퓨터 애니메이션의 단계별 제작 순서이다. ( ) 안에 들어갈 제작 과정이 A부터 D의 순서대로 맞게 나열된 것은?

> 기획 → (A) → 스토리보드 → 레이아웃 → 원화 → (B) → 디지털 드로잉 → (C) → 편집 → (D)

① 시나리오, 디지털 채색, 녹음, 스캐닝
② 스캐닝, 시나리오, 디지털 채색, 녹음
③ 시나리오, 스캐닝, 디지털 채색, 녹음
④ 디지털 채색, 시나리오, 스캐닝, 녹음

> 애니메이션 제작 과정 : 기획 → 시나리오 → 스토리보드 → 레이아웃 → 원화 → 스캐닝 → 디지털 드로잉 → 디지털 채색 → 편집 → 녹음 (음향 합성, 레코딩)

49 사이트 맵(Site Map)에 대한 설명으로 맞는 것은?

① 하이퍼링크를 말하며, 원하는 페이지로 이동할 수 있도록 해주는 경로이다.
② 그림의 일부에 하이퍼링크를 적용시켜 원하는 페이지로 이동할 수 있도록 하는 것이다.
③ 웹 사이트의 전체 구조를 한 눈에 알아볼 수 있도록 트리 구조 형태로 만든 것이다.
④ 웹 사이트의 좌측이나 우측에 메뉴, 링크 등을 모아둔 것을 말한다.

> 사이트 맵은 웹 사이트의 전체 구조를 한 눈에 알아볼 수 있도록 트리 구조 형태로 만든 것으로 지도와 같은 역할을 함

50 요구된 색상의 사용이 불가능할 때, 컴퓨터 프로그램에 의해 다른 색상들을 섞어서 비슷한 색상을 내는 방법을 무엇이라 하는가?

① 랜더링(Rendering)
② 그라데이션(Gradation)
③ 디더링(Dithering)
④ 모자이크(Mosaic)

> 디더링이란 이미지에 포함되지 않은 색상을 마치 이미지에 포함된 색상처럼 비슷하게 구성해 주는 기법. 디더링을 할 경우 이미지의 용량은 증가함

51 웹 사이트에 삽입할 콘텐츠를 구성한 후 이것을 웹이라고 하는 하이퍼링크 구조 안에서 어떻게 조직화할 것인가를 결정하는 것을 무엇이라 하는가?

① 컨셉트 개발
② 콘텐츠 기획
③ 구조 설계
④ 인터페이스디자인

> 정보 체계화 순서 : 콘텐츠 수집 → 그룹화 → 구조화 → 계층구조 설계 → 콘텐츠 구조 설계 테스트

52 웹 사이트 제작에서 경쟁사의 웹 사이트를 분석하는 이유로 틀린 것은?

① 해당 분야의 인터넷 시장을 파악한다.
② 경쟁 사이트들을 분석하여 자신의 사이트 경쟁력을 재고한다.
③ 인터넷 시장의 흐름을 이해한다.
④ 웹 사이트 제작에 필요한 콘텐츠를 얻는다.

> 경쟁 사이트 분석을 통해서 자신의 경쟁력을 재고하고 시장의 흐름을 파악

53 컴퓨터 그래픽스의 기법 중 산맥이나 구름과 같이 불규칙적이고 균열된 물체를 표현하기 위해 그래픽 이론을 토대로 실물과 유사하게 표현하는 기법은?

① 광선 추적법
② 프랙탈(Fractal)
③ 쉐이딩(Shading)
④ 매핑(Mapping)

> 프랙탈은 단순한 형태의 모양에서 출발하여 복잡한 기하학적 형상을 구축하는 방식으로 지형, 해양 등의 표현하기 힘든 불규칙적인 성질을 나타낼 때 사용

54 컴퓨터 그래픽스 시스템의 입력 장치로 옳지 않은 것은?

① 디지타이저(Digitizer)
② 조이스틱(Joy Stick)
③ 스캐너(Scanner)
④ 프린터(Printer)

> 프린터는 출력 장치임

55 웹 사용성(Web Usability)에 대한 원칙으로 거리가 먼 것은?

① 내용과 기능을 단순화
② 일관성 있는 디자인 유지
③ 사용자를 위한 다양한 동영상, 인트로 구성
④ 정보의 우선순위 고려

> 사용자의 편의를 위해 로딩 시간을 줄이기 위해서는 단순화하는 것이 좋음

56 웹 사이트를 디자인하기 위한 조건으로 거리가 먼 것은?

① 관리하기 쉽도록 관리자 중심으로 제작한다.
② 일관성 있는 레이아웃으로 배치한다.
③ 웹 사이트의 주제를 쉽게 파악할 수 있도록 구성한다.
④ 사용자(User)가 사용하기 편리한 환경을 제공한다.

> 웹 사이트를 제작할 때 사용자가 얼마나 쉽게 접근해 사용할 수 있는지 사용자의 환경을 고려해 편리하게 제작해야 함

57 다음이 설명하고 있는 애니메이션 종류는?

> 실사와 애니메이션을 혼합하는 기법으로, 실제 장면을 촬영한 후 화면에 등장하는 캐릭터나 물체형태를 트레이싱하여 애니메이션의 기본형을 만든다.

① 플립 북 애니메이션
② 로토 스코핑
③ 클레이 애니메이션
④ 컷 아웃 애니메이션

> **로토 스코핑** : 실사에 있는 특정 인물이나 사물을 배경으로 이용하여 애니메이션으로 제작
>
> **오답 피하기**
> • **플립 북** : 가장 간단한 애니메이션 효과로 책이나 노트 등에 변해가는 동작을 페이지마다 그린 후 일정한 속도로 종이를 넘겨 애니메이션을 확인하는 작업
> • **클레이** : 찰흙이나 점성이 있는 소재를 이용해 인형을 제작한 후, 그 인형을 조금씩 움직여 가면서 한 프레임씩 콤마 촬영하는 스톱모션 기법의 애니메이션
> • **컷 아웃** : 특정한 형태를 그린 종이를 잘라낸 후, 각 종이들을 화면에 붙이거나 떼면서 일정한 모양을 만들어가며 조금씩 촬영

58 웹 페이지 제작을 도와주는 위지윅(WYSIWYG)프로그램이 아닌 것은?

① 프론트페이지(FrontPage)
② 드림위버(Dreamweaver)
③ 나모(Namo Web Editor)
④ 피디에프(PDF : Portable Document Format)

> 피디에프(PDF)는 디지털 출판을 목적으로 만든 어도비 아크로뱃 파일 포맷으로 전자책과 CD 출판에 사용됨

59 웹 기획에서의 벤치마킹에 대한 설명으로 틀린 것은?

① 원래 경제용어로 자기분야에서 최고의 회사를 모델로 삼아 그들의 독특한 비법을 배우는 것을 말한다.
② 인터넷 비즈니스에서 사용되는 벤치마킹은 경쟁사와 시장을 분석하여 비즈니스를 성공적으로 끌고 나갈 수 있는 요소들을 찾아내는 것이다.
③ 경쟁사의 성공 사례를 분석하고 경쟁사의 이미지를 그대로 활용하여 웹 페이지를 제작한다.
④ 경쟁사가 갖고 있지 않은 독특한 경쟁요소를 확보한다.

> 성공 사례를 분석해 배울 점을 찾아 적용하는 것이지 그대로 적용하는 것이 아님

60 플래시와 관련된 파일 확장자가 아닌 것은?

① .fla
② .swf
③ .spa
④ .pdf

> PDF(Portable Document Format)는 어도비 아크로뱃에서 제작한 전자 문서 포맷

과목 **01** **디자인 일반**

01 주전자, 냉장고, 자동차를 디자인하는 디자인 영역은?

① 패션 디자인　　　② 시각 디자인
③ 환경 디자인　　　④ 제품 디자인

> 제품 디자인은 공업 디자인이라고도 하며 벽지 디자인, 패션 디자인과 같은 2차원 공업 디자인과 용기, 가구, 운송 수단 디자인을 다루는 3차원 제품 디자인이 있음

02 따뜻한 색채는 차가운 색채와 함께 있을 때 더욱 따뜻하게 느껴지고, 차가운 색채는 따뜻한 색채와 함께 있을 때 더욱 호소력이 강해지는 색의 대비로 옳은 것은?

① 채도대비　　　② 계시대비
③ 명도대비　　　④ 한란대비

> 한란대비 : 차가운 색과 따뜻한 색을 배열할 경우 차가운 색은 더 차갑게 느껴지고, 따뜻한 색은 더욱 따뜻하게 느껴지는 대비효과를 의미

03 다음이 설명하고 있는 디자인 원리는?

> - 구성 형식에서 중요한 역할을 한다.
> - 부피, 중량 등 물리적인 구조와 색채에서 시각적인 안정감을 이룬 것을 말한다.
> - 크게 대칭과 비대칭, 방사대칭으로 구분할 수 있다.

① 반복　　　② 균형
③ 조화　　　④ 대비

> 균형은 부피, 중량 등 물리적인 구조와 색채에서 시각적인 안정감을 이룬 것을 말함. 보통 전체와 부분, 부분과 부분 사이에서 대칭에 의해 이루어짐

04 다음 두 개의 꽃 모양 중심에 있는 원의 실제 크기는 동일하다. 그런데 왼쪽의 원이 오른쪽보다 커 보이는 현상은?

① 주변과의 대비에 의한 착시현상
② 원근에 의한 착시현상
③ 폐쇄원리에 의한 착시현상
④ 연속원리에 의한 착시현상

> 주변의 환경에 의한 대비로 인해 크기가 다르게 보이는 착시는 면적과 크기 대비의 착시로 에빙하우스의 도형에서 나타나는 착시임

05 선(Line)에 대한 설명으로 바른 것은?

① 면의 한계나 교차에 의해 생기는 선은 적극적인 선이다.
② 수평선은 고결, 희망, 상승감을 나타낸다.
③ 점과 점이 이어져 생기는 선은 소극적인 선이다.
④ 고딕 건축의 고결함은 수직선을 대표한다.

> 수직선은 엄숙함, 긴장감, 상승, 높이감 등을 표현

06 V(디자인가치) = P(성능) / C(비용)와 관계있는 디자인 조건은?

① 합목적성　　　② 경제성
③ 심미성　　　④ 독창성

> 경제성 : 사용 대상과 목적에 부합되는 합리적인 가격을 의미
>
> 오답 피하기
> - 합목적성 : 목표성이라고도 하며 디자인이 대상과 용도, 목적에 맞게 이루어져 있는가를 의미
> - 심미성 : 형태와 색채가 조화를 이루어 아름다움의 성질을 만들어내는 것
> - 독창성 : 다른 제품과 차별화된 창조적인 디자인

07 컬러 인쇄를 위해 C, M, Y, K 4색의 네거필름으로 만드는 과정을 무엇이라 하는가?

① 색분해　　　　　　② 색필터
③ 색도도　　　　　　④ 색수정

CMYK는 시안(Cyan), 마젠타(Magenta), 옐로우(Yellow), 블랙(Black) 색상으로 이루어지는 색상 체계이며, 이 4개의 색상을 따로 분리해서 순서대로 인쇄하게 됨

08 다음 형태(Form) 중 반드시 수학적 법칙과 함께 생기며, 가장 뚜렷한 질서를 갖는 것은?

① 유기적 형태　　　　② 기하학적 형태
③ 내부적 형태　　　　④ 자연적 형태

기하학적 형태 : 사각형, 삼각형, 원형 등의 규칙적인 도형들이 모여 이룬 형태

오답 피하기
• **유기적 형태** : 자연의 사물에서 쉽게 볼 수 있는 것으로 인위적인 직선, 직각 등의 형태가 아니라 부드러운 곡선으로 만들어진 형태
• **자연적 형태** : 자연의 법칙에 의해 생성된 것으로 유기적인 형태

09 다음 설명에 해당하는 조형운동이자 사회운동은?

1910년에서 1935년 사이에 러시아(구소련)에서 일어난 새로운 조형운동으로 조형의 추상성과 기하학적 간결함, 형태의 경제성에 입각한 디자인을 추구하였으나, 스탈린의 탄압으로 종결되었다.

① 기능주의　　　　　② 구성주의
③ 역사주의　　　　　④ 미래주의

구성주의 : 공간의 조형을 중시한 조형주의로 주로 금속, 유리 등의 공업 재료를 이용하여 기하학적이고 기계적인 형태를 과학적으로 표현

오답 피하기
• **기능주의** : 실제 기능 위주의 디자인을 추구. 대표적인 단체로 독일 공작 연맹이 있음
• **역사주의** : 모든 현상 또는 사상을 역사적인 한 맥락으로 본 것으로 역사적인 모티브를 디자인의 재창조에 반영한 포스트모더니즘과도 관련됨
• **미래주의** : 이탈리아를 중심으로 결성된 전위예술운동으로 전통을 반대하고 기계 · 물질 문명의 '과속력의 미'를 찬미

10 색의 점이(점증)는 디자인의 원리 중 어느 영역에 속하는가?

① 통일　　　　　　　② 율동
③ 반복　　　　　　　④ 조화

점이(점증)은 '반복'에 크기나 색채, 단계 등에 일정한 변화를 주어 동적인 효과를 주는 것으로 율동에 속함

11 다음 중 디자인의 조건에 해당하지 않는 것은?

① 합목적성　　　　　② 심미성
③ 경제성　　　　　　④ 유통성

디자인의 조건에는 합목적성, 심미성, 경제성과 더불어 독창성이 있으며 유통성이라는 디자인 조건은 없음

12 물리적인 빛이 우리의 눈에서 색채로 지각되는 범위의 파장 한계 내에 있는 스펙트럼을 의미하는 것은?

① 가시광선　　　　　② 색청
③ 색각　　　　　　　④ 지각색

스펙트럼에서 눈에 보이는 파장 범위를 가시광선이라고 하며 가시광선의 파장 범위는 380㎚~780㎚임

13 서로 다른 색끼리의 영향으로 원래의 색보다 색상의 차이가 더욱 크게 느껴지는 것은?

① 한란대비　　　　　② 명도대비
③ 채도대비　　　　　④ 색상대비

색상대비란 명도와 채도가 비슷한 두 가지 이상의 색이 인접해 있을 때 서로 영향을 받아 색상의 차이가 커 보이는 현상으로, 반대색이나 보색일 경우 색상대비가 크게 나타남

14 색의 3속성에 포함되지 않는 것은?

① 색상　　　　　　　② 명도
③ 대비　　　　　　　④ 채도

색의 3속성은 색상, 명도, 채도

15 다음이 설명하고 있는 것은?

- 빛을 감지할 수 있는 하나의 수단이다.
- 물리적 반사 법칙에 의해 정확하고, 엄밀한 투사광과 반사광으로 구성된 과학적 결과이다.

① 색채 ② 시지각
③ 형태 ④ 음영

색채는 색이 눈을 통해 지각된 현상, 시지각은 눈으로 보는 여러 가지 정보들을 분석하고 판단하는 활동, 형태는 형체의 입체적인 모양을 의미함

16 다음이 설명하고 있는 색의 혼합은?

- 영과 헬름홀츠가 처음으로 발표한 학설이다.
- 색광의 3원색인 RGB 혼합이다.
- 혼합할수록 밝아지는 혼합이며, 플러스 혼합이라고도 한다.
- 다른 색광을 혼합해서 다시 원색을 만들 수 없다.

① 감산 혼합 ② 가산 혼합
③ 병치 혼합 ④ 중간 혼합

가산 혼합 : 혼합된 색의 명도가 혼합 이전의 평균 명도보다 더 높아지는 경우를 말하며, 플러스(Plus) 혼합이라고도 함

오답 피하기
- 감산 혼합 : 혼합할수록 어두워지는 색료의 혼합으로 감색혼합이라고도 함
- 병치 혼합 : 원색을 나란히 배치하여 눈의 망막이 색을 혼합하여 지각하는 것
- 중간 혼합 : 실제적인 혼합이 아니라 색상이 놓인 환경에 의해 혼합된 것처럼 보이는 효과

17 촉각적 질감에 대한 설명으로 틀린 것은?

① 촉각적 질감에는 장식적 질감, 자연적 질감, 기계적 질감이 있다.
② 촉각적 질감은 눈으로 볼 수 있을 뿐 아니라 손으로 만져서 느낄 수 있는 질감이다.
③ 촉각적 질감은 2차원 디자인의 표면과 함께 3차원의 양각(Relief)으로 확대하는 것이다.
④ 촉각적 질감의 연출 방법에는 자연재료 사용, 재료 변형, 재료 복합 등이 있다.

촉각적 질감은 직접 만져서 느낄 수 있는 질감임. 장식적 질감, 자연적 질감, 기계적인 질감은 시각적인 질감에 해당

18 배색을 할 때 고려해야 하는 사항으로 적절하지 않은 것은?

① 사물의 성능이나 기능에 부합되는 배색을 하여 주변과 어울릴 수 있도록 한다.
② 사용자 성별, 연령을 고려하여 편안한 느낌을 가질 수 있도록 한다.
③ 색의 이미지를 통해서 전달하려는 목적이나 기능을 기준으로 배색한다.
④ 목적에 관계없이 아름다움을 우선으로 하고, 타 제품에 비해 눈에 띄는 색으로 배색하여야 한다.

배색이란 목적에 맞는 색을 표현하기 위해 주변의 색을 고려하여 배치하는 것으로 사용 목적과 조화를 고려하여 색을 선택해야 함

19 주의를 의미하며 주의표시, 돌출 부위 계단의 위험요소를 나타내는 색으로 적당한 것은?

① 적색 ② 황색
③ 녹색 ④ 적자색

황색(노랑색) : 금지선, 추월선, 주의 표시에 쓰이는 색상

오답 피하기
- 적색 : 정열, 자극, 위험을 상징
- 녹색 : 평화, 희망, 안전을 상징
- 적자색 : 화려함, 애정, 예술적 기질을 상징

20 다음 중 디자인의 의미에 관한 설명으로 틀린 것은?

① 디자인이란 일반적으로 하나의 그림 또는 모형으로써 그것을 전개시키는 계획 및 설계라고 할 수 있다.
② 디자인 행위란 인간이 좀 더 사용하기 쉽고, 아름답고 쾌적한 생활환경을 창조하는 조형 행위를 말한다.
③ 프랑스어의 데생(Dessin)과 같은 어원으로, 르네상스 시대 이후 오랫동안 데생과 같이 가벼운 의미로 사용되었다.
④ 1940년대 당시 근대 사상에 입각하여 바우하우스에서 디자인 이념을 세우고 디자인(Design)이라는 용어를 처음 사용하였다.

디자인이라는 용어는 1920~1930년대 근대 디자인 운동 이후부터 사용함

21 웹 서비스에 대한 설명이 틀린 것은?

① 명령어 기반 인터페이스를 제공하여 초보자도 쉽게 이용할 수 있다.
② 하이퍼미디어 기술을 통하여 정보 교류나 정보 검색을 수행한다.
③ 웹 페이지들은 링크로 연결되어 원하는 정보로 쉽게 이동할 수 있다.
④ 문자와 이미지, 음성, 동영상 등의 멀티미디어 서비스를 제공한다.

> 유닉스 또는 리눅스 운영체제에서 명령어 기반 인터페이스를 제공하며, 웹 서비스 관련 응용프로그램은 대부분 그래픽 기반 인터페이스(GUI)를 제공함

22 자바스크립트에서 변수명으로 선언할 수 없는 것은?

① menu_7
② total
③ 2cond_name
④ _regnumber

> 자바스크립트 변수명의 첫 문자는 영문자 또는 _로 시작함

23 웹 페이지를 디자인할 때 고려해야 할 사항으로 틀린 것은?

① 사용자 개개인의 선호도나 사용수준에 맞춰 누구라도 쉽게 사용할 수 있도록 디자인한다.
② 사용자의 경험이나 학력, 언어능력 또는 집중력 정도에 차이를 두어 사용자 개개인별로 난이도에 맞게 디자인한다.
③ 사용자가 우연한 또는 의도하지 않은 선택의 결과로 어려움에 빠지는 경우를 최소화하도록 디자인한다.
④ 사용자에게 필요한 정보를 효과적으로 전달하도록 디자인한다.

> 웹 페이지 디자인을 개별적인 차이에 맞추어 디자인할 수는 없으며, 사용자 전체를 고려해 웹 페이지에 쉽게 접근하여 사용할 수 있도록 사용자 인터페이스를 고려해야 함

24 〈a href="http://www.hrdkorea.or.kr" target="ⓐ"〉에서 ⓐ에 나타날 수 있는 값과 그에 대한 설명이 틀린 것은?

① _blank : 링크된 문서를 새 창에 보여준다.
② _parent : 링크된 문서를 창 전체에 보여준다.
③ _self : 링크된 문서를 하이퍼링크가 있던 현재 프레임에 보여준다.
④ _top : 링크된 문서를 창 전체에 보여준다.

> _parent : 현재 창의 부모 프레임(현재의 프레임 구조로 들어오기 이전의 한 단계 상위 페이지)에 링크된 문서가 나타남

25 자바스크립트의 Document 객체에서 화면에 글자를 출력하기 위해 사용하는 함수는?

① print( )
② write( )
③ insert( )
④ input( )

> write( ) 함수는 문서 내용을 출력함

26 일반적으로 검색 엔진에 inter*라고 입력했을 때 검색될 수 없는 정보는?

① internet
② international
③ intercept
④ intranet

> '*'는 찾으려는 단어의 일부 문자를 이용하여 검색하는 절단 검색에 사용되는 와일드 카드, intranet은 intra*로 입력했을 때 검색

27 다음 중 위지윅(WYSIWYG) 기반의 웹 에디터가 아닌 것은?

① Namo Web Editor
② Front Page
③ Ultra Edit
④ Netscape Composer

> 울트라 에디트(Ultra Edit)는 직접 태그를 입력하는 방식

28 OSI 7계층에 해당하지 않는 것은?

① 인터넷 계층
② 물리 계층
③ 네트워크 계층
④ 전송 계층

> OSI 7계층은 물리(1계층) – 데이터 링크(2계층) – 네트워크(3계층) – 전송(4계층) – 세션(5계층) – 표현(6계층) – 응용(7계층)으로 구성

29 자바스크립트의 특징으로 틀린 것은?

① 객체 지향 프로그램 언어로 내장 객체를 사용한다.
② HTML 내에 삽입되어 홈페이지에 다양한 효과를 줄 수 있다.
③ 대소문자를 구별하지 않는다.
④ alert( )는 자바스크립트 내장 함수이다.

> 자바스크립트는 대소문자를 구분함

30 DHTML의 구성 요소로 옳게 나열한 것은?

① HTML, CSS, JavaScript
② HTML, JSS, JavaScript
③ HTML, CSS, JSS, JavaScript
④ HTML, CSS, JSS, JavaScript, VBScript

> DHTML은 이미지와 텍스트를 이용해 애니메이션을 구현 등 다이나믹한 웹 페이지를 제작할 수 있도록 하는 기술로, HTML과 JavaScript, 스타일 시트(CSS)를 집합한 것

31 웹 브라우저에 대한 설명으로 잘못된 것은?

① 도스(DOS) 운영체제에서 사용할 수 있는 웹 브라우저로 모자이크(Mosaic)가 있다.
② 인터넷 망에서 정보를 검색하는 데 사용되는 응용 프로그램이다.
③ 웹 브라우저는 하이퍼텍스트 문서를 읽는 프로그램이다.
④ 대표적인 웹 브라우저로는 인터넷 익스플로러 등이 있다.

> 1993년 개발된 모자이크(Mosaic)는 최초의 GUI 환경의 웹 브라우저로 인터넷 사용에 획기적인 변화를 가져옴
>
> **오답 피하기**
> 웹 브라우저의 종류 : 인터넷 익스플로러, 넷스케이프 내비게이터, 모자이크, 오페라, 사파리, 파이어폭스, 구글 크롬 등

32 전자우편 서비스 헤더 중 숨은 참조자를 나타내는 것은?

① Rcc
② Bcc
③ Bc
④ Cc

> Bcc는 Blind Carbon Copy의 약자로 숨은 참조자를 뜻함

33 HTML 태그 중 문자의 굵기나 크기, 강조, 색상 등과 관련이 없는 태그는?

① 〈HR〉
② 〈B〉
③ 〈U〉
④ 〈SUB〉

> 〈HR〉 태그 : 내용 사이에 선을 표시
>
> **오답 피하기**
> • 〈B〉 : 태그 사이의 문자에 굵은 글씨체로 처리
> • 〈U〉 : 태그 사이의 문자에 밑줄
> • 〈SUB〉 : 태그 사이의 문자를 아래첨자로 보여줌

34 다음이 설명하고 있는 웹 페이지 저작 도구는?

> • 멀티미디어와 애니메이션 제작을 위한 드로잉 전문 프로그램
> • 벡터 방식의 그래픽 처리를 통해 그래픽 파일의 크기를 최적화할 수 있고 웹상에서 실시간 전송 및 재생되는 스트리밍 기법을 통한 빠른 속도를 제공
> • 다른 멀티미디어 저작도구와 달리 Plug-in 없이도 ActiveX, Java 기술을 이용하여 실행 가능한 특징을 가지고 있음

① 드림위버
② 자바스크립트
③ 플래시
④ 포토샵

> 플래시 : 벡터 방식의 웹 애니메이션 제작 프로그램으로 웹 페이지 자체를 디자인하거나 제작에 애니메이션 콘텐츠를 사용

35 웹 서버에서 동작하고, 클라이언트의 요청에 따라 데이터를 가공하여 새로운 결과 문서를 반환하는 데 사용되는 스크립트 언어로 적당하지 않은 것은?

① ASP
② CSS
③ PHP
④ JSP

> CSS(Cascading Style Sheet) : 웹 페이지의 문서 스타일을 미리 정의하여 사용할 수 있도록 하는 스타일 시트

36 8비트씩 4개의 옥텟(Octet), 총 32비트로 구성된 IP 주소 체계는?

① IPv3
② IPv4
③ IPv5
④ IPv6

> IPv4는 주소의 형태는 8bit씩 4개의 옥텟으로 구성된 32bit 체계임. 각 8bit 자리의 값은 보통 10진수 정수로 표현하며, 0~255 값이 사용됨

37 다음 중 인터넷의 역사에 대한 설명과 해당 연도가 틀린 것은?

① 1969년 : 미 국방성의 ARPANet 탄생
② 1984년 : DNS 개념 도입
③ 1990년 : NSFNET이 해체되고 ARPANet 중심으로 성장
④ 1993년 : INTERNIC 설립

> 1990년에는 ARPANet이 폐지되고 Archie 시작

38 HTML 태그의 특징에 대해 옳은 것은?

① 시작 태그는 있으나 종료 태그는 없다.
② 대소문자 구별을 명확히 해야 한다.
③ 들여쓰기가 가능하며 웹 브라우저에서 들여쓰기가 적용된다.
④ 태그 안에 속성을 정의할 수 있다.

> 태그의 속성 표기는 〈태그명 속성1=... 속성2=...〉와 같이 정의
> **오답 피하기**
> HTML 태그는 시작태그〈 〉와 종료태그〈/ 〉가 있음(단, 반드시 모든 태그에 시작과 종료 태그가 있는 것은 아님). 태그 이름은 대소문자를 구별하지 않음

39 인터넷(Internet) 광고의 특징이 아닌 것은?

① 광고에 대한 효과를 실시간으로 확인 가능하다.
② 초기 광고제작 단가가 타 매체에 비해 저렴하다.
③ 디지털 매체이므로 광고 내용의 수정은 쉽지 않다.
④ 기존 매체에 비해 더욱 명확한 타겟(Target) 마케팅이 이루어진다.

> 인터넷 광고는 적은 비용으로도 정보를 빠르게 갱신할 수 있으며 이에 의해 정보가 실시간으로 갱신될 수 있음

40 네트워크에 연결된 시스템의 논리주소를 물리주소로 변환시켜 주는 프로토콜은?

① TCP
② IP
③ FTP
④ ARP

> ARP(Address Resolution Protocol)은 주소 결정 프로토콜로서, IP 주소를 실제의 물리적 주소로 바꾸어 주는 프로토콜
> **오답 피하기**
> • TCP : 데이터 전송이 정확하게 이루어지도록 전송 오류 감지와 복구를 지원(연결형)
> • IP : 데이터(패킷)가 수신지에 도착하도록 지원(비연결형)
> • FTP : 파일 전송 서비스(File Transfer Protocol)

과목 03 웹 그래픽 디자인

41 선(Line) 표시에서 면으로 변화하는 상태를 자연스럽게 조작할 수 있는 질감 묘사 모델링으로 복잡한 자연경관이나 불규칙한 성질을 가진 것들을 표현할 수 있게 된 모델은?

① 서피스 모델
② 솔리드 모델
③ 프랙탈 모델
④ 라파메트릭 모델

> **프랙탈 모델** : 단순한 형태의 모양에서 출발하여 복잡한 기하학적 형상을 구축하는 방식으로 지형, 해양 등의 표현하기 힘든 불규칙적인 성질을 나타낼 때 사용

42 다음이 설명하고 있는 인터페이스 방식은?

> 사용자가 컴퓨터와 정보를 교환할 때 그래픽을 통해 작업할 수 있는 환경을 말하며, 마우스 등을 이용하여 화면에 있는 메뉴를 선택하여 작업할 수 있는 방식

① CRT
② GUI
③ PDA
④ GPU

> GUI(Graphical User Interface) : 그래픽을 통해 사용자와 컴퓨터 사이를 연결하는 기능
> **오답 피하기**
> • CRT : 입력된 전기 신호를 제어하여 빛의 모형으로 출력하는 장치
> • PDA : 개인 휴대용 정보 단말기
> • GPU : 그래픽 연산처리를 전담하는 장치

43 웹 디자인 시 타이포그래피를 적용할 때 고려사항으로 가장 거리가 먼 것은?

① 페이지마다 또는 동일한 페이지 내에 다양한 서체 사용
② 가독성, 판독성을 고려한 서체 사용
③ 웹 페이지의 여백과 문장의 정렬
④ 사이트의 내용과 컨셉(Concept)에 어울리는 서체 사용

글꼴과 글씨를 일관성 있게 제작해야 통일성 있고 안정적 웹 디자인이라 할 수 있음

44 벡터(Vector) 방식의 설명으로 틀린 것은?

① 단순한 도형의 표현에 적합하다.
② 이미지를 확대, 축소해도 화질에는 손상이 없다.
③ 수학적인 방식으로 이루어진 방식이다.
④ 픽셀의 단위를 가지며, 파일의 크기도 커진다.

- 벡터(Vector) 방식은 픽셀을 이용하지 않고 수학적인 계산으로 상황에 따라 이미지를 재구성
- X,Y 좌표에 의거한 점, 선, 면들의 좌표 값과 곡선 값 등을 기본으로 정확한 선과 면을 표현함
- 로고, 심벌 디자인, 도안 작업 등에 많이 이용됨
- 벡터 방식 기반의 프로그램은 일러스트레이터, 코렐드로우 플래시 등이 있음

45 다음 설명에 해당하는 파일 포맷은?

- 인터레이싱(Interlacing) 이미지 기능 제공
- 트루 컬러 지원
- 비손실 압축 사용
- 투명영역 포함 가능
- 원하는 색상 밝기의 형태로 이미지 보정 가능

① *.PICT
② *.PNG
③ *.TIFF
④ *.AI

PNG(Portable Network)는 기본적으로 트루컬러를 지원. 이미지 변형 없이 원래 이미지를 웹상에 그대로 표현하며 무손실 압축함

오답 피하기
- PICT : 매킨토시 시스템의 그래픽 포맷
- TIFF : 인쇄를 위한 용도로 쓰이는 무손실 압축 방식의 파일 포맷
- AI : Adobe Illustrator 프로그램의 기본 파일 포맷으로 벡터 방식의 이미지 포맷

46 캐스케이딩 스타일 시트(Cascading Style Sheet)의 설명으로 가장 거리가 먼 것은?

① HTML 요소의 기능을 확장한다.
② 통일된 문서 양식을 디자인할 수 있다.
③ 문서의 형식을 다양하게 구성할 수 있다.
④ 다양한 이미지의 디자인 편집을 할 수 있다.

캐스케이딩 스타일 시트는 이미지 디자인 편집이 아닌 웹 문서의 전반적인 스타일을 미리 저장해 두는 기술로 HTML용 스타일 시트. 웹 페이지의 스타일을 미리 저장해 문서 전체의 일관성을 유지할 수 있게 함

47 웹 디자인 프로세스 중 프로젝트 기획 단계에 해당하지 않는 것은?

① 웹 사이트를 구축할 웹 기획자, 웹 디자이너, 웹 프로그래머 등의 제작팀을 구성한다.
② 웹 사이트의 내용과 관련된 자료를 수집하고 분석하여 아이디어를 도출한다.
③ 서비스 목적과 사용자 계층을 고려하여 디자인 컨셉(Concept)과 콘텐츠의 내용을 정의한다.
④ 사용자 분석과 개발 전략 및 홍보 전략을 세운다.

홍보 전략은 유지 및 관리 단계에 속함

48 다음이 설명하고 있는 것은?

- 실사와 애니메이션을 합성하는 기법으로 많이 사용된다.
- 먼저 촬영한 실제 필름 위에 애니메이션을 위한 셀을 올려놓고 실사 안에 추가하고자 하는 애니메이션을 삽입한다.

① 로토스코핑
② 모션캡처
③ 플립북
④ 모핑

로토스코핑은 실사와 애니메이션을 합성하는 기법

오답 피하기
- 모션캡처 : 실제 생명체의 움직임을 추적해 얻은 데이터를 모델링된 캐릭터에 적용하는 기술
- 플립북 : 책이나 노트 등에 변해가는 동작을 페이지마다 그린 후 일정한 속도로 종이를 넘겨 애니메이션을 확인하는 작업
- 모핑 : 2개의 서로 다른 이미지나 3차원 모델 사이의 변화하는 과정을 서서히 나타내는 기법

49 다음 중 내비게이션에 대한 설명으로 가장 거리가 먼 것은?

① 일관성 있는 내비게이션을 만들어야 한다.
② 사용자의 환경을 고려해야 한다.
③ 최대한 많은 메뉴를 만들어야 한다.
④ 링크가 끊어진 페이지가 없어야 한다.

> 내비게이션이란 사용자가 웹 페이지를 쉽게 이동하고 탐색할 수 있도록 콘텐츠를 체계적으로 분류하여 연결시킨 구조 또는 인터페이스 디자인을 말함

50 모니터 해상도를 나타내는 픽셀의 설명으로 틀린 것은?

① Picture와 Element의 합성어이다.
② 이미지의 최소단위이다.
③ 픽셀의 수치가 낮을수록 이미지 해상도가 높다.
④ PPI는 Pixels Per Inch의 약자이다.

> 화소가 높을수록 이미지 해상도가 높음

51 웹에서 주로 사용되는 컬러 방식은?

① CMYK
② RGB
③ HSB
④ LAB

> RGB는 빛을 기본으로 한 색상 체계로서 모니터의 작업에서 가장 많이 활용하며 웹 페이지 디자인에서도 RGB 값을 기준으로 색상을 나타냄

52 변화되는 여러 개의 장면을 연속적으로 나타내어 움직이는 것처럼 표현하는 기술은?

① 맵핑
② 모델링
③ 크로마키
④ 애니메이션

> 애니메이션은 정해진 시간에 여러 개의 정지된 화면을 보여주는 것으로 빠른 시간에 여러 개의 프레임들을 연속적 나타내어 움직이는 것처럼 보이게 함
>
> **오답 피하기**
> • **맵핑** : 랜더링 과정 중 하나로서, 모델링된 오브젝트의 표면 질감과 풍경 처리 과정
> • **모델링** : 세계에 존재하거나 상상했던 오브젝트를 3차원 좌표계를 사용하여 모양을 표현하는 과정
> • **크로마키** : 두 가지의 다른 화면을 합성하기 위한 그래픽스 기술

53 사용자 인터페이스(UI)를 디자인할 때 일반적으로 고려해야 할 사항에 대한 설명으로 틀린 것은?

① 사용 편리성 : 정보접근이 용이하고 기억하기 쉬워야 한다.
② 심미적 구성 : 시각적인 커뮤니케이션을 통해 사용자의 정보흡수와 작업수행을 도와야 한다.
③ 개인성 : 사용자의 경험이나 개인 선호도, 능력의 차이를 두고 개인의 특성에 맞도록 한다.
④ 일관성 : 전체 구조 및 그래픽적 요소를 일관성 있게 디자인해야 한다.

> 사용자 인터페이스는 사용자가 얼마나 컴퓨터에 쉽게 접근할 수 있는지를 연구하여 인간의 편리에 맞도록 개발하는 것으로 개인의 선호도보다 다양한 사용자를 고려하여 디자인해야 함

54 넓은 의미로 인쇄술을 의미하며, 인쇄를 전제로 한 문자 표현이나 작품을 지칭하는 말로 주어진 면적 안에서 시각화할 수 있는 정보량을 명료도, 가독성 정도를 고려하여 결정하면서 동시에 그 서체의 아름다움이나 내용 표현의 적절성, 표현성 등을 갖추어야 하는 것을 뜻하는 용어는?

① Typography
② Font
③ Typestyle
④ Typeface

> 타이포그래피는 활판 인쇄술을 포함한 문자와 활자를 활용하는 디자인 분야로 글자의 의미 전달만을 목적으로 하지 않고 서체를 활용하고 새롭게 구성해 작품을 디자인

55 벡터(Vector) 방식의 이미지를 비트맵(Bitmap) 방식의 이미지로 변환시키는 것을 나타내는 용어는?

① Vectorizing
② Rasterizing
③ Anti-Aliasing
④ Synchronizing

> 래스터라이징은 벡터 방식의 이미지를 비트맵 방식의 이미지로 전환하는 작업이며 포토샵과 일러스트레이터를 함께 사용할 때 자주 사용하게 되는 기능
>
> **오답 피하기**
> • **벡터라이징** : 비트맵 방식의 이미지를 벡터 방식으로 전환하는 작업
> • **안티-앨리어싱** : 비트맵 이미지에서 층계 현상을 최소화하기 위해 가장자리 픽셀과 바탕 픽셀 사이의 색상 변이가 매끄럽게 이루어지도록 함

56 플래시(Flash)를 이용한 웹 그래픽 저작의 특징으로 틀린 것은?

① 애니메이션의 처음과 끝을 제작하면 중간단계를 자동으로 생성할 수 있다.
② 사용자의 동작에 반응하는 효과를 낼 수 있다.
③ 애니메이션과 사운드가 통합된 결과물을 얻을 수 있다.
④ 실사와 같은 애니메이션을 제작하기에 가장 적합하다.

> 플래시는 애니메이션을 구현하는 최적의 도구지만 완벽히 실사와 똑같은 애니메이션을 얻을 수 있는 것은 아님

57 다음이 설명하고 있는 것은?

> • 페이퍼 애니메이션이 배경 이미지를 활용하지 못한다는 단점을 보완하기 위해 1914년 "얼 허드"에 의해 고안된 애니메이션
> • 원화에서 동화와 배경을 분리하고, 투명한 셀룰로이드 판에서 동화만 묘사하는 기법

① 셀 애니메이션
② 스크래치 애니메이션
③ 컷 아웃 애니메이션
④ 클레이 애니메이션

> 셀 애니메이션은 투명 필름 위에 수작업으로 캐릭터를 채색한 후 배경 위에 놓고 촬영 및 편집을 함

58 다음 설명에 해당되는 리샘플링 알고리즘은?

> • 새로 생성해야 할 픽셀의 색채 값을 추출하기 위해 방사형의 주변으로부터 픽셀들의 평균적인 색채 값을 찾는 것이다.
> • 사진처럼 복잡한 음영과 색의 변화가 심한 이미지에 적합하다.
> • 가장 사실적인 세부 묘사를 얻을 수 있다.

① Bicubic
② Bilinear
③ Resolution
④ Nearest Neighbor

> Bicubic은 이미지 처리는 느리지만 가장 좋은 상태로 산출되도록 함
>
> **오답 피하기**
> • Bilinear : 종횡 픽셀들의 칼라 정보를 검사하여 픽셀들을 더함
> • Nearest Neighbor : 이웃된 픽셀들의 칼라 정보만을 점검

59 CRT에서 초 당 이미지가 재생되는 횟수를 무엇이라 하는가?

① 지속률
② 스캔율
③ 감화율
④ 재생률

> CRT(Cathode Ray Tube)는 진공관의 일종으로, 입력한 전기신호를 제어하여 빛의 모형으로 출력하는 장치. 컴퓨터에 접속하여 숫자, 문자, 특수키, 화상 등을 음극선(CRT) 위에 고속으로 표시. 보통 LCD 이전의 모니터 브라운관을 말함

60 컴퓨터 그래픽스(Computer Graphic) 발달 과정 중 제5세대의 설명으로 옳은 것은?

① 약 18000개의 진공관으로 이루어진 컴퓨터인 에니악(ENIAC)이 개발되었다.
② 컴퓨터를 통해 영상, 음성, 매체 등의 정보를 컴퓨터 기술인 멀티미디어(Multimedia)가 발전하였다.
③ 프랙탈 기법으로 간단한 형태에서 복잡한 형태로 표현이 가능하여 자연경관이나 혹성 표면을 실제와 같이 표현할 수 있게 되었다.
④ 국제 컴퓨터 그래픽 협회인 SIGRAPH가 결성되어 매년마다 컴퓨터 그래픽 애니메이션의 작품을 발표하였다.

> 컴퓨터 그래픽스 제5세대에는 인공지능 기술과 3D 그래픽스의 발전, 뉴미디어 발전 시기, 멀티미디어와 인터넷이 대중화되었음
>
> **오답 피하기**
> • 1세대 : 에니악(ENIAC) 발명
> • 2세대 : 컴퓨터 그래픽스 기반 구축
> • 3세대 : 논리회로소자가 집적회로(IC)로 대체된 시기. 컴퓨터의 성능과 기술혁신이 빠르게 진행, 프랙탈 발표
> • 4세대 : 개인용 컴퓨터 사용화. 컴퓨터 그래픽스 전성기

과목 01 **디자인 일반**

01 빛의 스펙트럼에서 인간의 눈에 색상 기호로 인지되는 파장의 범위는?

① 180nm~780nm
② 180nm~1080nm
③ 380nm~780nm
④ 380nm~1080nm

02 다음 중 빛의 혼합에 대한 결과로 맞는 것은?

① Green + Cyan = Black
② Green + Blue = Magenta
③ Red + Green = Yellow
④ Red + Blue = Cyan

03 회색 바탕 위의 흰색보다 검정 바탕 위의 흰색이 더 밝게 보이는 대비 효과를 무엇이라고 하는가?

① 색상대비
② 명도대비
③ 보색대비
④ 한난대비

04 그레이 스케일(Gray Scale)이란?

① 색상환에서 서로 마주보는 색을 혼합하는 것이다.
② 흰색, 회색, 검은색을 말한다.
③ 명도의 기준 척도로 검은색과 흰색 사이의 단계를 나누어 놓은 것이다.
④ 색의 순환성에 따라 원형으로 배열한 것이다.

05 색의 활용 효과에 대한 설명으로 틀린 것은?

① 밝은 바탕에 어두운 색 글자보다 어두운 바탕에 밝은 색 글자가 더 굵고 커 보인다.
② 같은 크기의 노란색 공과 파란색 공을 비교하면 노란색 공이 더 가볍게 느껴진다.
③ 천장을 좀 더 높게 보이게 하려면 벽면과 동일계열의 고명도 색을 천장에 칠한다.
④ 상의를 하의보다 더 어두운 색상으로 하면 키가 더 커 보인다.

06 다음 (   ) 안에 들어갈 알맞은 용어는?

> 자연적 또는 인공적 모양 중에서 (A)은/는 외관으로 나타나는 윤곽을 나타내지만, (B)은/는 좀 더 넓은 의미의 일반적인 (A)와/과 모양을 나타내며, 눈으로 파악한 대상물의 기본적 특성을 제시한다.

① A : 점, B : 형
② A : 선, B : 형태
③ A : 형, B : 면
④ A : 형, B : 형태

07 디자인 원리 중 율동(Rhythm)의 요소와 거리가 먼 것은?

① 대비
② 점증
③ 반복
④ 변칙

08 저드(D.Judd)의 색채 조화의 원리에 해당하지 않는 것은?

① 질서의 원리
② 유사의 원리
③ 친근감의 원리
④ 연속성의 원리

09 색의 혼합에서 TV의 컬러 이미지는 어떤 방식으로 표현되는가?

① 회전혼합
② 병치가산혼합
③ 중간혼합
④ 감산병치혼합

10 율동(Rhythm)의 요소로 볼 수 없는 것은?

① 점증   ② 반복
③ 변칙   ④ 대칭

11 착시현상 중 주위 도형의 조건에 따라 특정한 도형의 크기나 면적이 더욱 커 보이거나 작아 보이는 현상은?

① 길이의 착시
② 크기의 착시
③ 방향의 착시
④ 양면시의 입체

12 형태의 분류 중 이념적 형태에 대한 설명으로 옳은 것은?

① 자연 형태, 인위적 형태로 분류할 수 있다.
② 눈으로 볼 수 있고 손으로 만질 수 있는 모든 형태를 말한다.
③ 점, 선, 면의 이동 형태에 따라 입체를 형성하기 때문에 추상적 형태라고 한다.
④ 현실적으로 존재하는 형태를 말한다.

13 먼셀 표색계의 채도에 대한 설명으로 가장 옳은 것은?

① 채도는 색의 밝고 어두운 정도를 말하며 검정을 0으로 하고 흰색으로 10으로 한다.
② 여러 유채색을 정원 모양으로 배열하여 표현한 것을 채도라 한다.
③ 채도는 1에서 14 단계로 표기하며 채도가 높을수록 선명하다.
④ 5R 4/12에서 5는 채도를 의미한다.

14 다음이 설명하고 있는 디자인 원리는?

> • 부분과 부분 또는 부분과 전체 사이에 안정된 관련성을 주면서도 공감을 일으켜 성립되는 디자인 원리이다.
> • 유사(Similarity)와 대비(Contrast)가 있다.

① 균형
② 리듬
③ 변화
④ 조화

15 디자인 조건 중 최소의 재료에 의해 최대의 효과를 얻고자 하는 인간의 활동과 가장 밀접한 관계가 있는 것은?

① 심미성
② 질서성
③ 경제성
④ 독창성

16 디자인의 궁극적 목적과 가장 관계가 깊은 것은?

① 심미성을 갖춘 수공예품의 제작
② 인간의 행복을 위한 환경의 개선 및 창조
③ 기능과 미의 조화를 갖춘 주문 생산품의 제작
④ 개개인의 취향을 고려한 기능적인 제품의 생산

17 색채 조화를 위한 배색 시 고려해야 할 사항으로 거리가 먼 것은?

① 배색할 때 전체 색조를 생각한 후, 색상 수를 될 수 있는 대로 많이 한다.
② 색의 전체적 인상을 통일하기 위해 색상, 명도, 채도 중 한 가지 공통된 부분을 만들어 준다.
③ 비슷한 색상들로 이루어진 조화는 명도나 채도에 차이를 두어 대비 효과를 구성한다.
④ 일반적으로 가벼운 색은 위쪽으로 하고, 무거운 색은 아래쪽으로 한다.

18 그래픽의 표현 요소 중 회화나 사진을 비롯하여 도형, 도표 등 문자 이외의 시각화된 것을 의미하는 것은?

① 일러스트레이션　　② 포스터
③ 신문광고　　　　　④ 표지

19 제품 디자인(Product Design) 분야로 거리가 먼 것은?

① 영상 디자인
② 완구 디자인
③ 가전 디자인
④ 가구 디자인

20 다음이 설명하고 있는 현상은?

> 책을 열심히 보다가 시선을 돌리면 검정색 활자가 흰색 활자로 나타난다.

① 부의 잔상
② 정의 잔상
③ 동화 현상
④ 매스 효과

21 일반적인 웹 브라우저의 기능으로 틀린 것은?

① 웹 페이지의 저장 및 인쇄
② 최근 방문한 URL의 목록 제공
③ 소스 파일 보기
④ 멀티미디어를 이용한 홈페이지 제작

22 다음 중 HTML에 대한 설명으로 틀린 것은?

① HTML은 대소문자를 구분한다.
② ASCII 문자로 되어 있는 일반 Text 형태이다.
③ HTML로 제작된 페이지는 웹 브라우저에서 해석되어 실행된다.
④ HTML의 문서는 태그(Tag)로 구성되어 있다.

23 지역 간 또는 국가 간과 같이 지리적으로 완전하게 떨어진 곳을 연결하는 망은?

① VAN　　　　② WAN
③ MAN　　　　④ LAN

24 OSI 7 계층 중 프로세스 간의 대화 제어 및 동기점을 이용한 효율적인 데이터 복구를 제공하는 계층은?

① 세션 계층
② 네트워크 계층
③ 물리 계층
④ 전송 계층

25 다음 기능을 수행하는 것은?

> 인터넷 접속을 빨리할 수 있도록 하는 웹 캐시 기능과 특정 응용 프로토콜로는 접속하지 못하도록 하는 패킷 필터링 기능 및 사설 IP 개념을 사용하여 IP 주소 부족 문제를 부분적으로 해결해 줄 수 있는 기능을 제공하는 기능을 제공한다.

① 백신 프로그램
② 웹 서버
③ 프록시 서버
④ LAN 프로토콜 분석기

26 다음 중 LAN의 물리적 통신망 구조가 아닌 것은?

① 성(Star)형　　　　② 버스(Bus)형
③ 십자(Cross)형　　　④ 링(Ring)형

27 인터넷의 시초가 된 네트워크로서, 1969년 미국 국방성에서 군사 목적으로 개발하였던 것은?

① KRNIC　　　　② KREONET
③ InterNIC　　　　④ ARPANET

28 다음 중 컴퓨터 네트워크의 장점에 대한 설명으로 틀린 것은?

① 공유를 통하여 보안성을 높일 수 있다.
② 다른 주변장치를 공유할 수 있다.
③ 공동 작업을 할 수 있다.
④ 하나의 응용프로그램을 여러 사람이 사용할 수 있다.

29 다음 중 URL 형식에서 :// 앞에 오는 것은?

① 프로토콜　　　　② IP 주소
③ 접속 포트번호　　④ 디렉터리명

30 인터넷에서 접속하고자 하는 URL을 정확히 입력하였지만 「페이지를 표시할 수 없다.」는 메시지와 함께 접속이 되지 않았다. 그러나 IP 주소를 입력하면 접속이 되는 경우, 클라이언트 측에서 찾을 수 있는 원인으로 가장 적당한 것은?

① IP 주소를 할당받지 못한 경우
② Proxy 서버를 설정하지 않은 경우
③ FTP 서버를 설정하지 않은 경우
④ DNS 서버를 설정하지 않은 경우

31 자원을 해킹(Hacking)으로부터 보호하기 위한 방법으로 틀린 것은?

① 조직 내부의 네트워크 컴퓨터들은 공용 IP 주소를 사용하고 외부와 연결되는 컴퓨터에만 개인용 IP 주소를 할당한다.
② 조직 내부의 네트워크를 보호하기 위해 방화벽을 설치하여 네트워크 보안을 강화한다.
③ 특정 자원을 사용할 필요가 있는 사용자에게는 필요한 권한만을 할당한다.
④ 보안상 문제가 알려진 서비스나 운영체제의 경우 제조사에서 제공하는 패치프로그램을 수시로 적용한다.

32 자바스크립트에 대한 설명으로 틀린 것은?

① HTML 문서 내에 자바스크립트가 삽입된 형태로 존재한다.
② 자바스크립트 작성 시 변수 타입의 선언 없이 사용 가능하다.
③ 웹 브라우저에 의해 코드 자체가 번역된다.
④ 절차 지향(Procedure-Oriented) 언어이다.

33 일반적으로 웹 서버가 동작하는 과정을 순서대로 옳게 나열한 것은?

① 연결 설정 → 클라이언트가 정보 요청 → 서버의 응답 → 연결 종료
② 연결 설정 → 서버의 응답 → 클라이언트가 정보 요청 → 연결 종료
③ 클라이언트가 정보 요청 → 연결 설정 → 서버의 응답 → 연결 종료
④ 클라이언트가 정보 요청 → 서버의 응답 → 연결 설정 → 연결 종료

34 자바스크립트에서 일정한 시간마다 브라우저 상태를 파악하거나 동작을 수행하는 데 사용되는 함수는?

① window.setInterval( )
② window.setTimer( )
③ window.timer( )
④ window.setTime( )

35 다음 중 교육기관을 의미하는 인터넷 도메인으로 틀린 것은?

① hs
② edu
③ ac
④ or

36 웹 검색엔진의 유형에 해당하지 않는 것은?

① 웹 인덱스 방식
② 파일별 검색 방식
③ 웹 디렉터리 방식
④ 통합형 검색 방식

37 자신이 원하는 정보나 특정한 목적을 이루기 위하여 인터넷을 이용해서 정보를 취득하는 일련의 작업을 의미하는 것은?

① 검색엔진
② 정보 검색
③ 월드 와일드 웹
④ 위즈웍

38 다음 중 HTML 태그에 대한 설명으로 틀린 것은?

① 〈HTML〉 : 도움말의 시작
② 〈TITLE〉 : 문서의 제목 시작
③ 〈BODY〉 : 문서의 본문 시작
④ 〈HEAD〉 : 머리말 시작

39 다음 중 웹 브라우저(Web Browser)에 해당하지 않는 것은?

① 인터넷 익스플로러(Internet Explorer)
② 오페라(Opera)
③ 텔넷(Telnet)
④ 모자이크(Mosaic)

40 웹 페이지 제작 시 사용되는 스타일시트(CSS)에 대한 설명으로 틀린 것은?

① 내부 스타일시트 적용 시 〈HTML〉와 〈/HTML〉 내에서 자유롭게 정의할 수 있다.
② Inline CS와 Internal CS가 부분적으로 충돌할 경우, 충돌하지 않는 Internal CS는 그대로 상속 적용된다.
③ 외부 스타일시트의 파일 타입(확장자)은 .CSS이다.
④ 웹 문서 내에 특정 영역에만 영향을 주기 위해 〈SPAN〉, 〈DIV〉 태그를 사용한다.

41 저해상도 비트맵 이미지에서 곡선이나 사선 드로잉 결과는 계단 모양이나 지그재그 모양을 나타낸다. 이와 같은 계단 현상을 부드럽게 처리하기 위해 사용되는 방식은?

① 레이트레이싱(Ray Tracing)
② 레이캐스팅(Ray Casting)
③ 앨리어스(Alias)
④ 안티앨리어스(Anti-Alias)

42 웹 페이지의 레이아웃을 디자인할 때 주의사항으로 적합하지 않은 것은?

① 모든 콘텐츠를 메인 페이지에 배치하여 최대한 단순하고 간결하게 한다.
② 콘텐츠의 연결이 일관성 있고 논리적이어야 한다.
③ 중요한 콘텐츠부터 배치한 후 세부 콘텐츠를 배치한다.
④ 텍스트와 그래픽 요소를 적절히 조화시킨다.

43 컴퓨터 그래픽스 역사 중 다음 설명에 해당하는 시대는?

> • 마이크로소프트 사 윈도즈3.0(Windows 3.0)을 발표하였다.
> • AutoDesk 사는 3D 컴퓨터 애니메이션 제작 프로그램 3D Studio를 발표하였다.
> • 3차원 가상현실 기술 언어인 VRML(Virtual Reality Modeling Language) 1.0을 발표하였다.

① 1960년대
② 1970년대
③ 1980년대
④ 1990년대

44 웹 사이트에 등재할 이미지의 크기가 클 경우 크기를 조정하기 위한 가장 올바른 방법은?

① 웹에서 소스 수정으로 사이즈를 조정한다.
② 드림위버에서 이미지 크기를 줄인다.
③ 포토샵의 이미지 사이즈에서 픽셀 수를 줄인다.
④ 나모 웹 에디터에서 웹용으로 저장할 때 Quality를 낮춘다.

45 콘텐츠를 분류, 분석, 그룹핑 하는 등의 작업이 이뤄지는 정보 체계화(Contents Branch) 과정을 단계별로 가장 적절하게 나열한 것은?

① 콘텐츠 수집 → 콘텐츠 그룹화 → 콘텐츠 구조화 → 계층구조의 설계 → 콘텐츠 구조설계 테스트
② 콘텐츠 수집 → 계층구조의 설계 → 콘텐츠 그룹화 → 콘텐츠 구조화 → 콘텐츠 구조설계 테스트
③ 콘텐츠 수집 → 콘텐츠 그룹화 → 콘텐츠 구조화 → 콘텐츠 구조설계 테스트 → 계층구조의 설계
④ 콘텐츠 수집 → 콘텐트 구조화 → 콘텐츠 구조설계 테스트 → 콘텐츠 그룹화 → 계층구조의 설계

46 다음 중 동영상 관련 파일 포맷으로 올바르지 않은 것은?

① asf
② wmv
③ avi
④ xml

47 다음 중 컴퓨터 그래픽스 시스템의 입력 장치로 틀린 것은?

① 디지타이저(Digitizer)
② 타블릿(Tablet)
③ 스캐너(Scanner)
④ 플로터(Plotter)

48 다음 설명에 해당하는 3차원 모델링 방법은?

> • 선(Line)만으로 입체를 생성한다.
> • 처리속도가 빠르지만 무게감, 부피, 실체감을 느낄 수 없다.

① 와이어 프레임 모델(Wire-frame model)
② 서페이스 모델(Surface model)
③ 솔리드 모델(Solid model)
④ 파라메트릭 모델(Parametric model)

49 웹 사이트 분석 요소로 가장 거리가 먼 것은?

① 사용자의 지적 수준
② 메뉴 구성
③ 디자인 구성
④ 사이트 제작 기술수준

50 다음이 설명하고 있는 것은?

> • 점묘법과 같이 제한된 수의 색상들을 사용하여 다양한 색상을 시각적으로 섞어서 만드는 것이다.
> • 예를 들어 노란색과 빨간색을 섞어서 기술적으로 잘 배치하면 주황색과 같이 보이도록 할 수 있다.

① Halftone   ② Gradation
③ Pixel   ④ Dithering

51 다음 중 벡터 이미지에 대한 설명으로 맞는 것은?

① 픽셀을 이용해 전체 이미지를 구성한다.
② 주로 로고나 심벌과 같이 정료한 작업에 적합하다.
③ 확대를 하면 계단 현상이 발생한다.
④ 벡터 이미지 제작의 대표적인 소프트웨어는 포토샵이다.

52 다음 파일 포맷 중 벡터 그래픽 파일 포맷이 아닌 것은?

① EP
② PCX
③ WMF
④ AI

53 웹 사이트 내에 움직이는 배너광고를 제작하고자 할 때 사용할 프로그램으로 가장 거리가 먼 것은?

① Flash
② Image Ready
③ Director
④ Illustrator

54 맨 앞과 맨 끝 키 프레임에만 변화를 주면 중간 과정의 애니메이션을 만들어 주는 것을 무엇이라고 하는가?

① Motion
② Tweening
③ Transform
④ Guide

55 대상물의 위치 이동으로 움직임을 표현하는 것으로 종이 등에 특정한 형태를 그리고 잘라낸 후 각각의 종이들을 한 장면씩 움직여가며 촬영하는 애니메이션 기법은?

① 컷 아웃 애니메이션
② 셀 애니메이션
③ 투광 애니메이션
④ 스톱모션 애니메이션

56 일반적으로 Photoshop에서 검정색과 흰색의 이미지로 구성되어 선택된 영역이 합성되지 않도록 마스크 역할을 하는 메뉴는?

① 조정 레이어(Adjustment Layer)
② 알파채널(Alpha Channel)
③ Z 버퍼(Z-buffer)
④ 히스토리(History)

57 다음 중 웹폰트(MWF)에 대한 설명으로 틀린 것은?

① 웹폰트는 작은 사이즈의 글자를 사용한 경우에는 깨끗하게 보여 가독성이 높다.
② 웹폰트를 사용해서 사이트를 만든 경우 해당 폰트가 컴퓨터에 설치되어 있지 않으면 굴림체로 대체되어 보인다.
③ 문법에 맞지 않는 한글이나 한자의 경우에는 표현이 불가능한 경우도 있다.
④ 방문자의 컴퓨터에 해당 폰트가 설치되어 있지 않아도 작업된 웹폰트를 볼 수 있다.

58 웹 페이지 저작 도구에 대한 설명으로 가장 적절한 것은?

① 웹 페이지에서 사운드 및 음악 CD 개발을 위하여 주로 쓰이는 것을 말한다.
② 웹 페이지에서 비디오 캡처와 동영상 편집을 위한 것을 말한다.
③ 웹 페이지에서 고급 예술적 효과로 영상을 디자인하는 것을 말한다.
④ 웹 페이지에서 사운드, 애니메이션, 이미지, 텍스트 등을 통하여 질서 있게 각 요소들을 편집하는 것을 말한다.

59 다음이 설명하고 있는 것은?

- 웹 사이트의 정보를 한 눈에 검색하기 위한 시각적인 콘텐츠 모형을 말한다.
- 일반적으로 테이블 형태로 되어 있으며, 계층형을 가지고 있는 것이 보통이다.
- 그 종류에는 조직표 모형, 입체 모형 등이 있다.

① 스토리보드(Story Board)
② 사이트 맵(Site Map)
③ 레이아웃(Layout)
④ 내비게이션(Navigation)

60 일반적으로 인쇄를 목적으로 이미지를 만들 경우에 사용되는 색상 모드는?

① CMYK 모드
② HSB 모드
③ RGB 모드
④ LAB 모드

과목 01 디자인 일반

01 웹 디자인에 대한 설명으로 거리가 먼 것은?

① 웹 페이지를 디자인하고 제작하는 것을 의미한다.
② 웹 디자인은 개인용 홈페이지 이외에 기업용 등 다양하다.
③ 웹 디자인은 Web과 Design이라는 두 가지 개념이 결합된 것이다.
④ 기업, 단체, 행사의 특징과 성격에 맞는 시각적 상징물을 말한다.

02 디자인의 심미성에 대한 설명으로 맞는 것은?

① 아름다움을 느끼는 미적 의식이며 주관적일 수 있다.
② 감성적인 부분으로 모든 사람에게 동일하게 나타난다.
③ 합리적이며 객관적인 미적 활동이다.
④ 국가, 민족, 관습, 시대와 관계없이 동일하게 나타난다.

03 동시 대비에 해당하지 않는 것은?

① 색상 대비
② 명도 대비
③ 보색 대비
④ 한란 대비

04 자극이 생긴 후 이제까지 보고 있던 상을 계속해서 볼 수 있는 현상은?

① 조화
② 연상
③ 명시성
④ 잔상

05 다음 내용이 설명하는 것은?

- 프랑스어로 Frotter에서 유래된 용어이다.
- 나뭇잎이나 헝겊 등의 위에 종이를 대고 연필이나 크레용 등으로 문질러 나타내는 방법이다.
- 막스 에른스트(Max Ernst) 같은 초현실주의 화가들이 자주 사용하였다.

① 포토몽타주
② 뜨롬쁘 레이유
③ 프로타주
④ 콜라주

06 색채조화의 공통원리에 대한 설명으로 틀린 것은?

① 질서의 원리는 효과적인 반응을 일으키는 질서 있는 계획에 따라 선택된 색채들에서 생긴다.
② 비모호성의 원리는 두 색 이상의 배색에 있어서 모호함이 없는 명료한 배색에서만 얻어진다.
③ 동류의 원리는 가장 가까운 색채끼리의 배색은 보는 사람에게 친근감을 주며 조화를 느끼게 한다.
④ 유사의 원리는 색의 3속성의 차이가 큰 색상의 배색이 더욱 조화롭게 나타난다.

07 계통 색명이라고도 하며 색상, 명도, 채도를 표시하는 색명은?

① 특정색명
② 관용색명
③ 일반색명
④ 근대색명

08 어두운 곳에 들어갔을 때 물체의 상이 흐리게 나타나는 현상과 가장 관계가 깊은 것은?

① 색순응
② 푸르킨예 현상
③ 박명시
④ 조건등색

09 유사, 대비, 균일, 강약 등의 디자인 요소가 포함되어 있는 디자인 원리는?

① 균형   ② 리듬
③ 조화   ④ 통일

10 디자인 형태의 분류 중 이념적 형태에 속하는 것은?

① 인위 형태
② 추상 형태
③ 자연 형태
④ 실제 형태

11 두 개 이상의 요소 사이에서 부분과 부분 또는 전체 사이에 시각상 힘의 안정을 주면 안정감과 명쾌한 감정을 느끼게 하는 디자인 원리는?

① 균형
② 조화
③ 비례
④ 율동

12 연속적인 패턴에서 볼 수 있는 디자인 원리는?

① 동세
② 균형
③ 반복
④ 변화

13 POP(Point of Purchase) 광고의 특징으로 바르지 않은 것은?

① 충동구매를 유도한다.
② 상품이 있는 장소에서 설득력이 없다.
③ 소매점의 장식 효과를 갖는다.
④ 구매를 촉진, 결단하게 하는 설득력을 갖는다.

14 다음 중 수평선에 대한 설명으로 맞는 것은?

① 평화와 정지를 나타내고 안정감을 준다.
② 동적이고 불안정한 느낌을 준다.
③ 이지적 상징을 준다.
④ 고결, 희망을 나타내고 상승감, 긴장감을 준다.

15 다음 중 4차원 디자인이 아닌 것은?

① TV 디자인   ② POP Art
③ 애니메이션   ④ 무대 디자인

16 다음 중 기계적 질감에 해당하지 않는 것은?

① 사진의 망점
② 인쇄상의 스크린 톤
③ 텔레비전 주사선
④ 나뭇결 무늬

17 제과점 홈페이지를 제작할 때 식욕을 돋게 하는 색채로 가장 거리가 먼 것은?

① 녹색   ② 주황
③ 노랑   ④ 빨강

18 그림과 같이 도형의 한쪽이 튀어나와 보여서 입체로 지각되는 착시 현상은?

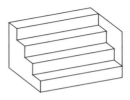

① 방향의 착시   ② 착시의 분할
③ 대비의 착시   ④ 반전 실체의 착시

19 색광에서 Red, Green, Blue가 혼합될 때 그 결과 색은?

① Cyan
② Yellow
③ Magenta
④ White

20 다양한 구성 요소끼리 하나의 규칙으로 단일화시키는 원리는?

① 주조　　　　　　② 연속
③ 통일　　　　　　④ 반복

과목 02 인터넷 일반

21 다음은 어떤 검색엔진의 사용에 대한 설명인가?

> 특정한 분야별로 어떤 정보들이 존재하는지 알고 싶을 때 유용하며, 찾고자 하는 것에 대하여 특정한 주제어, 키워드 등을 알기 힘들어도 대분류를 통해 점차 범위를 좁혀가면서 정보를 찾을 수 있다. 하지만 원하는 정보를 얻기까지 대분류 → 중분류 → 소분류와 같이 여러 단계를 거쳐야 하고 길을 잘못 들면 시간만 낭비할 수 있다.

① 키워드 검색엔진
② 주제별 검색엔진
③ 혼합 검색엔진
④ 메타 검색엔진

22 하이퍼텍스트에서 사용되는 〈A〉태그에서 A가 지칭하는 용어는?

① 앤드(And)
② 오토(Auto)
③ 앵커(Anchor)
④ 어너니머스(Anonymous)

23 상호작용을 지원하는 웹페이지 제작을 위한 CGI의 설명으로 틀린 것은?

① 웹브라우저와 웹 서버, 응용 프로그램 간의 일종의 인터페이스이다.
② 방명록이나 카운터, 게시판 등에 사용된다.
③ 웹 서버 프로그램은 CGI 기능을 사용할 수 없다.
④ HTML의 〈FORM〉 태그를 이용하여 CGI 프로그램으로 데이터를 전달한다.

24 HTML 문서의 시작과 끝을 표시하기 위해 사용되는 태그로 옳은 것은?

① 〈T〉〈/T〉　　　② 〈body〉〈/body〉
③ 〈html〉〈/html〉　④ 〈link〉〈/link〉

25 웹 브라우저(Web Browser)가 아닌 것은?

① 아파치　　　　　② 크롬
③ 파이어 폭스　　　④ 오페라

26 다음이 설명하고 있는 통신 프로토콜은?

> 컴퓨터 시스템의 직렬포트를 이용한 인터넷에 연결된 호스트를 통해 컴퓨터에 접속하는 프로토콜

① TCP/IP　　　　　② SLIP/PPP
③ ARP/UDP　　　　④ POP/SMTP

27 인터넷을 이용하여 한 컴퓨터에서 다른 컴퓨터로 파일 전송을 하는 프로토콜은?

① FTP　　　　　　② Usenet
③ Telnet　　　　　④ ICMP

28 HTML 문서에 삽입되는 자바 프로그램으로 대화형 페이지를 만드는 데 효과적으로 사용될 수 있는 것은?

① 컨트롤　　　　　② 컴포넌트
③ 클래스　　　　　④ 애플릿

29 HTML 문서의 작성자, 날짜, 주요 단어 등 웹 브라우저의 내용에는 나타나지 않는 웹 문서의 일반 정보를 나타낼 때 사용하는 태그는?

① 〈title〉　　　　　② 〈meta〉
③ 〈head〉　　　　　④ 〈body〉

30 일반적인 웹 브라우저(Web Browser)의 기능이 아닌 것은?

① 인터넷을 편리하게 사용할 수 있다.
② 원하는 웹사이트에 쉽게 접속할 수 있다.
③ 컴퓨터 바이러스를 치료해 준다.
④ 자주 이용하는 웹사이트의 목록을 관리할 수 있다.

31 HTML의 테이블과 관련이 없는 태그는?

① 〈TR〉　　　　　② 〈TH〉
③ 〈DT〉　　　　　④ 〈CAPTION〉

32 네트워크 구조 중 링(Ring)형의 특징에 대한 설명으로 틀린 것은?

① 노드의 변경 및 추가가 쉽다.
② 2개 이상은 각 노드들이 고리 형태로 연결되어 있다.
③ 전송중인 데이터는 목적 컴퓨터에 도달할 때까지 링을 통해 전달된다.
④ 잡음(Noise)에 강하다.

33 구글(Google) 검색엔진에 대한 설명으로 틀린 것은?

① 로봇(Robot) 프로그램을 이용하는 단어별 다국어 검색 엔진이다.
② 검색 결과와 유사한 문서들을 [비슷한 페이지] 링크로 보여준다.
③ PDF 형태의 정보 검색이 가능하다.
④ 모든 검색어에 대해 기본 값으로 OR 연산을 실행한다.

34 다음이 설명하고 있는 것은?

> • 기존 HTML의 단점을 개선하여 동적인 웹페이지를 만들 수 있도록 하기 위한 기술
> • 문서의 각 요소를 하나의 객체로서 위치와 스타일을 지정할 수 있고, 또한 사용자와의 상호작용을 첨가하거나 움직임이 가능함
> • 자바스크립트를 기반으로 함

① Shell
② Ruby
③ DHTML
④ XML

35 자바스크립트에서 사용되는 연산자가 아닌 것은?

① |, ||　　　　　② &, &&
③ 》, 》》　　　　　④ 《, 《《

36 HTML(Hyper Text Markup Language)의 특징으로 거리가 먼 것은?

① HTML은 Markup 언어이다.
② HTML 문서는 ASCII 코드로 구성된 일반적인 텍스트 파일이다.
③ HTML 문서에는 동영상을 재생할 수 없다.
④ HTML은 컴퓨터 시스템이나 운영체제에 독립적이다.

37 미국의 대학과 연구기관, 일부 민간회사의 컴퓨터 센터를 연결하는 광역 학술 연구망은?

① NSFNET　　　　② ARPANET
③ BITNET　　　　④ CSNET

38 두 개의 컴퓨터 사이에 정보교환을 위해 사용되는 규칙을 의미하는 것은?

① 스트림　　　　② 패킷
③ 프로토콜　　　　④ 인터페이스

39 인터넷상의 서버에 자신의 계정이 있어 서버 접속을 위해 사용자명과 패스워드를 입력하는 행위를 지칭하는 용어는?

① 로그아웃(Logout)　　② 로그인(Login)
③ 링크(Link)　　　　④ 서핑(Surfing)

40 자바스크립트에서 일정 시간마다 지정된 처리를 반복 호출하는 함수는?

① escape( )　　　　② clearTimeout( )
③ setInterval( )　　　④ setTimeout( )

과목 **03**　웹 그래픽 디자인

41 다음 웹디자인 프로세스를 순서대로 바르게 나열한 것은?

㉮ 콘텐츠 준비	㉯ 주제 설정
㉱ 레이아웃 설계	㉲ 페이지 제작
㉳ 서버에 업로드	㉴ 유지보수
㉵ 테스트 및 수정	

① ㉮ → ㉯ → ㉱ → ㉲ → ㉳ → ㉴ → ㉵
② ㉯ → ㉮ → ㉱ → ㉲ → ㉵ → ㉴ → ㉳
③ ㉮ → ㉱ → ㉴ → ㉵ → ㉯ → ㉲ → ㉳
④ ㉯ → ㉮ → ㉱ → ㉲ → ㉴ → ㉵ → ㉳

42 웹사이트 구축 시 고려사항으로 가장 거리가 먼 것은?

① 명확하고 일관된 내비게이션을 유지한다.
② 가급적이면 플러그인이 필요 없는 페이지를 만든다.
③ 메뉴별로 사용한 모든 이미지는 유지보수를 위해 같은 폴더에 관리한다.
④ 안정된 기술을 사용한다.

43 웹 문서에 텍스트나 이미지 또는 멀티미디어 요소를 클릭하면 외부의 텍스트나 이미지, 기타 다른 멀티미디어 요소로 변경되는 것은?

① 테이블
② 하이퍼링크
③ 프레임
④ 태그

44 컴퓨터 그래픽의 이미지 표현 방식 중 벡터에 대한 설명으로 거리가 먼 것은?

① 이미지가 복잡하지 않은 글자나 로고, 캐릭터 등에 적합하다.
② 이미지를 축소, 확대하여도 이미지 질에 손상이 없다.
③ 도형으로 이루어져서 선과 면이 뭉개지지 않아 깔끔하게 표현된다.
④ 픽셀이 모여서 점과 점 사이를 연결하여 이미지가 구성되는 방식이다.

45 웹상에 사용되는 파일 포맷 중 GIF와 JPG의 장점을 합친 형태로 GIF와는 달리 투명도 자체를 조절할 수 있는 특징을 가진 것은?

① AI
② PDF
③ PNG
④ PSD

46 동영상 파일 포맷으로 틀린 것은?

① *.mp3　　　　② *.asf
③ *.avi　　　　④ *.rm

47 2D 애니메이션의 종류가 아닌 것은?

① 셀 애니메이션
② 모래 애니메이션
③ 페이퍼 애니메이션
④ 클레이 애니메이션

48 3차원 그래픽스에서 렌더링 과정과 거리가 먼 것은?

① 은면 제거　　　　② 그림자 표현
③ 모델링　　　　　④ 텍스처 매핑

49 자바스크립트에 사용되는 연산자의 설명으로 틀린 것은?

① "서로 같지 않다"의 관계연산자는 "!="이다.
② "서로 같다"의 관계연산자는 "="이다.
③ "++"는 증가 연산자이다.
④ "^"는 논리 연산자이다.

50 동적인 타이포그래피를 나타내는 것으로 틀린 것은?

① 키네틱 타이포그래피
② 스테이틱 타이포그래피
③ 무빙 타이포그래피
④ 모션 타이포그래피

51 안티앨리어싱(Anti-aliasing)에 대한 설명으로 맞는 것은?

① 외곽선의 계단현상을 선명하게 한다.
② 외곽선의 계단현상을 부드럽게 한다.
③ 외곽선의 계단현상을 만든다.
④ 외곽선의 계단현상을 사각 형태로 만든다.

52 인터넷에서 사용 가능한 사운드 파일 포맷이 아닌 것은?

① pdf　　　　② aiff
③ wav　　　　④ au

53 애니메이션 제작과정 중 최초 단계로 중요 장면들을 열거해 놓은 그림을 무엇이라 하는가?

① Recoding
② Planning
③ Story Board
④ Effect Sound

54 사용할 수 있는 색상의 수가 제한될 경우에 주로 활용하며, 적은 수의 색상으로 눈의 착시현상을 이용하여 여러 색을 사용한 효과를 얻을 수 있는 방법은?

① Modeling
② Rotating
③ Dithering
④ Resolution

55 캠코더에서 얻은 동영상클립을 편집하여 결과물을 얻기에 적합한 소프트웨어가 아닌 것은?

① Premiere
② Movie Maker
③ Vegas
④ Media Player

56 컴퓨터 그래픽스(Computer Graphics)에 대한 정의로 틀린 것은?

① 컴퓨터의 하드웨어와 소프트웨어를 이용하여 도형, 그림, 사진 이미지 등의 시각적 이미지를 만들어내고 디지털화(Digitalize) 시키는 것이다.
② 컴퓨터 그래픽스는 크게 2D 그래픽스와 3D 그래픽스로 나눌 수 있다.
③ 활용 범위가 매우 넓으며, 특히 영화나 영상물 등의 멀티미디어 분야에서 가장 효과적으로 활용되고 있다.
④ 전통적인 회화 방식을 응용하여 결과물을 디지털화 시킨 것은 제외한다.

57 다음이 설명하고 있는 웹 그래픽 제작 소프트웨어의 기능으로 옳은 것은?

> 여러 층으로 나누어진 이미지를 겹쳐 새로운 이미지를 만드는 방법이며 단계별로 별도의 작업이 가능해지므로 효율적인 작업수행을 할 수 있다.

① 레이어
② 레벨
③ 오브젝트
④ 심볼

58 컴퓨터 그래픽스 활용 분야로 가장 거리가 먼 것은?

① VR(Virtual Reality)
② Animation
③ CAM
④ Simulation

59 1946년 미국의 "에커드"와 "모클리"에 의해 개발된 세계 최초의 컴퓨터는?

① 애플
② 맥킨토시
③ 에니악
④ IBM

60 웹 사이트 기획 시 좋은 정보구조 설계를 위해 고려해야 할 사항으로 틀린 것은?

① 정보의 양
② 정보의 상하관계
③ 정보의 일관성
④ 정보의 모호성

---

01 일반적으로 환경 디자인의 종류에 해당하는 것은?

① 가전제품 디자인
② 스트리트 퍼니처 디자인
③ 기업이미지 디자인
④ 캘린더 디자인

02 디자인의 원리에서 율동에 해당되는 것은?

① 유사, 대비
② 대칭, 비례
③ 통일, 변화
④ 점이, 반복

03 다음 중 사회 변화에 따른 디자인의 변화에 대한 설명으로 맞는 것은?

① 농경 사회 : 의식주, 생존개념, 생활 수공예
② 정보화 사회 : 공업의 발달 및 빛의 개념, 디자인 성장
③ 산업 사회 : 기술의 첨단화, 즐기는 개념, 디자인 성숙
④ 후기 산업사회 : 대량생산, 성장개념, 디자인 태동

04 부분과 부분 또는 부분과 전체 사이에 안정된 관련성을 지니며 서로 함께 속해 있는 것처럼 보이는 디자인 원리는?

① 비례　　　　② 조화
③ 균형　　　　④ 강조

05 다음과 같은 형상이 나타내는 디자인 원리는?

① 조화
② 강조
③ 율동
④ 비대칭

06 다음 설명에 해당하는 용어로 가장 적당한 것은?

> 기업의 새로운 이념 구축에 필요한 이미지와 커뮤니케이션 시스템을 의도적, 계획적으로 만들어 내는 기업 이미지 통합 전략을 의미

① CIP
② POP
③ Logo
④ Symbol

07 지루함을 잊게 해줄 수 있는 대기실이나 병원 실내의 벽에 대한 배색 계통으로 가장 적당한 것은?

① 난색　　　　② 한색
③ 중성색　　　④ 무채색

08 불투명한 물체가 빛을 반사시킴으로써 나타나는 물체의 색을 의미하는 것은?

① 광원색　　　② 조명색
③ 경영색　　　④ 표면색

09 '빨강 기미의 노랑'과 같이 기본 색명에다 색상, 명도, 채도를 나타내는 수식어를 붙인 색명은?

① 관용색명　　　　② 고유색명
③ 일반색명　　　　④ 기본색명

10 균형의 가장 정형적인 구성 형식이며, 균형이 잘 잡힌 상태로 통일감을 얻기 쉬우나 딱딱한 느낌을 주는 원리는?

① 대칭　　　　② 리듬
③ 비례　　　　④ 조화

11 다음과 같이 선명한 빨강 바탕에 주황색을 놓았을 때와 회색 바탕에 주황색을 놓았을 때의 설명으로 옳은 것은?

① 빨강 바탕의 주황색이 채도가 높아 보인다.
② 회색 바탕의 주황색이 채도가 높아 보인다.
③ 두 경우 모두 채도의 변화가 없다.
④ 두 경우 모두 채도가 높아진다.

12 조형 디자인에서 점, 선, 면 등이 연장, 발전되고 밀접한 관계로 변화되는 조형디자인 요소는?

① 형태　　　　② 색채
③ 빛　　　　④ 질감

13 색채조화에서 하나의 색상을 여러 단계의 명도로 배색할 때 나타나는 단계의 조화는?

① 색상 대비에 따른 조화
② 보색 대비에 따른 조화
③ 명도에 따른 조화
④ 주조색에 따른 조화

14 다음 중 디자인 시각요소에 대한 분류로 틀린 것은?

① 질감(Texture)
② 색(Color)
③ 형(Shape)
④ 기술(Technology)

15 인간이 볼 수 있는 가시광선의 파장 범위는?

① 380nm ~ 780nm
② 850nm ~ 1100nm
③ 1150nm ~ 1400nm
④ 1450nm ~ 1650nm

16 명도가 낮아 움츠린 느낌을 주는 색을 무엇이라 하는가?

① 진출색　　　　② 후퇴색
③ 수축색　　　　④ 팽창색

17 선(Line)에 대한 설명으로 맞는 것은?

① 하나의 점이 이동한 자취이다.
② 위치만 있고 크기가 없다.
③ 면이 이동한 것이다.
④ 입체의 한계 또는 교차에 의해 생긴다.

18 다음 설명에 해당하는 디자인의 조건은?

> 건축은 인간이 살기 위해, 포스터는 커뮤니케이션을 위해, 의자는 앉기 위해, 커피 잔은 커피를 마시기 위하여 사용되는 것이다.

① 심미성
② 합목적성
③ 독창성
④ 경제성

19 해질 무렵 정원을 바라보면 어두워짐에 따라 꽃의 빨간색은 거무스레해지고, 그것에 비해 나뭇잎의 녹색은 점차 뚜렷해짐을 볼 수 있다. 이것과 관련된 현상을 무엇이라고 하는가?

① 지각 향상성
② 푸르킨에 현상
③ 착시 현상
④ 게슈탈트의 지각 원리

20 다음 그림과 관계있는 디자인의 원리는?

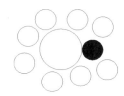

① 조화
② 통일
③ 율동
④ 강조

과목 02 인터넷 일반

21 인터넷에서 정보를 수집할 때 사용되는 검색엔진의 설명으로 틀린 것은?

① 검색엔진 자체에 등록된 사이트만을 대상으로 정보를 검색한다.
② 검색엔진 종류에는 주제별 검색엔진, 일반 키워드형 검색엔진 및 하이브리드형 검색엔진 등이 있다.
③ 일반 키워드형 검색엔진은 주제어 또는 검색어를 입력하여 원하는 정보를 찾는다.
④ 주제별 검색엔진은 계층적인 메뉴를 따라가며 검색할 수 있다.

22 스타일시트의 적용 시 우선순위가 높은 것부터 낮은 순서로 차례로 나열한 것은?

① Inline, Class 선택자, Id 선택자, 태그 선택자
② Inline, Id 선택자, Class 선택자, 태그 선택자
③ Inline, 태그 선택자, Id 선택자, Class 선택자
④ Inline, 태그 선택자, Class 선택자, Id 선택자

23 검색방식에서 두 개 이상의 키워드 간의 관계를 설정하는 것은?

① 데이터베이스
② 연산자
③ 와일드카드
④ 디렉터리

24 HTML 4.0 이전의 웹 표준 언어에서는 제공하지 못하였지만, HTML 4.0부터 새롭게 제공하는 기능은?

① 이미지 삽입 지원
② CSS를 이용한 레이아웃 조절
③ 애플릿 사용 지원
④ 첨자 표현 지원

25 CGI에 대한 설명으로 틀린 것은?

① 사용자의 프로그램 수행요구에 대한 표준 인터페이스이다.
② Computer Graphic Interface의 약자이다.
③ CGI 프로그래밍 언어로 PHP, Java, ASP 등이 있다.
④ 클라이언트와 서버 중간에서 정보 전달을 한다.

26 자바스크립트의 특징으로 틀린 것은?

① 변수 타입 선언 없이 사용 가능하다.
② 객체 지향적 스크립트 언어
③ 정적 바인딩이다.
④ HTML 문서 내에 기술한다.

27 HTML 문서에서 〈FONT〉 태그에서 사용할 수 있는 속성이 아닌 것은?

① size
② color
③ input
④ face

28 인터넷상의 보안 문제로 특정 네트워크를 격리시키는 데 사용되는 시스템으로서 네트워크의 출입 경로를 단절시켜 보안 관리 범위를 좁히고 제어를 효과적으로 할 수 있는 시스템은?

① POP server
② TCP
③ Firewall
④ IP

29 인터넷을 통해 주고 받는 내용을 캐시에 저장해 놓았다가 동일한 자료의 송수신이 발생할 경우 이를 되풀이 하지 않게 함으로써 속도를 향상시킬 수 있는 서버는?

① DNS 서버
② Proxy 서버
③ HTTP 서버
④ Gateway 서버

30 다음이 설명하고 있는 인터넷 서비스는?

> 1988년 핀란드의 Jarkko Oikarinen이라는 학생에 의해 개발된 대화방(채널, channel) 서비스이다.

① Telnet
② FTP
③ Usenet
④ IRC

31 자바스크립트의 Window 객체 중 일반적으로 다음 그림과 같이 다이얼로그 박스를 나타내는 메소드는?

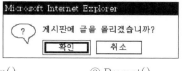

① Open( )
② Prompt( )
③ Alert( )
④ Confirm( )

32 웹브라우저의 기능으로 틀린 것은?

① 웹페이지 저장 및 인쇄
② 전자우편 및 뉴스그룹 이용
③ 텍스트, 이미지 및 멀티미디어 지원 기능
④ 인터넷 응용프로그램 제작 기능

33 음성, 데이터, 영상 신호 등을 하나의 통신망으로 전달할 수 있도록 설계된 종합정보통신망은?

① HDTV
② Videotex
③ MIS
④ ISDN

34 자바스크립트 브라우저 내장 객체가 아닌 것은?

① Location 객체
② Image 객체
③ History 객체
④ Vision 객체

35 OSI 7계층 중 종단 간 오류 제어와 흐름 제어를 하는 것은?

① 응용 계층
② 물리 계층
③ 표현 계층
④ 전송 계층

36 하이퍼링크를 클릭하였을 때 나타나는 문서의 위치를 지정할 수 있는 TARGET 속성의 설명으로 틀린 것은?

① TARGET="_blank" : 새로운 창에 링크된 문서가 나타난다.
② TARGET="_self" : 현재 창에 링크된 문서가 나타난다.
③ TARGET="_parent" : 현재 창의 부모 프레임(현재의 프레임 구조로 들어오기 이전의 한 단계 상위 페이지)에 링크된 문서가 나타난다.
④ TARGET="_top" : 현재 여러 프레임 가운데 가장 위의 프레임에 링크된 문서가 나타난다.

37 웹문서 작성을 위한 국제표준언어가 아닌 것은?

① MS-WORD ② SGML
③ HTML ④ XML

38 IPv4에서 멀티캐스트를 위해 예약되어 있는 클래스는?

① 클래스 A ② 클래스 B
③ 클래스 C ④ 클래스 D

39 웹브라우저의 종류에 해당하지 않는 것은?

① Chrome ② Opera
③ Safari ④ Lingo

40 웹 페이지를 제작하는 저작용 프로그램으로 가장 거리가 먼 것은?

① Dream weaver
② Flash
③ Namo
④ Window Media Player

과목 03 웹 그래픽 디자인

41 다음 중 웹 디자인 과정에서 가장 먼저 해야 되는 것은?

① 웹페이지 홍보
② 개발과정 문서화
③ 프로젝트 기획
④ 마케팅 계획수립

42 컴퓨터 그래픽스에 사용되는 기술들은 계속 개발되고 있다. 3차원 그래픽스 기법에 해당하지 않는 것은?

① 와이어 프레임(Wire Frame)
② 표면(Surface)
③ 고형(Solid)
④ 색상(Coloring)

43 다음이 설명하고 있는 기법으로 옳은 것은?

> • 벽돌이나 자갈처럼 울퉁불퉁한 표현을 할 때 사용
> • 3차원 컴퓨터그래픽스에서 다각형으로 표현된 물체표면에 요철 정보를 첨부하는 기법
> • 흰색 부분은 돌출되어 보이고, 검은색에 가까울수록 들어가 보인다.

① 리플렉션 매핑(Reflection Mapping)
② 이미지 매핑(Image Mapping)
③ 범프 매핑(Bump Mapping)
④ 솔리드 텍스처 매핑(Solid Texture Mapping)

44 다음이 설명하고 있는 것은?

> 물체의 색과 바탕색의 중간 값을 정하여 표시하는 방법이며, 계단 모양의 부자연스러움을 없애는 것

① 패턴(Pattern)
② 안티-앨리어싱(Anti-aliasing)
③ 그라디언트 맵(Gradient Map)
④ 레이어(Layer)

45 웹 페이지 제작 시 고려사항으로 거리가 먼 것은?

① 조직성(Organization)
② 획일성(Uniformity)
③ 결제성(Economy)
④ 일관성(Consistency)

46 웹 페이지에 들어갈 그림, 사진, 글자, 음악 등을 종이 위에 표현하여 줄거리가 전개되듯이 표현하는 기법은?

① 스토리 보드(story board)
② 사이트 맵(site map)
③ 레이아웃(layout)
④ 내비게이션(navigation)

47 픽셀(Pixel)에 대한 설명으로 틀린 것은?

① 더 이상 나눌 수 없는 최소단위이다.
② 1:1 정사각형의 픽셀을 기본으로 한다.
③ 픽셀의 좌표는 X, Y, Z 축의 좌표계이다.
④ 픽셀의 좌표계를 비트맵이라 한다.

48 디자인 구체화 단계에서 구상된 디자인을 구현하기 위해서 사용되는 프로그램과 그 역할이 잘못 설명된 것은?

① 드림위버 : HTML 코딩할 때 사용
② 포토샵 : 이미지의 변형 및 아이콘 제작에 사용
③ 플래시 : 동영상 및 사운드 편집에만 사용
④ 케이크워크 : 사운드 편집 및 변환에 사용

49 웹 디자인 프로세스 도입의 장점이 아닌 것은?

① 인력분배를 효율적으로 해준다.
② 피드백 및 실행착오를 최소화 해준다.
③ 각 팀 간의 의사소통을 원활히 해준다.
④ 전체 디자인 기간이 길어진다.

50 랜덤 스캔 방식의 화면표시 장치의 특징으로 틀린 것은?

① 그래픽스 명령어를 반복 실행하여 화면에 디스플레이 한다.
② 화상을 이루고 있는 선분을 따라 전자빔을 쏘아 그린다.
③ 프레임 버퍼의 크기가 클수록 고화질의 디스플레이가 가능하다.
④ 앨리어싱이 발생하지 않으므로 안티앨리어싱 처리가 불필요하다.

51 다음 중 웹사이트의 정보를 한눈에 검색하기 위한 시각적 콘텐츠 모형으로 웹페이지 전체 자료를 계층형으로 표현한 것은?

① CSS
② Story board
③ Site map
④ HTML5

52 컴퓨터 그래픽스 시스템에서 그래픽 보드의 특성을 결정하는 요소로 옳지 않은 것은?

① 사운드
② 해상도
③ 컬러 수
④ 메모리 용량

53 벡터와 비트맵 방식의 데이터를 동시에 저장할 수 있는 파일 형식으로 틀린 것은?

① PSD
② PDF
③ EPS
④ TIFF

54 다음 중 3차원 입력 장치에 해당하는 것은?

① 그래픽스 태블릿
② 조이스틱
③ 라이트 펜
④ 모션 캡처 장치

55 다음은 제 2세대의 컴퓨터 그래픽에 관한 설명이다. ( ) 안에 공통으로 들어갈 알맞은 용어는?

> 1960년 CRT를 이용한 미국의 보잉 737 제트 여객기 설계로 1965년에 ( ) 소프트웨어 개발이 활성화되었는데, 이것은 오늘날 ( )의 기반을 구축하였다.

① Computer Aided Design
② Computer Graphics
③ Microsoft
④ Macro Media

56 다음 설명과 같은 애니메이션 기법은?

> • 빗방울, 불, 연기, 바람 등 자연현상을 표현하는 기법
> • 입자들의 집합에 대해 그 행동과 특성을 부여하여 컴퓨터로 시뮬레이션하여 제작하는 기법

① 모핑(Morphing)
② 키네틱(Kinetic)
③ 미립자 시스템(Particle system)
④ 스프라이트(Sprite)

57 곡선(곡면)이나 사선(사면)을 표현할 때 바탕과 이미지 사이의 경계를 부드럽게 처리해 주는 것은?

① 매핑
② 앨리어싱
③ 안티앨리어싱
④ 디더링

58 다음의 특성을 가진 파일의 확장자는?

> • 웹에서 스캔 이미지에 비해 파일 용량이 작다.
> • 사용자와 상호작용이 가능하며, 확장성과 호환성이 뛰어나다.
> • 다운로드와 동시에 실시간 플레이가 가능하다.
> • 확대나 축소 시 이미지 손상이 없이 재생 가능하다.

① PNG
② SWF
③ PSD
④ ASP

59 다음 설명에 해당하는 것은?

> • 명도단계를 검은색에서 흰색까지 0에서 255까지 256단계로 구분한 것이다.
> • 이미지의 명도분포를 막대그래프로 표시한 것이다.

① 모델링
② 쉐도우
③ 다이어그램
④ 히스토그램

60 컴퓨터그래픽스 시스템에 사용되는 입력 장치에 해당되지 않는 것은?

① 트랙 볼(Track Ball)
② 터치스크린(Touch Screen)
③ 라이트 펜(Light Pen)
④ 빔 프로젝터(Beam Projector)

과목 01 디자인 일반

01 색의 3속성 중 사람의 눈이 가장 예민하고 강하게 반응하는 대비는?

① 명도대비
② 색상대비
③ 보색대비
④ 채도대비

02 디자인의 조건 중 실용성과 요구되는 기능이 모두 갖추어져 있는지를 의미하는 것은?

① 합목적성
② 독창성
③ 심미성
④ 경제성

03 디자인의 요소에 관한 정의가 틀린 것은?

① 점 – 위치만 있고 크기는 없다.
② 선 – 면의 한계 또는 교차
③ 면 – 선의 이동
④ 입체 – 면의 이동

04 색의 감정에서 저채도의 배색이 주는 느낌은?

① 부드러운 느낌
② 명쾌한 느낌
③ 화려한 느낌
④ 활기찬 느낌

05 색의 주목성에 대한 설명으로 옳지 않은 것은?

① 명시도가 높으면 색의 주목성이 높다.
② 채도 차이가 클수록 주목성이 높다.
③ 빨강은 초록보다 주목성이 높다.
④ 명도와 채도가 낮은 색이 주목성이 높다.

06 디자인의 원리 중 비례에 대한 설명이 잘못된 것은?

① 균형을 가장 많이 고려하여 구성해야 한다.
② 부분과 부분, 부분과 전체에 균형이 잡혀있음을 말한다.
③ 조형을 구성하는 모든 단위의 크기를 결정한다.
④ 객관적 질서와 과학적 근거를 명확하게 드러내는 구성 형식이다.

07 먼셀의 색체계에서 색상의 기본색을 10가지로 나누었을 때 포함되지 않는 색은?

① PR
② P
③ YR
④ GY

08 디자인의 조건 중 의자를 디자인할 경우, 사용자의 신체치수와 생김새, 체중이나 감촉에 대한 재료와 구조의 상태가 적합한지 등을 고려하는 것을 무엇이라 하는가?

① 심미성
② 독창성
③ 합목적성
④ 경제성

09 가시광선에 대한 설명으로 틀린 것은?

① 빛의 파장 중 380mm에서 780mm 사이의 범위로 눈으로 지각되는 영역을 말한다.
② 백색광이 프리즘을 통해 나타나는 색띠를 말한다.
③ 라디오나 텔레비전, 휴대폰의 파장범위를 포함한다.
④ 전자기파 스펙트럼이라고도 한다.

10 1, 2, 4, 8, 16…과 같이 이웃하는 두 항의 비가 일정한 수열은?

① 등차수열　　　　　　② 등비수열
③ 피보나치수열　　　　④ 조화수열

11 자연에서 쉽게 찾을 수 있고, 온화함이 있지만 때로는 단조로움을 주는 디자인 원리는?

① 유사조화　　　　　　② 균일조화
③ 방사조화　　　　　　④ 대비조화

12 다음 중 LCD, LED 조명 등에 활용되는 색의 혼합 방식은 무엇인가?

① 감산혼합　　　　　　② 가산혼합
③ 계시가법혼합　　　　④ 중간혼합

13 무성한 초록 나뭇잎들 사이에 핀 빨간 꽃과 관련 있는 조형의 원리는?

① 비례　　　　　　　　② 율동
③ 점이　　　　　　　　④ 강조

14 서로 다른 부분의 조합에 의해 균형감을 잃지 않은 상태로 대립에 의한 극적효과와 긴장감을 줄 수 있는 디자인 원리는?

① 대비　　　　　　　　② 변칙
③ 통일　　　　　　　　④ 반복

15 다음과 같이 문자를 대신하여 의사소통이 가능한 그림 문자를 뜻하는 용어는?

① 캐릭터　　　　　　　② 픽토그램
③ 로고타입　　　　　　④ 다이어그램

16 도로의 가로등 및 난간, 고층 빌딩의 창문 크기 등을 원근법을 적용하여 표현하고자 할 때, 표현 요소들 사이에 일정한 단계의 변화가 나타나도록 하는 디자인 원리는?

① 점증　　　　　　　　② 조화
③ 대칭　　　　　　　　④ 균형

17 물체의 표면이 가지고 있는 특징의 차이를 시각과 촉각을 통하여 느낄 수 있는 성질을 의미하는 것은?

① 색감　　　　　　　　② 항상성
③ 고유성　　　　　　　④ 재질감

18 2차원적 제품 디자인 분야에 속하지 않는 것은?

① 텍스타일디자인　　　② 편집디자인
③ 벽지디자인　　　　　④ 인테리어 직물디자인

19 디자인 의미에 대한 설명으로 틀린 것은?

① 넓은 의미로 심적 계획이다.
② 좁은 의미로는 보다 사용하기 쉽고 안전하며, 아름답고, 쾌적한 생활환경을 창조하는 조형행위이다.
③ 사전적 의미로 라틴어의 'designare'와 같이 '지시하다, 계획을 세우다, 스케치를 하다' 등의 의미로 사용된다.
④ 도안(圖案) 또는 의장(意匠)을 말하며, 주어진 목적에 관계없이 비실체적인 행위의 총체이다.

20 다음 중 A, B에 순서대로 들어갈 알맞은 용어는?

> 색체계에는 심리적, 물리적인 빛의 혼색 실험 결과에 기초를 두고 표시하는 (A)와 물체의 색을 표시하는 (B)가 있다.

① 심리계, 지각계
② 혼색계, 현색계
③ 현색계, 혼색계
④ 물리계, 지각계

과목 02   인터넷 일반

21 HTML에서 사용되는 글자 모양에 관련된 태그에 관한 설명으로 옳지 않은 것은?

① ⟨B⟩ … ⟨/B⟩ 태그는 강조된 글자 모양으로 표시하기 위한 태그이다.
② ⟨CITE⟩ … ⟨/CITE⟩ 태그는 인용문 글자 모양으로 표시하기 위한 태그이다.
③ ⟨SUB⟩ … ⟨/SUB⟩ 태그는 위 첨자 모양의 글자로 표시할 때 사용하는 태그이다.
④ ⟨CODE⟩ … ⟨/CODE⟩ 태그는 프로그램 코드 글자 모양으로 표시할 때 사용하는 태그이다.

22 다음 중 스타일시트와 ⟨BODY⟩ 태그 속성과의 연결이 틀린 것은?

① A:link{color:#ff0000;} − ⟨body link="#ff0000"⟩
② A:active{color:#ff0000;} − ⟨body alink="#ff0000"⟩
③ A:hover{color:#ff0000;} − ⟨body hink="#ff0000"⟩
④ A:visited{color:#ff0000;} − ⟨body vink="#ff0000"⟩

23 다음 중 자바스크립트의 변수에 대한 설명으로 틀린 것은?

① 데이터의 형을 구분하여 선언하여야 한다.
② 변수명의 첫 문자는 영문자 또는 _로 시작한다.
③ 변수명은 영문자의 대문자와 소문자를 구분한다.
④ 예약어는 변수명으로 사용할 수 없다.

24 다음 중 인터넷 서비스에 해당되지 않는 것은?

① E-mail
② PDA
③ FTP
④ Telnet

25 다음이 설명하고 있는 것은?

> 인터넷의 시조이며, 미 국방성이 군사 목적으로 UCLA, 스탠포드 대학 등이 보유한 컴퓨터를 네트워크로 연결한 것을 말한다.

① USENET
② FTP
③ WAIS
④ ARPANET

26 전자메일 서비스에 연관된 프로토콜(Protocol)이 아닌 것은?

① IMAP
② NNTP
③ POP3
④ SMTP

27 멀티미디어 데이터를 다운로드 없이 실시간으로 재생해 주는 기법은?

① UMS
② Streaming
③ FPLMTS
④ Roaming

28 웹 페이지의 속도 향상을 위한 이미지 관리로 맞는 것은?

① 이미지 크기를 최대화한다.
② 썸네일(Thumbnail)을 활용한다.
③ 캐시 메모리를 이용하지 않는다.
④ 여러 가지의 배경 이미지를 사용한다.

29 수신된 신호를 증폭, 회복시켜 재전송하여 전송거리를 확장하는 네트워크 장비는?

① Bridge
② Router
③ Gateway
④ Repeater

30 범위가 넓지 않은 일정 지역 내에서 다수의 컴퓨터나 OA 기기 등을 속도가 빠른 통신선로로 연결하여 기기 간에 통신이 가능하도록 하는 근거리 통신망을 무엇이라 하는가?

① LAN   ② MAN
③ WAN   ④ VAN

31 여러 개의 검색엔진에서 정보를 찾은 다음, 중복으로 검색된 정보는 하나로 통일하고 자체 순위 결정방식에 의해 가장 관련성이 높은 순으로 출력해 주는 것은?

① 주제별 검색엔진
② 키워드 검색엔진
③ 메타 검색엔진
④ 자연어 검색엔진

32 〈BODY〉 태그에서 사용할 수 있는 속성과 그 의미의 연결이 올바르지 않은 것은?

① BGCOLOR – 배경색을 지정한다.
② BG – 배경으로 사용될 이미지 파일을 지정한다.
③ TEXT – 일반 글자색을 지정한다.
④ LINK – 링크로 설정한 글자색을 지정한다.

33 자바스크립트로 배경색을 파란색으로 지정하려면 다음 중 어떤 문장이 적합한가?

① window.bgColor = "blue";
② window.background = "blue";
③ document.bgColor = "blue";
④ document.background = "blue";

34 OSI 7계층에 해당하지 않는 것은?

① 세션 계층   ② 전송 계층
③ 응용 계층   ④ 관리 계층

35 정보 검색 연산자의 설명으로 옳은 것은?

① OR : 연산자 좌우 검색어 중 하나라도 들어 있는 자료를 찾는다.
② 구절검색 : 연산자 앞 쪽의 검색어는 포함하고, 뒤쪽 검색어는 포함하지 않은 자료를 찾는다.
③ AND : 두 개 이상의 단어가 순서대로 연속해서 나오는 것을 찾는다.
④ NOT : 연산자 좌우의 검색어를 모두 만족시키는 자료를 찾는다.

36 다음과 같은 자바스크립트 소스를 헤드(head) 태그 안에 삽입 시 브라우저에서 적용되는 결과는?

```
〈script language="javscript"〉
〈!--
  alert("Welcome to the Morning Glory");
//--〉
〈/script〉
```

① 페이지가 열릴 때 자동으로 Welcome to the Morning Glory라는 문구가 있는 메시지 창이 뜬다.
② 페이지가 열릴 때 Welcome to the Morning Glory라는 플래시가 출력된다.
③ 페이지가 열릴 때 Welcome to the Morning Glory라는 문구가 한자씩 브라우저에 새겨진다.
④ 페이지가 열릴 때 Welcome to the Morning Glory라는 문구가 이메일로 보내진다.

37 도서관의 도서들을 분류한 것과 같이 정보를 대분류, 중분류, 소분류 식으로 찾아 들어가는 방식의 검색엔진은?

① 주제별 검색엔진
② 단어별 검색엔진
③ 메타 검색엔진
④ 통합 검색엔진

38 HTML을 이용하여 테이블을 작성할 때 테이블 내부의 선의 두께를 정의하는 속성은?

① cellspacing ② border
③ cellpadding ④ size

39 웹 페이지 저작 도구 중 위지윅(What you see is what you get) 기반의 웹 에디터가 아닌 것은?

① 나모 웹 에디터
② 프론트 페이지
③ 넷스케이프 컴포저
④ 홈 사이트

40 클라이언트의 웹 브라우저가 웹 서버와 접속할 때 사용하는 통신 규약으로 맞는 것은?

① SNMP ② HTTP
③ HTML ④ WWW

과목 03 **웹 그래픽 디자인**

41 웹 페이지 제작 시 사용되는 내비게이션 구조(Navigation Structure)의 유형에 해당하지 않는 것은?

① Sequential structure
② Hierarchical structure
③ Grid structure
④ Protocol structure

42 고해상도의 원본 이미지의 포맷을 변경해서 저장하였을 경우 다음 중 파일용량이 가장 큰 것은?

① PNG ② BMP
③ JPG ④ GIF

43 애니메이션 종류 중 배경은 그대로 두고 캐릭터만 움직이도록 하는 기법으로 투명 필름 위에 수작업으로 캐릭터를 채색한 후 배경 위에 놓고 촬영 및 편집하는 기법은?

① 클레이 애니메이션
② 투광 애니메이션
③ 셀 애니메이션
④ 컷 아웃 애니메이션

44 웹 사이트 제작에서 사용자 인터페이스 설계 시 고려사항으로 틀린 것은?

① 최단 시간에 사이트를 방문한 목적을 이해할 수 있도록 인터페이스를 설계한다.
② 웹페이지에서 다른 곳으로 이동할 수 있는 링크를 한 곳으로만 지정될 수 있도록 설계한다.
③ 화면을 스크롤 했을 때 링크 버튼이 보이지 않는 일이 없도록 설계한다.
④ 누가 보더라도 쉽게 사용법을 알 수 있도록 사용자 편의성을 제공하도록 설계한다.

45 컴퓨터 애니메이션에 대한 설명으로 틀린 것은?

① 움직임이 없는 무생물이나 상상의 물체에 인위적인 조작을 가해 움직임을 주는 것을 말한다.
② 애니메이션은 라틴어의 아니마투수(Animatus, 생명을 불어 넣다.)에서 유래된 말이다.
③ 인쇄용 광고 디자인 결과물을 만들어 낸다.
④ 일련의 정지된 그림을 빠르게 연속시켜서 보여줌으로써 움직이는 것처럼 착각을 유도한다.

46 사용자가 그래픽을 통해 컴퓨터와 정보를 교환하는 작업 환경을 의미하는 것은?

① AVI(Audio Video Interface)
② PUI(Process User Interface)
③ GUI(Graphic User Interface)
④ MUI(Multi User Interface)

47 컴퓨터 그래픽스 시스템의 출력 장치에 대한 설명으로 틀린 것은?

① 그래픽 정보를 외부로 출력하는 것을 말한다.
② 대표적인 출력 장치로 프린터, 모니터, 디지타이저 등이 있다.
③ 빔 프로젝터는 인쇄된 사진이나 문자, 혹은 영상을 확대 투영해주는 광학 장치이다.
④ 처리 장치를 통해 처리된 결과는 출력 장치를 통해 나타낸다.

48 웹 사이트의 가상경로를 예상하여 기획하는 것으로 웹 사이트의 설계도이며 구체적인 작업 지침서 역할을 하는 것은?

① 시안
② 레이아웃
③ 내비게이션
④ 스토리보드

49 다음 중 웹사이트 개발과정에 대한 설명으로 틀린 것은?

① 프로젝트 기획 – 목표설정, 시장조사, 개발전략수립
② 웹 사이트 기획 – 사이트 콘셉트 정의, 자료수집 및 분석
③ 웹 사이트 디자인 – 콘텐츠 제작 및 배치, 내비게이션 구축
④ 웹 사이트 구축 – 테스트 및 디버깅

50 컴퓨터 그래픽스의 발달과정 중 세대별 발전단계가 바르게 연결된 것은?

① 제1세대 – 진공관, 리플레시형 CRT
② 제2세대 – 집적회로, 벡터 스캔 CRT
③ 제3세대 – 고밀도 집적회로, XY 플로터
④ 제4세대 – 고밀도 집적회로, 래스트 스캔 CRT

51 다음이 설명하고 있는 것은?

> • 점묘와 같이 제한된 수의 색상들을 사용하여 시각적으로 섞여서 만들어 내는 것이다.
> • 적은 수의 색상의 반복으로 그래픽 파일의 용량을 줄인다는 장점이 있다.

① 모핑
② 디더링
③ 커스텀 팔레트
④ 팔레트 플래싱

52 다음 중 로고(Logo)나 심볼(Symbol) 제작에 가장 적합한 프로그램은?

① Flash
② 3D MAX
③ Dream Weaver
④ Illustrator

53 이미지를 구성하는 최소 단위는?

① 원자
② 분자
③ 픽셀
④ 해상도

54 다음 중 안티 앨리어싱(Anti-Aliasing)에 대한 설명으로 맞는 것은?

① 저해상도의 곡선이나 사선을 표현할 때 생기는 계단현상을 완화하기 위해 사용되는 기법이다.
② 물체 또는 이미지의 경계가 매끈하지 않고 계단현상으로 표현된 픽셀효과이다.
③ 가로, 세로의 격자로 이미지의 정확한 이동, 수정, 편집 등에 주로 사용된다.
④ 영상이나 이미지가 점차적으로 변화하는 것을 말한다.

55 해상도(Resolution)에 대한 설명으로 맞는 것은?

① 이미지를 표현하는데 몇 개의 픽셀(Pixel) 또는 도트(Dot)로 나타내었는지 그 정도를 의미한다.
② 작은 화소 단위를 말한다.
③ 해상도가 높을수록 이미지의 질은 떨어진다.
④ 해상도는 bps로만 나타낸다.

56 다음 중 웹페이지 제작 및 관리 순서를 옳게 나열한 것은?

> ㄱ. 홈페이지 제작
> ㄴ. 웹서버에 업로드
> ㄷ. 자료수집과 정리
> ㄹ. 내용 업데이트 및 유지보수 관리
> ㅁ. 검색 엔진 등록과 홍보
> ㅂ. 주제 결정과 구성도 작성

① ㄹ → ㄱ → ㄴ → ㅁ → ㄷ → ㅂ
② ㅂ → ㄷ → ㄱ → ㄴ → ㅁ → ㄹ
③ ㄷ → ㄹ → ㅁ → ㄴ → ㄱ → ㅂ
④ ㄱ → ㄴ → ㄹ → ㅂ → ㄷ → ㅁ

57 다음 중 그래픽 표현 방식에서 벡터 방식에 대한 설명이 아닌 것은?

① 베지어(Bezier)라는 곡선으로 이루어져 있다.
② 비트맵 이미지에 비해 상대적으로 파일 용량이 크다.
③ 이미지를 확대/축소하여도 그림이 거칠어지지 않는다.
④ 미세한 그림이나 점진적인 색의 변이를 표현하기 어렵다.

58 타이포그래피의 구성 요소에 해당하지 않는 것은?

① Serif
② Line-spacing
③ Letter-spacing
④ Texturing

59 파일 포맷 중 LZW(Lempel-Ziv-Welch)라고 알려진 압축 알고리즘을 사용하며 사진 이미지보다는 색상이 단순한 그래픽에 더 효과적인 파일 포맷은?

① BMP   ② GIF
③ PNG   ④ JPEG

60 애니메이션에서 사용되는 정지화면 하나하나를 무엇이라 하는가?

① Frame
② Key Frame
③ Tweening
④ Onion Skin

과목 01 디자인 일반

01 다음 그림에 대한 설명으로 옳은 것은?

① 반사 운용
② 회전 운용
③ 팽창 이동 패턴
④ 조화 패턴

02 태양광선이 투사되는 위치에 프리즘을 놓아 굴절된 광선을 스크린에 부사하여 나타난 여러 가지 색의 띠를 무엇이라 하는가?

① 전자파
② 감마선
③ 스펙트럼
④ 자외선

03 단순화(Simple) 디자인의 장점으로 거리가 먼 것은?

① 장식성
② 접근 용이성
③ 인식성
④ 사용성

04 음에서도 색을 느낄 수 있는데 이 현상을 무엇이라 하는가?

① 명시성   ② 공감각
③ 색청   ④ 주목성

05 망막에 다른 색광이 자극하여 혼합되는 현상으로 색 점이 서로 가깝게 있어 명도와 채도가 떨어지지 않는 혼합 방식은?

① 보색혼합
② 병치혼합
③ 가산혼합
④ 감산혼합

06 굿 디자인의 조건으로 옳은 것은?

① 합목적성, 실용성, 경제성, 효용성
② 합목적성, 심미성, 모방성, 경제성
③ 합목적성, 경제성, 심미성, 독창성
④ 합목적성, 심미성, 질서성, 독창성

07 다음의 관용색명 중 성격이 다른 것은?

① 살구색   ② 밤색
③ 레몬색   ④ 상아색

08 기계화와 대량 생산에 의한 생활 용품의 품질 저하에 반대하여 윌리엄 모리스를 중심으로 영국에서 일어난 것은?

① 산업혁명   ② 아르누보
③ 미술공예운동   ④ 대규모생산운동

09 게슈탈트의 형태에 관한 시각 기본 법칙에 해당되지 않는 것은?

① 통일　　　　② 근접
③ 유사　　　　④ 연속

10 먼셀의 무채색 11단계 중 중간명도에 해당하는 단계는?

① 0~3　　　　② 4~6
③ 7~8　　　　④ 9~10

11 "디자인 대상이 되는 것은 모두가 실용적으로 사용할 수 있는 것이다"에 해당하는 디자인의 조건으로 가장 옳은 것은?

① 심미성
② 독창성
③ 합목적성
④ 경제성

12 유채색에서 볼 수 있는 대비로 연속대비라고도 하며, 잔상 효과와 가장 밀접한 관련이 있는 것은?

① 색상대비
② 계시대비
③ 채도대비
④ 명도대비

13 다음 중 색채 계획상 유의할 점으로 관련성이 가장 적은 것은?

① 안정성
② 경제성
③ 심미성
④ 도덕성

14 다음이 설명하고 있는 것은?

- 주어진 길이를 가장 이상적으로 나누는 비를 말한다.
- 근사값이 약 1.618인 무리수이다.

① 비례
② 황금비
③ 삼각분할
④ 루트비례

15 선에 대한 설명으로 잘못된 것은?

① 유기적인 선은 정확하고 긴장되며 기계적인 느낌을 준다.
② 수직선은 세로로 된 선으로 숭고한 느낌을 준다.
③ 수평선은 가로로 된 선으로 편안한 느낌을 준다.
④ 사선은 비스듬한 선으로 동적인 움직임과 불안한 느낌을 준다.

16 다음 중 2차원 디자인에 포함되지 않는 것은?

① 타이포그래피　　② 일러스트레이션
③ 애니메이션　　　④ 편집디자인

17 시각적 질감의 예로 성격이 다른 하나는?

① 사진의 망점
② 인쇄상의 스크린 톤
③ 대리석 무늬
④ 모니터 주사선

18 디자인 원리 중 균형에 해당하지 않는 것은?

① 대칭　　　　② 비례
③ 율동　　　　④ 주도와 종속

19 다음 중 나머지 세 가지와 성격이 다른 디자인 분야는?

① 인테리어 디자인
② 광고 디자인
③ 편집 디자인
④ 시각디자인

20 다음 색채계열 중 피를 많이 보는 수술실과 같은 공간에 가장 알맞은 것은?

① 갈색계열
② 흰색계열
③ 녹색계열
④ 보라색계열

과목 **02**   인터넷 일반

21 다음 중 웹 페이지 저작도구로 가장 알맞은 것은?

① 드림위버
② 마야
③ 3D 스튜디오 맥스
④ 소프트이미지

22 HTML 문서에 자바스크립트를 삽입하는 방법으로 틀린 것은?

① HTML 문서의 〈head〉나 〈body〉 태그 사이에 소스를 직접 입력한다.
② 자바스크립트 소스를 확장자가 .js인 외부파일로 저장하여 불러온다.
③ 소스가 길어질 경우 함수로 이름을 지정해 호출하여 사용한다.
④ HTML 문서의 태그 내에 애플릿과 함께 사용한다.

23 자바스크립트 언어의 기본적인 특성으로 틀린 것은?

① 대, 소문자를 구분한다.
② 변수 이름에 공백 문자를 사용할 수 있다.
③ 하나의 명령문이 끝나면, 세미콜론(;)을 기술한다.
④ 변수 이름은 반드시 영문자 또는 밑줄(_)로 시작해야 한다.

24 비대칭 디지털 가입자 회선인 ADSL에 대한 설명으로 틀린 것은?

① Asymmetric Digital Subscriber Line의 약자로 미국 벨코이 사에서 개발한 기술이다.
② 고속 데이터 통신과 일반 전화를 동시에 이용할 수 있지만 데이터 통신 속도가 절반으로 떨어지게 된다.
③ ADSL은 가입자와 전화국 간의 데이터 교환 속도가 서로 다르다.
④ 하나의 회선으로 데이터 통신과 일반전화의 이용이 가능하다.

25 다음 중 웹에 대한 설명으로 틀린 것은?

① 웹은 World Wide Web의 약자이다.
② 하이퍼텍스트 자료들은 HTML이라는 언어를 통해 표현된다.
③ HTTP라는 통신 프로토콜을 사용한다.
④ 문자 중심이며 동영상 자료는 전송이 불가하다.

26 자바스크립트 내에서 사용되는 String 객체에 대한 설명으로 틀린 것은?

① replace( ) - 임의의 문자열에서 지정한 문자를 다른 문자로 변경한다.
② match( ) - 임의의 문자열에서 지정한 문자가 나타나는 첫 번째 위치 값을 반환한다.
③ split( ) - 지정한 문자열을 검색하여 해당 문자열을 반환한다.
④ toUpperCase( ) - 문자열에 존재하는 소문자를 모두 대문자로 변환하여 반환한다.

27 HTML 문서를 구성하는 태그 중 본문을 나타내는 것은?

① 〈Meta〉 〈/Meta〉
② 〈Head〉 〈/Head〉
③ 〈Body〉 〈/Body〉
④ 〈Tbody〉 〈/Tbody〉

28 최상위 도메인 edu와 동일한 성격을 갖는 서브 도메인의 이름은?

① ac
② go
③ or
④ re

29 HTML 문서에서 하이퍼링크 설정 시 새로운 창을 열어 문서를 연결하는 속성을 지정하고자 한다. ①에 들어갈 옵션으로 옳은 것은?

〈A HREF="http://hrdkorea.or.kr" target = "①"〉

① _SELF
② _PARENT
③ _TOP
④ _BLANK

30 인터넷의 발전을 시대 순으로 옳게 나열한 것은?

① ARPANET → NSFNET → TCP/IP 표준 → WWW
② ARPANET → TCP/IP 표준 → NSFNET → WWW
③ TCP/IP 표준 → ARPANET → NSFNET → WWW
④ TCP/IP 표준 → NSFNET → ARPANET → WWW

31 다음 중 최초의 GUI 환경의 웹 브라우저는?

① 익스플로러
② 네스케이프
③ 모자이크
④ 랜드스케이프

32 다음 설명에 해당하는 것은?

- W3C에서 1996년 HTML을 대체할 목적으로 제안한 것으로 웹 상에서 구조화된 문서를 전송 가능하도록 설계된 언어이다.
- 사용자가 새로운 태그를 정의할 수 있는 기능을 제공한다.

① CSS   ② DHTML
③ SOAP   ④ XML

33 VRML에 관한 특징으로 틀린 것은?

① 웹에서 사용되는 언어이므로 플랫폼에 독립적이다.
② 3차원 공간을 표현하는 텍스트 파일로 데이터 전송시간이 길다.
③ 웹 관련 표준 언어를 수용할 수 있어 HTML 문서와 연계해서 사용할 수 있다.
④ 사이버 쇼핑몰을 만들거나 3차원 채팅 사이트, 가상학교 등의 제작이 가능하다.

34 OSI 7계층 구조를 하위 계층부터 상위 계층까지 순서대로 나열한 것은?

① 물리계층 → 데이터 링크계층 → 세션계층 → 네트워크계층 → 전송계층 → 응용계층 → 표현계층
② 물리계층 → 데이터 링크계층 → 네트워크계층 → 전송계층 → 세션계층 → 응용계층 → 표현계층
③ 물리계층 → 데이터 링크계층 → 네트워크계층 → 전송계층 → 세션계층 → 표현계층 → 응용계층
④ 전송계층 → 물리계층 → 데이터 링크계층 → 네트워크계층 → 세션계층 → 표현계층 → 응용계층

35 전자우편을 전송할 때 사용되는 프로토콜은?

① FTP   ② SMTP
③ Telnet   ④ Usenet

36 HTML을 이용한 웹페이지 제작에 대한 설명으로 틀린 것은?

① Markup 태그를 이용하여 제작한다.
② 다양한 멀티미디어 포맷의 파일을 연결시킬 수 있다.
③ 하나의 그림에는 하나의 문서나 사이트만을 연결할 수 있다.
④ 위지위그 방식은 직접 코드를 입력하지 않아도 웹페이지 구성이 가능하다.

37 인터넷 익스플로러에서 오늘 방문했던 사이트들을 확인하려면 표준단추모음에서 어떤 버튼을 사용해야 하는가?

① 검색
② 기록
③ 즐겨찾기
④ 보기

38 인터넷 서비스의 종류에 해당하지 않는 것은?

① 텔넷
② 전자우편
③ 채팅
④ 허브

39 다음 인터넷 검색엔진 중 주제별 검색에 의한 기법을 사용하지 않는 것은?

① 야후
② 네이버
③ 멀티서치
④ 다음

40 다음 설명과 관계가 없는 것은?

> 정기적이고 자발적으로 인터넷을 여행하며 정보를 수집하고, 수집한 정보를 검색엔진의 데이터베이스에 저장하는 프로그램을 의미한다.

① bug
② crawler
③ robot
④ worm

<table>
<tr><td>과목 03</td><td>웹 그래픽 디자인</td></tr>
</table>

41 웹페이지에서 사용되는 이미지 파일 포맷으로 가장 거리가 먼 것은?

① PNG   ② GIF
③ TIFF   ④ JPG

42 래스터 이미지에 대한 설명으로 틀린 것은?

① 화면 확대 시 이미지가 손상된다.
② 비트맵 이미지를 래스터 이미지라고 한다.
③ 일러스트레이터에서 주로 사용되는 이미지 형식이다.
④ 디지털 카메라로 찍은 이미지는 래스터 이미지이다.

43 웹 사이트 관련 용어에 대한 설명으로 틀린 것은?

① 내비게이션 바 – 메뉴를 한곳에 모아놓은 그래픽 또는 문자열의 모음
② 사이트 메뉴 바 – 버튼을 눌러 메뉴를 나타내는 기능
③ 라인 맵 – 이동 경로를 한번에 보여주는 방식
④ 디렉토리 – 주제나 항목별로 범주화하고, 계층적으로 구조화시킨 것

44 웹 그래픽 디자인은 효과적으로 웹 사용자에게 정보전달을 돕는 도구라고 할 수 있다. 다음 중 정보전달 역할로서의 웹디자인과 가장 거리가 먼 것은?

① 정보접근의 편의성 제공
② 정보에 대한 빠른 이해력 증대
③ 시각적, 청각적인 친근감 확대
④ 개성적인 표현의 다양성

45 오려낸 그림을 2차원 평면상에서 한 프레임씩 움직이면서 촬영하는 스톱 애니메이션을 말한다. 클레이 애니메이션이나 인형 애니메이션과 비슷하지만 3차원이 아닌 2차원이라는 점에서 구분되는 애니메이션은?

① 셀 애니메이션
② 종이 애니메이션
③ 모래 애니메이션
④ 컷 아웃 애니메이션

46 홈페이지의 해당 컨셉을 이끌어 내기 위해 종이에 최대한 많이 그려봄으로써 여러 가지 구성을 만들어 보는 디자인 실무의 초기 작업은?

① 브레인스토밍
② 콘텐츠디자인
③ 벤치마킹
④ 아이디어스케치

47 다음은 웹디자인 프로세스의 각 단계이다. 순서대로 옳게 나열한 것은?

> ⓐ 사이트맵 그리기
> ⓑ 기본 디자인 구상하기
> ⓒ 컨셉 정하기
> ⓓ 세부 디자인 구상하기

① ⓐ → ⓑ → ⓒ → ⓓ
② ⓐ → ⓑ → ⓓ → ⓒ
③ ⓒ → ⓑ → ⓐ → ⓓ
④ ⓒ → ⓐ → ⓑ → ⓓ

48 웹 그래픽 제작 단계 중 색상 선택 단계의 작업에 해당하는 것은?

① 컴퓨터가 제공하는 여러 가지 기능의 효율적 사용에 대해 연구한다.
② 이미지의 합성 과정을 통하여 의도한 이미지로 변형한다.
③ 표현하고자 하는 색상들은 색 혼합이나 색상, 명도, 채도들을 원하는 대로 조절할 수 있고, 색상을 다양하게 사용할 수 있다.
④ 이미지가 선택되면 도구의 기능을 사용하여 축소나 확대 반복, 회전들을 화면상에 제공하며, 이미지를 표현하기 위해 그래픽스 메뉴를 선택한다.

49 미국 Boeing CAD 시스템을 개발하여 CAD 시대의 개막을 알렸으며, 컴퓨터 그래픽스의 단체 SIGGRAPH가 발족된 시대는?

① 1950년대
② 1960년대
③ 1970년대
④ 1980년대

50 물체 경계면의 픽셀을 물체의 색상과 배경의 색상을 혼합해서 표현하여 경계면이 부드럽게 보이도록 하는 기법은?

① Antialiasing
② Dithering
③ Blending
④ Compositing

51 다음 중 웹페이지 제작 방법에 대한 설명으로 틀린 것은?

① 메모장과 같은 일반적인 에디터를 사용하여 직접 코딩한다.
② 워드프로세서를 사용하여 작성 후 HTML로 변환 사용한다.
③ 코딩 방식의 웹 에디터인 나모웹에디터로 제작한다.
④ 위지위그 방식의 웹 에디터인 드림위버로 제작한다.

52 다음 설명에 해당하는 것은?

- 검은 종이를 접거나 오려서 캐릭터와 배경의 형태를 든 후 이것을 변화에 따라 순서대로 배열해 놓고 촬영하는 기법
- 캐릭터와 배경을 두꺼운 종이로 오려 제작하고, 그 뒤에서 조명을 비추어 그림자를 만든 후 촬영
- 흑백의 강한 콘트라스트로 구성

① 퍼펫 애니메이션
② 클레이메이션
③ 로토스코핑 애니메이션
④ 실루엣 애니메이션

53 다음이 설명하고 있는 것은?

장치를 통한 데이터를 주고받는 상호교환을 하며 두 개의 컴퓨터 시스템 장치를 기능적으로 연결한다.

① 오토캐드
② 포토샵
③ 레이아웃
④ 인터페이스

54 3차원 캐릭터에서의 자연스러운 동작을 구현하는 애니메이션 기법으로 실제 생명체의 움직임을 추적하여 얻은 데이터를 모델링된 캐릭터에 적용하는 것은?

① Motion Steel
② Stop Motion
③ Virtual Actor
④ Motion Capture

55 HTML에 대한 설명으로 틀린 것은?

① HTML 언어는 W3C를 기반으로 한다.
② HTML은 Hyper Text Marking Language의 약자이다.
③ 확장자는 html 또는 htm이다.
④ HTML은 태그로 구성되어 있다.

56 웹 페이지를 제작할 때 사용되는 웹 에디터로 옳은 것은?

① 플래시
② 페인터
③ 코렐드로우
④ 프론트 페이지

57 일반적인 좋은 웹 사이트 레이아웃에 대한 설명으로 옳지 않은 것은?

① 메인페이지는 4~6개의 프레임으로 나누어 구성한다.
② 정보의 중요성에 따라 폰트의 크기를 세분화한다.
③ 콘텐츠의 크기가 큰 것은 웹페이지 상단에 배치한다.
④ 웹사이트의 초기화면에는 사이트의 주제를 보여줄 수 있는 대용량의 이미지를 사용한다.

58 키 프레임 방식의 애니메이션에 대한 설명으로 옳은 것은?

① 정해진 시간에 한 컷, 한 컷을 보여주는 방식이다.
② 움직임의 시작과 끝을 지정하고, 중간 단계는 시스템에서 계산되어 자동으로 생성된다.
③ 정지화면을 연속적으로 빠르게 보여주어 움직임을 부여할 수 있다.
④ 보통 만화는 1초에 2~24컷, 영화나 광고는 1초에 80컷을 사용한다.

59 다음과 같은 특징을 가지고 있는 그래픽 툴은?

- 벡터 방식으로 정확한 도형을 제작한다.
- 그래프나 문자 등의 드로잉 작업, 심벌, 마크 디자인 등의 작업에 사용된다.
- 벡터 방식이기 때문에 확대, 변형해도 이미지의 손상이 없다.

① Paint shop
② Illustrator
③ CAM
④ Maya

60 일반적인 애니메이션 제작 과정으로 옳은 것은?

① 스토리보드 → 기획 → 제작 → 음향 → 레코딩
② 스토리보드 → 제작 → 기획 → 음향 → 레코딩
③ 기획 → 스토리보드 → 제작 → 음향 → 레코딩
④ 기획 → 스토리보드 → 음향 → 제작 → 레코딩

2023년 기출문제 01회				2-95p
01 ③	02 ③	03 ②	04 ③	05 ④
06 ④	07 ①	08 ④	09 ②	10 ④
11 ②	12 ③	13 ③	14 ④	15 ③
16 ②	17 ①	18 ①	19 ①	20 ①
21 ④	22 ①	23 ②	24 ①	25 ③
26 ③	27 ④	28 ①	29 ①	30 ④
31 ①	32 ④	33 ①	34 ①	35 ④
36 ②	37 ②	38 ①	39 ③	40 ①
41 ④	42 ①	43 ④	44 ③	45 ①
46 ④	47 ④	48 ①	49 ①	50 ④
51 ②	52 ②	53 ④	54 ②	55 ①
56 ②	57 ②	58 ④	59 ②	60 ①

과목 01 디자인 일반

01 ③

스펙트럼에서 눈에 보이는 파장 범위를 가시광선이라고 하며 가시광선의 파장 범위는 380nm~780nm

02 ③

Cyan, Yellow, Magenta는 색료의 3원색이고, Blue, Red, Green은 빛(색광)의 3원색임. 빛의 혼합은 더할수록 밝아지며, Red와 Green을 혼합하면 Yellow가 됨

03 ②

검정, 흰색, 회색은 무채색으로서 무채색에서는 색상대비나 보색대비가 나타나지 않음. 무채색에서 나타나는 대비는 명도대비임

04 ③

그레이 스케일은 흰색, 검정, 그 사이의 회색 음영으로 구성되는 색상 체계

05 ④

상·하의가 단절되지 않도록 색감을 비슷한 색상으로 통일할 때 키가 더 커 보임

06 ④

형은 어떤 형체의 평면적인 모양으로 우리 눈에 보이는 2차원적인 모양을 말하고 형태는 형체의 입체적인 모양으로 3차원적인 모습임

07 ①

- 율동은 요소의 규칙적인 특징을 반복하거나 교차시키는 데서 비롯되며, 반복과 교차, 점층, 변칙 등이 있음
- **대비** : 한 개 또는 그 이상의 요소가 상반되게 배치되는 상황에서 비롯되는 것

08 ④

저드의 '색채 조화론'에는 질서의 원리, 유사(친숙)의 원리, 동류(친근성)의 원리, 명료성(비모호성)의 원리, 대비의 원리가 있음

09 ②

병치가산혼합 방식은 선이나 점이 조밀하게 교차, 나열되었을 때 마치 인접한 색과 혼합된 것처럼 보이는 현상으로, TV 컬러 이미지는 TV 화소들이 동시에 배치되어 거리를 두고 보았을 때 혼합된 색으로 나타남

10 ④

대칭 : 수직 또는 수평적인 축에 의해 같은 중량감으로 배분된 것으로 디자인의 원리 중 균형에 속함

오답 피하기

율동 : 요소의 규칙적인 특징을 반복하거나 교차시키는 데서 비롯됨. 반복과 교차, 점층, 변칙 등이 율동의 요소에 속함

11 ②

크기의 착시는 같은 크기이지만 조건에 따라 도형의 크기나 면적이 다르게 보이는 현상으로 에빙하우스의 도형에서 나타나는 착시

12 ③

이념적으로만 느껴지는 추상적인 형태는 이념적 형태에 속하고 실제적으로 지각되는 구상적 형태, 자연적 형태, 인위적 형태는 현실적 형태에 속함

13 ③

채도는 /0, /2.../14와 같이 2단계씩 구분되며, 바깥쪽으로 갈수록 채도가 높아지고 안쪽으로 갈수록 낮아짐

오답 피하기

- 먼셀 표색계에서 명도는 검정을 0으로 흰색 10으로 표기
- 먼셀 표색계에서 여러 유채색을 정원 모양으로 배열하여 표현
- 5R 4/12에서 표시된 색상은 5R(빨강색) 색상의 명도 4, 채도 12인 색상

14 ④

조화는 통일과 변화, 균형감이 안정적으로 결합된 상태로서 같은 성질을 조화시키는 유사 조화, 전혀 다른 성질을 조화시키는 대비 조화가 있음

15 ③

경제성은 최소의 비용으로 최대의 효과를 얻는 경제의 원리에 맞는 가격이며, 사용 대상과 목적에 부합되는 합리적인 가격이어야 한다는 원리

오답 피하기

- **심미성** : 형태와 색채가 조화를 이루어 '아름다움'의 성질을 만들어 내는 것
- **질서성** : 합목적성, 경제성, 심미성, 독창성을 조화롭게 갖추고 있는가를 의미
- **독창성** : 다른 제품과 차별화된 창조적이고 주목할 만한 디자인을 의미

16 ②

좋은 디자인으로 말미암아 생활환경을 개선하여 인간에게 행복을 주는 것이 디자인의 궁극적인 목적임

17 ①

색채를 배색할 때 색상 수를 적게 하고 대비를 고려해 색을 선택

18 ①

일러스트레이션은 시각 디자인에 있어서 인쇄물 안에 들어가는 각종 삽화나 그림 등으로 일반적으로 카툰, 캐릭터, 캐리커처 등을 의미. 표현 방법에는 사실적 표현, 만화적 표현, 도표 표현 등이 있음

19 ①

영상 디자인은 4차원 디자인으로 시각 디자인에 속함

20 ①

부의 잔상은 소극적 잔상처럼 원래의 색과 반대로 느껴지는 잔상

오답 피하기

- **정의 잔상** : 긍정적 잔상처럼 명도와 색상에 대한 자극이 그대로 지속됨
- **동화 현상** : 다른 색의 영향을 받아 인접되어 있거나 둘러싸여 있는 색상과 비슷하게 보이는 것
- **매스 효과** : 면적이 큰 도형이 작은 도형보다 명도와 채도가 더 높게 느껴지는 현상

과목 02 인터넷 일반

21 ④

웹 브라우저는 웹의 정보들을 검색하기 위해서 사용. 멀티미디어를 이용하여 홈페이지를 제작할 때는 웹 에디터를 이용

22 ①

HTML의 태그와 속성은 모두 대소문자를 구별하지 않음

23 ②

WAN : 원거리(광역) 통신망

오답 피하기

- **VAN** : 부가가치 통신망
- **MAN** : 대도시 통신망
- **LAN** : 근거리 통신망

24 ①

세션 계층(제5계층) : 세션을 확립해 순차적인 대화의 흐름이 원활하게 이루어지도록 동기화 기능 제공. 데이터 전송 방향 결정 기능 제공

25 ③

프록시 서버 : 외부 네트워크 사이에서 방화벽 및 캐시 역할을 수행하는 것으로 한 번 읽은 내용은 중간에 경유한 프록시 서버가 받아두었던 내용을 읽어 들여 시간을 단축시킴

26 ③

- LAN 물리적 구조에는 Bus형, Star형, Ring형 등이 있음
- **성(Star)형** : 네트워크의 모든 단말기들이 중앙에 1:1로 연결
- **버스(Bus)형** : 전체 단말기가 한 개의 전송 선로(버스)에 연결
- **링(Ring) 형** : 네트워크를 구성하는 단말기들이 하나의 링을 형성

27 ④

알파넷(ARPANET) : 인터넷의 시초가 된 네트워크로, 1969년 미국 국방부의 고등 연구 계획국(ARPA)에서 군사 목적을 위해 개발

28 ①

공유를 하면 보안성이 떨어짐

29 ①

URL : 인터넷상의 자원들에 대하여 주소를 표기하는 표준방법으로 '인터넷서비스(프로토콜)://호스트이름(또는 IP주소)[:포트번호]/추가 경로'로 구성

30 ④

- DNS(Domain Name System) : 인터넷 도메인 이름들을 인터넷 프로토콜로 해석해주는 서비스로 URL을 IP 주소로 변환함
- DNS 서버를 지정하지 않은 경우, 해당 네트워크에서 서비스에 대한 자동 인식이 지원되지 않음

31 ①

조직 내부의 네트워크 컴퓨터를 보호하기 위해서는 개인 IP 주소를 사용하고, 외부 연결 컴퓨터에는 공용 IP 주소를 할당하여 내부 IP 주소를 보호함

32 ④

자바스크립트는 객체 지향적인 스크립트형 언어

33 ①

웹 서버는 HTTPD(HTTP Daemon)라는 프로세스를 실행하는 서버로, 웹의 정보를 저장하고 지원하는 서버. 연결 설정(클라이언트와 서버 사이의 연결) → 클라이언트가 정보 요청 → 서버의 응답 → 연결 종료로 동작

34 ①

window.setInterval( ) 메소드는 일정한 간격을 두고 지정된 명령을 주기적으로 실행

35 ④

or은 비영리기관을 의미하는 인터넷 도메인

36 ②

웹 검색엔진에는 웹 인덱스 방식(키워드 검색 방식), 웹 디렉터리 방식(주제별 검색엔진), 통합형 검색 방식이 있음

37 ②

정보 검색 : 1950년 무어즈(C.N. Mooers)가 처음으로 사용한 용어로, 미리 수집 · 가공 처리하여 저장한 정보들 가운데서 필요한 정보를 찾아내는 것을 말함

38 ①

〈HTML〉 태그는 HTML 문서의 전체 구조의 시작과 끝에 위치하여, 문서의 시작과 끝을 나타냄

39 ③

웹 브라우저에는 최초의 웹 브라우저인 모자이크와 넷스케이프 내비게이터, 인터넷 익스플로러, 링스, 첼로, 삼바, 핫자바, 오페라, 크롬 등이 있음

40 ①

내부 스타일 시트 적용 시, 주로 〈HEAD〉〈/HEAD〉 태그 내에서 CSS 스타일을 적용함

과목 03 **웹 그래픽 디자인**

41 ④

안티앨리어스 : 계단 현상을 최소화하기 위한 옵션으로, 비트맵 이미지의 픽셀이 사각형이기 때문에 곡선 부분에서 들쑥날쑥하고 거칠게 나타나는 것을 감쇄시키기 위해 사용

42 ①

레이아웃을 디자인할 때 콘텐츠는 사용자의 시선을 예상하여 논리적으로 이해하기 쉽게 배치해야 사용자가 편리하게 사용할 수 있음

43 ④

컴퓨터 역사 5세대를 의미하는 것으로, 이 시대에는 3D 그래픽스가 발전하고, 뉴미디어 발전, 가상현실(VR) 사용이 이루어짐

44 ③

픽셀은 이미지를 이루는 요소로, 픽셀의 수를 줄이면 이미지의 크기와 용량이 줄어듦

45 ①

정보 체계화 순서 : 콘텐츠 수집 → 그룹화 → 구조화 → 계층구조 설계 → 콘텐츠 구조설계 테스트

46 ④

xml은 웹 프로그래밍 언어 관련 포맷임

47 ④

플로터는 그래프나 도형, CAD, 도면 등을 출력하기 위한 대형 출력 장치임

48 ①

와이어프레임 모델링(Wireframe Modeling) : 가장 기본적인 모델로 점과 선으로 표현

오답 피하기

- **서페이스 모델(표면, Surface Model)** : 삼각형이나 사각형 같은 면을 기본 단위로 한 표면 처리
- **솔리드(고체, Solid Model)** : 내부까지 채워진 입체를 이용한 모델링
- **파라메트릭 모델링(Parametric Modeling)** : 매개변수 모델링이라고도 하며 점과 점 사이의 선분이 곡선으로 되어 있어 가장 많은 계산 시간을 필요로 함

49 ①

웹 사이트의 분석에서는 기술력, 디자인, 서비스 목적, 활용도 등이 분석되어야 하고 사용자의 지적 수준은 웹 사이트 분석과 관계가 없음

50 ④

디더링(Dithering) : 이미지에 포함되지 않은 색상을 마치 이미지에 포함된 색상처럼 비슷하게 구성해 주는 기법

51 ②

벡터 방식은 심벌, 마크 디자인 등의 작업에 사용되며 확대, 변형해도 이미지의 손상이 없는 일러스트레이터에서 작업함

52 ②

PCX는 Zsoft 사의 PC Paintbrush 프로그램을 위한 비트맵 파일

53 ④

일러스트레이터는 2D 이미지 편집 프로그램으로 애니메이션을 제작할 수 없음

54 ②

트위닝 : 애니메이션에서 처음과 끝 프레임 사이의 중간 단계 변화를 자동으로 생성하는 기능

55 ①

컷 아웃 애니메이션은 그림을 사용해 동작을 만들어내는 가장 단순한 방법

오답 피하기

- **셀** : 투명 필름 위에 수작업으로 캐릭터를 채색한 후 배경 위에 놓고 촬영 및 편집하는 기법
- **투광** : 밑에서 조명이 투사된 테이블 위에 검은 종이나 점토 등의 절단 부분이나 틈에서 나오는 빛을 콤마 촬영하는 기법
- **스톱모션** : 한 프레임씩 따로 촬영한 후 각 프레임을 연결하여 영사하는 기법

56 ②

알파채널은 선택 영역은 흰색으로 저장되고 나머지 영역은 검정색으로 저장

57 ②

웹폰트는 컴퓨터에 글꼴이 설치되어 있지 않아도 웹 페이지에서 적용된 웹폰트를 볼 수 있음

58 ④

웹 페이지 저작 : HTML을 이용하여 웹 페이지를 제작하고, 웹 페이지에 들어가는 그래픽, 영상 요소 등을 콘텐츠로 제작하여 웹 페이지에 통합시키는 과정

59 ②

사이트 맵은 웹 페이지의 정보를 한 페이지에 볼 수 있도록 구성

60 ①

CMYK는 시안(Cyan), 마젠타(Magenta), 옐로우(Yellow), 블랙(Black) 색상을 이용하여 인쇄하기 위한 방식으로, CMYK 4개의 색상을 따로 분리해서 색상을 순서대로 인쇄하게 됨

오답 피하기

- **HSB** : Hue(색상), Brightness(명도), Saturation(채도)을 바탕으로 한 색상 체계
- **RGB** : 모니터에서 사용되는 Red, Green, Blue 색상으로 이루어진 색상 체계
- **LAB** : 국제조명협회가 정확한 색상 측정을 위해 국제 표준으로 제안한 색상 체계

01 ④	02 ①	03 ④	04 ④	05 ③
06 ④	07 ③	08 ③	09 ③	10 ②
11 ①	12 ③	13 ②	14 ①	15 ②
16 ④	17 ①	18 ④	19 ④	20 ③
21 ②	22 ③	23 ③	24 ③	25 ①
26 ②	27 ④	28 ④	29 ②	30 ③
31 ③	32 ①	33 ④	34 ③	35 ④
36 ③	37 ④	38 ③	39 ②	40 ④
41 ②	42 ③	43 ④	44 ④	45 ③
46 ①	47 ④	48 ③	49 ②	50 ②
51 ②	52 ①	53 ③	54 ④	55 ④
56 ④	57 ①	58 ③	59 ③	60 ④

과목 01 디자인 일반

01 ④

기업, 단체, 행사의 특징과 성격에 맞는 시각적 상징물은 '심벌마크'에 해당함

02 ①

심미성이란 형태와 색채가 조화를 이루어 '아름다움'의 성질을 만들어 내는 것으로 시대적인 미의 기준, 사회적인 개성에 따라 변화됨

03 ④

동시 대비에는 색상 대비, 명도 대비, 채도 대비, 보색 대비가 속함

04 ④

잔상은 망막이 느낀 자극이 남아 있어서 지속적으로 형상이 남는 것

05 ③

프로타주(Frottage)는 문지르기 기법으로 현대디자인의 역사에서 초현실주의에서 나타난 것으로, 요철이 있는 대상물에 종이를 놓고 연필 등으로 표면을 문질러 모양을 표현함

06 ④

유사는 같은 성질을 조화시킬 때 나타나는 것으로 친근감과 부드러움을 주는 반면 단조로울 수 있음

07 ③

감성적으로 느껴진 느낌을 수식어로 덧붙여 사용하는 방법으로 '어두운 파랑', '연보라'와 같이 명도, 채도에 대한 수식어를 표현함

오답 피하기

관용색명 : 관습적이거나 연상적인 느낌으로 이름을 붙이는 방법으로, 인명, 지명, 원료, 자연 등에 따라 이름을 붙임

08 ③

박명시란 눈으로 들어가는 빛의 강도가 낮을 때 기능하는 시각

오답 피하기

• **색순응** : 색에 순응되어 다른 환경에서 색의 지각이 약해지는 것
• **푸르킨예 현상** : 암순응 됨에 따라 파랑과 빨강의 명도 차이가 변하는 현상
• **조건등색** : 두 가지의 다른 물체색이 특수한 조건의 조명 아래에서 같은 색으로 느껴지는 현상

09 ③

조화란 디자인 요소들이 상호 관계를 가지고 균형감을 잃지 않은 상태로 이루어진 것
• **균형** : 부피, 중량 등 물리적인 구조와 색채에서 시각적인 안정감
• **리듬** : 요소의 규칙적인 특징을 반복, 교차시키는 데서 비롯되는 움직임의 느낌
• **통일** : 하나의 규칙으로 단일화시키는 것

10 ②

이념적으로만 느껴지는 추상 형태는 이념적 형태에 속함

오답 피하기

실제적으로 지각되는 구상 형태, 자연 형태, 인위 형태는 현실적 형태에 속함

11 ①

균형은 부피, 중량 등 물리적인 구조와 색채에서 시각적인 안정감을 이룬 것으로, 보통 전체와 부분, 부분과 부분 사이에서 대칭에 의해 이루어짐

12 ③

형태를 한 번 이상 주기적, 규칙적으로 배열하는 것을 반복이라고 하는데, 형태의 규칙적인 반복으로 패턴을 구성할 수 있음

13 ②

POP는 구매(판매) 시점 광고로, 물품을 구매하는 판매대 주변을 활용해 디스플레이 종류의 광고를 펼치는 것

14 ①

수평선은 평온, 평화, 안정감, 너비감의 느낌

오답 피하기

• **사선, 대각선** : 동적인 느낌, 불안정한 느낌
• **수직선** : 높이감, 상승, 엄숙함, 긴장감의 느낌

15 ②

POP Art는 3차원 입체디자인에 속함

16 ④
나뭇결 무늬는 기계적 질감이 아닌 자연적 질감에 속함

17 ①
식욕을 돋우는 색상에는 주로 따뜻한 색(난색)이 포함됨. 녹색은 식욕을 저하시키는 색상임

18 ④
도형이 앞뒤로 반전하는 착시로 도형이 입체로 보임

19 ④
RGB 가산혼합에서 빨강(Red) + 녹색(Green) + 파랑(Blue)의 혼합은 흰색(White)이 됨

20 ③
통일은 하나의 규칙으로 단일화시키는 것으로 통일성 있는 디자인은 질서가 느껴짐

과목 02 인터넷 일반

21 ②
주제별 검색엔진은 디렉터리형 검색엔진으로서 카테고리에 의한 체계적인 링크 정보를 제공함

22 ③
앵커(Anchor)란 닻의 의미로, HTML 문서에서 다른 요소를 연결시킬 때 사용하는 〈A〉태그를 의미함

23 ③
CGI는 사용자의 응답에 반응하여 홈페이지를 동적으로 보여주는 기법으로, 웹 서버가 사용자로부터 데이터를 입력받고 이에 따른 응답을 제공함

24 ③
〈HTML〉 태그는 HTML 문서의 전체 구조의 시작과 끝에 위치하여, 문서의 시작과 끝을 나타냄

25 ①
아파치(Apache)는 웹 페이지가 들어 있는 파일을 사용자들에게 서비스해 주는 것으로 주로 유닉스, 리눅스 시스템에서 사용됨

26 ②
SLIP/PPP는 전화선으로 인터넷에 접속하도록 해주는 직렬 회선 프로토콜

27 ①
FTP는 인터넷을 통하여 파일들을 주거나 받을 때 사용하는 서비스

오답 피하기
- **Usenet** : 대표적인 네트워크 토론 시스템
- **Telnet** : 멀리 떨어져 있는 컴퓨터에 로그인하는 서비스
- **ICMP** : 데이터 전송 시에 발생한 오류를 송신측에 보고하거나 기능을 확인하는 데 사용하는 프로토콜

28 ④
애플릿은 별도의 웹 브라우저를 통해 홈페이지에서만 실행이 가능한 프로그램으로, 작은 의미의 자바 응용프로그램임

29 ②
〈META〉태그는 문서의 작성자, 검색 키워드, 문서 파기 일자 등 브라우저상에는 실제적으로 나타나지 않는 문서에 대한 일반 정보를 나타낼 때 사용

30 ③
웹브라우저는 웹 페이지의 저장 및 인쇄, 최근 방문한 URL 목록을 제공하고 저장, 그래픽 사용자 인터페이스 제공함. 컴퓨터 바이러스를 치료하는 기능은 없음

31 ③
〈DT〉는 목록의 제목 정의 태그

오답 피하기
- **〈TR〉** : 테이블 행 정의
- **〈TH〉** : 테이블 헤더 정의
- **〈CAPTION〉** : 테이블 제목 설명

32 ①
링(Ring)형은 네트워크를 구성하는 노드들이 하나의 링을 형성하는 것으로, 노드 단말기를 추가·제거하는 동안 데이터 전송에 문제가 발생하는 어려움이 있게 됨

33 ④
구글은 모든 검색어에 대해 기본 값으로 AND 연산을 실행

34 ③
DHTML은 이미지와 텍스트를 이용하여 애니메이션을 구현 등 다이나믹한 웹 페이지를 제작할 수 있도록 하는 기술임

35 ④
자바스크립트에서 〉〉, 〉〉〉, 〈〈는 비트 연산자이나, 〈〈〈는 사용되지 않는 연산자임

36 ③

HTML 문서에 〈EMBED〉, 〈OBJECT〉 등의 태그를 통해 멀티미디어 개체를 삽입함으로써 동영상을 재생할 수 있다.

37 ④

CSNET(Computer Science Network)는 1979년 미국국립과학재단(NSF)이 구축한 연결망임

38 ③

프로토콜(protocol)은 컴퓨터 네트워크를 통하여 데이터 전송을 오류 없이 효율적으로 구현하기 위해 지켜야 하는 통신의 약속과 규범임

오답 피하기

- **스트림** : 동영상, 음악, 텍스트 등의 데이터 항목이 연속한 열로 되어있는 것
- **패킷** : 네트워크를 통해 데이터가 전송되는 기본 단위
- **인터페이스** : 2개 이상의 사물, 소프트웨어 사이의 연결장치나 경계면에서 통신 및 접속이 가능하도록 하는 매개체

39 ②

로그인은 원격지 컴퓨터에 계정과 암호를 가지고 접속하는 것

오답 피하기

- **로그아웃(Logout)** : 컴퓨터 접속을 끊는 것
- **링크(Link)** : 정보의 연결
- **서핑(Surfing)** : 인터넷에서 정보를 검색하고 이용하는 것

40 ③

window.setInterval( ) 메소드는 일정한 간격을 두고 지정된 명령을 주기적으로 실행시킴

과목 03 웹 그래픽 디자인

41 ②

웹 디자인 프로세스의 순서 : 프로젝트 기획(주제 설정) → 웹 사이트 기획(콘텐츠 준비) → 웹사이트 구축/사이트 디자인(레이아웃, 페이지 제작, 기본 테스트 및 수정) → 웹사이트 구축/사이트 구축(서버에 업로드) → 유지보수

42 ③

이미지는 메뉴와 자료의 구조에 따라 폴더별로 관리할 수 있음

43 ②

하이퍼링크는 다른 텍스트나 웹페이지를 연결해 주는 다리와 같은 역할을 함

44 ④

벡터 방식은 픽셀을 이용하지 않고 수학적 계산을 이용하여 이미지를 표현하는 방식으로 X,Y 좌표에 의거한 점, 선, 면들의 좌표 값과 곡선값 등을 기본으로 정확한 선과 면을 표현함

45 ③

PNG 파일 포맷은 풀컬러 24비트를 지원하며 배경이 투명한 이미지를 만들 수 있음

46 ①

MP3 파일은 오디오 압축에 대한 국제 표준으로 음질이 뛰어난 파일 포맷임

47 ④

클레이 애니메이션은 찰흙이나 점성이 있는 소재를 이용해 인형을 제작한 후, 그 인형을 조금씩 움직여 가면서 한 프레임씩 콤마 촬영하는 스톱 모션기법의 애니메이션임

48 ③

렌더링은 모델링된 오브젝트의 표면을 처리하는 과정으로, 형태와 위치, 조명 등을 고려하면서 그림자, 색상, 재질 등을 만들어 입체감을 만들어내는 것

오답 피하기

모델링 : 실세계에 존재하거나 상상했던 오브젝트를 3차원 좌표계를 사용하여 모양을 표현하는 과정

49 ②

자바스크립트 "서로 같다"의 관계연산자는 " = = "임

50 ②

스테이틱 타이포그래피는 2차원의 평면에 인쇄하거나 화면에 출력하는 정적인 타이포그래피임

51 ②

계단 현상을 최소화하기 위한 옵션으로, 이 옵션을 선택하면 가장자리 픽셀과 바탕 픽셀 사이의 색상 변이가 매끄럽게 이루어짐

52 ①

pdf(portable document format)는 어도비 아크로뱃에서 제작한 전자 문서 포맷임

53 ③

스토리보드는 일종의 작업 지침서이면서 설계도라고 볼 수 있으며, 화면에 대한 계획을 그림과 설명을 이용해 시각화하며 한 눈에 알아보기 쉽게 표현함

54 ③

디더링이란 이미지에 포함되지 않은 색상을 마치 이미지에 포함된 색상처럼 비슷하게 구성해 주는 기법임. 디더링할 경우 이미지의 용량이 증가됨

55 ④

미디어 플레이어는 윈도우용 동영상 재생 소프트웨어

56 ④

컴퓨터 그래픽스란 컴퓨터의 하드웨어나 소프트웨어를 이용하여 입력된 정보를 도형이나 그림, 화상 등으로 재가공하여 변환한 후, 출력 기기로 출력해내는 일련의 작업과 기술들을 말하는 것으로, 회화 방식을 응용한 결과물을 디지털화시킨 것도 컴퓨터 그래픽스라고 할 수 있음

57 ①

레이어는 서로 겹겹이 쌓인 투명한 시트와 비슷하며 레이어가 있기 때문에 합성 편집이 더 용이하게 됨

58 ③

CAM(Computer Aided Manufacture)은 컴퓨터를 이용한 제조 과정의 지원을 의미하는 것으로 제조 공정에 컴퓨터를 활용함으로써 생산성을 향상하는 것임

59 ③

에니악은 진공관을 사용하여 만든 최초의 전자식 컴퓨터임

60 ④

정보의 모호성은 정보구조의 설계에 고려할 요소가 아님. 웹 사이트를 제작할 경우에는 사용자가 콘텐츠에 쉽고 편리하게 접근할 수 있도록 정보의 양이나 상하관계 등을 분석하여 정보를 체계화(Contents Branch)하고 웹 사이트의 내비게이션 구조와 콘텐츠 배치를 고려하여 디자인하여야 함

01 ②	02 ④	03 ①	04 ②	05 ④
06 ①	07 ②	08 ④	09 ③	10 ①
11 ②	12 ①	13 ③	14 ④	15 ①
16 ③	17 ①	18 ②	19 ③	20 ④
21 ①	22 ④	23 ③	24 ②	25 ②
26 ③	27 ④	28 ③	29 ②	30 ④
31 ④	32 ④	33 ④	34 ④	35 ④
36 ④	37 ③	38 ④	39 ④	40 ④
41 ③	42 ④	43 ③	44 ②	45 ②
46 ①	47 ③	48 ③	49 ④	50 ③
51 ③	52 ①	53 ④	54 ④	55 ①
56 ③	57 ④	58 ②	59 ④	60 ④

과목 01 | **디자인 일반**

01 ②

환경 디자인은 도시의 환경과 관련해 경관과 조경 등을 디자인하는 분야로 환경 디자인의 종류에는 인테리어 디자인과 디스플레이 디자인, 스트리트 퍼니처 디자인, 무대 디자인 등이 있음

02 ④

율동은 요소의 규칙적인 특징을 반복하거나 교차시키는 데서 비롯되는 움직임으로 반복과 교차, 점이(점증)가 있음

03 ①

농경사회의 디자인은 현대 개념의 디자인의 의미보다는 생활 수공예라 불릴 수 있음

오답 피하기

- **정보화 사회** : 디자인의 성숙, 기술의 첨단화, 즐기는 디자인
- **산업 사회** : 디자인의 태동, 기계를 통한 대량생산
- **후기 산업사회** : 디자인의 성장, 공업의 발달, 빛의 개념

04 ②

조화는 디자인 요소들이 상호 관계를 가지고 균형감을 잃지 않은 상태로 이루어진 것으로 통일과 변화, 균형감이 안정적으로 결합된 상태

05 ④

비대칭은 대칭이 아닌 상태지만 비중이 안정된 것을 의미

06 ①

CIP는 크게 '베이직 시스템'과 '애플리케이션 시스템'으로 분류. 베이직 시스템은 이미지 통합의 기초 작업으로, 심벌마크, 로고타입, 엠블럼과 캐릭터, 전용컬러 등 4가지 필수 요소로 구성됨

07 ②

감정적으로 느껴지는 색의 온도감에는 따뜻한 난색, 차가운 한색, 둘 중 어느 쪽에도 포함되지 않는 중성색이 있음. 여기서 지루함이 느껴지는 곳에는 긴장감을 주는 한색의 배색이 적합함

08 ④

표면색은 자신과 다른 색을 흡수하고, 같은 색을 반사함(녹색 물체는 녹색만 반사)

09 ③

'어두운 파랑', '연보라'와 같이 명도, 채도에 대한 수식어를 붙여 표현함으로써 감성적 전달 가능

10 ①

대칭은 수직 또는 수평인 축에 의해 같은 중량감으로 배분된 것으로 대칭에는 질서가 있으며 안정적이고 통일감이 있음

11 ②

채도가 낮은 색과 채도가 높은 색이 배색되면 서로 영향을 받아 채도 차이가 더 나 보이게 됨

12 ①

형태는 점, 선, 면 등이 연장되거나 변화, 발전되는 관계에서 이루어짐

> **오답 피하기**
> - **색채** : 색이란 빛이 물체에 닿게 될 때 반사되는 빛의 파장, 반사, 투과, 굴절 등에 의해 나타나는 것이며, 색채는 색을 지각한 후의 심리적인 현상으로 구분
> - **질감** : 질감은 물체의 표면적인 느낌으로 광택, 매끄러움, 거침, 울퉁불퉁함 등의 촉감, 재질을 의미

13 ③

명도에 따른 조화는 하나의 색상을 여러 단계의 명도로 배색할 때 나타나는 조화로 '단계의 조화'라고도 함

14 ④

디자인의 시각요소란 형태를 눈으로 지각할 수 있는 요소로 형과 형태, 색채, 질감 등이 있음

15 ①

스펙트럼에서 눈에 보이는 파장 범위를 가시광선이라고 하며 가시광선의 파장 범위는 380㎚~780㎚임

16 ③

수축색은 더욱 작고 축소되어 보이는 색으로 차가운 색과, 명도와 채도가 낮은 색은 수축되어 보임

17 ①

선은 점의 이동에 따라 움직인 자취대로 생성되는 것으로 움직임의 성격을 가지며 속도감, 강약, 방향을 가짐

> **오답 피하기**
> - **점** : 형태의 최소 단위로 위치만 가지고 있으며 길이, 깊이, 무게가 없음
> - **면** : 수많은 선이 모여 이루어지며, 선의 이동에 따라 움직인 자취대로 생성됨
> - **입체** : 면이 이동한 자취 또는 면의 집합으로 생성

18 ②

디자인의 합목적성은 '목표성'이라고도 하며 디자인이 대상과 용도, 목적에 맞게 이루어져 있는가를 의미함

19 ②

푸르킨예 현상이란 눈이 암순응됨에 따라 파랑과 빨강의 명도 차이가 변하는 현상임. 실제적으로는 같은 색상을 보더라도 어두운 곳에서는 단파장인 푸른색 계열이 감도가 좋아짐

20 ④

강조 : 단조로움을 피하기 위해 일부 요소를 다르게 표현하는 것

과목 02 인터넷 일반

21 ①

검색엔진은 인터넷 정보를 수집하기 위해 여러 검색엔진을 통해 정보를 검색함

22 ②

스타일시트 적용 시 우선순위 : !important 〉Inline 스타일 〉Id 선택자 〉Class 선택자 〉태그 선택자 〉전체 선택자

23 ②

연산자란 검색엔진에서 정보를 효율적으로 찾기 위해 사용되는 기호나 용어임

> **오답 피하기**
> - **와일드카드** : 검색을 효율적으로 하기 위해 사용하는 임의 문자 기호
> - **데이터베이스** : 데이터의 접근과 처리 및 갱신을 용이하게 할 수 있도록 데이터를 일정한 구조로 통합시켜 놓은 데이터의 집합체
> - **디렉터리** : 각 파일이 있는 장소를 쉽게 검색할 수 있도록 하는 파일 관리 목록

24 ②

HTML 4.0에서는 CSS(Cascading Style Sheet)를 이용하여 콘텐츠의 배치, 레이아웃 등을 자유롭게 조절할 수 있음

25 ②

CGI의 약자 : Common Gateway Interface

26 ③

자바스크립트는 동적 바인딩으로, 프로그램이 실행되는 시간에 적절한 함수를 선택함

오답 피하기

정적 바인딩 : 원시 프로그램을 컴파일할 때 함수가 확정되는 바인딩으로, 프로그램 실행 시에는 컴파일 시 결정된 함수를 호출함

27 ③

〈INPUT〉 태그는 〈FORM〉 태그 안에서 사용되는 태그이며, 라디오 버튼, 체크 박스 등 선택 양식을 지정하기 위해 사용됨

28 ③

Firewall(인터넷 방화벽)은 인터넷을 통해 조직의 내부 네트워크로 액세스할 수 없도록 하여 내부 네트워크를 보호함

29 ②

Proxy 서버는 LAN과 외부 네트워크 사이에서 방화벽 및 캐시 역할을 수행함. 한 번 읽은 내용은 중간에 경유한 프락시 서버가 받아두었던 내용을 읽어 들여서 시간이 단축됨

30 ④

IRC(Internet Relay chat)은 인터넷상의 채팅 서비스로 클라이언트−서버 모델을 기초로 함

오답 피하기

- **Telnet** : 멀리 떨어져 있는 컴퓨터에 로그인하는 서비스
- **FTP** : 인터넷을 통하여 파일들을 주거나 받을 때 사용하는 서비스
- **Usenet** : 대표적인 네트워크 토론 시스템

31 ④

Confirm( ) : 메시지를 사용자에게 알려서 확인 · 취소를 선택하도록 하는 대화상자를 생성함

오답 피하기

- **Open( )** : 새 창
- **Prompt( )** : 확인 대화상자를 생성
- **Alert( )** : 경고창 보임

32 ④

웹브라우저는 웹 페이지의 저장 및 인쇄, 최근 방문한 URL 목록을 제공하고 저장, 그래픽 사용자 인터페이스를 제공함. 인터넷 응용프로그램을 제작하는 기능은 지원하지 않음

33 ④

ISDN은 종합 정보통신망으로 음성을 비롯하여 화상, 데이터 서비스 등을 통합해 제공해 주는 원거리 통합정보 서비스임. 디지털 통신망으로서 전화하면서도 통신은 가능하지만 속도는 떨어짐

34 ④

자바스크립트 브라우저 내장 객체는 익스플로러와 같은 브라우저에 내장되어있는 객체를 의미함. Window 객체, Document 객체, History 객체, Link 객체 등이 있으며, Vision이라는 객체는 없음

35 ④

전송 계층은 컴퓨터 간 연결 확립, 데이터 흐름제어, 에러 제어를 제공함

오답 피하기

- **응용 계층** : 네트워크 관련 응용 프로그램 수행
- **표현 계층** : 데이터 표현 기법의 차이 해결, 압축, 인코딩, 암호화 담당
- **물리 계층** : 실제 물리적인 전송 매체 사이의 연결 담당

36 ④

target의 '_top' 속성은 현재 프레임이 속한 최상위 창에 링크된 문서가 나타남

37 ①

MS−WORD는 프로그래밍 언어가 아니라 워드프로세서로, 문서를 작성하고 편집할 때 사용함. 때에 따라서는 HTML 문서를 작성할 수도 있음

38 ④

클래스 D(224~239)는 IP 멀티캐스트용으로 엠본(Mbone) 중계에 사용됨

39 ④

Lingo는 매크로미디어가 개발한 디렉터 프로그램의 스크립트 언어임

40 ④

윈도우 미디어 플레이어는 마이크로소프트사가 제작한 미디어 파일을 재생하는 소프트웨어임

과목 03 **웹 그래픽 디자인**

41 ③

웹 디자인 과정은 프로젝트 기획 → 웹사이트 기획 → 웹사이트 구축(사이트 디자인, 사이트 구축) → 유지 및 관리 순으로 이루어짐

42 ④

색상은 2차원 그래픽스 기법에 해당됨

43 ③

범프 매핑은 3차원 컴퓨터 그래픽에서 물체 표면에 요철을 나타내는 기법으로 범프 매핑에 의해 빛에 대한 음영 등을 섬세하게 나타낼 수 있음

오답 피하기

- **리플렉션 매핑** : 반사 매핑, 금속이나 거울 등 반사하는 오브젝트를 표현
- **이미지 매핑** : 오브젝트에 2차원의 비트맵 이미지를 입히는 것
- **솔리드 텍스쳐 매핑** : 대리석이나 나무와 같이 겉표면이나 내부의 무늬가 비슷한 오브젝트에 사용

44 ②

안티-앨리어싱(Anti-aliasing)은 비트맵 이미지에서 픽셀이 사각형이기 때문에 곡선 부분에서 들쑥날쑥하고 거칠게 나타나는 것을 감쇄시키기 위해 사용함

45 ②

웹 페이지는 목적과 성격에 맞는 정확한 정보 전달과 효율적인 GUI를 제공하기 위해 각 웹 페이지에 맞는 형태로 제작해야 함

46 ①

스토리 보드는 일종의 작업 지침서이면서 설계도라고 볼 수 있으며, 화면에 대한 계획을 그림과 설명을 이용해 시각화하며 한 눈에 알아보기 쉽게 표현함

47 ③

이미지에서 한 픽셀의 위치정보는 직교좌표계의 x, y 좌표 값으로 표시

48 ③

플래시는 벡터 방식의 웹 애니메이션 제작 프로그램으로 웹 페이지 자체를 디자인하거나 애니메이션 콘텐츠 제작에 사용됨

49 ④

웹 디자인 프로세스는 웹 디자인에 필요한 전반적 과정을 순서대로 진행시켜 나가는 것으로 인력 분배의 효율성을 증가시키고 단계별 진행 시간 예측이 가능하게 함

50 ③

랜덤 스캔 방식 : 벡터 스캔(Vector Scan) 방식이라고도 하며 필요한 화면 부분에 전자빔을 쏘아서 화면을 나타내는 방식

오답 피하기

픽셀 단위로 영상 정보를 저장하는 공간을 프레임 버퍼라고 하며, 프레임 버퍼의 크기가 클수록 고화질의 디스플레이가 가능한 방식은 화상을 작은 점들로 구성하여 영상을 표시하는 래스터 스캔 방식에 대한 설명임

51 ③

사이트 맵이란 웹 페이지 정보를 한 페이지에 볼 수 있도록 구성한 것

52 ①

그래픽 보드는 컴퓨터 그래픽스와 관련하여 그림을 형성하거나 표시하기 위한 처리 작업을 함. 따라서 사운드와는 관련이 없음

53 ④

TIFF는 인쇄를 위한 용도로 쓰이는 무손실 압축 방식의 파일 포맷임

54 ④

모션 캡처 : 실제 생명체의 움직임을 추적해 얻은 데이터를 모델링된 캐릭터에 적용하는 기술

55 ①

2세대는 트랜지스터의 시대로 출력 장치에 CRT 모니터와 플로터가 추가된 시기임. CAD 시스템 기반이 구축되었으며 이후 3세대에 이르러 CAD/CAM이 도입되고 컴퓨터 그래픽스 대중화가 이루어지기 시작함

56 ③

미립자 시스템은 파티클 시스템이라고도 하며 입자의 집단으로 불, 수증기, 먼지, 불꽃, 기포 등의 미세한 부분을 표현할 때 사용하는 기법임

57 ③

안티앨리어싱은 계단 현상을 최소화하기 위한 옵션으로, 이 옵션을 선택하면 가장자리 픽셀과 바탕 픽셀 사이의 색상 변이가 매끄럽게 이루어짐

58 ②

SWF는 벡터 방식의 플래시를 이용해 웹 애니메이션을 제작하기 위한 포맷임

59 ④

히스토그램(Histogram)이란 이미지의 명암 값 프로필을 보여 주는 도구로 X축은 0~255까지의 픽셀의 밝기, Y축은 픽셀의 빈도수를 나타냄

60 ④

빔 프로젝터(Beam Projector)는 인쇄된 사진이나 문자, 혹은 영상을 확대 투영해 주는 출력 장치

01 ①	02 ①	03 ②	04 ①	05 ④
06 ①	07 ①	08 ③	09 ③	10 ②
11 ①	12 ②	13 ④	14 ①	15 ②
16 ①	17 ④	18 ②	19 ④	20 ②
21 ③	22 ③	23 ①	24 ②	25 ④
26 ②	27 ②	28 ②	29 ④	30 ①
31 ③	32 ②	33 ③	34 ④	35 ①
36 ①	37 ①	38 ①	39 ④	40 ②
41 ④	42 ②	43 ③	44 ②	45 ③
46 ③	47 ②	48 ④	49 ①	50 ④
51 ②	52 ④	53 ③	54 ①	55 ①
56 ②	57 ②	58 ④	59 ②	60 ①

과목 01 디자인 일반

01 ①

명도대비는 명도가 다른 두 색이 함께 배치되어 있을 때 서로 영향을 받아 명도가 다르게 느껴지는 현상으로 우리 눈이 가장 예민하게 반응하는 속성

02 ①

목표성이라고도 하며 디자인이 대상과 용도, 목적에 맞게 이루어져 있는가를 의미

오답 피하기
- **독창성** : 다른 제품과 차별화된 창조적인 디자인
- **심미성** : 형태와 색채가 조화를 이루어 아름다움의 성질을 만들어 내는 것
- **경제성** : 사용 대상과 목적에 부합되는 합리적인 가격을 의미

03 ②

선은 점의 이동에 따라 움직인 자취대로 생성되는 것으로 움직임의 성격을 가지며 속도감, 강약, 방향을 가짐

오답 피하기
- **점** : 형태의 최소 단위로 위치만 가지고 있으며 길이, 깊이, 무게가 없음
- **면** : 수많은 선이 모여 이루어지며, 선의 이동에 따라 움직인 자취대로 생성됨
- **입체** : 면이 이동한 자취 또는 면의 집합으로 생성되며 3차원 공간으로 표현되고 형태와 깊이가 있음

04 ①

저채도의 배색은 부드러우면서 온순한 느낌을 줌

오답 피하기
- **명쾌한 느낌** : 명도차가 큰 배색
- **화려한 느낌** : 고채도의 배색
- **활기찬 느낌** : 채도차가 큰 배색

05 ④

주목성은 색 자체가 명도나 채도가 높아서 시각적으로 빨리 눈에 띄는 성질을 의미

06 ①

비례는 요소의 전체와 부분을 연관시켜 상대적으로 설명하는 것으로 균형에는 속하지 않고 균형, 비례, 율동, 동세와 함께 디자인의 원리에 포함됨

07 ①

먼셀 표색계에서는 빨강(R), 노랑(Y), 녹색(G) 파랑(B), 보라(P)를 기준하여 중간색상인 YR, GY, BG, PB, RP 추가하여 10색상환을 만듦

08 ③

합목적성은 목표성이라고도 하며 디자인이 대상과 용도, 목적에 맞게 이루어져 있는가를 의미

오답 피하기
- **심미성** : 형태와 색채가 조화를 이루어 아름다움의 성질을 만들어 내는 것
- **독창성** : 다른 제품과 차별화된 창조적인 디자인
- **경제성** : 사용 대상과 목적에 부합되는 합리적인 가격을 뜻함

09 ③

스펙트럼에서 눈에 보이는 파장 범위를 가시광선이라고 하며 가시광선의 파장 범위는 380nm~780nm임

10 ②

오답 피하기
- **등차수열** : 같은 간격의 비례
- **피보나치수열** : 앞의 두 개 항을 더한 것이 다음 항인 수의 배열
- **조화수열** : 각 항의 역수가 등차수열을 이루는 수열

11 ①

나뭇잎, 숲 속의 나무 등 자연에서 찾아볼 수 있는 디자인의 원리는 유사조화에 해당함

12 ②

컬러 TV, 조명, 모니터 등은 혼합할수록 밝아지는 빛의 혼합인 가산혼합방식

13 ④

강조의 원리는 단조로움을 피하기 위해 일부 요소를 다르게 표현하는 것

14 ①

대비는 서로 다른 영역이 대립되는 것으로 음영이나 색상 등에 대비를 주면 강렬한 디자인을 제작할 수 있음

15 ②

픽토그램(Pictogram)은 사물, 시설이나 행동을 쉽고 빠르게 이해할 수 있도록 상징화하여 나타낸 것

오답 피하기

- **캐릭터** : 회사나 제품을 특징짓는 인물 또는 동물을 디자인한 것
- **로고타입** : 로고라고도 하며, 회사나 제품의 이름이 상표처럼 사용되는 글자체를 말함
- **다이어그램** : 기호, 선, 점 등을 사용해 간략하면서 알기 쉽게 나타낸 도표

16 ①

고층 빌딩의 창문 크기나 고가도로의 난간 등에는 규칙적인 특징을 반복하거나 교차시키는 성질이 나타나며 가까운 것은 크게 먼 것은 작게 표현되는 원근감이 표현됨. 이렇게 비슷한 요소의 점진적 변화에서 점증(점이, Gradation)이 나타나게 됨

17 ④

재질감은 물체의 표면적인 느낌으로 매끄러움, 거침, 울퉁불퉁함 등의 촉감을 의미함

18 ②

편집디자인은 프로덕트(제품) 디자인이 아닌, 2차원 시각디자인에 해당함

19 ④

디자인은 수립한 계획을 목적에 맞게 설계하고 발전시켜 나가는 것 또는 그 과정을 의미. 디자인은 대상과 용도, 목적에 맞게 물품의 모양과 색채를 도안하는 실체적인 행위임

20 ②

- **혼색계** : 물리적이고 심리적인 실험을 통해 빛의 혼합을 기초로 색을 규정하는 방법
- **현색계** : 물체의 색을 표시하기 위해 색의 3속성에 따라 표준색표를 표시하는 방법

21 ③

〈SUB〉 태그는 'Subscript'의 의미로 태그 사이의 문자를 아래 첨자로 보여줌. 위 첨자로 보여줄 경우에는 〈SUP〉를 사용

22 ③

A:hover는 하이퍼링크 위에 마우스를 올려놓을 때의 모양을 나타내는 것으로, HTML 태그로는 지정할 수 없음

23 ①

자바스크립트는 변수 선언을 할 때 데이터의 형을 구분하여 선언하지 않음

24 ②

PDA는 개인 휴대용 정보 단말기

25 ④

알파넷(ARPANET)은 인터넷의 시초가 된 네트워크로 1969년 미국 국방부의 고등 연구 계획국(ARPA)에서 군사 목적을 위해 개발

26 ②

NNTP(Network News Transfer Protocol)는 유즈넷에서 기사를 전달하기 위하여 사용하는 프로토콜

27 ②

Streaming(스트리밍) 기술은 기존의 음향이나 영상, 애니메이션 등의 전송 방식이 하드디스크에 다운로드 받아진 후 재생되던 것과 달리 데이터가 실시간으로 다운로드 받아지면서 동시에 재생됨

28 ②

썸네일(Thumbnail)은 원본 이미지를 축소한 이미지를 의미하는 것으로, 썸네일을 통해 이미지를 더 쉽고 빠르게 보거나 큰 이미지들의 그룹을 관리할 수 있음

29 ④

Repeater(리피터)는 네트워크에서 신호의 감쇠 현상을 막기 위한 연결 장비로 감쇠된 신호를 새롭게 재생하여 전달시켜 주는 중계장치임

30 ①

LAN : 근거리 통신망

오답 피하기

- **MAN** : 대도시 통신망
- **WAN** : 원거리(광역) 통신망
- **VAN** : 부가가치 통신망

31 ③

메타 검색엔진은 자체 데이터베이스가 없이 여러 개의 검색엔진에서 검색하는 것으로 중복으로 검색된 정보는 하나로 통일해 보여줌. 검색된 정보를 융합·가공·처리해 보여주어 검색 소요 시간이 다소 길어짐

32 ②

배경으로 사용될 이미지 파일을 지정하는 속성은 BACKGROUND임

33 ③

document 객체는 웹 페이지 구성요소(본문)에 대한 속성과 메소드를 제공. document 객체의 bgColor 속성은 배경색을 설정하기 위해 사용. document.bgColor = "색상"으로 지정

34 ④

OSI 7계층은 물리(1계층) – 데이터 링크(2계층) – 네트워크(3계층) – 전송(4계층) – 세션(5계층) – 표현(6계층) – 응용(7계층)으로 구성

35 ①

OR : 두 개의 키워드 중에서 어느 하나만 포함되어 있어도 해당 정보를 검색

오답 피하기

- **구절검색** : 주로 " "를 사용하여 구절(2개 이상의 단어)을 검색
- **AND** : 두 키워드가 모두 포함되어 있는 정보만을 검색
- **NOT** : 키워드를 포함하고 있는 정보는 제외하고 검색

36 ①

자바스크립트의 alert( ) 함수는 사용자에게 정보나 경고 메시지를 전하기 위한 대화상자(경고창)를 생성

37 ①

주제별 검색엔진은 각 분야별로 분류가 되어 있는 검색엔진으로, 체계적인 링크를 제공하며 디렉터리형 검색엔진이라고도 함. 사용자가 찾고자 하는 정보에 대한 지식이 분명치 않거나 특정 분야에 대한 검색을 하고자 할 경우에 활용됨. 또한 검색어를 사용하지 않아도 원하는 정보에 접근 가능함

38 ①

cellspacing으로 격을 지정함으로써 셀 내부 두께를 조정할 수 있음

오답 피하기

- **border** : 표 테두리 두께
- **cellpadding** : 셀 안의 내용과 셀 경계선 사이의 간격

39 ④

홈 사이트(Homesite)는 텍스트 기반의 웹 페이지 저작 도구로 스타일 시트, ASP 등을 프로그래밍 할 때 활용됨

40 ②

HTTP는 웹상에서 파일을 주고받기 위해 필요한 하이퍼텍스트 전송 규약

오답 피하기

- **SNMP** : 네트워크 관리 지원
- **WWW** : 문자, 음성, 동영상 등의 멀티미디어 환경을 갖춘 인터넷의 정보 서비스
- **HTML** : 웹 페이지를 제작하기 위한 기본 언어

과목 03 웹 그래픽 디자인

41 ④

내비게이션 구조에는 Sequentialstructure(순차 구조), Grid structure(그리드 구조), Hierarchical structure(계층 구조), Network structure(네트워크 구조)가 있음

42 ②

BMP는 비트맵 이미지를 저장하는 방식으로 파일의 용량이 가장 큼. PNG는 무손실 압축을 사용해 데이터 손실 없이 저장하지만 손실압축을 하는 JPG보다는 용량이 큼

43 ③

셀 애니메이션 : 투명 필름 위에 수작업으로 캐릭터를 채색한 후 배경 위에 놓고 촬영 및 편집하는 기법

오답 피하기

- **클레이 애니메이션** : 찰흙이나 점성이 있는 소재를 이용해 인형을 제작한 후, 그 인형을 조금씩 움직여 가면서 한 프레임씩 콤마 촬영해 가는 스톱모션 기법의 애니메이션
- **투광 애니메이션** : 밑에서 조명이 투사된 테이블 위에 검은 종이나 점토 등의 절단 부분이나 틈에서 나오는 빛을 콤마 촬영하는 기법
- **컷 아웃 애니메이션** : 그림을 사용해 동작을 만들어내는 가장 단순한 방법

44 ②

링크는 원하는 페이지로 이동할 수 있도록 해주어야 함

45 ③

인쇄용 광고 디자인 결과물을 만들어 내는 작업은 시각 디자인의 2차원 평면 디자인에 해당

46 ③

GUI(Graphical User Interface)는 그래픽을 통해 사용자와 컴퓨터 사이를 연결하는 기능

47 ②

디지타이저는 전자적 장치가 되어 있는 보드 위에 마우스 형태의 도구나 전자 펜을 이용하여 값을 입력 또는 페인팅할 수 있도록 한 장치

48 ④

스토리보드는 애니메이션에서 장면별로 필요한 요소의 배치를 나타내기 위해서 사용하는 것으로 일종의 작업 지침서이면서 설계도

49 ④

테스트 및 디버깅은 웹 디자인 과정 중, 유지 및 관리 과정에 해당

50 ④

컴퓨터 그래픽스 제 4세대(1970년대~1980년대 말)는 컴퓨터 그래픽스의 전성기. 래스터 스캔(Raster Scan)형 CRT 등장, PC의 래스터 스캔 모니터 사용, 그래픽 아트가 발전함

51 ②

디더링(Dithering)은 이미지에 포함되지 않은 색상을 마치 이미지에 포함된 색상처럼 비슷하게 구성해주는 기법

오답 피하기
모핑 : 서로 다른 이미지나 3차원 모델 사이의 변화하는 과정을 서서히 나타내는 기법(보간법 사용)

52 ④

로고(Logo) 제작은 크기에 제한을 받아서는 안 되며 세밀한 곡선처리가 필요한 작업임. 이러한 작업은 벡터 방식의 프로그램을 이용하게 되는데 대표적인 프로그램으로는 Adobe Illustrator, 코렐드로우(Corel DRAW)가 있음

53 ③

픽셀은 비트맵 방식의 이미지를 구성하는 최소 단위로 위치 정보와 색상 정보를 갖는 이미지 요소

오답 피하기
해상도 : 해상도는 이미지 크기의 기본 단위로 픽셀의 개수로 표현하는데, 보통 ppi나 dpi 단위를 사용하며 해상도가 높을수록 이미지를 더욱 세밀하게 표현 가능

54 ①

안티 앨리어싱(anti-aliasing)은 비트맵 이미지에서 픽셀이 사각형이기 때문에 곡선 부분에서 들쑥날쑥하고 거칠게 나타나게 되는 단점을 보완하기 위한 기능

55 ①

해상도는 비트맵 이미지가 몇 개의 픽셀로 구성되어 있는가를 의미. 해상도는 이미지 크기의 기본 단위로 픽셀의 개수로 표현하는데, 보통 ppi나 dpi 단위를 사용하며 해상도가 높을수록 이미지를 더욱 세밀하게 표현할 수 있음

56 ②

홈페이지 제작 및 관리 순서 : 프로젝트 기획(주제 선정) → 웹 사이트 기획(자료 수집, 스토리보드 제작) → 웹사이트 구축/사이트 디자인(레이아웃 구성, 그래픽 작업, 수정 보완) → 웹사이트 구축/사이트 구축(서버 세팅) → 유지 및 관리(검색 엔진 등록 및 홍보, 유지보수)

57 ②

벡터 방식은 수학적인 계산을 이용하여 이미지를 표현하는 방식으로 픽셀을 이용하여 이미지를 구성하는 비트맵 방식에 비해 상대적으로 용량이 적음

58 ④

Texturing이란 외부 이미지를 이용해서 맵핑하는 것을 의미. 타이포 그래피의 구성 요소에는 해당하지 않음

59 ②

GIF는 컬러 수가 최대 256색으로 제한되어 있는 웹용 이미지 파일 포맷

60 ①

애니메이션은 정해진 시간에 여러 개의 정지된 화면을 보여주는 것. 이때 정지된 화면 하나하나를 Frame이라고 함

2023년 기출문제 05회

2-124p

01 ③	02 ③	03 ①	04 ③	05 ②
06 ③	07 ④	08 ③	09 ①	10 ②
11 ③	12 ②	13 ④	14 ②	15 ①
16 ③	17 ③	18 ③	19 ①	20 ③
21 ①	22 ④	23 ②	24 ②	25 ④
26 ③	27 ③	28 ①	29 ④	30 ②
31 ③	32 ④	33 ②	34 ③	35 ④
36 ③	37 ②	38 ④	39 ③	40 ①
41 ④	42 ③	43 ②	44 ④	45 ④
46 ④	47 ③	48 ③	49 ②	50 ①
51 ④	52 ④	53 ④	54 ④	55 ②
56 ④	57 ③	58 ②	59 ②	60 ③

과목 01 디자인 일반

01 ③
- **팽창** : 더욱 크고, 확산되어 보이는 것
- **이동** : 도형이 일정한 규칙에 따라 평행으로 이동했을 때 생기는 형태
- **패턴** : 규칙적인 특징을 반복하거나 교차시키는 데서 비롯되는 움직임의 느낌에서 나타남

02 ③
뉴턴은 프리즘을 통과한 빛이 파장에 따라 굴절하는 각도가 다른 성질을 이용하여 순수 가시광선을 얻었는데 이 색을 연속광 또는 스펙트럼이라고 함

03 ①
장식성은 화려한 디자인에서 나타나는 특징임

04 ③
색청(색채 청각)은 음악과 같은 소리를 들을 때 느껴지는 색채의 느낌

오답 피하기
- **명시성** : 배색했을 때 나타나게 되는 뚜렷이 잘 보이는 성질
- **공감각** : 색을 통해 수반되는 미각 청각 후각의 감각
- **주목성** : 색 자체가 명도나 채도가 높아서 시각적으로 빨리 눈에 띄는 성질

05 ②
병치혼합이란 선이나 점이 조밀하게 교차, 또는 나열되었을 때 마치 인접한 색과 혼합된 것처럼 보이는 현상

06 ③
굿 디자인은 합목적성, 경제성, 심미성, 독창성을 만족시킴으로써 외적 독창성과 편리성을 갖춘 디자인을 말함

07 ④
살구색, 밤색, 레몬색은 식물에서 따온 관용색명이고, 상아색은 동물인 코끼리 엄니에서 따온 관용색명임

08 ③
미술공예운동은 1850~1900년 일어난 운동으로 산업화에 저항했으며 순수한 인간 노동력의 예술을 중시하고 파괴된 인간미 회복을 주장했음

09 ①
게슈탈트 법칙에 의하면 형태는 근접, 유사, 폐쇄, 연속된 속성을 가진 형태들이 심리적으로 보기 좋음

10 ②
먼셀의 표색계에서 명도의 단계는 0~10까지 11단계로 구분하며, 위로 갈수록 명도가 높아지고 아래로 갈수록 낮아짐

11 ③
합목적성은 목표성이라고도 하며 기능성과 실용성을 바탕으로 디자인이 대상과 용도, 목적에 맞게 이루어져 있는가를 의미

12 ②
계시대비란 색상을 보고 난 후 일정한 시간 후에 느껴지는 대비 효과. 예를 들어 녹색 배경에 있는 회색 사각형을 계속 응시하다가 흰색 배경을 바라보면 붉은 바탕의 녹색 사각형이 있는 것처럼 보임

13 ④
색채 계획상 유의할 점에는 안정성, 사회성, 심미성 등이 속함

14 ②
황금비는 작은 부분과 큰 부분의 비가 큰 부분과 전체의 비와 같아지는 비례로, 1:1.6184의 비율로 나눈 것임

15 ①
유기적인 선은 물체의 전체나 외부 모양에서 나타나는 자연적인 선으로 부드러움과 자유로운 느낌을 줌

16 ③
애니메이션은 2차원의 평면에 깊이를 더하여 공간으로 표현되는 4차원 디자인

17 ③ ··

사진의 망점, 인쇄상의 스크린 톤, 모니터 주사선은 기계적 질감에 속하고, 대리석 무늬는 자연적 질감에 속함

18 ③ ··

균형은 부피, 중량 등 물리적인 구조와 색채에서 시각적인 안정감을 이룬 것을 말함. 대칭, 비대칭, 비례, 주도와 종속이 균형에 해당함

19 ① ··

광고 디자인과 편집 디자인은 2차원 시각 디자인에 속하고, 인테리어 디자인은 3차원 입체 디자인으로 환경디자인에 속함

20 ③ ··

빨간색의 게시대비 색이 녹색이기 때문에 수술실과 같은 공간에는 녹색이 적합함

과목 02 인터넷 일반

21 ① ··

드림위버는 나모 웹에디터, 프론트페이지와 함께 웹 페이지를 저작하는 웹에디터

22 ④ ··

자바스크립트는 HTML 문서 내에 〈SCRIPT〉라는 태그를 이용하여 삽입하며 애플릿과 별도로 삽입됨. 또한 자바 스크립트는 웹 브라우저에 의해 코드 자체가 번역되는 것으로 애플릿의 실행방식과는 다름

23 ② ··

자바 스크립트의 변수 이름에는 영문 대소문자, 숫자, 밑줄(_)을 사용할 수 있으며, 변수 이름에 공백 문자를 사용할 수 없음

24 ② ··

ADSL은 음성통화와 고속 인터넷통신을 동시에 즐길 수 있는 서비스이며, 전화를 하면서도 속도의 변화 없이 데이터 통신이 가능함

25 ④ ··

웹은 문자 · 음성 · 동영상 등의 멀티미디어 환경을 갖춘 인터넷의 정보 서비스임

26 ③ ··

String 객체의 split( ) 메소드는 임의의 문자열을 지정한 문자열이 나타나는 위치들을 나누어 두 개 이상의 문자열 배열로 만들어 반환함. 문자열을 검색하여 일치하는 문자열 반환하는 것은 match( )임

27 ③ ··

〈Body〉〈/Body〉 태그는 HTML 문서의 몸체 부분의 시작과 끝을 의미함

28 ① ··

.ac는 교육기관/대학(원)을 나타내는 차상위 도메인임

29 ④ ··

target값 중 _blank는 새로운 창에 하이퍼링크를 열고자 할 때 사용

30 ② ··

• **1969년** : 인터넷의 시초인 ARPANET 시작
• **1982년** : TCP/IP를 인터넷 표준 프로토콜로 채택
• **1986년** : 미국과학재단에서 NSFNET 구축
• **1992년** : 인터넷 서비스로 WWW 시작

31 ③ ··

모자이크는 최초의 멀티미디어 웹 브라우저이며 넷스케이프의 전신임

32 ④ ··

XML은 HTML처럼 태그 형태로 되어 있지만, HTML과 달리 사용자가 태그들을 확장시킬 수 있는 언어이며 웹 서버에서 동작하지 않고 웹 브라우저에서 해석됨

33 ② ··

VRML은 인터넷 상에서 3차원 가상공간을 표현하기 위한 언어이며, 텍스트 파일로 되어 있어 전송 시간이 절약됨

34 ③ ··

1계층(물리 계층) – 2계층(데이터 링크 계층) – 3계층(네트워크 계층) – 4계층(전송 계층) – 5계층(세션 계층) – 6계층(표현/프레젠테이션 계층) – 7계층(응용 계층)

35 ② ··

SMTP는 'Small Mail Transfer Protocol'의 약어로 전자우편물의 송신을 담당하는 프로토콜

36 ③ ··

하나의 그림에 이미지맵을 이용하여 여러 문서와 사이트를 연결할 수 있음

37 ② ··

• **검색** : 인터넷 검색 기능 제공(MSN 검색)
• **즐겨찾기** : 즐겨찾기 목록에서 선택

38 ④

허브는 컴퓨터를 LAN에 접속시키는 장치로, 주로 가까운 거리에 있는 컴퓨터, 프린터들을 네트워크에 연결시켜줌

39 ③

멀티서치는 많은 검색 엔진의 서치 결과를 한 차례에 모아주는 검색 엔진을 의미함

40 ①

자발적으로 정보를 수집하는 검색엔진은 로봇 에이전트(Robot Agent) 검색엔진이며, 로봇(Robot), 스파이더(Spider), 크롤러(Crawler) 등이 있음

과목 03 웹 그래픽 디자인

41 ③

TIFF 파일은 인쇄용 이미지에서 자주 사용되는 파일 포맷

42 ③

래스터 이미지는 이미지가 픽셀로 구성된 비트맵 이미지를 의미. 일러스트레이터는 벡터 방식의 이미지 형식

43 ②

사이트 메뉴 바는 웹 사이트에서 쉽게 이동할 수 있도록 사이트의 좌측이나 우측에 메뉴, 링크 등을 모아 놓은 것

44 ④

개성적인 표현의 다양성은 시각적인 효과를 제공하기 위한 디자인으로서의 역할임

45 ④

컷 아웃 애니메이션은 그림을 사용해 동작을 만들어내는 가장 단순한 방법

46 ④

아이디어 스케치는 웹 사이트 기획 과정에서 웹사이트의 주제에 맞는 컨셉을 이끌어 내기 위해 종이 위에 여러 가지 아이디어를 표현해 보는 작업

47 ④

웹 사이트를 디자인하기 위해서는 우선 사이트의 콘셉트를 정하고 웹 사이트의 전체 구조를 한눈에 알아볼 수 있도록 사이트 맵을 정의한 후 실제적인 디자인 작업을 시작함

48 ③

웹 그래픽 이미지는 '이미지 구상 → 툴 선택(그래픽 툴 선택) → 색상 선택(색의 혼합, 색상, 명도, 채도 조절) → 기능 선택(효과적인 이미지 표현) → 최종 이미지 표현' 단계로 이루어짐

49 ②

컴퓨터 그래픽스 3세대(1960년대 말~1970년대 초)는 컴퓨터 그래픽스가 대중화된 시기로 CAD가 도입됨

50 ①

Antialiasing(안티앨리어싱)은 계단 현상을 최소화하기 위한 옵션으로, 이 옵션을 선택하면 가장자리 픽셀과 바탕 픽셀 사이의 색상 변이가 매끄럽게 이루어짐

51 ③

나모웹에디터는 위지위그 방식의 웹에디터임

52 ④

실루엣 애니메이션은 평면 그림을 역광을 이용하여 실루엣이 보이게 한 후 스톱 모션으로 촬영해 움직이는 것처럼 보이게 하는 기법의 애니메이션

오답 피하기
- **퍼펫 애니메이션(퍼핏 애니메이션)** : 인형을 조금씩 움직여 가면서 한 장면씩 촬영하는 기법
- **클레이메이션(클레이 애니메이션)** : 찰흙이나 점성이 있는 소재를 이용해 인형을 제작한 후, 그 인형을 조금씩 움직여 가면서 한 프레임씩 콤마 촬영하는 기법
- **로토스코핑** : 실사와 애니메이션을 합성하는 기법

53 ④

인터페이스란 2대 이상의 장치나 소프트웨어 사이에서 정보나 신호를 주고받을 때 그 사이를 연결하는 연결 장치나 소프트웨어를 말함

54 ④

Motion Capture(모션 캡처)는 실제 생명체(사람, 동물)의 움직임을 추적하여 얻은 데이터를 컴퓨터로 모형화된 캐릭터에 적용하는 기술로 캐릭터의 자연스러운 동작 구현을 가능하게 함

55 ②

HTML은 "Hyper Text Markup Language"의 약자로, WWW의 홈페이지를 만들 때 사용하는 언어임

56 ④

프론트 페이지는 드림위버, 나모 웹 에디터와 함께 웹 페이지를 저작하는 웹 에디터

57 ③
웹사이트 페이지는 시선이 상단에서 하단으로 흐르므로 무조건 큰 콘텐츠를 상단에 배치하는 것이 아니라 중요도가 높은 콘텐츠를 상단에 배치하도록 함

58 ②
키 프레임이란 대상물의 시작과 끝만 지정하고 중간 단계는 계산으로 생성하는 방식. 중간 단계는 보통 보간법을 이용하여 자동으로 생성

59 ②
심벌, 마크 디자인 등의 작업은 세밀한 곡선처리가 필요한 작업으로 벡터 방식의 프로그램을 이용. 대표적인 프로그램으로는 Adobe Illustrator가 있음

60 ③
애니메이션의 제작 과정 : 기획 → 스토리보드 제작 → 제작(레이아웃, 원화, 스캐닝, 디지털 채색) → 음향 합성 → 레코딩

자격증은 이기적!